KB070899

실리콘밸리의 팀장들

RADICAL CANDOR

실리콘밸리의 팀장들

까칠한 인재마저 사로잡은 그들의 지독한 솔직함

킴 스콧 지음
박세연 옮김

청림출판

한 그루의 나무가 모여 푸른 숲을 이루듯이
청림의 책들은 삶을 풍요롭게 합니다.

실리콘밸리의 팀장들은 무엇이 다른가

나는 최악의 관리자였다
: "왜 진작 말씀하지 않으셨어요?"

많은 직장인이 그렇듯, 나도 한때 끔찍한 팀장 밑에서 일한 적이 있다. 그 팀장은 직원을 모욕하는 것이 동기를 부여하는 최고의 방법이라 믿는 사람이었다. 한번은 동료가 이메일을 보내다가 실수로 참조에 내 이름을 넣었던 적이 있다. 동료들과 주고받은 메일 속에서 팀장은 나를 여러 번 조롱했다. 나중에 그 팀장은 내게 '새대가리'라는 표현은 신경 쓰지 말라고 했다. 농담이 아니다.

그때의 경험이 하나의 동기가 되어, 나는 주스소프트웨어Juice Software라는 회사를 설립했다. 내 목표는 직장 동료 모두가 일과 서로를 사랑하는 조직을 만드는 것이었다. 친구들은 내 꿈을 듣고 차라리 동아리를 만들라며 핀잔을 주었지만, 나는 진지했다. 나는 직장에서 하루 8시간 이상을 보낸다. 그런데 일과 동료를 사랑할 수 없다면, 지구에서 보내는 짧은 내 인생은 불행으로 가득할 터였다.

나는 그 팀장의 실수를 반복하지 않았다. 그건 그리 어려운 일이 아니었다. 그러나 안타깝게도 완전히 다른 두 가지 실수를 범하고 말았다. 스트레스 없는 즐거운 업무 환경을 만들겠다는 생각만 하다가, 나는 상사로서 힘들지만 피할 수 없는 임무를 회피했다. 먼저, 직원들이 제대로 일처리를 못할 때 분명하고 직접적인 피드백을 주지 않았다. 다음으로, 반드시 마감 시간을 지키도록 지적하는 업무 환경을 구축하지 못했다.

그때를 돌이킬 때마다 한 직원이 떠오른다(그 사람을 '밥Bob'이라고 하자). 밥은 누구나 좋아할 만한 인물로 사무실 분위기를 유쾌하게 만들었다. 친절하고, 재미있고, 배려심 깊고, 적극적으로 도움을 주는 직원이었다. 그는 환상적인 이력서와 추천서를 들고 면접을 보러 왔다. 우리가 찾던 최고의 인재였다. 당연히, 나는 그를 즉각 채용했다.

그런데 한 가지 문제가 있었다. 밥의 업무는 첫날부터 엉망이었다. 내 신뢰는 입사 첫날부터 무너졌다. '우리 회사의 소프트웨어를 사용하면 스프레드시트를 자동으로 업데이트할 수 있다'라는 내용을 담은 서류 하나를 만드는 데 몇 주일이 걸렸다. 마침내 그가 들고 온 자료를 확인했을 때, 나는 깜짝 놀랐다. 완전히 엉터리였던 것이다. 말 그대로 단어만 뒤죽박죽 나열해놓은 종이에 불과했다. 밥의 표정을 보니, 그 역시 자기 결과물이 엉망이라는 사실을 잘 알고 있는 듯했다. 억지로 미소를 짓고 있었지만, 부끄럽고 미안해하는 기색이 역력했다.

잠깐만 생각해보자. 당신이 밥의 상사였다면, 그때야말로 밥과의 관계에서, 팀의 역량에서 성공과 실패를 가늠할 중요한 순간이라는 사실을 알아챘을 것이다. 밥의 업무 능력은 정말로 형편없었다. 당시 우리는 안간힘을 쓰고 있는 신생 기업이었고, 직원을 일대일로 가르치거나 잘못을 일일이 바로잡아줄 여력이 없었다. 나도 잘 알고 있었다. 그때 밥에게 문제를 분명하게 지적해야 했다. 그러나 나는 이제 시작이니 앞으로 도움을 주겠노라고만 말했다. 밥은 애매모호한 미소를 지으며 자리로 돌아갔다.

그 후로 어떻게 되었을까? 나는 누구보다도 밥을 좋아했다. 그를 질책하고 싶지 않았다. 그는 너무도 긴장한 얼굴로 과제를 들고 왔다. 금방이라도 울 것 같은 표정이었다. 모두가 그를 좋아했기에, 그가 정말 울기라도 한다면 다들 나를 나쁜 상사라고 욕할까봐 걱정이었다. 그가 들고 온 이력서와 추천서가 가짜가 아닌 이상, 그는 이전 직장에서 훌륭한 성과를 올린 인재였다. 그날 집안에 무슨 문제가 있었거나, 아니면 우리 회사 업무 방식에 익숙하지 않았던 것일 수도 있다. 이유가 뭐든, 나는 밥이 조만간 유능한 직원으로서 면모를 보여줄 것이라고 스스로 설득했다. 그가 제대로 작성하지 못한 서류는 내가 바로잡으면 될 터였다. 그건 밥에게 서류 작성법을 새로 가르치는 것보다 더 빠르고 간단한 선택이었다.

내 태도는 밥에게 어떤 영향을 미쳤을까? 밥은 자신이 제대로 업무를 처리하지 못했다는 사실을 잘 알았고, 내 거짓 칭찬은 그의 마음을 복잡하게 만들어놓았을 것이다. 앞으로도 그렇게 하면 될 것이라고 생각했을지 모른다. 실제로 그는 그렇게 했다. 나는 상황을 회피함으로써 밥에게서 열심히 도전해야 할 동기를 앗아버렸고, 그저 안도의 한숨만 쉬도록 만들었다.

업무 역량이 떨어지는 직원을 지적하는 일은 쉽지 않다. 다른 이의 마음에 상처를 주는 것은 자신에게도 불편한 일이다. 대부분의 사람은 그렇다. 직원들이 자신을 악덕 상사로 바라보는 것도 싫다. 우리는 어릴 적부터 이런 말을 들어왔다.

"칭찬할 게 없으면 그냥 입을 다물어라."

그러나 관리자로 승진하면 갑자기 힘든 말을 해야 한다. 평생 몸에 익은 습관을 버려야 한다. 그래서 피드백은 힘든 것이다.

설상가상으로 나는 똑같은 실수를 10개월 동안이나 반복했다. 어떤 직원이 업무 성과가 낮거나 마감을 제때 지키지 못하면 처음에는 안타까운 마음이 들다가 점점 화가 난다. 업무 성과 자체보다 그 사람이 싫어진다. 그러면 차분하게 대화를 나누기 힘들다. 그리고 언젠가부터 대화를 멀리하기 시작한다.

문제는 밥 한 사람으로 끝나지 않았다. 팀원들은 내가 왜 밥에게 아무 말도 하지 않는지 궁금하게 여겼다. 그들도 나를 따라서 밥을 지원하기에 바빴다. 팀원들은 야근까지 하면서 밥의 업무를 보충하거나, 혹은 처음부터 다시 했다. 물론 이러한 협력은 단기적인 차원에서 반드시 필요하다. 한 직원이 어려움을 겪을 때는 주변의 도움이 필요하다.

그러나 기간이 길어지면 피해가 누적되기 시작한다. 유능한 직원도 업무상 문제를 드러내기 시작한다. 중요한 마감을 어기는 일이 벌어진다. 그럼에도 나는 밥에게 아무런 지적을 하지 않았다. 직원들은 점차 내가 최고와 평범의 차이를 모르는 게 아닌지, 마감을 어기는 것을 별로 심각하게 받아들이지 않는지 의심하기 시작했다. 직원들이 노력에 대해 충분한 인정을 받지 못한다고 느낄 때 그러하듯이, 우리 팀의 성과는 떨어졌고 사기는 위축되었다.

팀이 흩어질 지경이 되어서야 나는 더 미룰 수 없다고 결론을 내렸다. 나는 밥에게 커피를 마시자고 했다. 그는 편안한 이야기를 예상했겠지만, 나는 몇 번 말을 빙빙 돌리다가 결국 해고 통보를 했다. 나와 밥은 라떼와 머핀을 사이에 두고 침통한 심정으로 앉아 있었다.

얼마나 흘렀을까. 밥은 의자를 밀치고 자리에서 일어났다. 의자의 철제 다리가 대리석을 날카롭게 긁었다. 밥은 나를 똑바로 쳐다보며 이렇게 말했다.

"왜 진작 말씀하지 않으셨어요?"

내가 마땅한 대답을 찾지 못해 안절부절못하는 동안, 밥은 두 번째 질문을 던졌다.

"왜 아무도 제게 그런 말을 하지 않았죠? 전 그저 모두가 절 좋아한다고 생각했어요!"

내 삶에서 최악의 순간이었다. 잘못은 내가 했는데 대가는 밥이 치러야 했다. 거짓으로 칭찬하자 그는 오해를 했다. 나는 밥에게 아무 지적도 하지 않았다. 피드백을 달라고 요구하지도 않았다. 그랬더라면 문제점에 대해 이야기를 나눌 기회가 있었을 것이며, 좀 더 일찍 해결책을 발견했을 것이다. 나의 가장 큰 잘못은 누군가 궤도를 이탈했을 때 동료들이 조언을 해주는 조직문화를 구축하지 못했다는 것이었다.

이후 팀의 결속력에 금이 가기 시작했고, 이는 성과 하락으로 이어졌다. 칭찬과 비판이 사라진 문화는 팀과 성과에 치명적인 영향을 미쳤다. 서로 조언을 주고받지 않으면서 팀이 제대로 기능하지 못했다고 변명을 늘어놓을 수도 있었다. 그러나 그건 밥에게 소용없는 이야기였다. 우리 팀에게도 소용없는 이야기였다. 밥을 해고하고 얼마 안 되어 주스소프트웨어는 문을 닫아야 했다.

구글
: 공동 설립자에게 소리 지르며 논쟁할 수 있는 곳

나는 일이 필요했다. 그래서 비즈니스스쿨 동료인 셰릴 샌드버그Sheryl Sandberg에게 전화를 걸었다. 셰릴은 2년 전인 2001년에 구글에 입사했다. 얼마 전에는 친구 결혼식에서 옆자리에 앉기도 했다. 놀랍게도 셰릴은 부하직원을 끔찍이 아꼈다. 셰릴이라면 내가 밥에게 했던 실수를 저지르지 않았을 거라는 생각이 들었다. 나중에 확인했듯이, 실제로 셰릴은 그런 실수를 저지르지 않았다.

무려 27번의 면접을 보고 나서야 나는 셰릴 밑에서 일하게 되었다. 그때 내가 맡은 일은 조직 규모가 100명에 달하는 애드센스AdSense[1] 팀에서 중소 업체의 매출과 서비스를 책임지는 것이었다. 그때만 해도 나는 애드센스가 뭔지도 몰랐다. 다만 구글 문화가 정말로 놀랍다는 것은 느끼고 있었다. 그때 나는 모두가 일과 동료를 사랑하는 조직문화를 창조하겠다는 꿈을 다시 한번 떠올렸다. 셰릴은 훌륭한 상사로서 나를 놀라게 했다. 그 무렵 한 친구는 내게 실리콘밸리에서는 아래가 아니라 위로 넘어진다는 농담을 들려주었다(다행히 밥도 동부 지역에서 자리를 잡았다는 소문이 들렸다).

구글에 들어가자마자 나는 생산적이고 직접적인 피드백의 현장을 목격했다. 나는 구글의 공동 설립자 래리 페이지Larry Page, 웹스팸과 씨름하는 조직을 이끌고 있던 맷 커츠Matt Cutts와 함께 회의를 하게 되었다.[2]

우리는 맷과 내가 내놓은 아이디어를 놓고 논의를 벌였다. 그런데 래리는 내가 완전히 이해하지 못한, 다른 미묘한 계획을 내놓았다. 맷은 래리의 계획을 탐탁지 않게 생각했다. 평소에는 대단히 유쾌하고 상대를 편하게 해주는 맷은 그때만큼은 필사적으로 반대했다. 래리가 끝까지 물러서지 않자 맷은 갑자기 소리를 지르기 시작했다. 래리의 계획은 스스로 감당할 수 없는 '엄청난 쓰레기'를 자신에게 안겨다줄 것이라고 했다.

나는 맷의 반응에 당황했다. 그를 좋아했기에 그가 해고를 당할까봐 걱정이 되었다. 의아하게도 래리는 웃음을 지어 보였다. 그는 맷의 반대에 불쾌해하지 않았다. 오히려 즐기는 듯했다. 그때 래리가 보여준 개방적이고 긍정적인 반응을 보고, 나는 그가 맷을 포함하여 구글의 모든 구성원이 권위에, 특히 자신의 권위에 마음껏 도전하도록 허용한다는 사실을 이해했다.

그 회의를 '좋은', '교묘한', '무례한', '공손한' 등의 형용사로 정의할 수는 없을 것이다. 분명한 사실은 그 회의가 대단히 생산적이고 협력적이었다는 것이다. 두 사람은 자유로운 분위기 속에서 최고의 해결책을 모색했다. 그들은 어떻게 그러한 분위기에 그처럼 자연스러웠던 것일까?

나는 래리의 방식을 배우기로 했다. '팀원에게 피드백하기'에 집중하기보다 그들이 내 실수에 대해 자유롭게 말하도록 했다. 그들이 내 잘못을 지적하도록, 적어도 내게 먼저 이야기를 하도록 분위기를 조성하려고 최선을 다했다. 처음에는 약간 혼란이 있었지만(자세한 이야기는 나중에……) 팀원들은 조금씩 마음을 열기 시작했다. 공개적인 논의가 시작되면서 팀원들은 더 즐겁게 일하고 협력했다.

운 좋게도 나는 유능한 팀원들과 함께 일했다. 그중에는 지금 내 공동 설립자로 있는 러스 래러웨이Russ Laraway, 내가 이사회 일원으로 있는 퀄트릭스Qualtrics의 공동 설립자 재러드 스미스Jared Smith도 있었다. 나는 래리와 셰릴을 비롯하여 구글 임원들로부터 훌륭한 팀장이 되는 방법에 대해 많은 것을 배웠다.

우리 팀은 중요한 결정을 회의 시간에 내리지 않았다. 그 대신, 상황을 가장 잘 아는 직원들에게 결정을 맡겼다. 우리는 효과적으로 실행에 착수했다. 나는 모든 직원이 직급을 떠나 상사와 편하게 이야기 나눌 수 있는 사무실 분위기를 만들고 싶었다. 이를 위해 '관리자 픽싯위크

manager fix-it week'나 '관리자 피드백 세션manager feedback session' 같은 새로운 시도를 했다.

구글에서 6년을 일한 뒤, 나는 팀장이 되는 법을 깨달았다는 자신감이 들었다. 밥의 사례와 같은 실수는 더 이상 되풀이하지 않았다. 또한 나는 더는 무능한 팀장도 아니었다. 우리 팀 매출은 10배 넘게 성장했다. 물론 그건 우리 팀이 잘해서라기보다 제품의 역할이 컸다. 그래도 우리 팀은 분명한 기여를 했다. 나는 효율성에 집중했고, 인력을 크게 줄였음에도 북미 지역 매출은 오히려 더 증가했다. 이것이야말로 진정한 의미의 성장이었다.

그 뒤 우리 팀은 애드센스에 더하여 글로벌 유튜브와 더블클릭DoubleClick의 온라인 세일즈 및 운영까지 책임지게 되었다. 우리는 북미 지역의 하나의 팀으로 시작했지만, 독특하고 유쾌한 팀 문화는 더블린, 상파울루, 부에노스아이레스, 뉴욕, 마운틴뷰, 시드니, 서울, 도쿄, 베이징, 싱가포르 지역을 하나로 아우르는 구심점이 될 만큼 충분히 강력했다.

나는 점차 핵심 비즈니스 기준(클릭당 비용, 매출 등)에 관심을 덜 기울이게 되었다. 그 무렵 내가 주목했던 것은 직원들에게 '훌륭한 팀장이 되는 방법을 어떻게 정의하고 가르칠 것인가' 하는 문제였다. 그때만 하더라도 훌륭한 팀장이 되는 방법은 하나의 이론이라기보다는 타고나는 재능에 가까웠다. 나는 그게 무엇인지 분명하게 설명하기 위해 깊이 생각할 시간이 필요했다.

애플
: "우리에게 지시를 내릴 사람을 채용합니다"

구글에서는 그 방법을 깊이 있게 생각할 여유가 없었다. 나는 비즈니스 운영에 집중해야만 했다. 그런데 구글 건물에서 남서쪽으로 14킬로미터 떨어진 곳에서 스티브 잡스가 애플대학교Apple University를 세웠다는 반가운 소식을 들었다. 비즈니스스쿨 시절 내 스승이었던 리처드 테들로우Richard Tedlow도 하버드대학교를 떠나 위대한 리더십을 양산하는 새로운 공장에 합류했다는 말을 들었다. 테들로우 교수는 애플대학교의 사명을 이렇게 설명했다.

"조직적 평범함으로 끌려가지 않도록 저항하는 것."

그 사명을 이루기 위한 한 가지 핵심 과제는 '애플 경영법Managing at Apple'이라는 강의 프로그램을 신설하는 것이었다. 애플은 내게 그 강의의 설계와 진행을 제안했고, 나는 선뜻 제안을 받아들였다.

'애플 경영법'은 원래 경영자를 위한 과목이었지만, 애플 임원들은 처음 팀장을 맡은 관리자들에게도 큰 도움이 될 것으로 보았다. 그 강의는 필수 과목이 아니었는데도, 나는 수강생의 수요를 따라잡기에도 벅찼다. 내가 애플에 있는 동안 총 3,500명이 넘는 직원이 그 강의를 들었고, 많은 이가 긍정적인 평가를 내렸다.

나는 가르친 만큼 많은 것을 배웠다. 애플의 한 리더와 대화를 나누다가, 예전에 팀을 구축할 때 내가 활용했던 방식에 중대한 결함이 있다는 사실을 깨달았다. 그때까지 나는 언제나 열정이 높은 야심 찬 직원들에게만 관심을 집중했다. 조직이 성장하려면 마땅히 그래야 한다고 생각했다.

강의 시간에 만난 그 리더는 팀 구성원이 모두 제대로 기능하려면 성장만큼 '안정'도 중요하다고 지적했다. 그는 모두가 승진 기회만 노린다면 어떤 일도 제대로 굴러가지 않을 것이라고 했다.

그는 최고의 성과와 더불어 점진적인 성장 궤도를 보여준 이들을 '록스타'라고 불렀다. 록스타는 팀에서 지브롤터 암벽처럼 든든한 존재다. 이들은 자기 일을 사랑하고 최고의 역량을 갖췄지만 스스로 팀장이 되기를 원치 않는 유형, 혹은 스티브 잡스와 같은 리더가 되기를 원치 않는 유형이다. 그들은 지금 자리에 만족한다.

반면 급격한 성장 궤도를 보이는 직원, 1년 동안 같은 자리에 있으면 미쳐버리게 될 직원을 '슈퍼스타'라 불렀다. 슈퍼스타는 팀 성장의 원천이다. 그는 록스타와 슈퍼스타의 균형이 무엇보다 중요하다고 말했다.

나는 그의 말을 듣고 충격을 받았다. 당시 애플은 고공 성장을 이어갔고, 성장 속도는 구글보다 빨랐다. 그런 와중에도 애플은 다양한 꿈을 가진 직원들을 위한 공간을 마련했다. 애플 직원들은 자기 일을 사랑했고, 유능했다. 그러나 애플에서 경력을 쌓기 위해 꼭 승진에만 목맬 필요는 없었다. 구글에 다닐 때 나는 그가 언급한 '록스타'의 가치를 과소평가했다. 이러한 태도는 조직에 실질적으로 기여한 많은 직원에게 불만을 가져다주었다.

사실 급격한 성장 궤도를 보여준 인재에 대한 구글의 편향된 선호는 부분적으로 전통적인 기업 표준에 대한 반발에서 비롯되었다. 일반적으로 많은 기업은 직원의 과도한 야심을 그리 달가워하지 않았다. 반면 애플은 직원들의 다양한 꿈을 포용할 여유를 보여주었다. 이는 '조직적 평범함'에 저항하면서 동시에 거대한 사명을 일구어나가기 위한 애플만의 방식이었다.

구글은 상향식 조직으로 유명하다. 구글은 신입사원에게도 의사결정 권한을 부여한다. 그 과정에서 관리자는 한 걸음 물러선다. 때로 도움을 주지만 너무 많이 간섭하지는 않는다.

나는 애플에 입사하면서 정반대 구조를 예상했다. 다시 말해, 전지전능한 스티브 잡스가 기업의 비전을 제시하면 모든 직원이 아무도 토를 달지 않고 달려가는 시나리오를 예상했다. 그건 심각한 착각이었다.

나는 잡스와 면접을 보았던 한 동료의 얘기를 듣고 그걸 깨달았다. 그는 잡스에게 이런 질문을 던졌다.

"애플의 조직을 어떻게 구상했습니까?"

"애플은 앞으로 얼마나 더 성장할 수 있을까요?"

잡스는 짤막하게 답했다.

"글쎄요. 그 답을 안다면 우리가 당신을 뽑을 필요가 없겠죠?"

조금은 무례하면서도 용기를 주는 대답이다. 잡스는 테리 그로스Terry Gross와 면접을 보면서 자기 생각을 좀 더 부드럽게 풀어 설명했다.

"우리는 우리가 지시를 내릴 사람이 아니라, 우리에게 지시를 내릴 사람을 채용합니다."

나는 이러한 생각을 애플에서 실제로 경험했다.

구글과 마찬가지로 애플에서도 팀장의 역량은 직원의 말에 귀를 기울이고 함께 해결책을 모색하는 능력에 달려 있다. 일방적인 지시를 내리기보다는 함께 논의하는 능력, 혼자서 판단하는 것보다 직원에게 의사결정을 맡기는 능력, 명령을 내리기보다 설득하는 능력, 알거나 아는 척하는 것보다 학습하는 능력에 달려 있다.

일터의 본질
: 상사와 직원의 관계를 이해하는 법

자율과 방치는 완전히 다른 것이다. 나는 밥과의 경험을 통해 그 차이를 배웠다. 이에 대해 한 번 이야기를 해보자.

나는 '애플 경영법' 시간에 잡스가 등장해서 피드백 주는 법을 설명하는 영상을 종종 틀었다. 잡스는 대단히 중요한 말을 남겼다.

"직원의 역량을 의심하지 않는 방식으로 피드백을 전하는 게 중요합니다. 물론 그건 대단히 어려운 일이죠."

그러고는 이렇게 덧붙였다.

"실수는 별로 개의치 않습니다. 사실 저는 많은 실수를 저지르고 있죠. 그건 별로 중요한 문제가 아닙니다. 제가 정말로 중요하게 생각하는 것은 우리가 지금 올바른 일을 하고 있다는 사실입니다."[3]

누가 그 말에 이의를 제기할 수 있겠는가?

그런데 영상을 조금만 앞으로 돌려보면 누군가 잡스에게 질문을 던지는 장면이 나온다. 그는 잡스에게 "당신의 일은 엉망이군요!Your work is shit!"라는 말을 왜 그리 자주 쓰는지 물었다. 사실 이런 말은 아무리 긍정적으로 해석한다고 해도 신뢰 구축이나 격려와는 거리가 멀고, 면박 주는 말처럼 들린다. 이 말에 상처를 받았던 사람도 있을 것이다. 나도 이런 표현을 좋아하지 않는다. 처음에 나는 반어적으로 이렇게 에둘러 말하기도 했다.

"명심하세요. 우리는 스티브 잡스가 아닙니다."

그러면 강의실에서 항상 웃음이 터졌다. 그러나 그건 정말로 중요한 문제를 회피하는 대답이었다.

나중에 나는 맷 커츠와 래리 페이지의 격렬한 논쟁에 대해 곰곰이 생각해보았다. 이유가 무엇이었든 두 사람은 마구 소리를 질러댔다. 그런데도 아무 문제가 없었다. 어떻게 그럴 수 있었을까? 물론 나라면 절대 "당신의 일은 엉망이군요!"라며 핀잔을 주거나 동료에게 고함을 치지는 않았을 것이다.

내가 만약 그런다면? 구글에서 애드센스를 출범했을 무렵에 있었던 한 일화가 떠오른다. 주스에서 나와 함께했고, 구글에서도 우리 팀 일원이었으며 내가 너무나도 존경하는 재러드 스미스는 슬로바키아와 슬로베니아를 계속 헷갈려 했다. 그리고 그런 실수가 아무렇지 않다는 듯 행동했다. 20분 회의에서 그는 두 나라를 다섯 번이나 혼동했다. 결국 나는 이렇게 소리를 질렀다.

"슬로바키아라고, 이 멍청아!"

재러드와 나는 오랫동안 함께 일했고, 그래서 그는(그리고 그 방에 있던 모두는) 내가 그를 얼마나 존중하는지 잘 알고 있었다. 재러드 역시 내게 그렇게 소리친 적이 있었다. 그때 내가 소리친 것은 그가 다시 회의에 집중하도록 만들기 위한 방법이었다. 그리고 실제로 효과가 있었던지 그는 다시는 두 나라를 혼동하지 않았다. 내가 재러드에게 그렇게 무례하게 소리를 질렀는데도 아무런 문제가 없었던 이유는 우리가 오랫동안 쌓아온 관계 때문이었다.

내 말은, 훌륭한 상사가 되려면 소리를 지르거나 무례하게 행동해야 한다는 것이 아니다. 나는 그런 방법을 추천하지 않는다. 관계가 상호 존중을 이해하는 단계까지 발전했다고 해도, 상사로서 그러한 행동은 상대방에게 잘못된 신호를 전달할 수 있기 때문이다. 그처럼 격의 없이 의사소통을 하려면 그전에 이를 뒷받침하는 신뢰 관계를 구축해놓아야 하며, 또한 그러한 의사소통 방식을 받아들일 수 있는 사람을 채용해야 한다.

실리콘밸리는 상사와 부하직원 사이의 관계를 탐험하기에 이상적인 곳이다. 20년 전만 해도 경영을 가르치지도 않고 따로 보상을 주지도 않았던 실리콘밸리 기업들은 오늘날 경영에 '집착'하는 모습을 보인다. 우리가 일반적으로 생각하는 이유, 즉 이론을 추구하는 뉴에이지 이론가들이 경영을 맡거나, 그곳 사람들이 근본적으로 특이한 부류라서가 아니다. 또 교육 프로그램을 가동하기 위한 충분한 예산을 확보하고 있거나, 빅데이터로 인간 행동에 대한 깊이 있는 통찰력을 얻었기 때문도 아니다.

실리콘밸리가 상사와 부하직원 사이의 관계를 연구하기에 좋은 곳이 된 이유는 인재를 확보하기 위한 치열한 전쟁이 벌어지고 있기 때문이다. 실리콘밸리의 많은 기업은 성장하는 것만큼이나 인재에 목말라 있다. 그래서 이곳의 인재들은 만족감을 느끼지 못하거나 본인의 잠재력이 낭비되고 있다는 생각이 들면 언제라도 떠날 수 있다. 참고 버틸 필요가 없다. 상사가 싫으면 그만두면 된다. 그래도 10곳의 기업이 자신을 채용하기 위해 줄을 서 있다. 이러한 이유로 실리콘밸리 기업들은 상사와 직원의 관계를 올바르게 구축해야 하는 현실적 압박에 직면해 있는 것이다.

실리콘밸리라고 해서 관계의 범위가 특별하게 넓은 것은 아니다. 래리 페이지도 우리보다 훨씬 더 많은 사람과 깊이 있는 관계를 맺을 수는 없다. 그러나 그가 부하직원들과 맺고 있는 관계는 구글의 성과에 막대한 영향을 미친다.

큰 조직을 이끄는 리더는 모든 구성원과 관계를 맺을 수가 없다. 그러나 경영자가 관리자와 맺고 있는 관계 형태는 관리자가 직원과 맺고 있는 관계 형태에 중대한 영향을 미친다. 이러한 물결 효과는 긍정적인 조직문화를 지속적으로 창조하거나 파괴한다. 관계는 확장하지 않아도 문화는 확장한다.

'관계relationship'는 올바른 용어일까? 그렇다. 2001~2011년 동안 구글 CEO로 있었던 에릭 슈미트Eric Schmidt와 래리 페이지의 관계는 비즈니스 역사상 가장 흥미진진한 춤이었다. 그리고 애플의 COO였다가 지금은 CEO가 되었고, 자기 간을 잡스에게 이식하고자 했던 팀 쿡Tim Cook과 그의 희생을 한사코 거부했던 잡스는 깊은 관계의 전형을 보여주었다.

이들 관계의 고유한 본질은 무엇일까? 경영 자본주의는 상대적으로 최근에 나타난 현상이다. 그러므로 이 인간적 유대감을 고대 철학자의 이론 속에서 찾을 수는 없을 것이다. 오늘날 대부분의 사람이 인생의 특정 시기에 상사를 만나지만, 철학, 문학, 영화를 비롯하여 우리 삶을 지배하는 관계에 대해 모색하는 수많은 시도 속에서 이러한 관계에 대한 충분한 설명은 찾아보기 어렵다.

여기서 나는 관계에 대한 우리의 편견을 바로잡고 싶다. 애플이든 지구상 어디에서든, 훌륭한 상사가 되기 위한 핵심은 바로 좋은 관계이기 때문이다. 관계의 본질을 가장 잘 설명해주는 용어는 '완전한 솔직함 Radical Candor'이다.

세상에 완벽한 팀장은 없다

이 책을 쓰는 동안 나는 항상 최종 사용자, 즉 독자를 염두에 두었다. 내가 경험한 바에 따르면, 또 코칭 전문가들에게 배운 교훈에 따르면 환경이 아무리 우호적이라고 해도 상사는 때로 외로움을 느낄 수밖에 없다. 상사는 자신의 무능함에 자괴감을 느끼며, 다른 모든 이들보다 더 잘해야 한다는 강박감에 시달린다. 그래서 쉽게 도움을 요청하지 못한다. 그러나 세상에 완벽한 상사는 없다.

이 책을 통해 이론과 실천 방법을 공유하고자 하는 이유는 독자 여러분이 내가 했던 실수를 현명하게 피할 수 있기를 바라는 마음에서다. 그래서 나는 개인적인 이야기를 되도록 많이 들려주고자 한다.

1부에서는 위안이 되는 이야기를 들려주고자 했다. 훌륭한 상사가 되는 것은 모든 이에게 힘든 일이다. 겉으로 보기에 놀라운 성공을 거둔 사람도 예외가 아니다. 당신은 1부에서 소개하는 실제 사례 속에서 자기 경험을 떠올리게 될 것이다. 또한 다음의 두 가지 사실로부터 모두가 희망을 얻었으면 한다.

❶ 당신은 혼자가 아니다.

❷ 이 책에서 제시하는 접근법은 생각만큼 어렵지 않다. 우리의 인간성은 효과적인 상사가 되기 위한 걸림돌이 아니라 소중한 자산이다.

2부는 실무 지침서다. 부하직원과 완전하게 솔직한 관계를 구축하는 단계별 접근법을 소개한다. 이를 통해 상사의 핵심 역할, 즉 '팀이 성과를 올리도록 돕는 일'을 완수하는 방법을 소개한다.

책을 읽어나가는 동안 관리자로서 반드시 해야 한다고 내가 제시하는 수많은 요구사항에 위압감을 느낄지도 모르겠다. 그렇다면 크게 심호흡을 하자. 이 책의 목표는 시간을 절약해주기 위함이지 수많은 회의로 일정표를 어지럽히려는 게 아니다.

훌륭한 상사가 되려면 부하직원과 많은 시간을 함께 보내야 한다. 그렇다고 해서 항상 붙어 있어야 한다는 말은 아니다. 책에서 소개하는 다양한 아이디어와 도구, 기술을 성실히 실행하면, 일주일에 10시간만 투자해도 만성 편두통에서 벗어날 수 있을 것이다.

또한 나는 각자의 전문 영역에서 독립적으로 생각하고 실천하기 위해 일주일에 최대 15시간을 투자할 것을 제안한다. 다시 말해, 일주일 40시간 중에서 최대 15시간을 생각과 실행을 위해 남겨두라는 뜻이다. 부디 그 시간을 온전히 자신을 위해 활용할 수 있기를 바란다. 물론 나와 비슷한 처지라면, 예상치 못한 일을 처리하기 위해 그중 대부분의 시간을 바쳐야겠지만 말이다.

나는 상사 역할을 맡을 사람을 대상으로 이 책을 썼다. 동시에 당신의 상사는 물론, 당신을 지원하는 인사 및 교육 개발 전문가들도 염두에 두었다.

구글에서 700명 규모의 팀을 이끌면서 나는 많은 관리자가 똑같은 실수를 반복하는 모습을 오랫동안 지켜보았다. 충분히 예측 가능한 문제였음에도 관리자가 개입할 경우 종종 실망스러운 결과로 끝나고 말았다. 이미 수십 번이나 보았던 열차 사고를 느린 화면으로 다시 보는 것 같은 느낌이 들 때도 있었다. 그야말로 최악의 데자뷰였다.

책을 쓰면서 나는 내게 조언을 해준 인사 및 교육 개발 전문가들의 이야기 속에서도 비슷한 느낌을 받았다. 부디 이 책이 예측 가능한 실수를 끝없이 반복하지 않도록 도와주는 도구가 되었으면 한다.

또 이 책은 다양성, 리더십 문제와 씨름하는 사람들과도 직접적인 관련이 있다. 성, 인종, 문화적 차이는 완전하게 솔직한 관계를 형성하는 일을 더욱 어렵게 만드는 요인이다.

자신과 비슷한 사람에게도 완전하게 솔직한 태도를 드러내기가 두렵다. 더구나 외모, 언어, 종교가 다른 이에게 그렇게 한다는 것은 더 두려운 일이다.

우리는 자신과 다른 사람에게 '파괴적으로 공감적인', '불쾌하게 공격적인', 혹은 '고의적으로 거짓된' 태도를 보이는 경향이 강하다. 그러나 명심하자. 우리는 자신과 다른 사람 사이 불편함의 경계를 넘어 공동의 인간성을 연결시키는 방법을 터득함으로써 엄청난 차이를 만들어낼 수 있다.

차례

2부 실리콘밸리의 팀장들이 일하는 법
: 새로운 소통의 기술

Radical

Canada

1부

실리콘밸리의 새로운 인간관계론

지독하게, 완전하게 솔직하다는 것!

1 그들은 완전한 솔직함을 알고 있다

상사와 직원의 관계 꿰뚫어보기

최고의 상사는 감정 노동의 달인

2000년 주스소프트웨어를 공동 설립하고 이스트빌리지의 한 휑한 창고를 사무실로 쓰던 시절, 나는 엘리베이터에서 내릴 때면 언제나 기쁨이 솟구치는 걸 느꼈다. 그러나 언젠가부터 기쁨은 사라지고 스트레스만 남게 되었다.

주스소프트웨어의 엔지니어들은 베타 제품 출시 일주일을 앞두고 야근은 물론이고, 주말까지 나와서 일했다. 영업팀은 베타 제품 테스트를 위해 이미 30곳의 주요 고객 업체들과 사전에 일정을 맞춰놓은 상태였다. 고객들이 우리 제품을 선택한다면 우리는 또 한 번의 투자를 받을 기회를 얻겠지만, 반응이 좋지 않으면 6개월을 버티기도 힘들 터였다.

그런데 방해꾼이 한 사람 있었다. 바로 나였다. 출시일 전날 밤, 엔젤 투자자 데이브 루Dave Roux에게서 전화가 걸려왔다. 그는 내게 우리의 가격 정책이 완전히 잘못되었다고 지적했다.

"지난번 1만 달러도 안 되는 중고차를 샀던 때를 떠올려보세요. 당신에게 그 차를 팔았던 사람을 떠올려보세요. 당신의 영업사원들이 바로 그런 역할을 맡게 될 겁니다. 그들은 시장에서 당신을 대표해야 할 사람들입니다."

나는 데이브의 말에 일리가 있다고 직감적으로 생각했지만, 그렇다고 해서 직감만 믿고 영업팀과 이사회로 달려가 모든 일정을 취소할 만큼 무모하지는 않았다. 생각할 시간이 필요했다. 빨리 결론을 내야 했다. 그래서 오전 회의 일정을 모두 취소했다.

정신없이 사무실로 들어서는 찰나, 한 직원이 내게 달려왔다. 그는 당장 면담이 필요하다고 했다. 얘기를 들어보니 그는 며칠 전 신장 기증을 받아야 한다는 사실을 알게 되었다. 그의 표정은 완전히 넋이 나가 있었다. 어쩔 수 없이 나는 그와 함께 1시간 동안 차를 마시며 이야기를 나눴다. 그제야 그는 좀 정신을 차린 듯했다.

그러고는 다시 내 자리로 걸어가는데 자녀가 중환자실에 입원한 엔지니어가 눈에 들어왔다. 나는 또 어쩔 수 없이 상황을 물어봐야 했다.

"아들은 어젯밤에 좀 어땠나요?"

별 차도가 없다고 했다. 그는 지난밤을 어떻게 보냈는지 모르겠다며

하소연을 했고, 우리 두 사람의 눈엔 눈물이 고였다. 나는 그에게 조퇴를 하고 1시간 정도 쉬었다가 병원으로 다시 가보라고 했다.

나는 힘든 마음을 부여안고 다시 내 자리로 향했다. 그런데 이번에는 품질보증 관리자 자리를 지나가게 되었다. 그는 내게 놀라운 소식을 전했다. 자녀가 주에서 실시한 수학경시대회에서 최고 점수를 받았다는 것이다. 그는 자랑을 하고 싶어 안달이었다. 나는 그와 함께 기쁨을 나누면서 또 한 번 감정적인 피로를 겪어야 했다.

마침내 책상 앞에 앉았을 때, 가격 책정을 고민할 마음의 여유도 없었다. 나는 그들을 모두 좋아하지만, 밀려오는 피로감은 어쩔 수 없었다. '정말로 중요한 업무'를 처리하지 못하고 있다는 생각이 들었다. 나중에 나는 레슬리 코흐Leslie Koch 자문에게 전화를 걸어 어려움을 토로했다.

"제 일이 훌륭한 기업을 만드는 걸까요, 아니면 감정적인 보모 노릇을 하는 걸까요?"

고집 센 마이크로소프트 전 임원 레슬리는 망설임 없이 대답했다.

"보모 노릇이 아닙니다. 그걸 관리라고 부릅니다. 바로 당신이 해야 할 일이죠!"

직원들의 푸념을 듣는 것보다 더 중요한 일이 있다는 생각이 들 때마다 나는 레슬리의 말을 떠올렸다.

"바로 당신이 해야 할 일이죠!"

나는 상사가 된 뒤 몇 주가 지나 스스로 '보모'나 '정신과 의사' 같은 느낌이 든다며 나를 찾아온 신참 관리자들에게도 레슬리의 말을 그대로 들려준다.

사람들은 상사가 느끼는 '감정 노동'을 과소평가하며, 대개 서비스나 의료 산업에 종사하는 사람들, 예를 들면 정신과 의사나 간호사, 웨이터, 항공 승무원이 느끼는 일로 치부한다. 그러나 감정 노동은 그저 상사 역할의 일부가 아니다. 그것은 훌륭한 상사가 되기 위한 핵심이다.

최고의 상사는 세 가지를 잘한다

많은 사람이 내게 어떻게 해야 훌륭한 상사/관리자/리더가 될 수 있는지 묻는다. 부하직원, 내가 자문을 준 CEO, 내 강의에 참석하거나 함께 이야기를 나눈 많은 이로부터 오랫동안 그런 질문을 받았다. 지금은 러스와 내가 공동 설립한 캔더Candor, Inc.에서 개발한 경영지원 앱인 '캔더게이지Candor Gauge' 사용자에게서도 똑같은 질문을 받는다. 이에 더하여 많은 이가 경영 관련 딜레마를 우리 웹사이트RadicalCandor.com로 보내오고 있다.

학교 연극 행사에서 내 옆자리에 앉아 보모가 아이에게 단것을 너무 많이 먹일까봐 걱정이라고 말하는 부모, 일꾼들이 제시간에 오지 않거나 아예 나타나지 않아서 애를 먹는 도급업자, 관리자 업무가 얼마나 힘든지 털어놓는 간호사(내 혈압을 재는 동안 내가 그녀의 혈압을 재야 하는 게 아닐까 걱정이 들 정도다), 비행기에 오르면서 최대한 감정을 억누른 목소리로 통화를 하다가 끊고 나서 혼잣말로 "내가 왜 이런 멍청이를 뽑았을까?"라고 중얼거리는 기업 임원, 몇 년 전 해고한 직원 얼굴이 아직도 잊히지 않는다며 괴로워하는 동료도 똑같은 질문을 한다.

그들의 근본적인 감정은 걱정이다. 많은 사람이 실질적인 업무 처리만큼 직원 관리에서는 자신이 그리 유능하지 못한 게 아닐까 우려한다. 심지어 자신이 부하직원의 앞길을 망치고 있는 게 아닌지 의심하기까지 한다.

나는 그런 푸념을 별로 좋아하지 않지만, 그래도 내가 도움을 줄 수 있는 부분이 있다는 사실을 알기에 그들과 기꺼이 대화를 나눈다. 대화를 나누고 나면, 사람들은 실제로 좀 더 훌륭한 상사가 될 수 있다는 자신감을 얻는 것 같다.

사람들 대부분 '상사boss'라는 단어를 그리 달가워하지 않는다. 그래서 나는 질문에 대답을 하기에 앞서 먼저 용어에 대해 설명한다. 일반적으로 '상사'라고 하면 부당한 권력을 떠올린다. '관리자manager'라고 하면 관료제를 떠올린다. 또한 '리더leader'는 자기 과시적인 인상을 받는다.

그중에서 나는 '상사'를 제일 선호한다. 리더는 실제로 아무 일도 하지 않고 말로 때우는 사람으로, 관리자는 감시자로 묘사하는 경향이 더욱 강하기 때문이다. 또한 관리자와 리더라는 용어는 서로 배타적인 느낌을 준다. 마치 성공을 거둔 리더는 더 이상 관리를 할 필요가 없다는 인상을 준다. 반대로 신참 관리자는 조직을 이끌 권한이 없다는 느낌을 준다.

앤드루 S. 그로브Andrew S. Grove의 전기를 쓴 리처드 테들로우는 리더십과 관리를 테니스의 포핸드와 백핸드에 비유한다. 테니스 게임에서 이기려면 둘 다 능해야 한다. 이 책을 읽고 난 뒤, 부디 상사, 관리자, 리더의 관계에 대해 더 긍정적인 인식을 가질 수 있길 바란다.

용어 정의는 이쯤에서 접어두고, 근본적인 질문을 들여다보자. 상사의 역할은 무엇인가? 회의에 들어가야 하는가? 이메일을 보내야 하는가? 직원에게 무엇을 해야 할지 지시해야 하는가? 전략을 구상하고 직원들이 이를 실행에 옮기도록 만들어야 하는가? 일반적으로 상사라고 하면 실질적으로 아무 일도 하지 않는 사람이라고 생각하는 경향이 강하다.

상사는 결과에 대한 최종 책임을 지는 사람이다. 상사는 스스로 모든 일을 처리하는 것이 아니라, 팀원들을 이끌면서 성과를 만들어낸다. 다시 말해, 상사는 성과를 달성하기 위해 조직을 이끄는 사람이다.

지금부터 상사의 중요한 세 가지 역할, 즉 조언guidance, 팀 구축team-building, 성과result를 하나씩 살펴보자.

첫 번째는 조언이다.

조언을 다른 말로 '피드백feedback'이라고 한다. 사람들은 두 가지 형태의 피드백, 즉 칭찬과 지적을 모두 두려워한다. 상대가 실망한다면? 갑자기 고함을 지른다면? 고발하겠다고 협박하면? 울음을 터뜨린다면? 받아들이지 않거나, 해결책을 찾아내지 못한다면? 간단하게 해결될 문제가 아니라면? 그럴 때 상사는 무슨 말을 해야 할까?

문제가 단순하거나 명백하다고 더 좋은 것은 아니다. 상사는 종종 이렇게 생각한다.

'왜 그게 문제라는 걸 모르지? 일일이 말을 해줘야 아나? 내가 너무 친절한 걸까, 아니면 너무 못된 걸까?'

이런 질문이 너무 골치 아파서 상사들은 종종 자신이 도움을 줘야 하고, 혹은 직원들끼리 도움을 주고받는 분위기를 만들어야 한다는 사실을 외면하곤 한다.

두 번째는 팀 구축이다.

강력한 팀을 구축한다는 말은 채용, 해고, 승진을 통해 올바른 사람을 올바른 자리에 앉힌다는 뜻이다. 일단 올바른 사람을 올바른 자리에 배치했다면, 어떻게 동기를 부여할 것인가? 이와 관련하여 실리콘밸리 사람들은 이렇게 묻는다. '왜 직원들은 지금에 집중하지 않고 다음을 기대하는가?' '밀레니얼 세대는 왜 자기 경력이 레고 세트에 들어 있는 설명서처럼 완성될 것이라고 기대하는가?' '왜 버스에 올라타자마자 내릴 준비를 하는가?' '왜 그들은 그들 일을 하고, 나는 내 일을 하도록 내버려두지 않는 걸까?'

세 번째는 성과다.

많은 관리자는 자기 일이 생각보다 훨씬 힘들다는 사실에 괴로워한다. 팀의 규모를 두 배로 늘렸지만 성과는 오히려 더 나빠졌다. 대체 어떻게 된 걸까? 업무 속도는 때로 너무 느리다. 부하직원들을 그냥 내버려두면 영원히 토론만 할 것이다. '왜 결정을 못 내리는 거지?'

상황은 때로 너무 빨리 변한다. 팀원들이 사소한 계획도 실행에 옮기려하지 않는 바람에 마감 시간을 어기고 말았다. 그들은 아무런 준비도

없이, 목표도 없이 되는 대로 하고 있다! '왜 행동하기 전에 생각을 하지 않지?'

그들은 마치 자동항법장치처럼 움직인다. 이번 분기에도 지난 분기 때와 똑같이 하고 있다. '지난 분기에는 실패했는데 왜 이번에는 다른 결과가 나올 것이라고 기대하는 걸까?'

조언, 팀 구축, 성과는 모든 상사가 책임져야 할 몫이다. 이 말은 CEO나 중간관리자, 리더 등 부하직원을 관리하는 모든 이에게 똑같이 해당된다. 물론 CEO는 광범위한 문제를 다뤄야 하지만, 그들도 직원들과 함께 일해야 한다. 처음으로 관리자가 되었을 때와 마찬가지로 임원이 되어서도 성공에 영향을 미치는 모든 중요한 습관과 기술, 약점을 그대로 가지고서 함께해야 한다.

자신이 상사로서 올바로 역할을 수행하고 있는지 궁금한 이들은 내게 세 가지 주제에 대해 질문을 한다. 여기서 그 세 가지 주제를 자세히 살펴보자.

관리, 권력이 아닌 관계의 문제다

사람들은 훌륭한 상사가 되기 위한 핵심적인 방법을 좀처럼 질문하지 않는다. 퀄트릭스의 CEO 라이언 스미스Ryan Smith만큼은 그렇지 않았다. 그가 처음 던진 질문은 이런 것이었다.

"우리 팀에 리더를 몇 명 새로 영입했습니다. 내가 그들을 믿고, 그들이 나를 믿을 수 있는 관계를 서둘러 구축하려면 어떻게 해야 할까요?"

라이언처럼 핵심적인 경영 난제, 즉 부하직원과 신뢰 관계를 형성하는 문제에 가장 우선적으로 주목하는 상사는 거의 없다.

큰 조직을 이끌고 있다면, 모든 직원과 관계를 맺을 수는 없다. 그렇다고 해도 직속 부하직원에 대해서는 잘 알 수 있다. 그러려면 많은 장애물을 뛰어넘어야 한다. 가장 먼저, 가장 중요한 것으로 권력의 역학관계를 극복해야 한다. 다음으로 갈등에 대한 두려움, '업무적' 경계에 대한 걱정, 신뢰를 잃을 두려움, 시간 압박을 이겨내야 한다.

관계는 모든 일의 핵심이다. 관계는 상사가 세 가지 책임을 완수할 수 있는지를 결정한다.

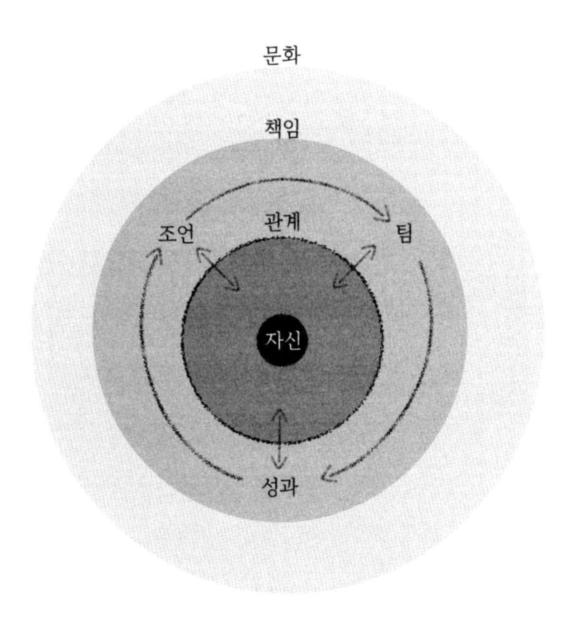

❶ 모든 직원이 올바른 방향으로 나아가도록 피드백(칭찬과 지적)을 주고받는 문화 구축하기

❷ 피로와 권태를 이기고 팀 결속력을 높이기 위해 동기를 부여하는 법 알아내기

❸ 협력하여 목표 달성하기

강력한 관계 없이도 이러한 책임을 완수할 수 있다는 생각은 착각이다. 물론 절대적인 권력이나 통제가 아무 쓸모가 없다고 말하는 것은 아니다. 권력과 통제는 전제주의 체제나 원숭이 무리 내에서는 쓸모가 있다. 그건 이 책을 읽고 있는 당신이 추구하는 방식은 아닐 것이다.

책임과 관계 사이에는 선순환이 존재한다. 피드백을 자유롭게 주고받는 분위기를 조성함으로써, 올바른 인물을 올바른 자리에 배치함으로써, 자신이 혼자서 이룰 수 없는 성과를 협력을 통해 성취함으로써 강력한 관계를 구축할 수 있다. 물론 책임과 관계 사이에 악순환이 발생할 수도 있다. 직원에게 업무에 필요한 도움을 제대로 주지 못할 때, 직원에게 적합하지 않거나 원치 않는 역할을 맡길 때, 비현실적인 목표를 제시할 때 신뢰 관계는 위축된다.

관계와 책임은 서로 긍정적으로, 또는 부정적으로 강화한다. 이러한 역동성에 따라 상사는 앞으로 나아가거나, 물에 빠져 떠내려간다. 상사와 직원의 관계는 그 직원과 그들의 부하직원의 관계에, 팀 문화에 중대한 영향을 미친다. 직원과 인간적인 신뢰 관계를 구축하는 역량은 이로부터 비롯되는 모든 것을 결정한다.

이러한 관계를 정의하는 것은 대단히 중요한 일이다. 상사와 직원의

관계는 우리가 일상에서 경험하는 개인적인 관계와 크게 다르지 않다. 대부분 사람은 이러한 관계를 구축하기 시작할 때 길을 잃는다. 완전한 솔직함이 우리를 올바른 길로 안내해줄 것이다.

완전한 솔직함이란 무엇인가
: 상사와 직원 사이에 필요한 새로운 관계 원칙

신뢰를 쌓는다는 것은 그저 "이러저러한 노력을 하면 좋은 관계를 형성할 수 있다"라고 말할 수 있는 단순한 과제가 아니다. 모든 인간관계와 마찬가지로 상사와 직원 사이의 관계도 예측하기 힘든 변수의 영향을 받는다. 또한 절대적 법칙이란 존재하지 않는다. 그러나 함께 연결할 때 긍정적으로 작용하는 관계의 두 가지 요소가 있다.

첫 번째 요소는 '업무적' 관계를 넘어서는 것이다. 이는 혼자서 일을 처리하는 것이 아니라, 일을 직원들과 함께 공유하고 직원들도 그렇게 하도록 격려하는 노력을 말한다. 직원의 업무에 관심을 기울이는 것으로는 충분치 않다. 좋은 관계를 만들려면 자기 모습을 그대로 드러내고, 모든 직원에게 개인적인 관심을 기울여야 한다. 이는 비즈니스 관계를 넘어선 개인적으로 깊은 관계를 말한다. 나는 관계의 이러한 요소를 '개인적 관심Care Personally'이라고 부른다.

두 번째 요소는 성과가 좋을 때나 나쁠 때 직원에게 피드백을 전하는 노력을 말한다. 직원에게 그들이 원치 않는 역할을 맡길 때, 그들 '위에' 새로운 관리자를 임명할 때, 기대한 투자 수익률을 올리지 못할 때, 상사는 피드백을 줘야 한다. 힘든 피드백을 전하고, 팀 내에서 힘든 역할 배분을 처리하고, 높은 성과 기준을 세우는 것도 모두 명백히 상사가 해야 할 일이다.

대부분의 상사는 이러한 책임을 수행하는 과정에서 많은 어려움을 겪는다. 직원에게 부정적인 피드백을 전하는 것은 특히 힘든 일이다. 이는 관계를 구축하거나 개인적 관심을 드러내는 것과는 거리가 멀어 보인다. 그러나 힘든 피드백을 전달하려는 노력이야말로 상사가 직원에게 개인적인 관심을 갖고 있다는 사실을 보여줄 수 있는 가장 좋은 방법이다. 나는 이러한 요소를 '직접적 대립Challenge Directly'이라 부른다.

개인적 관심과 직접적 대립을 연결하면 '완전한 솔직함'이 모습을 드러낸다. 완전한 솔직함의 상태가 될 때 신뢰를 구축하고 의사소통의 문을 열어젖힘으로써 목표를 달성할 수 있다. 완전한 솔직함은 많은 이가 경영 딜레마에 관한 질문을 던지면서 드러내는 두려움을 직접적으로 해결해준다. 직원들이 당신을 신뢰하고, 당신이 그들에게 관심을 갖고 있다고 믿을 때, 그들은 다음과 같은 행동을 보인다.

❶ 당신의 칭찬과 지적을 받아들이고, 그에 따라 행동한다.

❷ 당신이 잘하거나, 잘 못하고 있는 일에 대해 솔직한 의견을 제시한다.

❸ 서로 똑같은 행동에 참여한다. 즉, 바위를 계속해서 밀어올리는 에너지 낭비를 하지 않는다.

❹ 팀 내에서 자기 역할을 받아들인다.

❺ 성과 달성에 집중한다.

왜 '완전한radical'이라고 표현했느냐고? 많은 사람이 자기 생각을 분명하게 드러내지 않도록 오랫동안 훈련을 받아왔기 때문이다. 자기 생각을 완전하게 드러내지 않는 것은 부분적으로 사회에 적응하기 위한 태도로서, 갈등을 피하고 혼란을 예방하는 기능을 한다. 그러나 상사가 자기 생각을 완전하게 드러내지 않으면 재앙이 벌어진다.

다음으로 나는 '솔직함candor'이라는 표현을 썼다. 모든 직원이 서로에게(혹은 당신에게) 부정적인 피드백을 자유롭게 주도록 하려면 해석의 여지가 없도록 정확하게 자기 의견을 제시하는 것이 중요하다.

'솔직함'이라는 의미로 나는 'honesty' 대신 'candor'라는 용어를 선택했다. 그 이유는 그 안에 겸손함이라는 의미가 좀 더 강하게 담겨 있기 때문이다. 'candor'라는 개념 속에는 자기 생각을 제시하면서 동시에 직원들도 각자 의견을 제시하기를 기대한다는 뜻이 함축되어 있다. 당신이 잘못을 저질렀다면 그 사실을 분명히 알아야 한다. 적어도 알기 위해 노력해야 한다!

완전한 솔직함에서 가장 놀라운 부분은 그 결과가 우려와는 정반대로 나타난다는 사실이다. 우리는 보통 솔직하게 의견을 제시하면 상대가 화를 내거나 원한을 품을 것이라고 걱정한다. 그러나 사실 직원들은 대화를 나눌 기회를 준 것에 대해 오히려 '고마움'을 느낀다. 처음에는 화가 나거나 불쾌하더라도, 당신이 정말로 관심을 기울인다는 사실을 이해하고 나면 부정적인 감정은 말끔히 사라질 것이다.

직원들이 완전하게 솔직해지면, 중재에 필요한 시간도 줄어든다. 상사가 완전한 솔직함을 격려하고 지지할 때, 소통이 시작되고 심각한 갈등이 표면으로 드러나면서 해소된다. 또한 직원들은 자기 업무뿐만 아니라 함께 일하는 동료와 환경을 사랑하기 시작한다. 직원들이 자기 일을 사랑할 때, 팀 전체의 성공 가능성은 더욱 높아진다. 그에 따른 행복은 성과 이상의 것이다.

개인적 관심
: 완전한 솔직함의 첫 번째 요소

내가 개인적 관심의 중요성을 처음으로 깨달은 것은 1992년 7월 4일 모스크바에서였다. 그날은 비가 왔고, 나는 세계 최고의 다이아몬드 연마공들과 함께 커다란 천막 안에 서 있었다. 당시 나는 뉴욕의 다이아몬드 회사에서 일했고, 내 임무는 러시아 연마공들을 채용하는 일이었다. 사실 나는 러시아 문학으로 학위를 받았다. 내 전공은 다이아몬드 회사의 일과는 전혀 상관없는 듯 보였다. 그 일에 인간 본성에 대한 깊은 이해가 필요하지는 않았다. 기본적인 상식만 있으면 아무나 할 수 있는 일이었다.

하지만 그날 나는 연마공들을 어떻게든 설득해서 러시아 국영 공장을 그만두도록 해야 했다. 그 공장은 그들에게 넉넉지 않은 월급을 루블로 지급하고 있었다. 반면 우리 회사는 제법 괜찮은 보수를 미국 달러로 줄 수 있었다. 좋은 보수야말로 가장 보편적인 동기 부여 수단이 아니던가?

그날만큼은 아니었다. 다이아몬드 연마공들이 정말 원했던 것은 돈이 아니라 신나는 피크닉이었다. 그래서 나는 커다란 천막 아래서 이들과 함께 샤슬릭(러시아 전통 꼬치구이)과 작고 시큼한 사과를 곁들여 보드카 잔을 돌리고 있었던 것이다.

연마공들은 내게 많은 것을 물었다. 우리가 그들에게 맡길 첫 번째 임무는 100캐럿짜리 다이아몬드로 한 쌍의 귀걸이를 만드는 일이었다. 그들은 과연 누가 그렇게 값비싼 보석을 사는지 궁금해했다. 나는 한 사우디 왕자가 쌍둥이를 임신한 아내에게 선물하기 위해 주문한 것이라고 설명했다.

나는 다이아몬드를 절삭하는 레이저 기술에 대해 아무것도 몰랐지만 함께 이스라엘에 가면 최신 연마 기술을 보여주겠다고 장담했다. 사실 그 기술은 이 연마공들이 오래전부터 사용했던 구리 디스크 기술보다 효율성이 낮았다.

그들은 영어를 배우고 싶어했다. 나는 직접 영어를 가르쳐주겠노라고 약속했다. 그들의 질문은 계속해서 이어졌다.

"오늘처럼 일주일에 한 번씩 함께 점심을 먹을 수 있을까요?"

나는 당연히 가능하다고 답했다. 보드카가 동이 날 즈음 누군가 이런 질문을 했다.

"지옥 같은 러시아에서 나와 우리 가족을 구해줄 수 있나요?"

그때 나는 그게 가장 중요한 질문이라는 사실을 알았다. 즐거운 만찬이 끝나갈 무렵, 그들에게 해줄 수 있는 가장 중요한 일은 러시아 정부가 할 수 없는 일, 즉 개인적인 관심을 기울여주는 일이라는 사실을 깨달았다.

결국 연마공들은 내 제안을 받아들였다. 그 순간, 러시아 장편 소설에 파묻혀 살았던 지난 세월이 내 비즈니스 경력과 연결되었다. 그러나 앞으로 그들의 상사가 되어야 한다는 사실에 겁이 났다. 그동안 나는 상사란 꿈을 짓밟는 기계, 혹은 딜버트(스콧 애덤스가 그린 풍자만화 속 주인공-옮긴이)와 같은 영혼 파괴자쯤으로 여겼기 때문이다.

이제 나는 나를 러시아 문학의 세계로 이끌었던 질문('왜 어떤 이는 활기차고 생산적으로 살아가는데, 다른 이는 마르크스의 표현대로 노동으로부터 소외되는 것일까?')이야말로 훌륭한 상사가 되기 위한 핵심이라는 사실을 깨닫게 되었다.

그 뒤로 나는 에너지와 열정으로 넘치는 삶을 살아가는 비결을 알아내고자 노력했다. 그 결과, 내가 가진 인간성은 직원들의 열정을 높이는 과정에서 장애물이 아니라 도약대로 작용한다는 사실을 깨달았다.

2년 뒤, 나는 연마공들에게 처음으로 고향을 떠나는 여행을 주선했다. 그들은 그 여행을 통해 지금껏 살아왔던 세상과 소련 교육이 주입했던 기대 사이의 불일치를 이해하고, 영어를 배우고, 가족과 함께 즐거운 시간을 보냈다. 그들은 연매출이 1억 달러를 넘은 우리 회사에서 다이아몬드를 연마하기 시작했다.

상사는 부하직원에게 개인적인 관심을 기울여야 한다는 말은 당연한 이야기처럼 들린다. 관리자라는 새로운 경력을 시작하면서 이렇게 생각하는 사람은 없다.

'훌륭한 상사가 되려면 부하직원에 대한 관심을 꺼야 한다.'

그럼에도 많은 직원이 조직의 수직 체계 안에서 자신을 체스판의 폰pawn(장기에서 '졸'에 해당-옮긴이)과 같은 소모품으로 느낀다.

많은 상사가 개인적 관심을 충분히 기울이지 못하는 이유 중 하나는 '업무적인 태도를 유지해야 한다'는 생각 때문이다. 그러나 이러한 태도는 대단히 중요한 가치를 부인한다. 우리는 모두 인간이다. 직장에서도 인간적인 감정으로 살아간다. 우리는 마땅히 감정을 지닌 인간으로 대우받아야 한다. 그러지 못하고 먹고살기 위해 중요한 가치를 외면해야 할 때, 우리는 소외감을 느낀다. 그래서 사람들은 출근하기를 싫어한다. 상사들은 대부분 업무적인 태도를 이렇게 생각한다.

'정시에 출근해서 맡은 일을 처리하고, 동기나 목표 달성을 향한 열정을 제외한 개인적인 감정은 절대 드러내서는 안 된다.'

그 결과, 사람들은 직장에서 진정한 자기 모습을 애써 숨기며 살아간다.

구글에 다닐 때 내 스승이었던 프레드 코프먼Fred Koffman은 많은 상사가 잘못 알고 있는 '업무적인 태도'와 맞서 싸우기 위해 다음과 같은 주문을 되뇌었다.

"완전한 자아로 일터에 나가라."

이 주문은 구글이라는 조직에서 '구글하라. 800만 이상의 결과를 얻을 것이다'라는 하나의 밈meme이 되었다. 셰릴 샌드버그는 2012년 하버드대학교 졸업식 연설에서 그 말을 언급했다. 2016년에 저자 마이크 로빈스Mike Robbins는 테드 강연에서 그 이야기를 꺼냈다. 또한 슬랙Slack의 CEO 스튜어트 버터필드Stewart Butterfield는 그러한 태도를 기업의 우선 과제로 삼았다.

"완전한 자아로 일터에 나가라"라는 말은 뜻을 정확하게 정의하기 힘들다. 그래도 우리는 직접적인 실천을 통해 그 의미를 파악할 수 있다. 가령 부하직원에게 개인적인 약점을 그대로 보이거나 실수를 인정함으로써 직원들이 편하게 행동하도록 사무실 분위기를 만들 수 있다. 다시 말해, 스스로 모범이 된다는 뜻이다.

'업무적인 태도'에 대한 집착 외에도, 사람들이 개인적 관심을 등한시하는 이유는 또 있다. 어떤 이들은 상사가 되면 의식적이거나 무의식적으로 스스로 '우월하다'는 느낌을 받는다. 그들은 자신이 부하직원보다 더 유능하고 똑똑하다고 생각한다.

이러한 태도는 훌륭한 상사로 나아가는 길을 가로막고, 직원들의 불만만 자극할 뿐이다. 우월감만큼 인간관계에 치명적인 피해를 입히는 것도 없다. 그래서 나는 '상관superior'이라는 말을 좋아하지 않는다. 또한 나는 '피고용인employee'이라는 말도 잘 쓰지 않는다. 예전에 한 상사는 이렇게 말했다.

"모든 관계에는 괴롭히는 쪽과 괴롭힘을 당하는 쪽이 있게 마련이다."

나는 그 직장에 오래 다니지 않았다. 그 상사는 혼자 살고 있었고, 자녀들은 심리 치료를 받고 있었다. 물론 모든 상사는 수직 체계 안에 존재한다. 그 사실을 부정하는 게 아니다. 다만 상사는 하나의 역할이지, 가치 판단의 주체가 아니라는 점을 명심하자.

개인적 관심은 기계적인 프로페셔널리즘과 상사의 오만함을 치료하는 해독제다. 왜 나는 '관심'이 아니라 굳이 '개인적 관심'이라는 표현을 썼을까? 직원의 업무나 경력에 대한 관심만으로는 충분치 않기 때문이다. '자신의 완전한 자아로 직원의 완전한 자아'에 관심을 기울여야만 올바른 관계를 구축할 수 있다.

개인적 관심은 직원의 생일이나 그 가족의 이름을 기억하는 것을 의미하지 않는다. 또한 치부를 공유하거나 굳이 안 가도 될 행사에 가서 억지로 잡담을 나누는 것도 아니다.

개인적 관심이란 이미 우리가 알고 있는 바를 실천하는 것이다. 업무 영역을 넘어서서, 더 높은 꿈을 품은 존재로 직원 개개인을 대하는 것이다. 대화를 나눌 시간을 마련하고, 인간적인 측면을 서로 이해하고, 무엇을 중요하게 생각하는지 알아가는 것이다. 그리고 아침에 일어나 출근하도록 만드는 것이 무엇인지, 혹은 출근하기 싫게 만드는 것이 무엇인지 함께 공유하는 것이다.

문제는 개인적인 관심을 드러내는 것만으로 끝나지 않는다. 상사는 직원에게 깊은 관심을 드러내면서도 미움받을 마음의 준비도 해야 한다. 1980년대 미국의 올림픽 아이스하키 남자팀 감독을 다룬 영화 〈미라클Miracle〉에서 허브 브룩스 감독은 스스로 선수들의 공공의 적을 자처함으로써 팀을 하나로 단결시킨다. 감독은 선수 한 명 한 명에 많은 관심을 기울이지만, 선수들이 그 마음을 이해하기까지는 오랜 시간이 걸린다. 훌륭한 상사가 되는 것은 외로운 일방통행을 의미한다. 초반에는 특히 그렇다.

이러한 사실을 감내할 수 있다면, 당신의 부하직원도 얼마든지 훌륭한 상사로 거듭날 수 있다. 훌륭한 상사가 무엇인지 이해할 때, 그리고 훌륭한 상사와 함께 일하는 것이 어떤 것인지 이해할 때, 그들은 자연스럽게 훌륭한 상사로 성장할 것이다. 당신에게 받은 은혜를 되돌려주지는 않겠지만, 자신의 부하직원에게 그대로 베풀 것이다. 또한 개인적인 관심을 기울인 직원이 성공을 거두고, 훌륭한 상사로 성장하는 모습을 지켜보는 것이야말로 최고의 보상일 것이다.

직접적 대립
: 완전한 솔직함의 두 번째 요소

트위터와 애플의 임원에게, 또 스탠퍼드대학교와 MIT 학생에게 강의했던 철학자 조슈아 코언Joshua Cohen은 "서로 직접적으로 이의를 제기하는 문화가 업무 성과를 높이고 관계를 튼튼히 구축하는 핵심 요인"이라고 주장했다. 코언은 종종 존 스튜어트 밀John Stuart Mill을 인용한다.

> 지성적인 존재로서, 혹은 도덕적인 존재로서 인간을 존경할 만한 근거는 실수를 바로잡을 수 있다는 사실에 있다. 인간은 경험과 논의를 통해 잘못을 바로잡는다. 경험만으로는 부족하다. 경험의 의미를 해석하려면 논의가 반드시 필요하다.

직원들끼리, 혹은 당신 자신에게 직접 이의를 제기하도록 허용함으로써 신뢰 관계를 구축할 수 있다. 이유는 두 가지다.

❶ 성공과 실패를 모두 언급함으로써 충분한 관심을 기울이고 있다는 사실을 보여준다.

❷ 자기 잘못을 기꺼이 인정하고 자신과 직원의 잘못을 바로잡기 위해 적극적으로 노력한다는 사실을 보여줄 수 있다.

그러나 직접적인 대립은 종종 거절과 부인을 자극하기 때문에 갈등을 유발할 위험이 높다.

미 국무장관을 지낸 콜린 파웰Colin Powell은 "책임을 진다는 것은 때로 사람들을 짜증나게 만드는 일"이라고 말했다.[4] 팀원들이 자신 때문에 스트레스를 받을 수 있다는 사실을 받아들여야 한다. 만약 어느 직원도 당신 때문에 스트레스를 받지 않는다면, 그건 팀원들을 충분히 밀어붙이지 않았다는 뜻이다.

모든 관계에서 핵심은 스트레스를 해결하는 방식이다. 자기 말이 다른 사람에게 상처가 될 수 있다는 사실을 인정해야 한다. 상처를 주지 않은 척하거나, 자기 말을 후회하는 데에서 그치지 말자. 상대에게 많은 관심을 기울이고 있다는 사실을 보여주어야 한다.

당신의 사전에서 "개인적으로 받아들이지 마세요"라는 말을 없애자. 그건 상대를 무시하는 말이다. 그 대신, 문제 해결에 도움을 주자. 상대방을 기분 좋게 하느라고 문제를 덮어두지 말자. 직원에게 가슴 아픈 말을 한다고 해도, 개인적인 관심을 보여줌으로써 최고의 관계를 유지할 수 있다.

여기서 소개하는 직접적 대립은 쉽지 않은 방식이다. 특히 초반에는 더욱 힘들다. 신뢰를 구축하는 과정에서 직원이 한 일을 지적하거나 역할을 바꿔야 할 수도 있다.

상사로서 직원에게 직접적으로 이의를 제기하는 것보다 더 힘든 대목이 있다. 그것은 직원이 당신에게 직접적으로 이의 제기를 하도록 만드는 일이다. 상사가 직원에게 하는 것처럼, 직원도 상사에게 직접적으로 대립하도록 만들어야 한다. 당신이 화가 나거나 불쾌할 만큼 충분히 직접적으로 이의를 제기하도록 허용해야 한다.

이렇게 되려면 훈련이 필요하다. 특히 독재적인 성향이 강한 상사에게는 더욱 그렇다. 그래도 꾸준히 연습한다면 자신이 어떤 사람인지, 직원이 당신을 어떻게 생각하는지 많은 것을 배우게 될 것이다. 이러한 깨달음은 당신 자신과 팀에게 더 나은 성과를 가져다줄 것이다.

나의 공동 설립자 러스는 얼마 전 캔더의 콘텐츠 마케팅 사업부를 이끌 인재로 엘리스 록하트Elisse Lockhart를 영입했다. 러스는 완전한 솔직함과 관련하여 자신만의 생각이 있었다. 처음에 엘리스는 우리 조직문화가 생소했고, 그래서 자기 생각을 뚜렷하게 드러내지 않았다. 자신이 엘리스의 상사라는 사실을 중요하게 여긴 러스는 우리가 그녀를 대하는 것처럼 그녀도 우리에게 직접적으로 이의를 제기하도록 조심스럽게 요구했다.

상하관계를 떠나서, 서로 직접적으로 의견을 제시할 수 있도록 서로 간에 충분한 신뢰가 쌓이려면 많은 시간과 주의가 필요하다. 나는 러스와 엘리스가 웹사이트의 블로그 게시글을 놓고 논쟁을 벌일 때, 바로 그러한 신뢰 관계가 완성되었음을 직감했다. 엘리스는 러스가 작성한 문구에 이의를 제기했다. 두 사람은 몇 번 실랑이를 벌였고, 결국 엘리스가 한 발 물러섰다. 이를 감지한 러스는 잽싸게 이렇게 제안했다.

"성공 사례에 대한 객관적인 데이터가 있다면 한번 살펴봅시다. 그런 데이터가 없으면 당신 의견을 따르도록 하죠."

러스가 한 이 말은 넷스케이프Netscape의 짐 바크스데일Jim Barksdale의 말을 빌려온 것이었지만, 맥락은 완전히 달랐다. 결국 러스는 엘리스의 지적에 동의했고, 이후 데이터는 그녀가 옳았음을 증명해주었다.

이후 한층 용기를 얻은 엘리스는 상사와의 선을 넘어선 것은 아닌지 걱정될 정도로 뚜렷하게 자기 의견을 제시했다. 사실 그녀는 선을 넘지 않았다. 러스는 그러한 사실을 분명하게 알려주기 위해 영화 〈제리 맥과이어〉의 유명한 대사, "나를 돕는 게 곧 자네를 돕는 거야Help me, help you"가 나오는 영상 클립을 보내주었다. 이 영상에는 제리와 그의 클라이언트 로드가 말싸움을 벌이고 나서 로드가 제리에게 말하는 명대사가 나온다.

"그게 우리의 차이점이라고. 자넨 우리가 싸우고 있다고 생각하지만, 나는 마침내 우리가 대화를 시작했다고 생각해!"

완전한 솔직함이 아닌 것

앞서 겸손의 중요성에 대해 언급했다. 완전한 솔직함은 아무런 이유 없이 이의를 제기하거나, 사람들이 보는 앞에서 상대방을 비난하는 것이 아니다. "지금부터 완전히 솔직하게 말하겠어요"라고 말한다고 해서, 완전한 솔직함을 드러낼 수 있는 것도 아니다. "당신은 거짓말쟁이군요. 도저히 믿을 수 없어요" 혹은 "당신은 쓸모없는 인간입니다"라는 말은 무례한 표현에 불과할 뿐이다. 개인적인 관심을 보여주지 않는 한, 그러한 말과 행동은 완전한 솔직함과 아무 상관이 없다.

완전한 솔직함은 사소한 일로 트집을 잡는 것과도 거리가 멀다. 직접적인 대립은 자신은 물론 상대방에게서도 많은 에너지를 앗아간다. 따라서 정말로 중요한 일에만 그렇게 해야 한다. 인간관계에서 최고 원칙은 매일 사소한 문제 세 가지를 입 밖으로 꺼내지 말고 묻어두는 것이다.

완전한 솔직함은 수직 체계와 거리가 멀다. 우리는 완전한 솔직함을 '위로', '아래로', '옆으로' 연습해야 한다. 지금 당장 상사와 동료가 이를 받아들이지 않는다 하더라도, 자신의 팀원들과는 완전한 솔직함의 세상을 창조할 수 있다. 물론 상사나 동료들에게는 조금 더 신중하게 접근할 필요가 있다. 그러나 궁극적으로 상사나 동료와 완전하게 솔직한 관계를 이루는 것이 불가능하다면, 부디 다른 업무 환경을 선택할 수 있기를 바란다.

완전한 솔직함은 함께 수다를 떠는 것도 아니며, 외향성을 마음껏 발산함으로써 내성적인 팀원을 지치게 만드는 것도 아니다. 다 같이 술을 마시거나, 카트 경주를 즐기거나, 서바이벌 게임을 벌이거나, 새벽까지 파티를 즐기는 것도 아니다. 물론 그건 스트레스 해소에 좋은 방법이지만 시간이 많이 든다. 또한 함께 일하는 사람을 이해하거나 자신의 개인적인 관심을 드러내기에 효과적인 방법도 아니다.

완전한 솔직함은 실리콘밸리나 미국 사회의 고유한 문화가 아니다. 그것은 지극히 인간적인 문화다. 실제로 내가 완전한 솔직함이라는 개념을 떠올린 것은 이스라엘 회사에서 일할 때였다.

완전한 솔직함은 모든 조직에 통한다

개인적 관심과 직접적 대립이라는 완전한 솔직함의 두 가지 요소는 주변 상황에 민감하다. 그 두 가지는 말하는 사람의 입이 아니라 듣는 사람의 귀에서 평가된다. 완전한 솔직함은 성격 유형이나 재능, 혹은 문화적 판단이 아니다. 완전한 솔직함은 개인적인 관심을 기울이고 있으며, 직접적인 대립이 선의에서 우러난 것임을 전할 때 비로소 효과를 드러낸다.

어떤 팀원에게 완전한 솔직함으로 인식된 것이 다른 팀원에게는 불쾌하게(또는 경계를 넘어선 것으로) 느껴질 수 있다는 사실을 항상 명심해야 한다. 완전한 솔직함은 기업에서 기업으로, 혹은 국가에서 국가로 넘어갈 때 상당한 변용이 필요하다. 어떤 문화에서 효과가 있었다고 해서 다른 문화에서 그대로 활용할 수 있는 것은 아니다.

이제 이스라엘 스타일의 완전한 솔직함으로 넘어가보자. 나는 비즈니스스쿨을 졸업하고 나서 예루살렘에 있는 IT 신생기업인 델타쓰리Deltathree에 입사했다. 어릴 적 나는 미국 남부에서 자랐는데 그곳 사람들은 갈등이나 논쟁을 어떻게든 피하려고 한다. 그러나 이스라엘의 상황은 정반대였다. 이스라엘 사람들은 지극히 직접적인 방식으로 대화를 나눴다. 나는 델타쓰리의 CEO인 노엄 바딘Noam Bardin이 한 엔지니어에게 이렇게 소리를 질렀던 장면을 잊을 수 없다.

"그 설계는 15배나 효율적으로 만들 수 있다고. 충분히 더 잘 만들 수 있다는 사실을 알아야 해. 그러니까 지금 설계를 버리고 당장 새로 시작하라고. 우리는 한 달을 허비했어. 이유가 뭐지? 대체 무슨 생각을 하고 있는 거야!"

살벌하면서 무례하기까지 했다.

델타쓰리의 공동 설립자 제이콥 네르-다비드Jacob Ner-David가 안식일 저녁에 예루살렘에 있는 자기 집으로 초대했을 때, 나는 이스라엘 문화를 좀 더 이해하게 되었다. 그의 아내 하비바는 랍비가 되기 위해 공부 중이었는데, 이는 유대교 사회에서 보기 드문 일이었다. 실제로 하비바는 예배당에서 많은 사람에게 비난을 받았다고 했다. 그럼에도 제이콥은 아내의 결정을 지지했다. 그날 두 사람은 전통적인 교리에 대해 어떻게 생각하는지 내게 설명해주었다. 그런데 제이콥과 아내가 경전에 대한 기존 해석에 의문을 던진 방식은 엔지니어에게 고함을 치던 노엄의 모습을 떠올리게 했다.

신의 말씀에 이의를 제기하고 재해석하는 시도가 허용된다면, 개인 간의 치열한 논쟁은 결코 무례함의 표현이 아니다. 그러나 나는 이들과 아주 다른 문화 속에서 자랐다. 내 고향에서는 모두가 신이 일주일 만에 세상을 창조했다고 철석같이 믿었으며, 진화론은 이단으로 여겼다. 물론 나는 노엄처럼 독실한 신앙인은 아니었지만, 그래도 어릴 적 경험했던 종교적인 문화는 논쟁을 바라보는 내 시각에 많은 영향을 미쳤을 것이다. 그날 나는 노엄의 격렬한 논쟁을 무례함이 아니라 존경의 표현으로 해석해야 한다는 사실을 깨달았다.

몇 년 뒤, 도쿄에서 근무하면서 완전히 상반된 경험을 하게 되었다. 당시 도쿄팀은 구글 미국 본사의 모바일 광고 서비스 방식에 큰 혼란을 느끼고 있었다. 그 무렵 야후는 일본 시장에서 빠른 속도로 세력을 확장했고, 그 뒤를 여러 일본 경쟁 업체들이 따라붙고 있는 상황이었다. 그럼에도 도쿄팀은 너무 예의를 갖춘 나머지 본사 제품팀에 당시 상황을 정확하게 설명하지 못했다. 그 바람에 문제는 해결되지 않은 채 그대로 남아 있었다. 내가 도쿄팀에게 모바일 광고에 대한 구글 본사의 방식에 이의를 제기하라고 하자, 그들은 나를 미친 사람 보듯 빤히 쳐다보기만 했다.

예루살렘에서 노엄이 했던 것처럼 적극적으로 문제를 제기하라는 격려는 도쿄팀원들에게는 소용이 없었다. 텔아비브에서 상대에 대한 존경으로 받아들여졌던 논쟁은 도쿄에서는 대단히 공격적인 것으로 인식되었다. '완전한 솔직함'이라는 표현을 사용하는 것조차 지나치게 공격적인 느낌을 주었다.

나는 일본인의 태도를 이해하는 과정에서 미국 남부에서 자란 내 어린 시절이 어느 정도 도움이 될 거라는 예감이 들었다. 두 사회 모두 예의 있게 행동하고, 다른 사람과 충돌하지 않는 것을 미덕으로 여겼다. 그래서 나는 도쿄팀원들에게 '예의 바르면서도 끈기 있게' 움직일 것을 요구했다. 예의는 일본인에게 개인적인 관심을 드러내는 긍정적인 방식이었다. 그리고 끈기 있는 행동은 구글 본사의 방침에 대해 그들이 심리적인 불편함을 느끼지 않고 이의를 제기하는 방식이었다.

결과는 꽤 만족스러웠다. 도쿄팀은 끈질긴 요구는 물론, 그들이 원하는 마케팅 캠페인에 대해서도 목소리를 높였다. 최종적으로 새로운 모바일 애드센스 앱이 탄생하는 과정에서 도쿄팀의 예의 바른 끈기도 분명 한몫했을 것이다.

완전한 솔직함과 관련하여 내가 좋아하는 또 하나의 사례는 로이 주Roy Zhou에 관한 것이다. 로이는 러스의 지휘 아래 중국 시장에서 애드센스 팀을 이끈 인물이다. 처음에 로이는 러스와 나를 지나치게 깍듯하게 대했다. 우리는 그에게 격의 없는 논쟁을 원한다고 말했고, 이후 그의 태도는 완전히 달라졌다. 로이는 함께 일하기 매우 좋은 사람이었고, 구글에서 가장 '완전하게 솔직한' 관리자였다.

몇 년 전, 로이는 베이징에 있는 500명 규모의 온라인 광고 플랫폼 기업, 요기디지털Yoyi Digital의 대표로 자리를 옮겼다. 취임 후 몇 달이 흘러, 그는 비즈니스에서 중요한 문제점을 몇 가지 발견했다. 그리고 이사회와 조직 전반에 문제점을 상세하게 설명했다. 또한 로이는 팀원들에게 자신이 개인적인 관심을 갖고 있으며, 모두의 성공을 위해 최선을 다할 것이라는 다짐을 보여주었다. 그는 모든 팀원이 조직 내에서 중요한 자리를 차지하도록 했을 뿐 아니라, 새로운 투자를 유치할 때까지 직원들의 월급을 주기 위해 자기 집을 담보로 잡히기까지 했다. 지금 로이는 중국에서 대단히 성공적으로 비즈니스를 이끌고 있다.

나는 세계를 돌면서 다양한 팀을 이끌었다. 그 과정에서 내가 배운 교훈은 영국인이 특유의 공손함에도 불구하고 뉴요커들보다 더 솔직하다는 사실이다. 그 이유는 토론을 글쓰기만큼 중요하게 여기는 영국의 특별한 교육 시스템 때문이다. 또한 나는 완전한 솔직함을 변용함으로써 텔아비브, 도쿄, 베이징, 베를린에 얼마든지 적용할 수 있음을 체험했다.

2

그들의 피드백은 무엇이 다른가

칭찬과 지적으로 만드는 열린 소통의 문화

"'음'이라니, 멍청하게 들려요"

구글에 입사한 지 얼마 지나지 않아, 나는 CEO와 설립자 앞에서 애드센스의 성과를 주제로 프레젠테이션을 했다. 당시 애드센스는 좋은 성적을 올리고 있었고, 또한 상사가 힘을 실어주기 위해 내 옆에 앉아 있었음에도, 나는 무척 긴장되었다. 다행스럽게도 우리 팀은 좋은 스토리를 확보하고 있었다. 애드센스 비즈니스는 전례 없는 속도로 성장하고 있었다.

나는 회의실 주변을 둘러보다가 CEO인 에릭 슈미트와 눈이 마주쳤다. 지난달에 얼마나 많은 신규 사용자가 가입했는지 언급하자 슈미트는 노트북에서 고개를 들어 나를 쳐다보았다. 그 수치가 슈미트의 관심을 끌어당긴 것이다!

"몇 명이라고요?"

나는 신규 가입자 수를 다시 한번 말했고, 그는 의자에서 떨어질 정도로 깜짝 놀랐다.

반응은 좋았다. 프레젠테이션을 무사히 끝내고 나자 성취감과 안도감이 몰려왔다. 내 상사인 셰릴이 회의실 입구에서 나를 기다리며 서 있었다. 나는 하이파이브를 기대했다. 그러나 그녀는 자기 사무실로 따라오라고 했다. 가슴이 철렁 내려앉았다. 문제가 있었군. 뭘까?

셰릴은 이렇게 입을 뗐다.

"구글에서 놀라운 경력을 쌓아가고 있군요."

셰릴은 내 관심을 사로잡는 법을 알았다. 그전에 나는 이미 세 번이나 사업에 실패했고, 누구보다 성공을 갈망했다.

"자기 주장을 제시하는 것도 중요하지만, 논쟁 과정에서 솔직한 태도를 보여준다면 더 좋은 결과를 얻을 수 있을 겁니다."

그러고는 자기 생각을 설명하기 위해 몇 가지 문제점을 지적했다. 그전부터 나는 주장을 뚜렷하게 제시하지 못하고 있는 게 아닌가 걱정했기 때문에, 셰릴의 말은 오히려 내게 위안이 되었다. 셰릴의 이야기는 계속되었다.

"오늘 당신이 질문을 다루는 방식에서 저도 많은 걸 배웠습니다."

그건 그저 입에 발린 칭찬이 아니었다. 그녀가 잠시 말을 멈추고 나를 쳐다보는 눈빛에서 진심을 확신할 수 있었다. 셰릴은 내가 약점이라고 생각했던 것이 장점이 될 수 있다고 했다.

나는 흥분되었다. 나중에 그녀의 말을 차분하게 정리해봐야겠다는 생각이 들었다. 그러나 불안감은 여전히 사라지지 않았다. 그녀가 어떤 중요한 말을 꺼낼 것 같았다. 나는 무슨 잘못이 있었는지 알고 싶었고 이렇게 물었다.

"그런데 뭔가 잘못된 부분이 있는 거죠?"

셰릴은 빙긋 웃었다.

"당신은 언제나 더 잘할 수 있는 부분에 집중하는 경향이 있어요. 이해합니다. 나도 그러니까요. 사실 성공보다 실패에서 더 많은 걸 배울 수 있죠. 그래도 지금은 잠시나마 성공에 집중하길 바랍니다. 전반적으로 훌륭한 프레젠테이션이었어요. 그게 바로 성공이죠."

나는 최대한 집중하는 모습을 보였다. 마침내 그녀가 말했다.

"그런데 '음'이란 말을 너무 자주 하더군요. 알고 있었나요?"

나는 대답했다.

"네. 좀 그런 버릇이 있죠."

셰릴은 그저 '음' 이야기를 하려고 자신의 사무실로 따라오라고 하지는 않았을 것이다. 긴장할 때 나도 모르게 나오는 습관을 누가 신경쓴단 말인가? 그러나 셰릴은 이렇게 말했다.

"긴장해서 그런 거죠? 발성 전문가 한 사람 소개해드릴까요? 비용은 회사에서 대줄 겁니다."

"괜찮습니다."

나는 벌레를 내치듯 손사래를 쳤다.

"그냥 말할 때 습관인 것 같아요."

"하지만 그런 사소한 습관 때문에 손해볼 필요는 없잖아요?"

"그렇기는 하죠."

나는 다시 한번 손사래를 쳤다. 셰릴이 웃었다.

"게다가 그런 손짓은 상대를 무시한다는 느낌을 줄 수 있어요. 저는 이렇게 직접적으로 말해야 당신을 설득할 수 있다고 생각해요. 당신은 분명 똑똑한 사람이에요. 하지만 '음'을 연발하는 건 멍청하게 들려요."

그 말이 내 관심을 자극했다. 셰릴은 내게 계속해서 도움을 주겠다고 했다.

"좋은 소식은 발성 전문가가 '음'과 같은 문제에 확실한 도움을 줄 수 있다는 겁니다. 그 방면에 뛰어난 전문가를 알고 있어요. 틀림없이 바로 잡아줄 겁니다."

피드백 유형 사분면

셰릴이 상황을 이끌어간 방식에 대해 잠시 생각해보자. 대화는 전반적으로 순조로웠다. 프레젠테이션에 대한 칭찬과, 수정이 필요한 지적을 엄격하게 구분했다. 또한 내가 구글에서 평판을 높일 수 있는 즉각적인 해결책까지 제시했다. 먼저 셰릴은 프레젠테이션을 성공적으로 마쳤다는 사실을 분명하게 강조했다. 사소한 칭찬을 늘어놓다가 그 사이에 지적을 '끼워넣는' 방식을 택하지 않았다. 그녀의 접근법은 부드러우면서 직접적이었다. 내가 제안을 거부하자 더 직접적인 태도를 취했다. 그러나 그럴 때조차 문제를 '개인화personalize'하지 않도록, 즉 내가 성격 결함처럼 느끼지 않도록 각별한 주의를 기울였다. 가령 "당신이 멍청하다"고 하지 않고 "멍청하게 들린다"고 표현했다. 그리고 그건 나만의 문제가 아니라고 설명하면서 구체적인 조언까지 주었다. 그때 나는 '문제 많은 멍청이'가 아니라 '투자할 가치가 있는 인재'라는 느낌이 들었다. 물론 조금 당황스럽기는 했지만.

셰릴과의 대화는 두 가지 면에서 큰 도움이 되었다. 첫째, 내가 '음' 문제를 즉각 해결하도록 자극했다. 실제로 나는 발성 전문가에게 세 번의 교정 수업을 받은 뒤에 눈에 띄게 좋아졌다.

둘째, 나도 팀원들에게 더 나은 조언을 줄 수 있다는 자신감을 얻었다. 그녀가 칭찬과 지적을 한 방식 덕분에 나는 사람들에게 이러한 대화법을 가르칠 수 있겠다는 가능성에 대해 진지하게 고민했다.

그 모든 일이 단 2분 만에 일어났다.

우리는 피드백을 전하기 위해 애를 쓰지만 종종 실패로 끝나고 만다. 셰릴처럼 문제를 구체적으로 지적하고, 모두가 의사소통하는 방식을 바꾸는 물결 효과를 창조하려면 어떤 방식으로 조언을 해야 할까?

이후 10년 동안 나는 실리콘밸리의 새로운 리더들에게, 칭찬과 지적을 모두 포함하여 조언하는 새로운 접근 방식을 전파하기 위해 많은 노력을 했다. 그 방법은 놀랍게도 단순하다. 누구든 배울 수 있다.

좋은 조언은 두 가지 요소로 구성된다. 개인적 관심과 직접적 대립이다. 이 두 요소를 합친 것이 바로 완전한 솔직함이다. 또한 한 가지 요소에 실패하거나(파괴적 공감) 다른 요소에 실패할 때(불쾌한 공격), 혹은 두

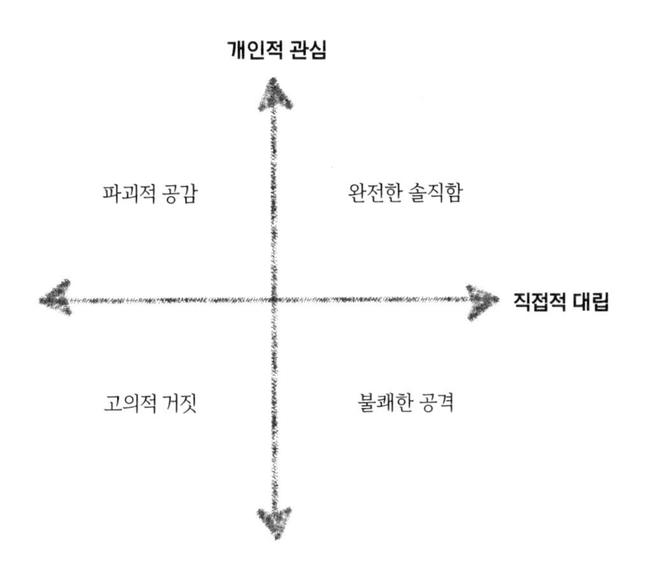

가지 모두에서 실패할 때(고의적 거짓) 무슨 일이 벌어지는지 이해할 필요가 있다. 개인적 관심과 직접적 대립이 사라질 때 무슨 일이 벌어지는지 정확하게 이해한다면, 우리가 흔히 그러듯이 과거의 나쁜 습관으로 미끄러지는 위험을 막을 수 있다.

내가 자문을 해준 많은 이가 위 도표가 어떤 형태의 조언을 주고받고, 혹은 격려해야 하는지 이해하는 과정에서 큰 도움이 되었다고 말한다. 내가 고객들에게 강조하는 또 한 가지 핵심이 있다. 그것은 '음' 사례에서 배웠던 소중한 교훈으로, 절대 문제를 개인화하지 말라는 것이다. 도표에서 각 사분면은 '성격 유형'이 아니라 '조언'의 형태를 의미한다. 우리는 이를 통해 칭찬과 지적의 품질을 평가할 수 있다. 또한 조언에는 두 가지 요소가 모두 포함되어야 한다는 사실을 상기하는 기능도 한다.

이 도표의 목적은 사람들을 특정 범주로 분류하려는 게 아니다. 분류하고 거기에 이름을 붙이는 접근법은 오히려 개선에 방해가 된다. 어쨌든 우리 모두는 각 사분면에서 어느 정도 머무르게 된다. 우리는 모두 불완전하다. 지금껏 나는 '언제나' 완전한 솔직함의 사분면에 머무르는 사람을 본 일이 없다. 거듭 강조하지만, 이 도표는 성격 테스트가 아니다. 이제 각 사분면을 하나씩 들여다보자.

1. 완전한 솔직함

조언은 저절로 전달되지 않는다. 완전하게 솔직한 조언을 한다고 해도, 상대가 귀를 기울여야만 삶을 바꾸는 변화가 일어난다. 나는 그 사실을 '벨베데르'라는 이름의 골든리트리버를 데려오고 나서 깨달았다. 그 무렵 나는 벨베데르를 끔찍이 아꼈다. 결국 내 사랑스러운 강아지는 완전히 통제 불능이 되어버렸다.

어느 날 저녁 나는 벨비(애칭)와 산책을 나섰다. 그런데 사거리에서 신호가 바뀌기를 기다리던 중 벨비가 갑자기 끈을 잡아당기기 시작했다. 자동차들이 우리 바로 앞을 쌩쌩 달리고 있었다. 나는 벨비에게 사정을 했다.

"벨비, 제발 좀 앉아. 금방 파란불로 바뀔 거야."

벨비는 더 세게 잡아당겼고 당장이라도 도로로 뛰어들 기세였다. 그런데 같이 횡단보도 앞에 서 있던 한 남자가 그런 우리를 보고 이렇게 말했다.

"강아지를 정말로 사랑하시나 보군요."

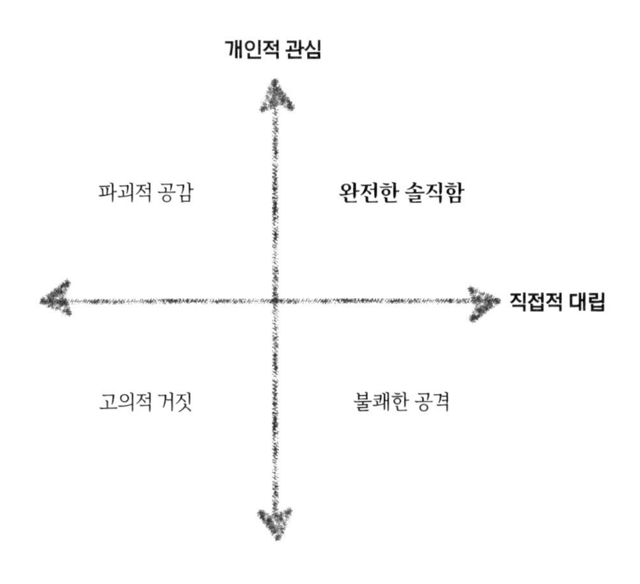

그의 짧은 한마디는 우리에게 관심이 있으며, 나를 함부로 판단하지 않는다는 느낌을 주었다. 다음으로 그는 직접적인 대립으로 들어갔다.

"하지만 앉는 법을 가르치지 않으면 강아지는 언젠가 죽고 말 겁니다!"

그 말은 내 가슴을 찔렀다. 그는 곧장 벨비를 향해 고개를 숙이더니 손가락으로 가리키며 크고 단호한 목소리로 이렇게 외쳤다.

"앉아!"

그러자 놀랍게도 벨비는 그 자리에 앉았다. 그는 웃으며 말했다.

"혼내는 게 아닙니다. 분명하게 알려주는 거죠!"

이윽고 신호등이 바뀌었고, 그는 내게 소중한 조언을 남기고서 멀리 사라졌다.

당시 상황에 대해 한번 생각해보자. 그 남자는 나를 판단하는 말을 내

뱉을 수도 있었을 것이다. 가령 이렇게 말이다.

"강아지를 돌보는 방법을 모르면 키울 자격이 없어요!"

그러면 나는 즉각 방어적인 태세를 취했을 것이며, 간단하고 중요한 조언을 외면했을 것이다. 대신에 그는 강아지에 대한 내 사랑을 인정해주었고, 자기 방식이 왜 옳은지 설명해주었다(혼내는 게 아니라 분명하게 알려주기!). 나도 그에게 상관하지 말라고 말할 수 있었다. 그러나 그는 그러한 틈을 주지 않았다. 그는 자신의 방식에서 확고한 리더였다.

아마 그는 직장에서 훌륭한 상사일 것이다. 물론 그는 나와 아무런 관계도 없었다. 그러나 거리에서 마주친 것이 아니라 사무실에서 함께 일했다면, 그때의 짧은 만남은 관계가 자라나는 씨앗이 되었을 것이다.

물론 이 이야기는 어디까지나 강아지에 대한 것이다. 그럼에도 나는 그 남자의 말을 종종 떠올린다.

"혼내는 게 아닙니다. 분명하게 알려주는 거죠!"

이 말은 내 경영 모토가 되었다. 그리고 서문에서 소개했던 실수(좋지 못한 성과를 밥에게 말하지 않았던 것)를 다시는 되풀이하지 않게 도움을 주었다. 그때 갈등을 피하려는 노력은 결국 밥을 해고하는 것으로 끝나고 말았다.

나는 결국 갈등을 피하지 못했다. 횡단보도에서 있었던 짧은 순간은 내게 상대를 이해하고 신뢰를 구축하기 위해 반드시 오랜 시간이 필요한 것은 아니라는 사실을 알려주었다. 상대방을 이해하고 신뢰를 구축하는 좋은 방법은 완전하게 솔직한 칭찬과 지적을 동시에 주는 것이다.

완전하게 솔직한 칭찬
: "당신의 그런 점을 존경합니다."

얼마 전 나는 러스와 함께 완전하게 솔직한 칭찬을 하는 방법을 설명하는 영상을 찍었다. 러스는 구체적인 칭찬이 중요한 이유를 소개했다. 그러면서 자신이 감독을 맡았던 유소년 야구단에 관한 이야기를 꺼냈다. 나는 즉흥적으로 그에게 이렇게 말했다.

"당신이 유소년 야구단 감독이라는 사실을 정말로 존경해요."

그는 감사하다고 했다. 별다를 것 없는 일반적인 상황이었다. 그러나 나중에 나는 그때 내 칭찬이 충분히 구체적이지 않았다는 사실을 깨달았다. 나는 러스에게 왜 내가 존경하는지 언급하지 않았다. 그는 이렇게 말했다.

"정말 중요한 문제는 내가 당신의 진심을 느끼지 못했다는 사실이죠. 당신은 스포츠를 싫어하니까요."

그때 나는 생각보다 문제가 훨씬 심각했다는 사실을 깨달았다. 그는 내가 자신에게 관심을 기울이고 있다는 사실을 알고 있었지만, 그럼에도 그는 내 칭찬이 진지하지 않다고 생각했다.

그 영상에서 우리는 좋은 칭찬 방법에 대해 소개했다. 그러나 정작 내가 그 방법을 실천하지 않았던 것이다! 그것도 공동 설립자이자 오랫동안 알고 지낸 동료인 러스에게 말이다.

의미 있는 칭찬을 주는 것은 쉽지 않다. 그래서 우리는 자기 칭찬을 평가해야 하며, 자신의 조언이 상대방에게 어떻게 전달되는지 이해해야 한다. 이제 나는 러스가 어떻게 느꼈는지 이해했다. 그리고 다시 한번 도전했다. 나는 이렇게 시작했다.

"예전에 저는 당신이 야구 훈련을 한다고 일찍 퇴근해버리는 것을 못마땅하게 생각했어요. 그 점은 저도 미안하게 생각합니다. 당신이 유소년 야구팀 감독이라는 사실을 정말로 존경하기 때문이죠. 당신은 누구보다도 일과 삶에서 균형을 잘 유지합니다. 전 언제쯤 당신처럼 아이들과 많은 시간을 보낼 수 있을지 걱정입니다. 당신의 모습은 제게 더 노력해야 한다는 자극을 줍니다. 더구나 당신이 PCAPositive Coaching Alliance(미국의 대표적인 유소년 스포츠 단체-옮긴이)에서 배워온 것들은 우리 일에 실질적인 도움이 되고요."

이번 내 칭찬은 적절했다. 지난번보다 훨씬 더 구체적이었다. 이번에 러스는 이렇게 말했다.

"그게 바로 완전하게 솔직한 칭찬입니다!"

완전하게 솔직한 지적 : 더 성공하기 위해 성공을 비판하기

미국 프로농구팀 골든스테이트워리어스Golden State Warriors 선수 안드레 이궈달라Andre Iguodala는 동료에게 맞서는 용기의 중요성에 대해 설명했다. 그가 말한 승리의 비밀은 유능한 동료에게 더 잘할 수 있었던 부분에 대해 직접적으로 이야기하는 것이다. 특히 경기에서 이겼을 때가 더 중요하다.

완전하게 솔직한 지적이 힘든 이유는 할 때마다 많은 노력을 기울여야 한다는 사실에 있다. 이궈달라의 팀 동료들은 처음에 완전하게 솔직한 지적을 그리 달가워하지 않았다. 때로는 그의 조언을 불쾌한 공격으로 받아들였다. 그러나 바로 다음에 자세히 살펴보듯이, 완전한 솔직함과 불쾌한 공격은 형태와 느낌의 측면에서 완전히 다르다.

2. 불쾌한 공격

개인적 관심을 드러내기 위한 단 2초의 여유도 없이 지적을 한다면, 상대는 그걸 조언이 아니라 불쾌한 공격으로 여길 것이다. 아이러니하게도 완전한 솔직함이 불가능할 때, 불쾌한 공격은 그 차선책이 될 수 있다. 적어도 직원들은 상사의 생각과 입장을 분명하게 알 수 있으며, 그래서 팀 성과에 도움이 된다. 이러한 사실은 나쁜 상사의 장점을 설명해준다.

그래도 한 가지 짚고 넘어갈 게 있다. 당연한 말이겠지만 나는 기본적인 예의조차 지키지 않는 사람과 함께 일하기 싫다. 당신도 직장에서 인간성을 온전히 지킬 수 있기를 바란다. 더 많은 사람이 완전하게 솔직할 수 있다면, 불쾌한 공격을 참아야 할 이유는 사라질 것이다.

훌륭한 상사와 관련하여 한 가지 역설이 있다. 직원들 대부분 착한 성격 때문에 솔직하지 못한 상사보다 직접적으로 지적을 하는 '악당'을 더 선호한다는 사실이다. 예전에 나는 많은 사람이 '착하고 무능한' 사람보다 '악하고 유능한' 사람과 함께 일하고 싶어한다는 기사를 읽은 적이 있다. 그 글을 읽고 나는 상사가 된다는 것에 대해 많은 고민을 했다. 나는 절대 무능한 상사가 되고 싶지 않았다. 물론 악당도 되기 싫었다.

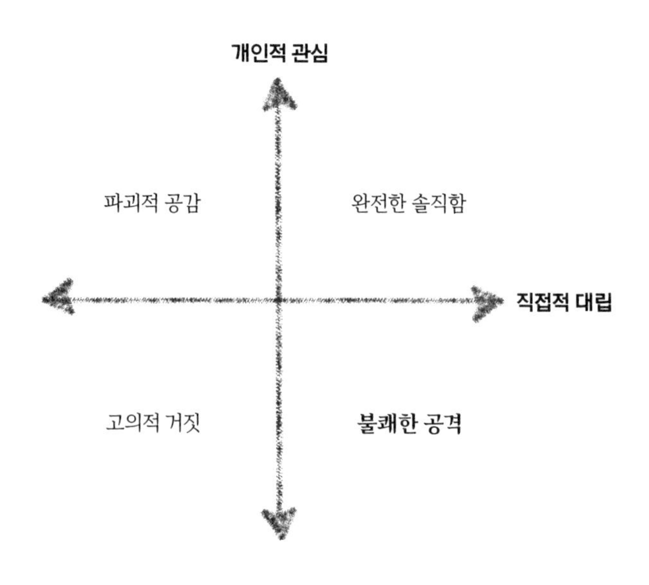

다행스럽게도 '무능과 악함'은 잘못된 이분법으로 밝혀졌다. 우리가 두 가지 극단 사이에서 하나를 선택해야 할 이유는 없다. 실제로 나는 직접적 대립이 장기적으로 더 친절한 접근 방식이 될 수 있다는 사실을 오랫동안 반복해서 목격했다. 물론 솔직한 지적은 순간적으로 상대의 기분을 상하게 할 수 있다("괴롭히려는 게 아닙니다. 다만 분명하게 메시지를 전달하기 위해서입니다!"). 게다가 직원들을 '고의적 거짓'이나 '파괴적 공감'으로 밀어넣는 악당이라고 인식될 위험도 있다. 조만간 다시 살펴보겠지만, 그 두 가지는 불쾌한 공격보다 조직에 더 많은 피해를 입힌다.

불쾌한 공격은 극단적일 때 상대에게 위압감을 준다. 직원을 무시하고, 공개 석상에서 망신을 주고, 일부러 당황하게 만들면 상사는 바로 그 사분면으로 떨어지게 된다. 불쾌한 공격은 단기적으로 좋은 결과를 얻기도 하지만, 장기적으로는 파괴의 흔적을 남긴다. 영화 〈악마는 프라다를 입는다〉에서 메릴 스트립이 연기한 실제 인물 안나 윈투어Anna Wintour를 떠올려보자. 혹은 우승을 차지했지만 의자를 집어던지고 선수의 목을 조른 사건으로 파면된 인디애나대학교 농구팀 감독 바비 나이트Bobby Knight의 경우를 생각해보자. 구성원의 발전을 위한 것이 아니라 단지 창피를 주기 위해 지적을 하거나, 동료 사이에서 개인적인 공격을 묵인하고 칭찬을 그저 '에고ego를 위로하는 일'쯤으로 폄하하면 직원들은 상사의 그런 태도를 불쾌한 공격으로 인식할 것이다.

불쾌한 공격의 최악의 형태는 스포츠와 같은 치열한 경쟁 환경에서 상대의 약점을 악용하는 것이다. 예전에 나는 나를 미치게 만드는 법을 정확하게 알고 있었던 상사 밑에서 일한 적이 있다. 그는 '사악한 공감 능력'의 소유자였다. 상대에게 상처를 주는 기술을 활용하는 것만큼 신뢰 관계를 더 빨리 허물어뜨리는 것도 없다.

많은 상사가 무의식적인 차원에서 직원을 무시해도 되거나 자신보다 열등한 사람으로 바라보곤 한다. 반대로 직원은 이러한 상사를 맞서 싸워야 할 폭군으로 바라본다. 동료끼리는 서로를 경쟁자로 여긴다. 이러한 상황은 직장에서 심심찮게 나타난다. 이러한 분위기가 조직문화로 자리 잡으면 지적은 개선을 위한 도구가 아니라 상대를 해치는 무기가 된다. 지적을 할 수 있는 사람은 스스로를 힘 있는 존재로 느끼고, 당하는 사람은 위축감을 느낀다. 그럴 때 칭찬마저도 진정한 축하가 아니라 조롱처럼 들린다.

"그래도 이번에는 잘 했군요."

불쾌하게 공격적인 지적 : 대놓고 비판하기

예전 동료가 들려준 지적에 관한 사례 한 가지를 소개하고자 한다. '네드(가명)'라는 상사가 자신이 이끄는 글로벌 팀 직원들과 함께 파티를 열었다. 파티의 드레스 코드는 민족 고유의상이었다. 팀원들의 출신이 다양했기에 온갖 신기한 의상이 행사장을 메웠다. 아직 조직문화에 익숙하지 못했던 네드는 고급 턱시도 차림으로 파티에 참여했다. 그는 자기 혼자만 지나치게 차려입은 것에 대해 어색함을 느꼈고, 그런 불편함을 떨쳐내기 위해 오만 모드로 돌입했다. 그는 새로 입사한 부하직원인 내 동료에게 다가갔다. 그날 내 친구는 레프러콘(아일랜드 민화에 등장하는 남자 요정-옮긴이) 차림이었다. 그런데 네드는 갑자기 많은 사람이 지켜보는 가운데 내 동료를 보고 이렇게 외쳤다.

"전통 의상을 입고 오라고 했지, 누가 바보처럼 입으라고 그랬나요?"

네드를 악당으로 여기고 이 이야기를 흘려버릴 수도 있을 것이다. 그러나 우리는 완전한 솔직함에서 특히 주의해야 할 귀인 오류attribution error를 이 사례 속에서 발견할 수 있다. 개인의 외적 행동이 아니라 내적 특성을 비난할 경우, 개선을 기대할 수 없다. 네드의 태도는 이후로도 변함이 없었다. 아무도 그의 행동을 지적하지 않았기 때문이다. 그는 자기 잘못을 깨닫지 못했고, 그런 태도는 점점 더 심각해졌다.

나는 부끄럽게도 그 자리에서 침묵을 지키고 있었다. 네드가 내 동료에게 바보같다고 말할 때 바로 옆에 서 있었다. 그때 나는 아무 말도 하지 못했다. 네드에게도 개인적으로 아무런 이야기를 하지 않았다. 왜 그랬을까?

네드를 그저 악당으로 여겼기 때문이다. 그래서 그와 대화를 나눌 가치조차 없다고 단정했다. 나는 중대한 귀인 오류를 범했고, 내가 보인 태도는 전형적인 '고의적 거짓'이었다. 그때를 떠올리면 지금도 부끄럽다. 그때 완전한 솔직함이 필요한 대상은 바로 네드였던 것이다.

불쾌한 공격의 대상은 성격적 특성이 아니라 '행동'에 대한 것임을 잊지 말자. 세상에 완전한 악당이란 없다. 네드도 마찬가지다. 우리는 모두 때로 불쾌한 공격성을 드러낸다. 드물기는 하지만, 나도 분명 악당처럼 행동할 때가 있다.

구글에 입사한 지 몇 달 후, 나는 기업 정책을 놓고 래리의 접근 방식과 갈등을 빚었다. 이로 인해 머리가 아픈 상황에서, 나는 래리를 비롯한 30명가량의 구글 사람들에게 이메일을 보냈다. 거기서 나는 이렇게 주장했다.

"래리는 세상의 모든 정보를 조직화하겠다고 약속했지만, 그의 정책은 세상의 모든 정보를 뒤죽박죽으로 만드는 '잡동사니 사이트'로 끝나게 될 것입니다."

더 나아가 래리가 사용자 만족이 아니라 구글의 돈벌이에만 집중하고 있다고 비난했다.

만약 래리가 내 부하직원이었다면, 나는 그처럼 오만하고 거친 이메일을 보내지는 않았을 것이다. 대신 구글의 사명에 위배되는 것처럼 보이는 정책을 제시한 이유에 대해 개인적으로 물어보았을 것이다. 그리고 납득이 간다면 기꺼이 동의했을 것이다. 그렇지 않다면, 정책의 일관성이 없고 논리를 이해하기 어렵다고 다시 한번 개인적으로 지적했을 것이다. 그러나 나는 그러지 않았다. 물론 그랬더라면, 래리가 나보다 15단계, 아니 115단계 앞서 생각했다는 사실을 깨달았을 것이다. 나는 단지 상황이 어떻게 돌아가는지 알지 못했을 뿐이다.

왜 그렇게 하지 않았을까? 부분적인 이유는 조직 내부에서 '명령과 복종'이 이뤄지고 있다는 의심이 들었기 때문이었다. 적어도 나는 그러지 않았다. 그러나 나는 동전의 반대쪽과 같은 잘못을 저질렀다. 다시 말해, 래리를 동료로 바라보지 않았다. 대신 가차 없이 공격해도 끄떡없을 절대 권력으로 보았다.

인간의 근본적인 예의는 지위를 떠나 우리 모두의 의무다. 게다가 래리는 언제나 지적에 귀를 열어두고 있었다. 그 사실은 맷 커츠와의 논쟁에서 내 눈으로 직접 확인했다. 내가 래리를 그렇게 불쾌하게 공격할 이유는 전혀 없었던 것이다.

래리와의 사건은 개인적인 관심을 충분히 기울이지 않을 때, 지적이 불쾌한 공격이 될 수 있다는 사실을 보여준 사례였다. 그때 나는 스스로 완전한 솔직함을 실천하고 있다고 믿었던 것 같다. 즉, '권력을 향해 용감하게 진실을 말하고 있다'고 믿었다. 그건 나만의 착각에 불과했다. 내 행동은 그저 '공개적인 비판'의 전형적인 사례였을 따름이다. 물론 뒤에서 하는 험담보다는 낫지만, 그래도 절대 바람직한 행동이라 할 수 없다.

내 이메일에서 첫 번째 문제는 겸손하지 못한 태도였다. 나는 구글에 막 입사한 상태였고, 기업 시스템이 어떻게 돌아가는지 잘 몰랐다. 게다가 왜 래리가 그런 정책을 제시했는지 이해해보려고 들지도 않았다. 대신에 몇 가지 가정(결국 잘못된 것으로 드러났다)을 가지고 혼자 결론을 내렸다. 즉, 래리가 구글의 사명보다 돈벌이에 더 관심이 있다고 판단했다. 또한 이메일에서 내가 했던 제안은 아무런 실질적인 도움이 되지 못했다. 그건 래리가 해결하고자 했던 근본적인 문제를 충분히 이해하지 못했기 때문이다.

또 하나의 실수는 래리를 공개적으로 비판했다는 사실이다. 개인적으로 비판을 했더라면, 래리에게 인정을 받을 수도 있었을 것이었다.

그래도 나의 최대 실수는 문제를 개인화했다는 점이다. 나는 애드센스 정책에 대해서만 집중해야 했다. 그러나 나는 래리의 성격 자체를 공격했다. 암묵적으로 그가 탐욕적이고 위선적인 인간이라고 몰아세웠다. 이후 6년 동안 구글에서 근무하며 확인했던 것처럼, 래리는 절대 그런 인물이 아니었다. 그는 공정하고 일관적인 사람이었다.

어쨌든 중요한 사실은 래리의 성격적 특성에 대해서는 긍정적이든, 부정적이든 결코 언급하지 말아야 했다는 점이다. 나는 이를 언급함으로써 문제를 개인적인 차원으로 몰고 가버렸다.

불쾌하게 공격적인 칭찬 : 칭찬으로 조롱하기

칭찬도 불쾌한 공격이 될 수 있다. 실리콘밸리의 한 전설적인 기업에서 어떤 상사가 약 600명에 달하는 직원들에게 보낸 이메일을 한번 살펴보자. 당시 전체 직원 중 70명이 상여금을 받은 상태였다. 여기서는 그 직원들을 더 이상 괴롭히지 않기 위해 명단을 삭제했다.

발신: JohnDoe 〈JohnDoe@corpx.com〉

수신: giantteam@corpx.com

날짜: 4월 27일 오전 11 : 53

제목: 상여금 수상자들!

자이언트 팀 여러분,

3분기에는 많은 직원이 최고의 성과로 회사에 큰 기여를 했습니다. 그래서 우리 경영진은 이들을 대상으로 특별 상여금을 지급하기로 결정했습니다. 여기서 그 대상자를 발표하고, 그들이 어떤 성취를 일구어냈는지 간략하게 소개하고자 합니다.

-존 도

자이언트 팀 부사장, 글로벌 사업부

- 33번 직원: 5단계 판매원으로 매장 내 어떤 직원보다 높은 분기 매출을 달성. 3분기 그의 매출 실적은 750만 달러. 그러나 7만 달러의 연봉과 11만 6,000달러의 상여금은 시장 평균에도 미치지 못함. 회사를 떠날 위험이 있음
- 39번 직원: 방대한 스프레드시트와 업데이트 및 법률 관련 자료를 포함해 모든 골치 아픈 일을 훌륭하게 처리(3단계 등급을 넘음)
- 72번 직원: 지난 4개월 넘게 존 도를 보좌하는 추가적인 업무를 효과적으로 수행

33번 직원은 자기 연봉이 600명 동료에게 공개되었을 때 어떤 느낌을 받았을까? 자신에 대한 대우가 시장 평균에도 미치지 못한다는 사실을 알았을 때 기분이 어땠을까? 다른 일자리를 알아보고 있을지 모른다고 회사가 의심하고 있다는 사실을 알았을 때, 어떤 생각이 들었을까?

다음으로 39번 직원이 자신이 맡은 역할이 단지 '골치 아픈 일'을 처리하는 것이었다는 사실을 알았을 때, 그게 과연 동기 부여에 도움이 되었을까? 업무 역량이 '3단계 등급을 넘어섰다'는 언급도 위로가 되지 못했을 것이다. 심지어 72번 직원의 경우, '존을 보좌'한 것으로 상여금을 받았다는 사실은 실소를 터뜨리게 한다. 이 말은 곧 존 도는 자기 곁에 있는 직원들만 챙기는 어리석은 상사라는 뜻이다.

물론 존 도는 직원들에게 고의적으로 상처를 주려고 하지는 않았을 것이다. 단지 게으르고 무감각했던 것인지 모른다. 그렇다고 해도, 그가 직원들에게 개인적 관심을 기울이지 않았다는 사실만큼은 분명하다. 그는 중간관리자의 추천으로 상여금 지급 대상을 선정했다. 그러나 정작 자신이 칭찬하고자 했던 직원에게는 관심을 기울이지 않았다. 또한 관리자들이 보고한 내용에 대해서도 깊이 생각하지 않았다. 그가 한 일이라고는 그저 명단을 복사해서 직원들에게 이메일로 보낸 것뿐이다. 적지 않은 상여금과 함께 공개 칭찬을 하면서도 대상자의 기분을 나쁘게 만들기는 쉽지 않을 것이다. 그럼에도 존 도는 이메일을 통해 그 어려운 일을 해냈다.

3. 고의적 거짓

고의적 거짓은 개인적 관심과 직접적 대립이 모두 없을 때 나타난다. 우리는 주변의 관심을 지나치게 의식하거나, 속임수로 이익을 얻을 수 있다고 생각할 때, 혹은 너무 피곤한 나머지 더 이상 관심을 기울이거나 논쟁을 할 수 없을 때, 고의적으로 거짓된 칭찬이나 지적을 한다. 고의적인 거짓된 조언에는 화자의 진심이 들어 있지 않다. 이는 단지 개인의 이익을 위해 상대방의 감정을 이용하려는 시도에 불과하다. 가령 이렇게 생각하는 것이다.

'엉망인 프레젠테이션이 마음에 들었다고 한다면, 그는 분명 좋아할 거야. 굳이 문제를 지적하는 것보다 그게 더 편하지. 다음번엔 다른 직원을 찾아야겠어.'

애플 최고디자인책임자 조너선 아이브Jonathan Ive를 평가하면서 직원 개개인의 상황을 최대한 봐주려고 했던 이야기를 내게 들려주었다. 당시 스티브 잡스는 조너선에게 왜 잘못된 부분을 분명하게 짚고 넘어가지 않았는지 물었고, 조너선의 대답은 이랬다.

"팀원들에게 관심을 기울이고 있기 때문입니다."

스티브는 이렇게 지적했다.

"그래선 안 됩니다. 쓸데없는 노력을 하고 있는 겁니다. 그저 직원들의 사랑을 받기 위한 것이라고요."

조너선은 그때 상황을 떠올리면서 이렇게 말했다.

"몹시 화가 나더군요. 스티브의 말이 옳다는 걸 저도 알고 있었기 때문이었죠."

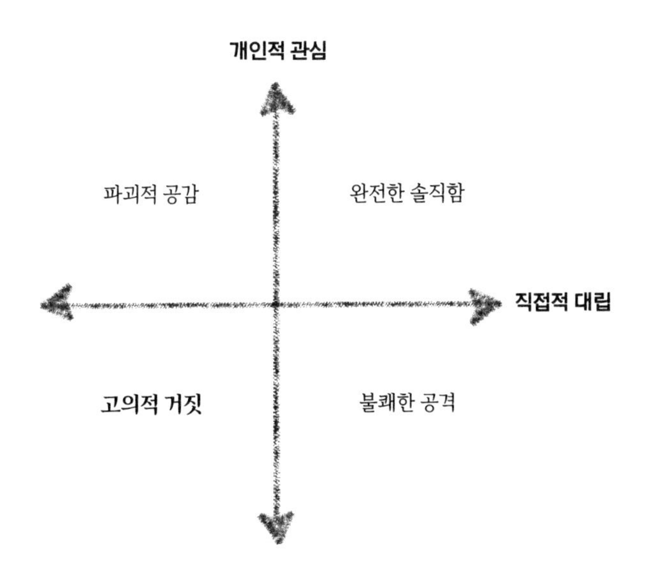

콜린 파웰도 이러한 맥락에서 리더십은 때로 사람들을 열 받게 만드는 일이라고 말했던 것이다. 직원들이 자신을 어떻게 생각할지 지나치게 걱정하면 상사는 정말로 말해야 할 것을 말하지 못한다. 조너선의 경우처럼, 상사가 팀원들에게 각별히 신경쓰기 때문이라고 말할 수 있을 것이다. 직원들의 시선에, 다시 말해 상사로서 자기 이미지에 지나치게 집착하는 것인지 모른다. 나도 그런 적이 있다. 우리 모두 예외는 아니다.

직접적으로 대립해야 할 사람에게 관심을 기울이자. 그들이 당신에게 관심을 주는지 아닌지에 대해 걱정하는 것은 그들에게 '개인적인 관심'을 주는 게 아니다. 이는 직접적 대립의 선상에서 당신을 뒤로 밀어낼 것이다. 이러한 태도는 팀의 성과에 도움이 되지 않을뿐더러 직원들이 목표를 성취하도록 동기를 부여하지 못한다. 에고에서 벗어나 개인적인 관심을 쏟아야 한다. 충분한 관심을 쏟기 힘든 상황이라고 해서, 고의적 거짓으로 자신과 직원들의 아까운 시간을 낭비하지 말자.

아쉽게도 많은 경영 조언과 기존 상식은 상사들에게 더 직접적으로 대립하라고, 개인적으로 더 많은 관심을 쏟으라고 말하지 않는다. 결과에 따른 피상적인 칭찬이나 지적은 일반적으로 직원들에게 듣기 좋은 말이나 험담처럼 다가간다. 당연하게도 상사와 부하 사이의 신뢰 구축에 아무런 도움을 주지 못한다.

고의적으로 거짓된 칭찬: 거짓 사과

래리 페이지에게 보낸, 불쾌하게 공격적인 내 이메일 이야기로 다시 돌아가 보자. 이메일을 보내고 나서, 몇몇 동료는 내게 전화를 걸어 대체 왜 그런 이메일을 보냈는지 물었다. 나중에서야 나는 내가 너무 무례했다는 사실을 깨달았다. 창피했다. 조금은 두려운 생각도 들었다. 대체 무슨 생각으로 그랬던 걸까?

나는 래리가 내놓은 새로운 정책에 대해 제대로 이해하지 못했다. 다만 내 일에만 관심이 있었다. 나중에 래리를 만났을 때, 나는 그를 붙잡고 이렇게 말했다.

"이메일은 죄송했어요. 당신이 옳다고 생각해요."

그때 내가 그런 이메일을 보낸 이유를 설명했더라면 내 사과에는 아무런 문제가 없었을 것이다. 나는 아무런 해명 없이 갑작스럽게 입장을 바꿨다. 그건 솔직한 태도가 아니었으며, 또한 잘못된 선택이었다. 래리는 대단히 민감한 사람이었고, 또한 나는 그리 훌륭한 거짓말쟁이가 못되었다. 그는 아무 말도 하지 않았지만 표정으로 많은 것을 말해주었다. 래리와 헤어지자마자 근처에 있던 한 동료가 뭔지 알겠다는 듯 미소를 지어보였다. 그러고는 내게 이렇게 말했다

"래리는 자기 의견에 반대하는 걸 더 좋아해요."

잘못된 행동으로 곤궁에 처했을 때, 가식적이고 정치적인 모습을 보이려는 것은 인간의 자연스러운 성향이다. 이것은 '불쾌한 공격'에서 그보다 더 나쁜 사분면인 '고의적 거짓'으로 넘어가는 것이다. '직접적 대립' 축에서 잘못된 방향으로 이동하느니 차라리 아무 행동도 하지 않는 게 더 낫다. 가능하면 '개인적 관심' 축을 따라 위로 올라서는 노력을 해야 한다. 다시 말해, 개인적 관심을 기울여 래리의 입장을 이해하기 위해 노력해야 한다. 그때 내 잘못을 솔직하게 인정했더라면, 래리는 사과를 기꺼이 받아들였을 것이다.

4. 파괴적 공감

러시아에는 이런 우화가 있다. 어떤 사람이 개의 꼬리를 잘라야만 하는 상황이 벌어졌다. 그 주인은 개를 너무도 사랑한 나머지 하루에 1인치씩 잘랐다. 그는 꼬리를 조금씩 잘라서 어떻게든 사랑하는 개의 고통을 덜어주고 싶었다. 결국 그는 사랑하는 개에게 더 많은 고통을 안겨다 주었다. 우리는 이런 상사가 되어서는 안 된다!

이 우화는 '파괴적 공감' 사분면에 해당하는 극단적인 사례다. 파괴적

공감은 지금껏 내가 보아온 관리 실수에서 상당 부분을 차지한다. 우리는 직장에서 갈등이나 심리적 불편함을 가급적 피하려고 애쓴다. 그들은 자녀에게 원칙을 강요하지 못하는 마음 여린 부모와 같다. 그리고 벨비를 대했던 예전의 나와 같다.

성공의 기회를 방해하거나 일부러 성과를 떨어뜨려 팀의 발전을 막으려는 상사는 없다. 그러나 파괴적 공감은 종종 이러한 결과를 만들어낸다. 파괴적 공감으로 하는 칭찬은 아무런 효과가 없다. 그 목적이 상대의 기분을 좋게 만들려는 것이기 때문이다. 밥의 잘못을 계속해서 지적하지 않다가 결국 해고를 하고 말았던 내 사례 역시 여기에 해당된다.

파괴적 공감은 또한 상사가 직원들에게 지적을 요구하지 못하게 한다. 상사가 파괴적 공감을 보이면 직원들은 일반적으로 어색해하거나 심지어 불안감을 느낀다. 파괴적 공감 사분면에 떨어진 상사는 직원들이 자신에게 직접적으로 대립하도록 강력하게 밀어붙이지 못한다. 그는 그저 어색한 상황을 면하고자 쉽게 포기하고 만다.

상사가 모든 직원과 좋은 관계를 유지하려고 할 때, 직원들은 어떻게든 갈등의 요소를 피하고자 서로에게 쉽게 지적을 하지 못한다. 지적을 배제하고 오로지 친절함을 우선시하는 업무 환경이 자리 잡을 때, 실질적인 성과 개선은 어려워진다.

상사가 흔히 저지르는 또 하나의 실수는 일단 파괴적 공감 사분면에 머물면서 부하직원들과 좋은 관계를 형성한 다음, 완전한 솔직함 사분면으로 이동하면 될 것이라는 생각이다. 이러한 상사는 함께 일하기는 편하지만, 직원들은 시간이 지나면서 상사의 칭찬이 애매모호하거나 그저 입에 발린 소리에 불과하다는 사실을 깨닫기 시작한다.

직원들은 뭔가 잘못되었다고 느끼지만, 정확하게 문제가 무엇인지 이해하지 못한다. 그들은 자신이 지금 어디에 서 있는지 알지 못하고, 그래서 학습과 성장을 위한 기회를 잡지 못한다. 그러다가 결국 정체되거나 해고를 당한다. 이러한 점에서 파괴적 공감은 관계 구축을 위한 좋은 방법이 아니다. 다른 한편으로, 파괴적 공감이 상사가 직원들에게 지적을 요구하지 못하도록 막으면 상사는 직원 중 누군가 그만둘 때까지 무엇이 잘못되었는지 알지 못한다. 결론적으로 이런 태도는 어떤 쪽이든 도움이 되지 않는다.

파괴적으로 공감하는 칭찬: 그냥 듣기 좋은 말

한 동료는 내게 '뭔가 좋은 말'을 하기 위해 애를 썼던 자기 잘못에 대해 이야기했다. 그는 제품 출시를 앞둔 새벽 2시에 사무실을 돌아다니다가 엔지니어인 '아나톨리'를 마주쳤다. 그러고는 아나톨리에게 제품의 어떤 기능에 대해 물었다. 아나톨리는 그에게 새로운 기능의 여러 가지 중요한 특성에 대해 자세히 설명했다. 며칠 후, 내 동료는 전 직원이 모여 제품 출시를 축하하는 자리에서 아나톨리를 앞으로 불러내 그의 노력을 치하했다.

그런데 문제는 아나톨리 외에도 많은 엔지니어가 그 프로젝트에 참여했다는 사실이었다. 다른 엔지니어들은 공이 오로지 아나톨리에게 고스란히 돌아갔다고 생각했다. 이에 당황한 아나톨리는 전체 직원에게 이메일을 보내 프로젝트에 함께 참여한 모든 엔지니어의 노고를 언급했다.

그때 동료는 자신이 바로 파괴적 공감 사분면에 떨어졌다는 사실을 깨달았다. 그는 그저 칭찬을 해서 아나톨리의 기분을 좋게 만들어주려고 했다. 그러나 의도와 반대로 그를 곤경에 밀어넣고 말았다. 나중에 그 동료는 한 중간관리자에게 이런 조언을 주었다고 한다. "칭찬을 하려거든, 누가 무슨 일을 했고, 그게 왜 중요한지 정확하게 이해할 때까지 조사를 해야 합니다. 지적만큼이나 칭찬도 구체적이고 철저하게 해야 하니까요. 세부사항까지 깊이 들여다봐야 합니다."

'완전한 솔직함' 사분면으로 이동하기

완전한 솔직함을 구축하는 문화에 대해 이야기를 나눌 때면, 사람들은 그 이론에 대해서는 동의하지만 이를 실천에 옮기는 것에 대해서는 항상 부담감을 느낀다. 그러면 나는 가장 먼저 직원들에게 완전한 솔직함의 개념에 대해 설명하고, 다음으로 자신에게 완전하게 솔직한 태도를 보여달라는 요청을 하라고 조언한다. 다시 말해 먼저 직원들에게 피드백을 주는 것이 아니라, 그들로부터 피드백을 받는 것으로 시작하라는 말이다.

직원에게 피드백을 줄 때, 지적이 아니라 칭찬으로 시작해야 한다. 또한 나중에 지적으로 넘어갈 때, 완전한 솔직함과 불쾌한 공격 사이에 놓여 있는 위험한 경계선을 확인할 필요가 있다.

먼저 피드백을 요구하라: 지적받기 전에 먼저 지적하지 말자

직원들에게 자신에 대한 지적을 요구함으로써 완전한 솔직함의 문화를 시작할 수 있다. 이러한 주장을 뒷받침하는 몇 가지 근거가 있다.

첫째, 자신도 종종 실수를 저지른다는 사실을 인정하고, 그럴 때마다 조언을 얻고 싶다는 태도를 보여줄 수 있다.

둘째, 실질적으로 많은 것을 배울 수 있다. 부하직원만큼이나 당신을 가까이에서 관찰하는 사람은 없다. 이를 통해 내가 래리에게 잘못된 이메일을 보내는 것과 같은 치명적인 실수를 예방할 수 있다.

셋째, 지적을 받는 것이 어떤 것인지 직접 경험함으로써 자신의 조언이 직원들에게 어떻게 전달될 것인지 예상할 수 있다.

넷째, 지적을 요구함으로써 신뢰를 구축하고 관계를 강화할 수 있다.

상사는 지적에 개방적인 태도를 보임으로써, 더 나아가 지적을 '적극적으로 요청'함으로써 팀원들로부터 완전하게 솔직한 조언을 얻을 수 있다. 직원이 용기를 내어 당신을 지적할 때, 절대 그 지적에 대해 비판하지 말자. 물론 직원이 동료를 부적절하게 지적할 때에는 개입이 필요하다. 그러나 직원이 당신을 부적절하게 지적할 경우, 당신이 해야 할 일은 의식적으로 귀를 기울여 이해하려고 노력하고, 다음으로 솔직한 용기에 보상을 주는 것이다. 그리고 지적을 요청하는 것만큼이나 중요한 일은 팀원들끼리 지적을 주고받도록 분위기를 만드는 것이다(직원들에게 지적을 요청하거나 이를 격려하기 위한 구체적인 방법은 2부 6장에서 자세히 다룬다).

구글에 다니던 시절, 나는 더블린 팀 직원들로부터 기억에 남을 만한 인상적인 지적을 많이 받았다. 순간의 아픔을 극복하기만 한다면, 지적은 큰 도움이 된다. 데이비드 존슨David Johnson은 내가 래리에게 보낸 이메일에 대해 이렇게 말했다.

"킴, 전송 버튼을 너무 성급하게 눌렀군요!"

지금도 나는 이메일 전송 버튼을 누르기 전에 데이비드의 경고를 떠올린다. 오랫동안 그를 보지 못했지만 덕분에 나는 나중에 후회할 만한 메일을 보내지 않도록 각별히 조심하고 있다.

한번은 내가 더블린 팀과의 회의를 미룬 적이 있었다. 갓 태어난 쌍둥이를 돌보느라 출근이 늦어졌기 때문이었다. 그래도 나는 모두가 내 상황을 이해해줄 것으로 기대했다. 그러나 젊은 아빠인 한 직원은 내게 전화를 걸어 이렇게 불만을 표했다.

"킴, 우리도 아이를 키우고 있다고요!"

아무런 생각 없이 회의를 미뤘다는 게 부끄러웠다. 그러나 부정적인 기분에서 벗어나자 그의 지적에 고마운 생각이 들었다.

더블린 팀원들에게 지적을 요청하기 위한 핵심은 나 스스로 방어적인 태도를 버리는 것이었다. 반면 도쿄팀의 경우, 침묵을 참아내기가 힘들었다. 도쿄 애드센스 팀과의 첫 회의는 아직도 기억에 생생하다. 그날 나는 앞으로 정기회의를 통해 팀원들이 문제와 개선 사항을 적극적으로 제안하도록 요청하고자 했다.

다른 나라에서의 회의 시간에는 "여러분에게 도움을 드리기 위해 제가 해야 할 일이나 하지 말아야 할 일이 있나요?"라고 묻고 머릿속으로 여섯까지 세면, 누군가 무슨 말이라도 하는 게 일반적이었다. 그날은 열까지 헤아리도록 아무런 반응이 없었다. 나는 다른 방식으로 요청을 했지만, 회의실은 여전히 썰렁했다.

결국 나는 비즈니스스쿨에서 배운 도요타 사례를 들려주었다. 도요타 경영진은 상사에 대한 비판을 피하는 문화적 금기를 철폐하기 위해 생산 라인 바닥에 커다란 붉은색 정사각형을 그려놓았다. 그러고는 신입 직원들을 대상으로 첫 주 마지막 날에 그 안에 들어가서 생산 라인에서 개선해야 할 점 세 가지를 말하도록 했다. 세 가지를 모두 말할 때까지 그들은 벗어날 수 없었다. 이러한 노력을 통한 지속적인 개선은 도요타 성공에 분명한 기여를 했다. 이야기를 마친 후, 나는 팀원들에게 이렇게 물었다.

"우리도 붉은색 정사각형을 칠해야 할까요?"

그러자 모두 웃음을 터뜨렸다. 그리고 내가 정말로 사무실에 붉은색 정사각형을 그릴지도 모른다는 생각에 누군가 드디어 입을 열었다. 솔직히 말해서 그리 중요한 안건은 아니었다. 그 직원은 탕비실에 비치된 차에 대한 불만을 제기했다. 그래도 나는 그의 솔직함에 보상을 표했다. 그에게 공식적으로 감사의 뜻을 전했고, 손으로 쓴 편지도 따로 보냈다. 그리고 고급 차를 마련해두기 위한 비용을 승인했고, 누군가의 제안으로 문제를 해결했다는 사실을 전 팀원에게 알렸다. 그 뒤로 많은 직원이 다양한 제안을 내놓았다.

칭찬과 지적 사이에 균형 잡기
: 지적보다 칭찬을 더 많이, 무엇보다 진심을 담을 것

우리는 성공보다 실패에서 더 많은 것을 배운다. 마찬가지로 칭찬보다 지적으로부터 더 많은 것을 배운다. 그런데 왜 지적보다 칭찬을 더 많이 해야 할까? 여기에는 이유가 있다.

첫째, 칭찬은 직원들이 올바른 방향으로 나아가도록 도움을 준다. 무엇을 하지 말아야 할지보다 무엇을 해야 할지를 알려주는 노력이 더 중요하다.

둘째, 직원들이 계속해서 발전하도록 격려한다. 최고의 칭찬은 그저 기분을 좋게 만드는 것 이상이다. 이를 바탕으로 직접적인 대립이 가능해진다.

어떤 전문가는 칭찬과 지적의 비율을 3:1이나 5:1, 심지어 7:1로 유지하라고 주장한다. 다른 이들은 '피드백 샌드위치', 즉 칭찬으로 시작해서 칭찬으로 끝을 맺고, 그 사이에 지적을 끼워 넣으라고 말한다. 벤처 자본가 벤 호로비츠Ben Horowitz는 이러한 방식을 '맛없는 샌드위치'라 불렀다. 정말 적절한 표현이다. 호로비츠는 그것이 경험이 부족한 사람에게나 효과가 있다고 주장했다. 나는 아이들도 그의 말을 충분히 이해할 것이라 생각한다.

결론적으로 칭찬과 비판의 '적절한' 비율은 대단히 위험한 발상이다. 자칫 억지스럽고 가식적인, 혹은 어처구니없는 대화로 이어질 위험이 있다. 하나의 비판에 대해 두 가지 칭찬을 반드시 내놓아야 한다고 생각한다면, 이런 식으로 말하게 될 것이다.

"프레젠테이션 슬라이드에서 사용한 폰트가 정말로 멋지더군요. 그런데 내용은 좀 평범했어요……. 그래도 당신의 책상은 놀라울 정도로 깨끗하더군요."

이와 같은 의미 없는 칭찬은 오히려 가혹한 비판보다 더 신뢰를 무너뜨리고 관계에 상처를 입힌다.

지적을 할 때, 우리는 상대방 감정을 다치게 할까봐 걱정한다. 그러다 보면 종종 입을 다물고 만다. 반면 칭찬의 경우, 상대를 기쁘게 하기 위해 때로 공허한 말도 한다. 어떤 이들은 칭찬을 어색해한다. 그러나 '당신을 해고하지 않았다는 것은 잘하고 있다는 뜻이다'와 같은 생각만으로는 충분치 않다. 앤드루 S. 그로브는 어떤 직원이 자리에 '기분 좋은 말을 하자!'는 슬로건을 걸어놓은 것을 보고 직원들을 더 많이 칭찬해야겠다는 생각이 들었다고 한다.

지적을 할 때 '무슨 말이라도' 해야 한다는 생각에 집착하지 말고 그냥 자연스럽게 말하자. 어떻게 전해야 할지 너무 많이 고민하면, 긴장이 되어서 아무 말도 못 한다. 또한 칭찬을 할 때에는 진심이 잘못 전달될 위험이 있다는 사실을 상기하고, 어떻게 말해야 할지 더 많이 고민하자. 애플 시절 동료인 캐런 시프렐Karen Sipprell은 두 질문을 통해 내게 깨달음을 주었다.

"상대를 지적할 때 정확한 사실 관계를 확인하기 위해 얼마나 많은 시간을 투자합니까? 그리고 상대를 칭찬할 때는 어떻습니까?"

가장 이상적인 상황은 칭찬을 할 때에도 지적을 할 때만큼이나 사실 관계 이해에 많은 시간을 투자하는 것이다.

"당신 업무는 엉망이군요!"
: '불쾌한 공격'과 '완전한 솔직함' 사이의 아슬아슬한 경계

완전하게 솔직한 지적은 구글과 애플 문화에서 중요한 부분이다. 그러나 두 기업은 서로 아주 다른 유형의 지적을 강조한다. 구글은 직접적 대립보다 개인적 관심을 더 중요하게 생각한다. 이러한 점에서 구글의 지적은 파괴적 공감이 살짝 가미된 완전한 솔직함이라고 설명할 수 있겠다. 반대로 애플의 비판 문화는 불쾌한 공격이 가미된 완전한 솔직함이다.

나는 서문에서 다큐멘터리 영상물 하나를 간략하게 소개했다. 여기에는 IT 저널리스트 밥 크링글리Bob Cringely가 스티브 잡스와 나눈 인터뷰 영상이 포함되어 있다. 크링글리는 잡스가 직원들에게 "당신의 업무는 완전히 엉망이군요!"[5]라고 말한 것이 정확히 어떤 뜻인지 물었다. 두 사람의 대화에서 불쾌한 공격과 완전한 솔직함 사이의 위험한 경계를 확인할 수 있다.

> 크링글리: 당신의 업무는 완전히 엉망이라는 말은 정확하게 무슨 뜻인가요?
>
> 잡스: 일반적으로 업무를 제대로 처리하지 못했다는 뜻이죠. 때로는 이런 의미도 있습니다. "제 생각에 당신의 업무가 엉망인 것 같군요. 제가 틀렸을 수도 있지만."

"당신의 업무는 엉망이군요"라는 말은 일반적으로 업무 처리가 좋지 않다는 말이다. 이 말은 분명하게도 '불쾌한 공격'에 해당한다. 크링글리와의 인터뷰 후반에 잡스는 그 말의 정확한 의미를 이렇게 밝혔다.

> 잡스: 정말로 유능하고 의지할 만한 직원을 위해 상사가 할 수 있는 가장 중요한 일은 그들이 업무를 제대로 처리하지 못할 때 정확하게 지적을 해주는 겁니다. 투명하면서 분명하게 말해야 합니다. 그래서 다시 정상 궤도로 올려놓아야 합니다.

여기서 잡스의 표현에 주목하자. 그는 지적을 개인화하지 않았다. 즉, 그들이 엉망인 것이 아니라, 그들의 업무가 엉망이라고 표현했다. 둘 사이에는 중대한 차이가 있다. 잡스 역시 비판을 할 때 발생하는 일반적인 문제, 즉 중대한 귀인 오류에 대해 고민했다. 귀인 오류는 외적인 환경이 아니라 내적인 본질에서 문제의 원인을 찾을 때 발생한다. 물론 외적인 환경 속에서 결함을 찾는 것보다 개인의 성격에서 결함을 찾는 게 훨씬 쉽다. 가령 "최근에 야근에다가 주말 근무까지 했네요. 그 때문에 업무 과정에서 실수를 발견하지 못했군요"라고 말하는 것보다 "충분한 주의를 기울이지 않았군요"라고 말하는 게 더 쉽다. 그러나 이러한 접근 방식은 관계 구축에 도움이 되지 못한다.

"당신의 업무는 엉망입니다"라는 말은 "당신은 엉망입니다"라는 말보다 더 나은 표현이지만, 그래도 듣기 싫은 말임에는 틀림없다. 핵심은 잡스의 다음 말에 있다.

"투명하면서 분명하게 말해야 합니다. 그래서 다시 정상 궤도로 올려놓아야 합니다."

결론적으로 "당신의 업무는 엉망이군요"라는 말은 그렇게 공격적이지는 않지만, 그걸로 충분하지 않다. 상사는 그 이유까지도 제시해야 한다. 그래야만 직원의 발전에 도움을 줄 수 있다. 인터뷰의 마지막 부분에서 잡스는 왜 그런 표현을 선택했는지 설명한다.

잡스: 직원의 역량에 대해 의심을 드러내지 않으면서도 해석의 여지를 너무 많이 남겨두지 않도록 주의해야 합니다. 그건 쉬운 일이 아니죠.

"당신의 업무는 엉망입니다"라는 표현은 분명하게도 어떤 해석의 여지도 남기지 않는다. 이 말을 들으면 사람들 대부분 자기 역량에 의심을 품게 될 것이다.

이러한 표현을 두둔할 생각은 없지만, 그래도 그것이 그렇게 나쁘지 않은 몇 가지 이유가 있다.

첫째, 관계의 본질이 핵심이다. 서론에서 나는 내 동료를 멍청이라고 불렀던 일화를 소개했다. 물론 당신이 동료에게 그런 말을 해도 좋다는 뜻은 아니다. 나는 그 동료를 대단히 존경했고, 다만 그의 주의를 끌기 위해 그러한 용어를 사용했을 뿐이다.

둘째, 대단히 성과가 높지만 비판적인 메시지를 차단하는 성향이 강한 사람에게 직접적으로 대립했던 극단적인 경우였다.

잡스는 조언을 주는 것이 왜 칼날 위를 걷는 일인지 분명하게 설명했다. 직원의 업무 처리가 충분히 좋지 않다는 사실을 분명하게 지적하면서, 동시에 그의 역량에 대한 믿음은 여전하다는 확신을 주는 것은 대단히 힘든 일이다. 업무에 대한 지적은 자칫 상대방을 못살게 굴고 있다는 느낌을 전달하기 쉽다.

그렇다면 직원의 사기를 꺾지 않으면서 지적을 하려면 어떻게 해야 할까?

첫째, 1장에서 살펴보았던 것처럼 관계에 집중해야 한다. 또한 앞서 언급했던 것처럼, 지적을 하기 전에 먼저 지적을 요청해야 한다. 지적보다 칭찬을 더 많이 해야 한다. 겸손한 태도를 바탕으로 개인적으로, 즉각적으로 도움을 줘야 한다. 칭찬은 공식적으로, 지적은 개인적으로 해야 한다. 또한 문제를 개인화해서는 안 된다. 고치기 힘든 성격 결함 때문에 문제가 발생한 것은 아니라는 점을 분명히 밝혀야 한다. 또한 비슷한 문제로 지적을 받았던 경험을 공유하자(자세한 방법은 6장을 참조. 여기서는 다만 즉각적인 조언 방법을 구체적으로 설명하고자 한다).

애플에서 함께 일했던 한 리더는 신입 직원들이 지적에 효과적으로 대처하도록 도움을 주는 법을 내게 설명해주었다. 그는 애플에서 오랫동안 근무했고, 그동안 최고의 평판을 얻었다. 그는 첫 번째 디자인 검토를 마치고 나서 자기 자리에 보관해두었던 두 가지 서류철을 신입들에게 보여준다. 그중 하나에는 10장의 서류가, 다른 하나에는 1,000장이 넘는 서류가 들어 있다. 그는 먼저 얇은 서류철을 보여주면서 이렇게 말한다.

"이건 내 '예스Yes' 파일입니다. 승인을 얻은 디자인이죠."

그리고 다음으로 두꺼운 서류철을 책상 위로 털썩 떨어트리면서 이렇게 말한다.

"이건 '노No' 파일입니다. 여러분도 거절당했다고 낙심하지 않길 바랍니다."

우리 모두는 상대방의 사기를 위축시키지 않으면서 지적하는 자신만의 방법을 발견해야 한다. 스티브 잡스의 조언 방식은 분명하게도 모두를 위한 것은 아니다. 그러나 그가 자기 방식에 대해 어떻게 생각했는지 이해할 필요가 있다.

> 잡스: 전 실수에 크게 마음을 두지 않습니다. 실제로 자주 실수를 합니다. 그러나 그건 별로 중요하지 않습니다. 제가 정말로 중요하게 생각하는 것은 우리가 지금 올바른 일을 하고 있다는 사실입니다.

내 경험상, 정답을 알고 있는 사람보다 정답에 다가가려고 노력하는 사람이 최고의 상사가 된다. 그들은 끊임없이 배우고 발전한다. 부하직원에게도 똑같은 노력을 하도록 격려한다. 완전하게 솔직한 상사의 조언은 직원이 평생 최고의 성과를 거둘 수 있도록 도움을 준다.

"이봐, 지퍼 열렸어"
: 최적의 의사소통을 위한 연습

'당신 업무는 엉망이군요' 사례가 보여주는 것처럼, 우리가 지금 '완전한 솔직함'의 사분면에 있는지 아닌지 확인하는 일은 생각보다 힘들다. 이 문제를 해결하는 한 가지 방법은 간단하고 비슷한 상황을 떠올리는 것이다. 그런 다음 그 상황에 어떻게 대처했는지를 생각하고, 그 방법을 실제 문제에 그대로 적용하면 된다.

우리는 감정적인 상황에서 똑같은 접근 방식을 활용할 수 있다. 대단히 말하기 힘든 피드백을 직원에게 전해야 할 때, "지퍼가 열렸어" 또는 "이에 고춧가루가 꼈어"라는 말을 하는 것처럼 생각해보자. 이와 같은 가벼운 시나리오는 심각한 문제에 쉽게 접근하도록 도움을 준다.

'완전한 솔직함' 도표를 조언하기에 어떻게 적용할 수 있는지 이해하기 위해, 간단한 시나리오를 상상해보자.

알렉스라는 친구가 화장실에서 나온다. 그런데 지퍼가 내려가 있고 그 사이로 셔츠 자락이 튀어나와 있다. 당신은 어떻게 반응할 것인가?

민망함을 무릅쓰고 말을 하기로 결심한다. 알렉스에게 그 말을 하면 무척 당황하겠지만, 아무 말도 하지 않으면 사람들이 알렉스의 우스꽝스러운 모습을 보게 될 것이다. 그래서 알렉스를 구석으로 데려가 조용히 속삭인다.

"알렉스, 지퍼가 내려갔어. 내가 그런 실수를 했을 때 직접 말해주는 사람이 고맙더라고. 그래서 말하는 거야."

이러한 행동은 '완전한 솔직함' 사분면에 해당한다. 즉, 개인적인 관심을 기울이면서 직접적으로 대립하는 것이다.

한편, 알렉스의 지퍼에 대해 큰 소리로 떠들면서 일부러 무안을 준다면, 이는 '불쾌한 공격'에 해당한다. 그렇다고 해도 그것은 알렉스 입장에서 최악의 시나리오는 아니다. 어쨌든 알렉스에게 문제를 바로잡을 기회를 주었기 때문이다.

반면 지적을 하면 알렉스가 당황할 것이라는 걱정에 아무 말도 하지

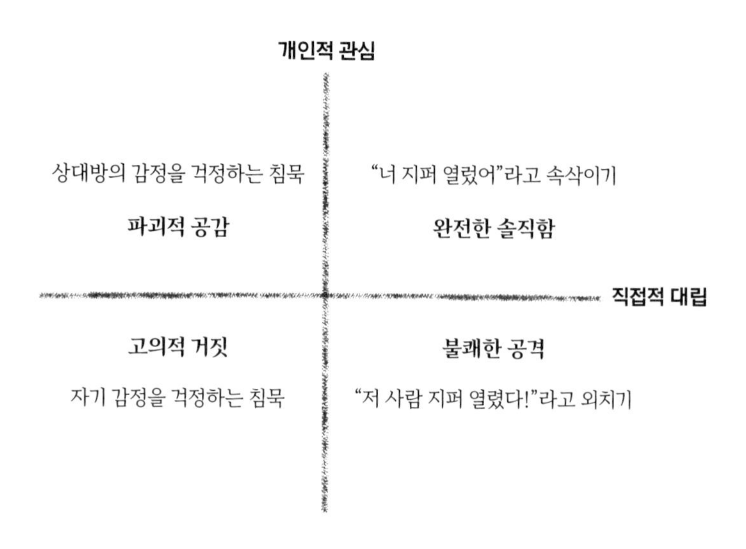

않고 알렉스 스스로 알아채기를 바랄 수도 있을 것이다. 이러한 행동은 '파괴적 공감'에 해당한다. 이 시나리오에서는 10명이 넘는 사람이 지퍼 사이로 셔츠 깃이 삐죽이 나온 것을 보고 나서야 알렉스는 자기 실수를 알아차린다. 그 순간 알렉스는 지퍼가 오랫동안 열려 있었다는 사실을 깨닫는다. 그러고는 당신이 즉각 지적했을 때보다 더욱 당황한다. 그리고 왜 당신이 곧바로 말을 해주지 않았는지 의아하게 생각한다.

마지막 시나리오로, 당신이 자신의 감정과 평판만을 걱정해서 아무 말도 하지 않는다고 해보자. 여기서 당신은 알렉스의 감정을 걱정해서 침묵을 지킨 게 아니다. 다만 자기 자신에 대한 걱정으로 말을 하지 않은 것이다.

당신은 타인의 호감을 얻는 데 집중하고, 자신이 지적하면 알렉스에게서 미움을 받지 않을까 걱정한다. 또한 당신이 알렉스에게 지적하는 것을 남이 본다면 자신에 대한 이미지가 나빠지지 않을까 걱정한다. 그래서 아무 말 없이 그냥 외면한다. 나아가 옆 사람에게 귓속말로 알려줘서 알렉스의 지퍼가 내려간 것을 보게 할 수도 있을 것이다. 이제 최악의 사분면, 즉 '고의적 거짓'으로 떨어지고 말았다!

사람들은 종종 개인적으로 잘 아는 사람에게 완전하게 솔직한 태도를 드러내지 말아야 한다고 생각한다. '파괴적 공감'이나 '고의적 거짓' 사분면에 머물러 있을 때, 언젠가 기회가 있으면 "알렉스, 지퍼 열렸어"라고 말할 것이라고 생각한다.

솔직한 의사소통의 기회는 친밀한 관계를 구축할 때까지 항상 우리를 기다려주지 않는다. 아직 친밀한 관계가 형성되지 않은 사람에 대한 침묵은 자칫 더 어색한 상황으로 이어질 수 있다. 그것은 그냥 "이봐, 지퍼 열렸어"라고 말하는 것보다 더 심각한 상황을 야기한다.

다음번에 알렉스를 만나면 그때의 기억으로 둘 사이에 어색함이 그대로 남아 있을 것이다. 왜 아무 말도 하지 않았을까? 당신의 침묵은 불신의 씨앗이 되어버렸다. 애플에서 iOS 팀을 이끌며 아이폰 소프트웨어를 개발한 킴 보라스Kim Vorrath는 지적과 관련하여 다음과 같이 조언했다.

"그냥 말하세요!"

'완전한 솔직함' 도표는 우리가 실제 상황에서 금방 떠올릴 수 있을 만큼 충분히 간단하다. 그리고 스스로 잘못된 사분면으로 이동하고 있다는 사실을 이해하는 데 실질적인 도움을 준다. 이제 앞으로 은유적 차원에서 지퍼가 내려갔다는 말을 해야 할 때, 자신이 이 도표 상에서 어디에 위치해 있는지 곰곰이 생각해보자. 혹시 '파괴적 공감'이나 '고의적 거짓'에 있는 것은 아닐까? 이러한 생각만으로 '완전한 솔직함' 사분면으로 재빨리 이동할 수 있다.

분노나 불쾌함에 사로잡힌 상대와 맞닥뜨리면 사람들은 대부분 '파괴적 공감' 사분면으로 물러선다. 다른 일부는 감정적 공격으로부터 자신을 지키기 위해 '불쾌한 공격' 쪽으로 이동한다. 선의를 지닌 사람조차도 때로는 관심을 끄고 '고의적 거짓' 사분면으로 물러선다.

어떻게 반응할 것인지, 어떤 사분면에 떨어질 것인지 이해한다면, '완전한 솔직함' 사분면으로 이동할 수 있다. 우리는 그곳으로 어떻게 이동해야 하는지 이미 알고 있다. 개인적 관심을 기울이고 직접적으로 대립하는 것이다.

그때부터 우리는 어떤 말을 해야 할지 이해하고, 주변 사람과 직접적인 대립을 시작한다. "칭찬이 아니라면 차라리 입을 다물어라"는 식의 이야기를 듣더라도, 분명하게 지적을 하는 것이 자기 임무라는 사실을 이해한다. 만약 상사나 권한을 지닌 인물이라면, 분명한 지적은 권한이 아니라 도덕적인 책임이다. '그냥 말하세요!'

우리는 관계를 형성하고 개인적 관심을 주는 능력을 가지고 태어났다. 그러나 "프로가 되어라"라고 말하는 교육 시스템이 그런 능력을 오랫동안 억압해왔다. 개인적 관심을 기울이려는 내면의 힘을 억압하지 말자. '관심을 기울이자!'

Radical Candor

3

그들은 어떻게 동기를 부여하는가

성장 궤도 위에 있는 팀원 지원하는 법

팀원의 야망을 어떻게 할 것인가

완전한 솔직함에서 개인적 관심으로 다시 눈을 돌려보자. 위대한 팀을 구축하려면 개별 팀원의 업무가 그들의 삶의 목표와 조화를 이루도록 해야 한다. 그러려면 먼저 직원 개개인을 이해해야 하고, 저마다 서로 다른 인간적인 관계를 형성해야 한다. 올바른 직원을 올바른 자리에 배치했다면, 직접적인 방식으로 조언을 전해야 한다. 또한 팀원의 감정뿐 아니라 그들의 소득, 경력, 삶의 목표에 실질적인 영향을 줄 수 있어야 한다. 팀을 구축한다는 것은 대단히 힘든 일이다.

애플의 리더는 서로 다른 야망을 갖고 있는 팀원들에게 어떤 임무를 맡길 것인지 신중하게 고민한다. 팀의 일관성을 확보하려면 록스타rock star와 슈퍼스타superstar가 모두 필요하다.

록스타는 브루스 스프링스틴 같은 유명한 록 가수가 아니라, 지브롤터 암벽과 같은 튼튼한 기반을 뜻한다. 록스타는 그들의 일을 사랑하고 자신만의 리듬에 따라 움직인다. 그들은 지금의 일을 포기하면서까지 승진을 원하지는 않는다. 이러한 록스타의 역할을 존중하고 충분히 보상할 때, 그들은 리더가 가장 의지할 만한 사람이 된다. 반대로 원치 않거나 어울리지 않는 역할을 맡길 때, 그들을 잃을 위험이 있다. 더 나쁜 경우, 해고를 해야만 하는 상황이 벌어질 수 있다. 다른 한편으로, 슈퍼스타는 지속적인 자극과 더불어 끊임없이 성장할 기회를 제공해야 한다.

두 유형을 이해하기 위해, 리더로서 판단과 야망, 직원에 대한 기대를 잠시 내려놓고 인간으로서 개별 직원에 집중해보자. 이러한 노력은 많은 리더들에게 꿈에 대한 새로운 고찰을 의미한다.

어떤 직원이 '야심차다'라고 하면, 어떤 느낌이 드는가? 긍정적인 느낌인가, 아니면 부정적인 느낌인가? 다른 직원의 목표 달성을 가로막으면서까지 개인의 이익에 집착하고 조금은 사악한 인물이라는 생각이 드는가? 아니면 책임 있게 업무를 처리하고, 큰 조직 내에서 긍정적인 변화를 몰고 올 원동력이라는 생각이 드는가?

반대로 어떤 직원이 '안정적이다'라고 할 때, 당신의 '즉각적인' 반응은 어떤가? 회식 자리에서 옆자리에 앉기 싫은 지루한 사람이라는 생각이 드는가? 아니면 신뢰와 편안함이 느껴져서 자기 삶의 더 많은 부분을 함께하고 싶다는 느낌이 드는가?

또 어떤 직원이 자기 업무에 '만족하는' 사람이라고 말할 때, 어떤 느낌이 드는가? 그러한 직원을 존중하는가? 스스로 그런 인물이 되고 싶은가? 혹은 성과가 부진할 것이라는 생각이 드는가?

지금부터는 이러한 반응이나 판단을 잠시 접어두자. 다음 도표를 보고 두 유형의 직원과 함께 일하는 '긍정적인' 사례를 떠올려보자. 자신에게 어떤 유형의 팀원이 필요한지, 두 유형 간에 어느 정도 비중이 적절할지 생각해보자. 특정 유형이 필요했던 시기와 이유에 대해 생각해보자. 이상적으로, 선택은 당신 몫이다.

급격한 성장 궤도	점진적 성장 궤도
변화의 원동력	안정적 근간
직장 내에서 야심차다	직장 외부에서 활발하다
새로운 기회를 추구한다	현재 역할에 만족한다
'슈퍼스타'	'록스타'

내가 구글에 입사하고 얼마 지나지 않아 래리 페이지는 자신의 야심을 무시한 팀장에 관한 이야기를 들려주었다.

여름 인턴십 시절에 래리는 한 가지 업무를 맡았는데, 자기 방식대로 한다면 며칠 만에 해치울 수 있었다. 그는 팀장에게 자신의 방식에 대한 장점을 설명했다. 그러나 팀장은 이를 받아들이지 않았고, '기존에 하던 대로' 업무를 처리하라고 지시했다.

덕분에 래리는 며칠이 아니라 여름 내내 그 업무와 씨름을 해야만 했다. 그에게 시간과 에너지 낭비는 완전한 고문이었다. 그때 래리는 무능한 팀장이 직장 생활을 비참하게 만들 수 있다는 사실을 깨달았다. 래리는 내게 이렇게 말했다.

"3개월을 허비했고, 그 시간은 내 삶에서 영원히 사라졌습니다. 저는 구글에서 어느 누구도 그런 팀장 밑에서 일하지 않기를 바랍니다."

나는 래리가 이러한 생각에 따라 조직을 이끌고 있다고 믿는다. 실제로 래리는 팀장이 팀원의 아이디어와 야심을 억압하지 않도록 많은 신경을 썼다. 구글에서 일할 때 나는 그러한 점이 참 마음에 들었다.

다음으로 급격한 성장 궤도를 추구했던 팀장, 즉 나에 관한 이야기를 해볼까 한다. 나는 모든 팀원이 함께 야심을 공유해야 한다고 생각했다. 그 시절의 경험은 내가 똑바로 나아가게 만들어주었다.

안타깝게도 나는 너무도 오랫동안 모든 팀원이 빠르게 성장하도록 밀어붙이는 것이야말로 높은 성과를 유지하는 팀을 구축하기 위한 '최고의 훈련'이라고 믿었다. 그래서 나는 언제나 가장 빛나고, 가장 급하고, 가장 야심찬 팀원을 찾았다. 사회생활을 시작하고 무려 20년 동안 어떤 팀원들은 더 높은 자리로 승진하기를 원치 않는다는 생각은 한 번도 하지 못했다.

'애플 경영법' 과목을 강의하던 초창기 시절, 나는 팀장들에게 '가장 야심찬 팀원에게 관심과 자원을 집중하라'고 계속 강조했다. 이 방식은 훌륭하게 업무를 처리하고 자기 리듬을 이어나가며 만족감을 얻는, 팀의 강력한 기반을 형성하는 팀원에게는 도움이 되지 못했다. 아이러니하게도, 경력의 어느 단계에서 나도 그러한 유형이 되었다.

애플에서 iOS 팀을 구축했으며, 스티브 잡스 바로 밑에서 일했던 스콧 포스톨Scott Forstall은 내 접근 방식이 기본적으로 애플의 이념과 어울리지 않는다고 지적했다. 실제로 나는 그러한 방식으로 훌륭한 팀을 창조하지 못했다. 나는 스콧과 함께 다양한 기업의 성공 전략, 혹은 인재 관리를 위해 활용하는 '성과-잠재력 도표'에 대해 논의했다. 이는 원래 맥킨지앤컴퍼니McKinsey & Company가 GE에게 어떤 비즈니스에 투자해야 할지 결정하는 데 도움을 주기 위해 개발한 도구로, 나중에는 수많은 기업의 인사부가 인재 관리용 도구로 이를 받아들였다.[6]

이 접근 방식에서 관리자는 개별 직원의 성과와 잠재력을 확인하고, 이들을 아홉 개 칸에 집어넣는다. 여기서 최고는 '높은 성과·높은 잠재력'이고, 최악은 '낮은 성과·낮은 잠재력'이다. 나는 이렇게 지적했다.

"'잠재력potential'은 적절한 용어가 아닌 듯해요. 잠재력이 낮은 사람이 존재한다고 생각하지 않아요."

내 생각에는 다소 이상적인 구석이 있었다. 스콧은 이렇게 대답했다.

"용어는 중요한 문제입니다. 좀 더 고민해봅시다."

우리는 얼마 동안 용어를 놓고 논의했다. '잠재력'이라는 기준에서 한 가지 문제점은 기존 업무에 능하고 앞으로 그 일을 계속하길 원하는 직원에 대한 긍정적인 평가를 인정하지 않는다는 사실에 있었다. 스콧은 직원들의 만족감과 생산성을 유지하길 원했고, 조직 내 모든 관리자들도 자신과 같은 기대를 갖기를 바랐다.

결국 스콧은 관리자들이 어떤 직원에게 어떤 기회를 줘야 할지 더 진지하게 고민하도록 만들자는 차원에서 '잠재력' 대신 '성장growth'이라는 용어를 사용하자고 제안했다. 이를 통해 "그 팀원의 잠재력은 높은가,

낮은가?"처럼 가치 평가적인 질문을 던지는 것이 아니라, 팀장 스스로 다음과 같은 질문을 던지도록 유도할 수 있다.

"각 팀원은 어떤 성장 궤도에 있어야 하는가?"

"나는 지금 모든 팀원에게 그들이 정말로 원하는 바와 조화를 이루는 기회를 제공하고 있는가?"

"각 팀원들은 자신이 어떤 성장 궤도에 있다고 생각하는가? 나는 그들의 생각에 동의하는가? 만약 그렇지 않다면, 그 이유는 뭘까?"

팀원들은 때로 정말로 성장을 원하며, 그들이 맡은 일보다 더 많은 기여를 할 수 있다. 혹은 더 높은 연봉과 인정을 원하지만, 자신의 업무 방식을 바꾸길 원치 않고, 그래서 지금 이상의 더 많은 기여를 하지 못한다. 당신은 팀장으로서 이러한 팀원들을 잘 파악해야 하며, 변화가 필요할 때 이들과 완전하게 솔직한 대화를 시도해야 할 것이다.

개별 팀원의 '잠재력'이나 '재능'에 관한 질문 대신, 성장 궤도에 관한 질문을 던짐으로써 당신은 그들에게 동기를 부여할 수 있는 방법을 발견하게 된다. 이로부터 얻은 통찰력으로 록스타를 지치게 하거나 슈퍼스타를 지루하게 만드는 위험을 피할 수 있다. 또한 성장 궤도는 변하며, 따라서 팀원에게 영원한 이름표를 붙여서는 안 된다는 사실을 상기하게 된다. 놀라운 결과를 성취하는 안정된 팀을 구축하는 과정에 실질적인 도움을 줄 수 있다.

스콧의 생각이 옳았다. 용어가 중요하다.

팀원의 성장을 어떻게 관리할 것인가

전통적인 '인재 관리talent management' 사고방식에서 '성장 관리growth management' 사고방식으로 넘어갈 때, 모든 구성원이 각자의 꿈을 추구하고 조직 전반이 꾸준한 개선을 거둘 수 있다. 창조성이 흘러넘치고, 효율성은 증가하고, 협력은 활성화된다.

'성장 관리' 방식을 기반으로 할 때, 서로 다른 두 유형, 즉 '급격한 성장 궤도'와 '점진적 성장 궤도'에 해당하는 팀원들을 서로 다르게 관리하는 법을 확인할 수 있다. 또한 팀장의 희망이 아닌 팀원의 희망에 따라 경력을 발전시켜나가도록 도와주어야 한다는 사실을 떠올리게 된다. 모든 팀원이 최고 성과를 향해 나아가도록 힘을 실어주는 것은 물론, 누구를 고용하고 누구를 해고할지, 팀원의 성과 부진이 팀장(즉, 당신)의 문제 때문은 아닌지 분명하게 파악할 수 있다.

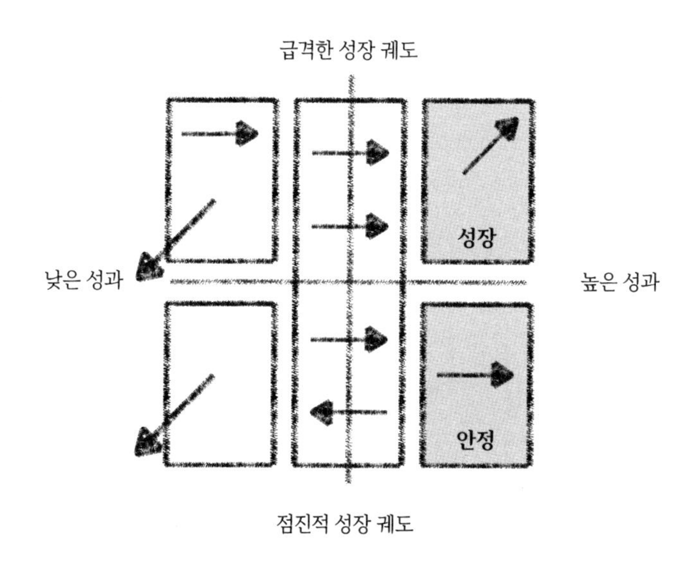

팀장이 팀 전체를 위해 해야 할 중요한 일은 팀원들이 특정 시점에 어떤 성장 궤도상에 있는지, 그것이 팀의 요구와 기회에 부합하는지 확인하는 것이다. 그러려면 팀원 개개인을 깊이 이해해야 한다. 그 과정에서 힘든 대화를 나눠야 할 것이며, 때로는 해고를 결심해야 할지도 모른다.

앞의 도표에서 두 축은 각각 과거의 성과와 미래의 성장 궤도를 의미한다. 수평 축은 '낮은 성과'에서 '높은 성과'로 이동한다. 반면 수직 축은 다르다. 오른쪽 위 사분면과 오른쪽 아래 사분면은 똑같이 좋다. 록스타는 슈퍼스타만큼 팀 성과에 중요하다. 안정은 성장만큼 중요한 요소다. 안정과 성장의 비중은 시간에 따라 변하지만, 두 가지 모두 언제나 필요하다.

팀원의 과거 성과를 평가할 때, 객관적인 결과는 물론 '팀워크'처럼 눈에 보이지 않는 요소도 함께 고려해야 한다. 이상적인 세상에서 팀원들은 모두 분기나 연도별 목표를 수립하고, 최대한 객관적이고 측정 가능한 형태로 결과를 평가한다. 눈에 보이지 않는 요소는 객관적인 측정이 불가능하지만, 그럼에도 설명은 가능하다. 따라서 이에 대한 목표도 분명하게 세워야 한다. 성과는 영원한 꼬리표가 아니다. 어떤 팀원도 계속해서 '최고 성과자'로 머물러 있을 수 없다. 그저 지난 분기에 좋은 성과를 올렸을 뿐이다.

과거는 미래보다 이해하기 쉽다. 미래는 다만 과거의 '성장 궤도'를 참조해서 예측할 수 있을 뿐이다. 팀의 일관성을 평가할 때, 두 유형의 팀원을 관리하는 방법을 고려하기 전에 앞서 언급한 '성장 궤도'라는 개념의 정확한 의미와 중요성을 이해할 필요가 있다.

팀원에게 중요한 것은 무엇이고, 왜 중요한가

팀장은 성장의 성공적인 관리를 위해서 팀원들이 각자 무엇으로부터 동기를 얻는지 알아야 한다. 그들의 장기적인 목표가 무엇인지, 현재 역할이 목표와 조화를 이루는지 확인해야 한다. 그들이 왜 업무에 관심을 기울이는지, 경력을 통해 무엇을 얻고 싶은지, 지금 어느 지점에 서 있는지 이해해야 올바른 사람을 올바른 자리에 배치하고, 적절한 프로젝트를 맡길 수 있다(자세한 방법은 7장 '경력 대화' 참조).

일반적으로 '급격한 성장' 유형은 빠른 변화가 특징이다. 급격한 성장 궤도에 있는 사람은 새로운 기술을 부지런히 습득하고 기존 기술을 재빨리 강화한다. 그러나 급격한 성장 궤도가 곧 팀장의 자격을 의미하는 것은 아니다. 많은 팀원이 경력 전반에 걸쳐 급격한 성장 궤도를 달리는 반면, 많은 팀장은 점진적인 성장 궤도에 머물러 있다. 급격한 성장을 곧 '승진'으로 협소하게 해석해서는 안 된다. 성장이란 지적인 차원에서 영향력이 높아진다는 의미다.

'점진적 성장'의 특징은 안정이다. 일반적으로 점진적 성장 궤도에서 성과가 높은 팀원들은 업무적 숙련도가 높고, 갑작스럽고 극적인 형태가 아니라 점진적인 개선을 이어나간다. 강한 집중력, 끈기, 세심함을 요구하는 업무는 슈퍼스타보다 꾸준하고 방대한 지식을 갖춘 록스타에게 잘 어울린다.

슈퍼스타 범주에 해당하는 직원은 록스타 역할에 적합하지 않다. 그리고 록스타는 슈퍼스타 역할을 좋아하지 않는다. 내가 러시아에서 관리했던 다이아몬드 연마공(1장에서 소개했듯이 내게 개인적 관심의 중요성을 가르쳐준)은 세계적인 수준의 장인들이었다. 그들은 전형적인 록스타로 관리자 자리를 원치 않았다.

내 상사인 모리스 템플스먼Maurice Tempelsman은 야심차고 활력 넘쳤던 젊은 시절 이야기를 들려주었다. 모리스가 회사를 세웠을 때, 그는 다이아몬드를 직접 연마했다. 어느 날 그는 한 통의 전화를 받고 중요한 계약을 따내기 위한 협상을 시작했다. 그러나 계약에 너무 신경을 쓴 나머지 다이아몬드 작업에 집중력을 잃었고, 결국 100만 달러짜리 다이아몬드를 몽땅 먼지로 날려버리고 말았다. 이처럼 급격한 성장 궤도에 있는 사람은 점진적 성장 궤도의 자리에 머물러 있기를 원치 않는다.

사람들 대부분 삶과 경력 전반에 걸쳐 '급격한 성장 궤도'와 '점진적 성장 궤도' 사이를 왔다 갔다 한다. 그러므로 한 사람을 특정 범주에 영원히 집어넣는 것은 불가능하다.

가령 내가 구글에 다니던 때 우리 팀에는 운동선수 출신이 두 명 있었다. 두 여성 직원 모두 일을 잘했다. 대학 졸업 후 그들은 운동선수로서 절정기를 맞이했고, 그래서 직장 업무는 물론 스포츠 훈련에도 많은 에너지를 쏟아부었다. 두 사람은 직장에서는 점진적 성장 궤도에, 스포츠에서는 급격한 성장 궤도에 있었다. 5년 뒤 두 사람 모두 운동을 그만두었고, 열정과 에너지를 오로지 업무에 집중했다. 그 뒤 그들은 직장에서도 급격한 성장 궤도로 이동했다.

물론 직원들 대부분 스포츠 선수가 아니다. 나도 마찬가지다. 그러나 직원들은 다양한 이유로 점진적 성장 궤도와 급격한 성장 궤도 사이를 왔다 갔다 한다. 특정한 업무 환경은 어떤 직원을 점진적 성장 궤도에 올려놓는 반면, 다른 직원은 급격한 성장 궤도에 놓아둔다.

이를테면 당신이 지금 아이를 키운다고 해보자. 부모로서 느끼는 경제적 부담은 고용 안전성에 대한 확신을 더 많이 요구하게 만든다. 아기를 조금이라도 더 일찍 보기 위해 안정적인 업무를 더 선호하게 한다. 마찬가지로 아픈 가족이 있을 때, 직원들은 점진적인 성장 궤도로 이동하는 경향이 있다. 그러다가 병이 완치되면 그들은 다시 급격한 성장 궤도로 돌아온다.

일반적으로 업무 이외의 야심과 열정은 동료들 사이에서 그 직원의 가치를 높여주는 역할을 한다. 가령 그래픽 디자이너가 직장에서 반드시 급격한 성장 궤도에 있어야 한다고 고집하지 않는 한, 재능 있는 아티스트를 얼마든지 그래픽 디자이너로 채용할 수 있다는 뜻이다.

일에서 의미를 찾는 일은 누구의 몫인가

사람들은 일에서 의미를 발견할 때 더 열심히 일한다. 그건 기본 상식이다. 그러나 그러한 의미를 상사가 제시해야 한다고는 생각하지 않는다. 그건 경계를 넘어서는 일이다. 모두가 일에 대한 열정을 가져야 한다는 주장은 상사와 직원 모두에게 불필요한 부담을 가져다준다.

나도 이로 인해 구글에서 많은 어려움을 겪었다. 예전에 구글은 대학 졸업생을 채용해서 간단한 소비자 지원 업무를 맡겼다. 나는 그들에게 구글이 "한 번에 5센트씩 창조성을 후원"하고 있다는 확신을 주고자 했다. 그러나 대학에서 철학을 공부했던 한 직원은 이렇게 따졌다.

"우리 일은 좀 지루합니다. 그 사실은 인정하셨으면 해요. 그래요. 플루타르크도 벽돌을 쌓았고 스피노자도 렌즈를 갈았어요. 지루함은 삶의 일부죠."

나는 의미 발견에 대해 그녀의 독특한 접근 방식이 마음에 들었다. 그러나 그건 그녀에게만 해당되는 것이었다. "스피노자도 렌즈를 갈았다"와 같은 슬로건은 다른 직원들에게 열정을 불어넣지 못할 것이다.

〈파이낸셜타임스〉 칼럼리스트 루시 캘러웨이Lucy Kellaway는 완전한 솔직함을 한껏 과시하며 자신이 그동안 일했던 기업을 선택한 이유에 대해 이렇게 설명했다.

"JP모건에 들어갔다가 〈파이낸셜타임스〉로 옮겼죠. 그 이유는 두 기업만이 제게 기회를 주었기 때문입니다. 그건 제게 이들 기업을 선택해야 할 충분한 이유였습니다. 지금도 그렇게 생각합니다."[7]

자신이 원하는 삶을 살아가고자 열심히 돈을 버는 것은 당연한 일이다. 여기에는 많은 의미가 담겨 있다. 한 현명한 지인은 내게 이런 말을 했다.

"천직에 종사하는 사람은 5퍼센트에 불과합니다. 그들은 우리를 혼란스럽게 만들죠."

세상을 살린다는 식의 거창한 표현을 동원해서 직업을 묘사하는 것은 우리 나머지를 HBO 드라마 〈실리콘밸리Silicon Valley〉에 등장하는 훌리Hooli의 CEO 개빈 벨슨처럼 만들어버린다. 이 장의 핵심 주제에 다시 주목해보자. 상사의 임무는 의미를 제시하는 게 아니다. 다만 직원들이 자기 업무에서 어떻게 의미를 발견하는지 이해할 만큼 충분한 관심을 기울이는 것이다.

런던 대화재 이후에 성바오로 성당 재건축을 맡은 건축가 크리스토퍼 렌Christopher Wren의 이야기는 이를 잘 설명해준다. 어느 날 렌은 재건이 어느 정도 이뤄진 성당을 둘러보고 있었다. 그는 세 명의 벽돌공을 만나 각자 무엇을 하고 있는지 물었다. 첫 번째 벽돌공은 이렇게 대답했다.

"일을 하고 있습니다."

두 번째 벽돌공은 말했다.

"벽돌을 쌓고 있습니다."

그리고 세 번째 벽돌공은 하늘을 쳐다보며 이렇게 대답했다.

"전능한 신께 바칠 성당을 짓고 있습니다."

많은 이가 이 이야기를 인용하여 비전을 갖고, 개인의 노력을 거대하고 숭고한 사명의 일부로 바라보는 태도의 중요성을 강조하곤 한다. 또한 스티브 잡스의 슬로건 "우주에 발자취를 남겨라putting a ding in the universe"는 말 역시 실리콘밸리에서 크게 유행하기도 했다.

나는 잡스를 존경하지만, 이 슬로건만큼은 지극히 개인적인 것이라 생각한다. 인류는 우주, 혹은 적어도 우리가 살아가는 세상에 이미 충분한 흔적을 남겼다. 이러한 점에서 나는 잡스의 슬로건이 더 이상 우리에게 영감을 불어넣는 모토가 될 수 없다고 생각한다. 물론 팀의 업무를 거시적인 관점에서 바라보는 것은 팀장의 임무다. 그러한 관점을 제시하면 팀원들은 더 쉽게 동기를 발견할 수 있을 것이다. 그러나 동기를 찾는 일은 결국 직원 개개인의 몫임을 잊지 말자.

렌의 이야기에서 가장 인상적인 부분은 그가 스스로 목적의식을 제시하고 이를 모든 사람의 머릿속으로 집어넣으려 강요하지 않았다는 사실이다. 벽돌공 세 명은 모두 같은 일을 하고 있었지만 관심사는 서로 달랐다. 거기서 렌의 역할은 인부들의 말에 귀를 기울이고, 그 의미를 이해하고, 또한 모두가 자신의 방식대로 의미를 발견할 수 있는 근로 환경을 만드는 일이었다.

1. 최고의 성과를 내는 팀원
: 관심을 더 많이 기울여라

록스타와 슈퍼스타를 서로 다른 방식으로 관리하는 방법을 살펴보기에 앞서, 두 유형의 직원이 무엇을 필요로 하는지 먼저 생각해보자. 상사는 직원에게 관심을 기울이고, 그들이 지속적으로 좋은 성과를 유지하는 데 필요한 자원을 충분히 제공해야 한다.

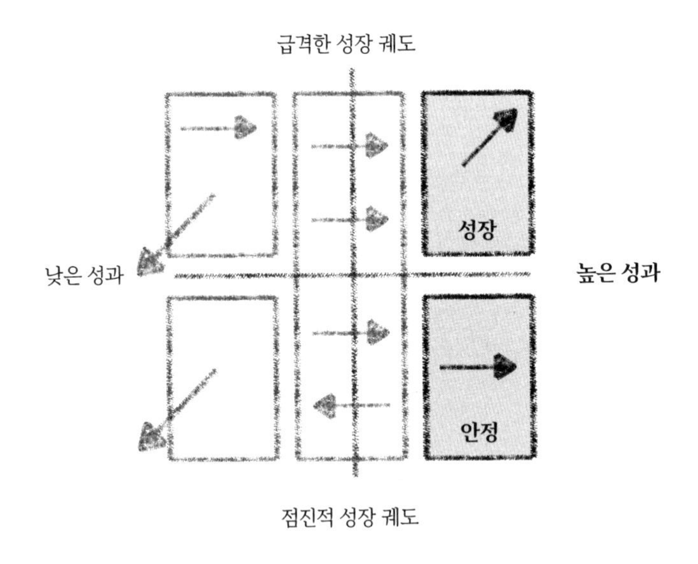

무심한, 혹은 간섭하는 관리자가 아닌 파트너 되기

상사가 하는 가장 흔한 실수는 최고 성과를 올리는 직원에게 충분히 관심을 기울이지 않는 것이다. "상사의 도움이 필요하지 않아서", 혹은 "간섭을 꺼려하기 때문에" 이들 직원에게 관심을 기울이지 않는 것은 관계 구축에 도움이 되지 않는다.

어떤 이들은 올바른 사람을 올바른 자리에 앉혔다면 상사의 임무는 끝난 것이라고 주장한다. 그러나 2010~2015년 동안 트위터 CEO를 역임했던 딕 코스톨로는 이 조언이 얼마나 말도 안 되는 소리인지 분명히 보여준다.

"그건 올바른 상대를 선택해서 결혼을 하고는 상대방과 함께 전혀 시간을 보내지 않는 것과 똑같죠."

코스톨로는 이렇게 덧붙였다.

"내가 아내에게 이렇게 말한다면 어떨까요? '일일이 간섭하고 싶지 않으니 올해는 당신이나 아이들과 함께 시간을 보내지 않겠소.'"

'선택한 뒤 내버려두라'는 접근 방식은 결혼에서만큼 경영에서도 위험천만한 전략이다. 최고 성과를 올린 직원을 이해하는 데 충분히 시간을 투자하지 않으면, 그들이 특정한 시점과 특정한 단계에서 어떻게 성장할 수 있고, 성장해야 하는지 알 수 없다. 그러면 잘못된 업무를 잘못된 직원에게 할당하게 된다. 그리고 잘못된 사람을 승진시킨다. 또한 그들이 필요로 하는 조언도 해줄 수 없다. 최고 성과를 올린 직원과 함께 하는 시간은 성과가 나쁜 직원과의 시간보다 팀 성과에 더 많은 영향을 미친다. 간단하게 말해서, 고성과자를 외면하는 것은 상사임을 포기하는 처사다.

당신은 더 이상 무관심한 관리자, 혹은 지나치게 간섭하는 관리자가 되어서는 안 된다. 그 대신, 파트너가 되어야 한다. 다시 말해, 최고 성과자가 난관을 극복하고 더 높은 성과를 올리도록 더 많은 시간을 투자해야 한다. 미묘한 차이를 알기 위해서 직원 개개인의 구체적인 상황을 파악해야 한다는 점에서, 이러한 노력에는 많은 에너지가 든다. 무엇보다 직원들에게 많은 질문을 던지고 많은 대답을 듣는 노력이 필요하다. 다시 말해, 상사는 그들에게 적극적으로 다가서야 한다.

일반적으로 상사는 성공을 거두는 직원보다 어려움을 겪는 직원에게 더 많은 시간을 투자한다. 이러한 방식은 성과가 높은 직원의 입장에서 부당하며, 팀 전체 성과에도 바람직하지 않다. 높은 성과에서 최고의 성과로 도약하는 것은 낮은 성과에서 보통 성과로 성장하는 것보다 팀에 더 많은 동기를 부여한다. 또한 최고의 성과가 어떤 것인지 실제로 보여줌으로써 팀이 자신에게 기대하는 수준을 제대로 이해하지 못하는 직원에게 도움을 줄 수 있다.

2. 최고 성과를 내고 완만하게 성장하는 팀원
: 록스타를 인정하고 보상하되 승진에 신중하라

나는 오랫동안 성취의 한계를 뛰어넘은 직원을 발견하고 보상하는 노력에 집중했다. 그러던 2008년 어느 날, 나 스스로 점진적인 성장 궤도로 접어들었다. 그 무렵 나는 트위터의 한 임원으로부터 새로운 CEO를 뽑는데 면접을 볼 생각이 있느냐는 연락을 받았다. 조금 전에만 그 연락을 받았더라도 당연히 응했을 것이다. 그러나 그때 나는 완전히 다른 형태의 성장에 관심이 있었다. 마흔 살 나이로 쌍둥이를 임신했던 것이다. 내게 그건 다소 위험한 도전이었다. 내가 트위터에서 받은 제안에 대해 의사와 이야기를 나누었을 때, 그의 조언은 이랬다.

"무엇이 더 중요한지 생각해보세요. 일인가요, 아니면 아이의 생명인가요?"

당연하게도 그때 내게 제일 중요한 것은 트위터의 기회나 구글의 경력이 아니라, 내 몸 안에서 자라나고 있을 작은 생명체였다. 맛있고 건강한 음식, 사무실 위층에서 받을 수 있는 임산부 마사지, 의사가 추천한 수중 운동을 할 수 있는 시설을 갖춘 구글은 위험이 큰 임산부가 다닐 수 있는 최고의 직장이었다. 어쨌든 임신을 하고서도 계속해서 일할 수 있었다. 이를 위해 나는 점진적 성장으로 궤도를 수정해야 했다. 애

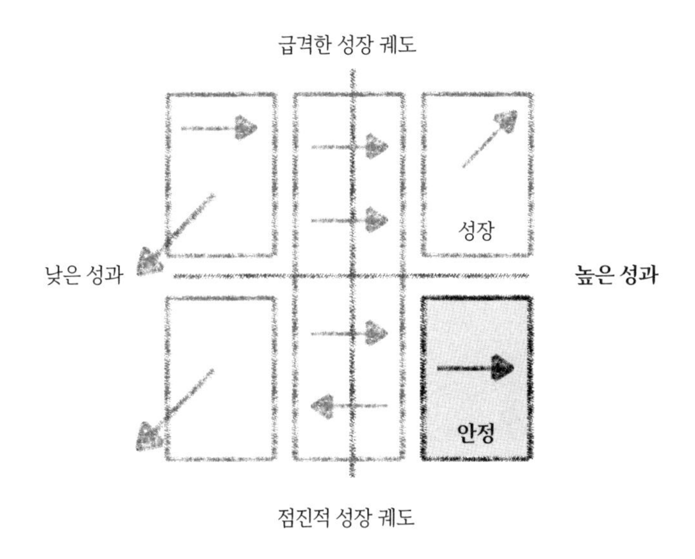

드센스와 더블클릭DoubleClick, 유튜브 팀을 계속해서 이끌 수도 있었지만, 과감하게 도전할 때가 아니었다. 결국 나는 원래의 자리에 그대로 머물기로 했다. 그리고 마침내 두 명의 건강한 아이를 출산했다. 나는 앞으로 평생 구글에 고마워해야 할 것이다.

임산부가 열정적인 CEO가 될 수 없다는 말은 아니다. 사실 많은 여성이 얼마든지 가능하다는 사실을 입증하고 있다. 그러나 나는 그럴 수 없었다. 쌍둥이가 일곱 살이 되고 나서야, 비로소 가파른 성장 궤도로 돌아가 나만의 비즈니스를 시작할 여유를 찾을 수 있었다.

어린 아이를 둔 부모는 육아를 하느라, 기업을 설립하거나 가파른 성장 궤도로 돌아갈 수 없다는 뜻이 아니다. 육아의 어려움이 점진적인 성장 궤도에 머물러야만 하는 공통된 이유라는 의미도 아니다. 많은 부모가 나보다 더 놀라운 능력을 발휘할 수 있을 것이다. 가령 특허권 사무실에서 근무했던 아인슈타인이나 은행에서 일한 T. S. 엘리엇처럼 말이다.

내가 하고 싶은 말은, 우리 모두는 삶에서 업무적 성장이 빨라지거나 느려지는 시기를 맞는다는 것이다. 쉼은 창조의 발판이다. 야망의 소중함을 무시할 수 없듯이, 오랫동안 같은 자리를 유지하는 선택도 무시할 수 없다. 우리는 일과 삶에서 성장과 안정이 모두 필요하다. 나도 그 점을 잘 알고 있었지만 마음속으로 완전히 받아들이지 못했던 것 같다. 아이를 가지고 나서도 나는 기존의 관점을 넓히는 대신, 예전과 똑같은 시선으로 내 자신을 무시하기 시작했다. 러시아 여제 예카테리나 2세는 이렇게 말했다.

"성장하지 않는 것은 썩는다."

쌍둥이와 더불어 매일 성장하고 변화하는 모든 사람을 인정하기보다, 나는 내가 도태되고 있는 것은 아닌지 날마다 불안해했다.

다시 말해, 나는 모든 직원을 성장으로 밀어붙이는 것이야말로 팀 구축을 위한 최고의 방법이라 믿었다. 구글을 떠나 애플로 넘어갔을 때 나는 회사의 여러 사람에게, 특히 스콧 포스털에게서 생각을 정리하는 데 많은 도움을 받았다. 그럼에도 나는 마음 깊숙이 받아들이지 못했다.

어느 날 나는 아이를 보기 위해 일찍 퇴근을 했다. 그런데 아이가 열이 났고 체온을 재보니 40도가 넘었다. 병원에 다녀오고 나니 기운이 하나도 없었다. 나는 소파에 누워 닥터 수스Dr. Seuss 원작의 애니메이션 영화 〈로렉스The Lorax〉를 보았다. 그런데 영화 속 음악 소리가 점점 커지는 가운데 로렉스가 윈슬러에게 해준 조언이 내 마음 깊은 곳을 찔렀다.

> 더 커질 궁리를 하고 있어!
>
> 그런데 커지면 더 커지길 원하게 될 뿐이더라고!

아들의 열이 떨어지고 나서, 나는 성장에 대한 맹목적인 집착이 내 개인적인 인간성과 조화를 이루지 못할 뿐 아니라, 팀 구축을 위한 최고의 방법도 아니라는 사실을 깨닫게 되었다. 지난날을 돌이켜보면서, 내 스스로 과소평가하거나 무시했던 많은 이에게 불현듯 미안한 생각이 들었다. 그때의 깨달음은 내 사고방식을 완전히 바꿔 놓았다.

아이러니하게도 내가 이 책을 쓸 여유를 발견하고, 갓난아이와 더 많은 시간을 보낼 수 있었던 것은 트위터를 뉴욕증권거래소에 상장시킨 딕 코스톨로 덕분이었다. 세월이 흘러 코스톨로는 '트위터 경영Managing at

Twitter'이라는 과목의 개발을 내게 의뢰했다. 나는 흔쾌히 승낙했다. 또한 코스톨로는 내게 트위터 임원 자리를 제안하기도 했다. 면접 과정에서 우리는 내게 그 역할을 맡을 만한 충분한 여력이 없다는 사실을 확인했다.

결국 나는 코스톨로를 위해 격주에 1시간씩 편안한 분위기에서 이야기를 나누는 자문 역할을 맡기로 했다. 덕분에 나는 당시 내 상황에 완벽하게 어울리는 일자리를 잡았고, 내 경력을 한 단계 더 업그레이드하게 되었다. 또한 글을 쓰고 아이와 더 많은 시간을 함께하기를 원했을 때 업무적으로 점진적 성장 궤도에 머무를 수 있었을 뿐 아니라, 나중에 다시 한번 기어를 바꿀 때를 대비해 완벽한 준비 기간을 가질 수 있었다.

록스타, 즉 매년 높은 성과를 가져다줄 것으로 기대되는 직원을 관리하기 위한 최고의 방법은 뭘까? 상사는 록스타의 업무 만족감을 높이기 위해 그들을 인정해야 한다. 많은 상사가 '인정'을 곧 '승진'으로 여긴다. 그러나 그건 심각한 착각이다. 승진은 자칫 록스타를 어울리지 않거나 그들이 원하지 않는 자리로 이동시킨다.

여기서 핵심은 승진과는 다른 방식으로 그들의 기여를 인정해야 한다는 사실이다. 보너스나 연봉 인상이 대안이 될 수 있다. 혹은 그들이 사람들 앞에서 이야기하기를 좋아한다면, 전체 회의나 규모가 큰 행사에서 발언할 기회를 주는 방법도 있다. 가르치는 일을 좋아한다면, 신입사원에게 빨리 기술을 습득할 수 있도록 도움을 주는 일을 맡길 수 있다. 수줍음이 많다면, 성과에 대해 개인적인 차원에서 고마움을 표하는 편이 좋을 것이다. 정년 보장도 신중히 고려할 수 있는 방법이다. 이들에게 긍정적인 성과 평가나 상여금을 제공할 때, 전반적으로 공정하다고 느낄 만큼 신중을 기하자.

성과 평가는 공정하게

일부 기업은 록스타 직원의 성과를 정당하게 평가하지 않는다. 그 이유는 승진을 위해 줄을 선 이들 때문이다. 기업들 대부분 상대 평가 시스템을 고수한다. 물론 이를 통해 '점수 인플레이션'을 막겠다는 발상은 좋은 취지다. 그러나 이 때문에 록스타들이 홀대를 받는 의도하지 않은 부작용이 발생한다. 기업은 최고의 성과를 올린 모두에게 최고 점수를 줘야 한다. 이 점은 특히 평가 점수가 보상에 영향을 미칠 때, 더욱 중요하다.

어떤 직원이 업무 처리를 훨씬 더 잘하면 기업은 마땅히 더 높은 평가 점수와 상여금을 제공해야 한다. 그러나 과거 성과를 보상하는 것이 아니라 미래 승진을 정당화하기 위해 직원을 평가하면 문제가 발생한다.

능력과 전문성을 인정하라

최고 점수를 주는 것과 더불어, 록스타 직원을 인정하는 좋은 방법은 그들에게 '스승'이나 '믿음직한 전문가'의 역할을 부여하는 것이다. 예를 들어 그들에게 신입사원 교육을 맡길 수 있다. 물론 그들이 이러한 일을 좋아할 경우에 말이다.

많은 기업이 최고 성과자를 이런 식으로 잘 활용하지 않는다. 다른 직원을 가르치기보다 그들 스스로 좋은 성과를 올려주기를 기대한다. 그러나 이런 방식은 조직이 전문적인 지식을 효과적으로 활용하는 데 방해가 된다.

2차 대전 동안 미 공군은 최고의 전투기 조종사를 전선에서 고국으로 돌려보내어 새로운 조종사를 길러내는 일을 맡도록 했다. 이러한 시도는 시간이 흐르면서 미 공군의 수준과 효율성을 크게 개선했다. 반면 최고의 조종사가 추락할 때까지 전선에서 싸우도록 했던 독일군은 점차 경쟁력을 잃어갔다. 그들은 새로운 조종사 교육에 투입되지 못했다. 1944년을 기준으로, 연합군 조종사는 300시간의 비행 훈련을 받았던 반면, 독일군의 훈련 시간은 그 절반 정도에 불과했다.

많은 기업이 실제 업무를 위해서라면 고용하지 않을 인력을 교육 업무를 위해 고용한다. 심지어 업무 성과가 좋지 않은 직원을 해고하지 않고 교육 부서로 발령을 낸다. 이는 어처구니없는 발상이다. 나는 몇몇 세계적인 기업에서도 똑같은 상황을 목격했다. 장님이 장님을 인도하는 이러한 관행은 교육에 대해 부정적인 인상을 심어준다. 일반적으로 유능한 직원은 다른 사람을 가르치는 일도 좋아한다. 기업은 이들에게 교육을 일임함으로써 조직 전반의 성과를 개선할 뿐 아니라, 록스타 직원에게 또 다른 형태의 보상을 제공할 수 있다.

물론 어떤 이들은 가르치는 일을 좋아하지 않거나 잘하지 못한다. 조직에서 남을 가르치는 일은 의무가 아닌 명예가 되어야 한다. 실제로 전문적인 지식을 갖고 있는 일부 직원은 동료들의 질문에 하루 종일 시달려야 하는 상황을 무척 싫어한다. 그러므로 교육의 역할을 맡기는 결정은 신중해야 할 필요가 있다. 만일 어떤 믿음직한 전문가가 남을 가르치고 질문에 답하는 일을 좋아할 때, 그들을 적극적으로 지원하고 이에 대해 충분한 보상을 할 필요가 있다.

내가 잘 아는 기업 중에서 록스타 직원에게 최적화된 업무 환경을 제공하는 가장 뛰어난 기업은 단연코 애플이다. 애플 조직은 기능적인 전문성에 최적화되어 있다. 애플에는 '일반 관리자'란 직급이 없다. 아이폰 사업부라는 곳도 없다. 대신에 운영시스템 엔지니어, 카메라 전문가, 오디오 전문가, 유리 소재 전문가들이 아이폰을 중심으로 협력한다. 누구보다 제품의 특정 기능에 대해 잘 아는 전문가들이 있고, 이들은 그러한 전문적인 역량에 대해 조직에서 인정받는다.

애플은 오랫동안 똑같은 자리를 지킨 직원을 높게 평가한다. 사실 나는 이러한 기업 문화에 적잖이 충격을 받았다. 구글을 비롯하여 많은 실리콘밸리 기업에서 한 자리에 오래 머무는 것은 결코 자랑할 만한 일이 못 된다. 일부 기업은 소위 '승진, 혹은 퇴출'이라는 정책을 명목 삼아 오랫동안 한 자리를 지킨 직원을 해고하기까지 한다. 반면 스티브 잡스는 인재 유지에 많은 관심을 기울였고, 오랫동안 애플과 함께 한 사람을 가치 있게 평가했다.

처음에 내가 애플의 이러한 기업 문화에 크게 당황했던 것은 정년 보장은 학계의 일일 뿐, 빠르게 성장하는 IT 세상과는 거리가 멀다고 생각했기 때문이다. 그러나 정년 보장은 한 가지 업무를 오랫동안 해온 직원을 위한, 승진에 버금가는 명예로운 인정이라는 사실을 조금씩 이해하게 되었다.

애플은 5, 10, 15, 20년마다 직원에게 근속상을 수여한다. 애플 최고디자인책임자 조너선 아이브는 증기 연마 기술로 아름답게 완성한, 애플 로고가 새겨진 유리 명판을 제작했다. 이 명판은 10년 이상 근속한 애플 직원에게 준다. 애플 리더들은 여기에 개인적으로 많은 공을 들인다. 이 상은 그 업무를 잘 아는 리더가 수여한다. 팀 회의나 공적인 인정을 위한 다양한 행사에서 수여한다. 이 상은 개인적인 차원에서도 특별한 의미를 담고 있다.

존중하고 존경하라

T. S. 엘리엇은 시인으로서 삶을 살아가기 전에 로이드 은행에서 일했다. 엘리엇의 상사는 자상하게도 그에게 열심히 일하면 나중에 지점장까지 오를 것이라는 희망을 주었다. 그러나 엘리엇은 은행장보다는 시를 쓰는 일을 선택했고, 노벨상을 받았다. 그는 시를 쓰기 위해 안정된 일자리와 돈을 필요로 했다. 만약 엘리엇의 상사가 그를 어떻게든 붙잡고 싶었다면, 승진으로 더 많은 업무를 안겨주기보다 매일 1시간 일찍 퇴근하도록 허락해야 했을 것이다.

좋아하는 일을 잘할 때, 삶은 나아진다. 많은 이는 조직의 사다리를 오르는 과제에 뜨거운 열정을 갖고 있지 않다. 그러나 우리 사회는 점진적 성장 궤도를 선호하는 이러한 사람들을 종종 'B급 선수'라거나 '정체'라는 표현으로 묘사하곤 한다.

록스타 직원을 효과적으로 관리하기 위해, 그들을 경멸적인 범주에 집어넣는 기존 관점에서 벗어나야 한다. 5~10년, 혹은 30년 동안 좋아할 수 있는 일을 발견한 이들은 비록 그 일을 통해 엄청난 성공을 이루지 못한다고 해도 대단한 행운이다. 이들과 함께 일하는 동료와 상사들 역시 행운이다. 훌륭한 상사는 이들을 결코 '정체'되어 있다고 말하지 않는다. 대신에 그들의 가치를 존중하고 조직에 오랫동안 머물러 있게 함으로써 팀을 안정적이고, 일관적이고, 생산적으로 이끌어간다.

승진에 대한 집착은 위험하다

불필요한 승진이 이뤄지면 무슨 일이 일어날까? 로렌스 피터Laurence J. Peter는 자신의 책《피터의 원리The Peter Principle》에서 그 결과를 유쾌하게 묘사했다. 이야기 속에서 직원들은 그들의 능력으로 감당하기 힘든 승진을 한다. 그러나 그들 자신은 물론 조직 전체도 불행한 결말로 끝나고 만다.

상사로서 역량은 확보하고 있지만 관리자로서 욕심이 없을 때, 불필요한 승진은 바로 이러한 결말로 끝난다. 한 동료는 아이를 출산하면서 기존에 하던 일을 그대로 하고자 했다. 그러나 상사는 그녀의 결정을 받아들이지 않고 승진을 시켰다. 동료는 상사의 선택을 거부했지만 무시당했고, 결국 회사를 그만두고 말았다. 기업으로서는 큰 낭비가 아닐 수 없다.

상사는 록스타 직원을 절대 이렇게 대해서는 안 된다! 팀의 일관성을 높이기 위해 록스타를 인정하고 그들의 기여에 보상하는 문화를 구축해야 한다.

3. 최고 성과를 내고 급격하게 성장하는 팀원 : 슈퍼스타를 끊임없이 도전에 직면하게 하라

슈퍼스타 유형의 직원에 대해 이야기할 때, 나는 항상 캐서린 버헨Catharine Burhenne과 데이비드 샌더슨David Sanderson 두 사람을 떠올린다.

캐서린을 처음 만난 것은 내 쌍둥이의 보모를 구할 때였다. 우리 아이들은 캐서린을 편안해했고, 나는 면접 자리에서 곧바로 그녀를 채용했다. 그런데 캐서린이 정말로 원한 것은 보모 일이 아니라 구글에 취직하는 것이라는 사실을 알게 되었다. 물론 나는 캐서린이 우리 아이를 계속해서 봐주길 원했지만, 그녀가 지금의 일에 만족하지 않고 꿈을 추구하도록 도움을 주고 싶었다. 그래서 그녀가 구글에 면접을 볼 수 있게 기회를 주었고, 결국 합격했다. 이후 캐서린은 구글에서 페이스북으로 자리를 옮겼고, 다음으로 트위터로 스카웃되었다.

데이비드도 보모로서 인연을 맺었다. 사실 그는 앞으로 무슨 일을 해야 할지 궁리하면서 연인인 캐서린과 함께 지내기 위해 실리콘밸리에서 여름을 보내고 있었다. 어느 날 나는 데이비드에게 어떤 일을 좋아하는지 물었고, 그는 음악 이야기를 했다. 나는 그가 캐나다에서 젊고 유명한 피아니스트로 활약했다는 사실을 캐서린에게 들어서 이미 알고 있었다. 나는 데이비드에게 전문 음악가로 나갈 것인지 물었고, 그는 고개를 저었다. 음악가가 되려면 경제적으로 너무 많은 희생이 필요했기 때문이었다. 나는 그에게 꿈을 좇으라고 말해주고 싶었지만, 한편으로 그의 상황이 이해가 갔다. 나도 가족을 먹여 살리기 위해 소설가의 꿈을 포기했다.

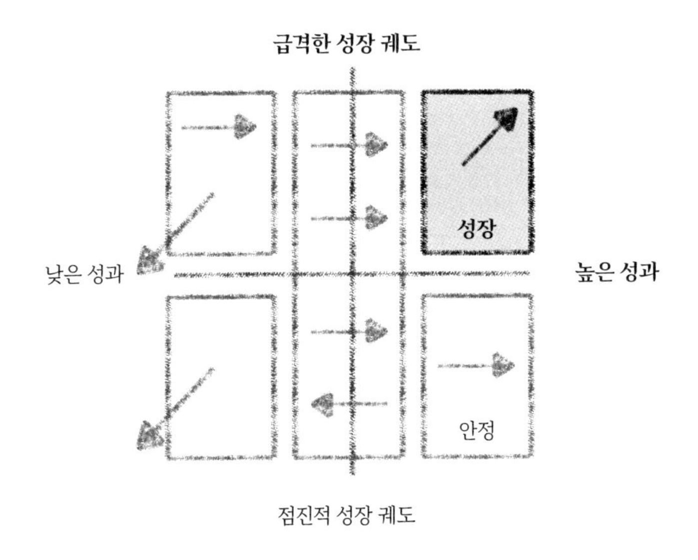

그러던 어느 날 우리집 스프링클러 시스템이 고장났다. 물론 나는 아이 보느라 바쁜 데이비드가 그걸 고칠 것이라고 기대하지 않았다. 그러나 데이비드는 쌍둥이가 낮잠을 자는 동안 매장에 들러 수리하는 방법을 알아냈고, 직접 수리를 마쳤다.

나는 생각을 해보았다. 스프링클러 시스템이 고장나자 데이비드는 자기 일이 아님에도 소매를 걷어붙였다. 나는 그에게 지금까지 했던 일 중 뭐가 제일 마음에 들었는지 물었다. 그는 모든 일을 좋아한다고 답했다. 밴쿠버 매장에서 일할 때에는 최고의 영업사원이었다. 그는 거기서 재고 시스템을 개선함으로써 고객의 대기 시간을 줄였다. 소비자 만족도는 높아졌고, 자신 뿐 아니라 모든 영업사원의 매출이 증가했다. 데이비드는 무슨 일이든 상관없이 자기 역할에 최선을 다했다. 그는 맡은 일보다 더 많은 일을 했을뿐더러 불가능해 보이는 일에도 도전했다. 그는 전

도서의 한 구절에 대한 모범을 보여주었다.

무슨 일이든 자기 힘으로 행하라.

나는 데이비드를 좋아했고, 또한 그만큼 그가 성장할 수 있도록 도움을 주고 싶었다. 나는 그에게 일자리를 소개하고, 이력서를 다듬어주고, 또 함께 면접 연습을 했다. 그는 결국 페이스북에 취직했고, 예상대로 초고속 승진 기록을 세웠다.

나중에 캐서린과 데이비드는 실리콘밸리의 꿈을 실현하기 위해 함께 기업을 설립했다. 그들은 릴굿ReelGood이라는 회사를 세웠고, 이를 통해 어떤 영화나 드라마를 봐야 할지 가장 빠르고 편리하게 알려주는 서비스를 제공하고 있다.

만약 당신 팀에 캐서린이나 데이비드 같은 직원이 있다면, 이들을 어떻게 관리해야 할지에 대해 몇 가지 조언을 주고자 한다.

계속 도전하도록 기회를 제공하라

슈퍼스타 직원을 만족시키는 최고의 방법은 끊임없이 배우도록 자극하는 것이다. 이들에게는 언제나 새로운 기회를 줘야 한다. 비록 그 기회가 그들의 역량에 비해 벅차 보인다고 해도 말이다. 그들을 다음에 어떤 자리로 옮겨야 할지 고민하자. 전문성의 차원에서 그들과 협력 관계를 구축하자.

조직 내부 혹은 외부에서 이들의 멘토를 찾아, 당신이 줄 수 있는 것보다 더 많은 기회를 허락하자. 그러나 지나친 의존은 금물이다. 이들이 다른 팀원을 적극적으로 가르치도록 하자. 그들은 조직에 오랫동안 머무르지 않을 것이기 때문이다.

나는 이런 직원들을 종종 유성流星이라고 생각한다. 잠시 동안이나마 그들이 우리와 같은 궤도에 있었다는 사실에 감사하게 생각한다. 그리고 이들을 붙잡아두려는 노력은 자주 헛수고로 끝나고 만다.

억압하거나 가로막지 마라

슈퍼스타 직원을 억압해서는 안 된다. 언젠가 당신이 이들 밑에서 일할 수도 있다는 사실을 인정할 필요가 있다. 내가 주스에서 근무할 적에 재러드 스미스라는 인물을 프로덕트 매니저로 고용했다. 그 무렵 나는 재러드가 언젠가 내게 호의를 되돌려준다면 대단한 행운일 것이라는 기대를 했다. 10년 후, 정말로 재러드는 형제와 공동 설립한 기업인 퀄트릭스의 이사회 일원이자 임원 코치 자리를 내게 제안했다. 지금 나는 재러드와 그의 형제 모두를 위해 일하고 있다.

지금까지 일했던 기업 중에서 구글은 특이하게도 상사가 직원의 꿈을 억누르지 않도록 안전 요원까지 두었다. 구글의 이러한 노력은 급격한 성장 궤도에 있는 직원의 발전을 가로막는 상사의 권한을 제어하기 위한 기업의 의지에서 비롯되었다. 가령 구글 임원인 쇼나 브라운Shona Brown이 설계한 승진 시스템에 대해 생각해보자.

구글에서는 팀장이 자기 마음대로 팀원을 승진시키지 못한다. 기술팀장은 팀원이 기존 업무와 다른 업무에 도전하는 것을 격려하거나 제한

할 수 있고, 승진을 추천할 수 있다. 또한 팀원은 자신을 승진 후보자 명단에 올릴 수 있다.

승진에 대한 최종 결정은 승진위원회에서 한다. 성과나 추천에 따라 구성된 '승진 후보자 명단'이 완성되면, 승진위원회는 대상자를 최종적으로 선정한다. 의사결정자는 후보의 팀장이 아니다. 물론 팀장은 최종 결정에 이의를 제기할 수는 있지만, 결정은 오로지 위원회의 몫이다. 구글의 이러한 시스템은 관리자가 직원의 의지를 억누르거나, 혹은 사적인 충성심에 대한 보상으로 승진을 활용하지 못하도록 제어하는 기능을 한다.

또한 구글은 직원이 새로운 기회를 발견하기 위해 다른 팀으로 이동하는 절차를 대단히 간편하게 만들어놓았다. 상사는 직원의 이동을 막을 수 없다. 예전에, 유능하지만 상사 때문에 능력을 발휘하지 못한다고 스스로 주장하는 한 직원이 우리 팀으로 온 적이 있다. 아무도 그 직원의 결정을 막을 수 없었다. 나중에 그의 선택은 대단히 현명한 판단인 것으로 드러났다. 우리 팀으로 넘어와서 놀라운 성과를 보여주었기 때문이다. 팀원의 결정을 가로막는 팀장의 권한을 제어한다는 점에서, 팀장과 팀원의 조합이 때로 잘 맞지 않을 수 있다는 사실을 인정한다는 점에서, 팀별 이동을 허용하는 구글의 정책은 그 의미가 크다고 하겠다.

물론 구글이 모든 걸 다 잘하는 것은 아니다. 구글의 제품 관리팀은 한 가지 엄격한 기준을 요구한다. 그 팀에 들어오기 위해서는 컴퓨터 과학 분야의 학위가 있어야 한다는 점이다. 사실 아이디어가 풍부한 많은 직원이 제품 관리팀으로 들어가길 원했지만, 그 기준 때문에 뜻을 이루지 못했다. 비즈 스톤Biz Stone도 그런 경우였다. 결국 그는 구글을 떠나 트위터를 공동 설립했다. 또 다른 사례로, 벤 실버맨Ben Silbermann도 제품 관리팀에 들어갈 수 없게 되자 구글을 떠나 핀터레스트Pinterest를 설립했다. 케빈 시스트롬Kevin Systrom도 구글을 나와서 인스타그램Instagram을 공동 설립했다.

슈퍼스타라고 해서 모두 상사가 되고 싶어하는 것은 아니다

점진적 성장 궤도에 있는 이들이 상사가 되길 꿈꾸지 않는 것처럼, 급격한 성장 궤도에 있다고 해서 모두가 관리자 자리를 원하는 것은 아니다. 성장 궤도와 관리자가 되고픈 욕망은 엄연히 다르다.

아인슈타인이 상대성 이론을 연구할 무렵, 연구에 많은 시간을 들이지 말고 직원들을 관리하라는 말을 상사로부터 들었다면 어땠을까? 아인슈타인은 당황했을 것이며, 팀 관리는 제대로 이뤄지지 못했을 것이다. 무엇보다 인류는 우주를 이해하기 위한 중요한 자원을 잃어버렸을 것이다.

이러한 일은 드물지 않게 일어난다. 많은 훌륭한 엔지니어와 영업 사원이 관리자로 승진하면서 경력 상 위기를 맞이한다. 왜 그런 일이 일어나는 걸까? 승진이 이들이 머물기 원하는 성장 궤도를 반영하지 못했기 때문이다.

이러한 사실은 전통적인 성과-잠재력 도표에서 사용하는 용어와 관련된 또 다른 문제를 제기한다. 그 도표는 그냥 '잠재력'이 아니라 '리더십 잠재력leadership potential'을 분석한다.

원래 의도와는 달리, 급격한 성장 궤도에 있으면서 관리자가 되기를 원치 않는 직원들이 경력에 제약을 받는 일이 종종 벌어진다. 또한 관리자가 되기보다 전문성을 개발하고 지식을 축적하는 데 관심이 많은 직원도 보상 차원에서 많은 불이익을 겪는다. 내 말을 오해하지는 말자. 나도 유능한 관리자가 조직에 대단히 중요하다고 믿는다. 그러나 관리자가 이들이 선택할 수 있는 유일한 길은 아니다.

구글 기술팀은 '개별 기여자' 경력 과정을 새롭게 창조함으로써 이 문제를 해결했다. 이러한 경력은 관리자가 되는 여정보다 더 많은 특권을 누리고, 경영 전반에서는 완전히 손을 뗀다. 이 과정은 성장을 추구하는 엔지니어, 혹은 관리자의 길을 거부한 이들에게 대단히 좋은 선택지다. 상사의 일을 원해서가 아니라 단지 '올라서기 위해' 관리자가 될 때, 그들은 기껏해야 기능적으로 일을 수행할 뿐이다. 더 나쁜 경우 지옥에서 온 상사가 된다.

승진이 더 높은 보상을 받을 수 있는 유일한 기회일 때, 관리 수준은 떨어지고, 떠밀리다시피 관리자가 되어버린 상사 밑에서 일하는 직원의 삶은 비참해진다.

4. 평범한 팀원 관리법
: B급 선수는 없는 법, 기준을 높여라

나는 B급 선수나 평범한 인간이란 존재하지 않는다고 믿는다. 우리 모두는 특정 분야에서 탁월하다. 마찬가지로 모든 분야에서 뛰어난 사람은 없다. 이것이야말로 절대적인 진실이다. 그렇다면 업무 능력이 떨어지거나 개선의 여지가 없는 직원에 대해 한번 생각해보자.

안타깝게도 많은 이가 자신이 정말로 잘하는 일을 알지 못한다. 너무 오랫동안 잘못된 자리를 지켜오다 보니 한 걸음 뒤로 물러서야 보이는 변화의 기회를 좀처럼 발견하지 못한다. 혹은 지금의 자리가 제공하는 영향력, 경제적 보상, 가족에 대한 책임감을 떨쳐버리지 못하는 것일 수도 있다.

상사는 여러 가지 이유로 이러한 직원을 팀 내에 붙잡아둔다. 이들보다 더 나은 직원을 고용할 수 있을 것이라는 확신도 없거니와, 새로운 직원을 교육하려면 많은 시간과 비용이 소모된다. 또한 인간적으로 친밀한 관계를 맺은 경우, 느닷없이 직원에게 다가가 새로운 일자리를 알아보라고 조언하는 것은 불가능한 일처럼 느껴진다.

용기와 에너지를 모두 잃어버린 이런 방식은 인적 잠재력에서 엄청난 손실이 발생하는 자포자기의 상황으로 이어진다. 현재 직장에서 성공하지 못하는 사람은 '평범한' 인간이며, 앞으로 발전 가능성도 없다는 생각은 아무런 근거가 없을 뿐 아니라 모욕적이기까지 하다.

이러한 직원이 계속 자리에 머무르도록 하는 것은 파괴적 공감의 최악의 폐해이자 잠재력을 낭비하는 최고의 원인이다. 물론 이러한 직원을 올바르게 대하려면 그들이 왜 성공하지 못하는지 이해해야 한다. 그들이 힘든 시기를 겪고 있다면, 지금보다 더 거세게 밀어붙이기보다 그저 회복할 시간과 여유를 주는 편이 낫다.

내가 구글에서 우리 팀원들을 대상으로 했던 가장 인기 없던 일들 중 한 가지는 2년 넘게 탁월한 성과를 올리지 못한 직원에게 그들을 돋보이게 만들 수 있는 프로젝트에 참여할 기회를 주는 것이었다. 만약 여기서도 이렇다 할 성과를 올리지 못할 경우, 나는 그 직원에게 다른 일자리를 알아보도록 조언했다.

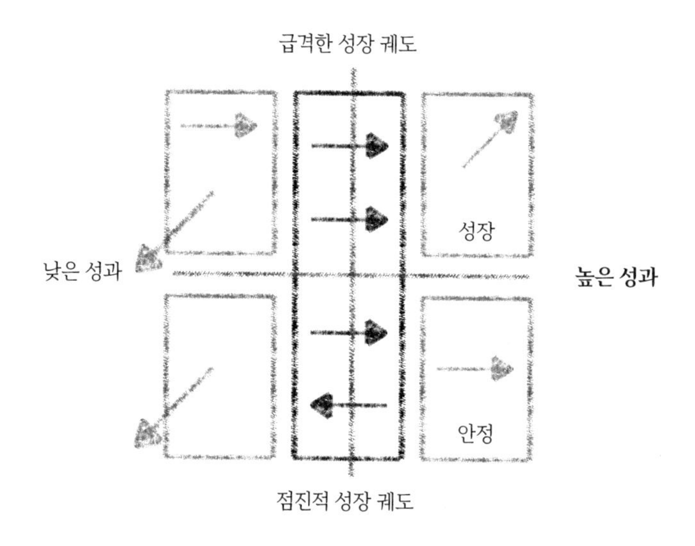

물론 이 방법은 현실적으로 힘들었고, 팀 내에서 적지 않은 갈등을 빚었다. 여기서 가장 예민하게 반응한 이들은 관리자들이었다. 그들은 부하직원들과 여러 번 힘든 대화를 나눠야 했을 뿐만 아니라, 동시에 그들을 힘들게 밀어붙여야 했기 때문이다. 몇 년 동안 탁월한 성과를 거두지 못한 직원들을 기존 안전지대로부터 내모는 것은 당연하게도 대단히 힘든 일이다. 그러나 나는 '평범'이라는 꼬리표를 영구적으로 붙이는 것이야말로 이보다 더 비참한 일이라고 믿었다.

나는 모두가 탁월한 역량을 발휘할 수 있는 분야를 발견하도록 돕는 것이 내 일이라고 믿었고, 그 믿음을 실행에 옮겼다. 그리고 모두가 잠재력을 100퍼센트 발휘하는 직원들로 우리 팀을 구축하기 위해 노력했다. 2년 동안 탁월한 역량을 입증하지 못했다면, 그들은 앞으로도 지금의 자리에서 잠재력을 발휘하지 못할 것이 분명했다.

그때 나는 그들이 스스로 빛날 수 있는 다른 곳을 물색하고, 또한 다른 인재로 그 자리를 대체하는 방안을 고려해야 했다. 이는 해당 직원이 구글을 떠나서 자기 꿈과 조화를 이룰 직업, 가령 교사나 조경사, 혹은 카페를 차리는 것처럼 새로운 분야로 뛰어드는 것을 뜻했다. 또 다른 경우, 비슷한 직종이지만 조직 규모가 훨씬 작아서 더 다양한 업무를 접할 수 있는 기업으로 이직하는 것이었다. 이들에게는 기존의 둥지를 떠나 날개를 활짝 펼 새로운 공간이 필요했다. 변화의 과정은 쉽지 않았지만, 결말은 모두에게 더 행복한 것으로 드러났다.

여러 가지 측면에서 상사의 역할은 기준을 정하고 이를 고수하는 일이다. 기준을 낮추는 것은 단기적으로 쉽지만 장기적으로 많은 피해를 입힌다. 착하지만 뛰어나지 못한 직원을 대할 때, 절대 파괴적 공감으로 떨어지지 않도록 유의하자! 모두는 어딘가에서 최고가 될 수 있다. 탁월한 성과를 올리는 훌륭한 팀을 구축하려면, 구성원 모두가 뛰어나야 한다. 평범함을 그냥 받아들이는 것은 아무에게도 도움이 되지 못한다.

5. 낮은 성과를 내고 부정적으로 성장하는 팀원 : 서로 다른 길을 가야 한다

성과가 좋지 않고 문제의 원인에 대한 구체적인 지적을 받았음에도 개선의 여지가 보이지 않으면 당신은 그 직원을 해고해야 한다. 해고 방

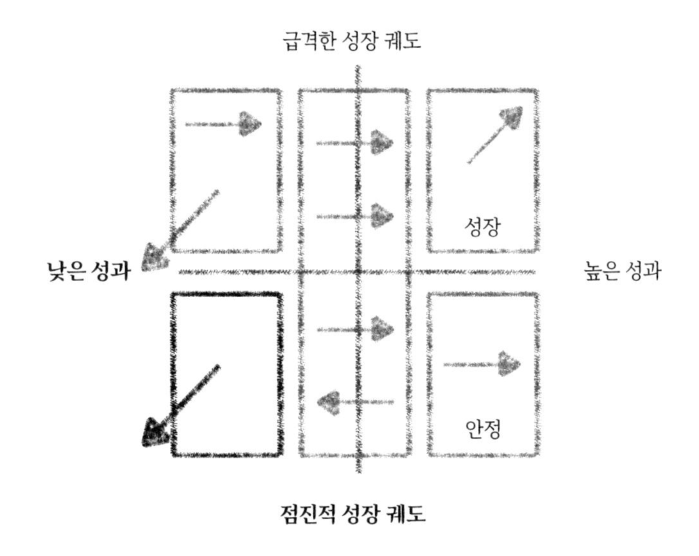

식은 상사로서 장기적인 성공에 막대한 영향을 미친다. 해고 과정에서 업무적으로 직원 개개인에게 많은 관심을 기울이고 있다는 분명한 메시지를 전할 수 있기 때문이다.

해고는 당연하게도 중대한 사건이다. 특히 해고 당사자에게 더 그렇다. 경제적 수입, 의료보험, 개인사는 물론 가족에게도 부정적인 영향을 미친다.

이러한 문제를 잘 알수록 해고는 더욱 힘든 일이 된다. 예전에 큰 성공을 거둔 뉴요커를 만난 적이 있는데, 그는 해고에 대해 동정을 넘어서 진심으로 가슴 아파했다. 직원에게 해고 통보를 해야 하는 날 아침이면 언제나 식은땀을 흘리며 잠에서 깼다고 했다. 그 무엇도 해고 통보만큼 그를 긴장하게 만드는 일은 없었다! 나도 그렇고 당신 역시 마찬가지라 생각한다. 그래서 우리는 어떻게든 해고를 피하려 든다. 이러한 태도는 다시 한번 모두에게 부정적인 영향을 미친다. 그렇게 때문에 우리는 더 의식적으로 신중하게 해고를 바라볼 필요가 있다.

언제 해고를 해야 할까?

'페기'라는 팀원이 있다고 상상해보자. 그녀는 업무 성과가 낮은 데다가 나아질 기미도 보이지 않는다. 심지어 더 나빠지는 것 같기도 하다. 그렇다면 지금 당장 해고해야 할까? 이 질문에 대한 정답은 없다. 그러나 세 가지 질문을 가지고 생각해볼 수 있다.

❶ 페기에게 완전하게 솔직한 조언을 주었는가?
❷ 페기는 자신의 성과가 팀에 어떤 영향을 미치는지 정확하게 이해하는가?
❸ 다른 사람에게서 조언을 구했는가?

1. 완전하게 솔직한 조언을 주었는가?

당신이 일과 삶에서 개인적으로 많은 관심을 갖고 있다는 사실을 페기에게 보여주었는가? 개선을 위한 조언을 솔직하고 투명한 방식으로 제시했는가? 칭찬을 할 때, 단지 그녀의 기분을 좋게 하기 위해서가 아니라 실질적이고 구체적인 방식을 취했는가? 지적을 할 때, 개인적인 비난이 아니라 해결책을 발견하도록 직접적인 도움을 주었는가? 오랜 기간에 걸쳐 이러한 행동을 실천했는가?

이러한 질문에 대한 대답이 모두 '예'라면 페기는 개선 가능성을 보여주지 못한 것이고, 그렇다면 해고할 시간이 온 것이다. 똑같이 일을 하면서 이번에는 다른 결과가 나올 것이라고 기대하는 것은 망상에 불과하다는 사실을 명심하자.

2. 자신의 성과가 팀에 어떤 영향을 미치는지 정확하게 이해하는가?

페기의 낮은 성과는 상사의 문제만은 아니다. 관리자는 다양한 관점을 이해해야 하고, 그녀의 낮은 성과가 다른 구성원에게 어떤 영향을 미치는지 파악해야 한다. 일반적으로 팀원의 성과 문제가 상사의 눈에 포착되었다면, 그 문제는 이미 오랫동안 다른 동료를 힘들게 했을 것이다.

3. 신뢰하는 사람과 이야기를 나누면서 다른 선택권을 모색하는가?

당신은 때로 분명하지 않았음에도 분명하게 의사를 전했다고 생각할지 모른다. 그럴 때, 제삼자의 의견을 구함으로써 공정함을 개선할 수 있다. 또한 직원을 해고한 경험이 없다면, 경험이 있는 다른 사람과 이야기를 나눠볼 필요가 있다. 오늘날 대부분의 기업은 직원을 해고할 때 반드시 따라야 하는 엄격한 절차를 마련해두고 있다. 자칫 엄청난 시간을 허비하게 하는 많은 법률적인 세부사항도 있다.

꼭 해고까지 해야 할까?
(해고해야 할 사람을 두고 관리자가 스스로 하는 거짓말들)

많은 상사가 너무 오래 기다리다가 해고의 시기를 놓친다. 물론 신중한 것이 성급한 것보다 낫다. 그러나 너무 오래 기다리는 바람에 해고를 하지 못할 때가 많다. 굳이 해고까지 필요하지는 않을 거라고 자신을 속이기 때문이다.

1. 나아질지 모른다

그런 일은 없다. 잠시 시간을 갖고 이렇게 생각해보자. 구체적으로 어떻게 나아질까? 당신은 어떤 변화를 시도할 것인가? 해당 직원은 어떤 차이를 보여줄까? 업무 환경을 어떻게 바꿀 것인가? 환경이 개선되면, 그 직원의 성과도 개선될까? 이러한 질문에 대해 분명한 답을 떠올리기 힘들다면, 나아지는 일은 없을 것이다.

2. 그래도 사람이 있는 게 낫다

상사가 성과 낮은 직원을 해고하길 꺼리는 또 한 가지 흔한 이유는 조직에 공백이 생길 것을 두려워하기 때문이다. 가령 '제프리'를 해고하면, 누구에게 그 일을 맡길 것인가? 새로운 사람을 들이는 데 얼마나 오랜 시간이 걸릴까?

이러한 생각은 곧 낮은 성과자는 그들이 처리한 만큼 또 다른 일을 만들어낸다는 뜻이기도 하다. 그들은 일을 마무리하지 않거나 적당하게 처리해서, 혹은 꼼꼼하게 하지 못해서 다른 동료가 보완을 해야 한다. 스티브 잡스는 이를 가차 없이 이렇게 표현했다.

"멍청한 인간은 차라리 없는 게 낫다."

3. 다른 부서로 보내면 된다

해고는 너무도 힘든 일이라서 그냥 자신이 신뢰하는 다른 동료에게 떠넘겨버리려는 유혹을 느끼게 된다. 해당 직원이 업무에 필수적인 역량이나 사회적인 적응력을 갖고 있지 않을 때조차 그런 생각은 꽤 유혹적이다. 다른 부서로 보내는 것이 해고보다 나은 선택처럼 보인다. 물론 그 동료에게는 좋지 않다. 무엇보다 좋게 대하려는 해당 직원에게 해롭다.

4. 팀 사기에 좋지 않다

팀원들의 사기를 떨어뜨릴까봐 해고를 하지 않는다는 것은 꽤 그럴듯한 핑곗거리다. 그러나 낮은 성과자를 그대로 방치하는 것이야말로 사기 진작에 방해가 된다. 당신의 사기, 낮은 성과자의 사기, 제대로 업무를 처리하는 다른 모든 팀원의 사기에 좋지 않다.

다시 한번, 이 문제는 해고하고자 하는 팀원, 그리고 나머지 팀원들과 긍정적인 관계를 구축하는 문제로 귀결된다. 동시에 당신이 개인적으로 관심을 기울이고 있다는 메시지를 전하는 문제이기도 하다.

당사자에게 절대적으로 솔직하게 대하라

해고 방식은 대단히 중요하다. 이 힘든 일을 제대로 처리하려면 거리를 두지 않으려는 노력이 필요하다. 해고에 따른 고통을 외면하고자 한다면, 특히 그 직원을 위해 그렇게 한다면, 당신은 결국 해고를 할 수 없을 것이다. 올바른 접근 방식을 유지하기 위해, 다음 사항을 기억하자.

1. 과거에 당신이 겪었던 끔찍했던 업무 경험을 떠올려보라

그 자리에서 벗어날 수 있어서 얼마나 다행인지 생각해보자. 나는 고등학생 시절 여름 방학 동안 은행에서 아르바이트를 했다. 그런데 암산을 잘 하지 못하는 바람에 거스름돈을 잘못 돌려주는 일이 간혹 벌어졌다. 고객들은 내 실수를 알면서도 자신에게 유리할 때면 모른 척했고, 이로 인해 잔고가 맞지 않을 때가 많았다. 그런데도 상사는 나를 해고하지 않았다. 대신에 이렇게 말했다.

"할 수 있어! 노력하고 집중하면 돼!"

암산을 못 하는 것이 나의 중대한 결함처럼 느껴졌다. 나는 열심히 노력했지만 그럴수록 더 많이 실수했다. 그래도 상사는 계속해서 용기를 주었다. 비참한 기분이 들었다. 차라리 그 일을 그만두고 잔디 깎기를 했더라면 좋았을 것이다. 그때 상사가 이런 말로 나를 해고했다면 어땠을까?

"자넨 이 일에 별로 재능이 없나 보군. 다른 일자리를 알아보는 게 어때?"

그랬다면 그녀는 내게 큰 호의를 베푼 셈이다. 은행도 손해를 보지 않았을 것이다. 그러나 나는 그해 여름 내내 고역에 시달렸다. 그게 내 정식 직장이 아니라 얼마나 다행이었던지.

한 직원을 해고한다는 것은 그가 다른 곳에서 좋은 성과를 거두고 의미 있는 일을 통해 행복을 발견할 새로운 기회를 주는 것이다. 좋은 자리를 차지하려면 나쁜 자리를, 혹은 적어도 자신에게 맞지 않는 자리를 떠나야 한다. 할머니는 내게 이런 말씀을 하신 적이 있다.

"모든 냄비에는 뚜껑이 있단다."

어떤 직원이 우리 팀에서 성과가 낮았다고 해서 다른 곳에서도 잘하지 못하리라는 법은 없다. 물론 그건 다분히 낙관적인 생각이기는 하다.

따라서 나는 해고 통보를 하기에 앞서 해당 직원에게 어울리는 일자리가 어떤 것일지 한번 떠올려본다. 또한 해고되는 직원의 입장에서 문제를 바라보고자 한다. 문제는 사람이 아니라 자리일 수도 있다. 적어도 그 직원의 입장에서는 그럴 것이다. 그 직원에게 어떤 자리가 어울릴 것인가? 그 자리를 찾는 데 내가 도움을 줄 수 있을까?

2. 낮은 성과자를 잡아두는 것은 최고 성과자에게 불이익을 주는 것이다

성과 문제를 해결하지 않는 것은 나머지 팀원에 대한 공정한 처사가 아니다. 마무리되지 못한 일은 일반적으로 최고 성과자에게 돌아가게 마련이다. 이로 인해 그들은 과중한 부담을 떠안게 된다. 낮은 성과자를 해고하면 실제로 팀의 사기는 더 높아진다. 적어도 오랫동안 낮은 성과자를 내버려둠으로써 유능한 직원을 잃어버리는 것보다는 낫다. 특히 무능한 관리자를 방치하는 것은 조직에 치명적인 피해를 준다. 무능한 관리자는 직원들에게 많은 부정적인 영향을 미치기 때문이다. 자칫 관리의 지렛대를 망가뜨릴 수 있다.

이 글을 쓰는 동안, 내가 알고 있는 한 임원은 막무가내로 직원에게 고함치는 한 관리자 때문에 골머리를 앓았다. 그 관리자 밑에서 일하는 한 직원은 두드러기가 났고, 다른 직원은 몇 달 동안 불면증에 시달렸다. 그럼에도 그 임원은 그 관리자를 해고하는 일을 계속해서 미루고 있었다. 게다가 그 관리자는 그 직원들을 해고하는 게 시간문제라고 믿고 있었다. 전반적인 상황은 마치 거꾸로 된 게임처럼 되어버리고 말았다. 그 임원의 태도는 주위 사람 모두에게 나쁜 영향을 미쳤다.

6. 낮은 성과를 내고 급격하게 성장하는 팀원
: 상사인 자신을 스스로 들여다보라

가장 골치 아픈 경영 딜레마 중 하나는 하루 빨리 발전해야 할 직원들이 점점 더 엉망이 되어간다는 사실이다. 나는 여기에 네 가지 이유가 있다고 생각한다. 이를 하나씩 들여다보도록 하자.

역할 배분이 잘못되었다

상사는 때로 유능한 직원을 잘못된 자리로 집어넣는다. 나는 이를 '거울을 들여다봐야 할 경우'라고 부른다. 직원에게 어울리지 않는 역할을 맡길 때, 이로 인한 낮은 성과는 실제로 상사의 잘못이다. 이 경우, 역할 조정이 필요하다.

예를 들어 나는 최고의 리더라고 생각하는 '마레바'라는 직원에게 우리 팀의 가장 힘든 업무를 맡긴 적이 있었다. 그 결정에는 분명한 이유가 있었다. 가장 힘든 문제는 가장 유능한 관리자에게 맡겨야 한다고 생각했기 때문이다. 당연한 이야기 아닌가?

그러나 내 예상은 빗나가고 말았다. 마레바는 훌륭한 리더였고, 특히 큰 팀을 이끌 때 빛이 났다. 그러나 내가 그녀에게 부여한 새로운 임무는 소규모 팀을 꾸리는 것이었다. 그녀의 잠재력은 거대했으나 현실은 작았다.

시간이 흘러도 마레바 팀은 잠재적 비즈니스 기회를 하나도 살리지 못했다. 팀원들은 사기가 꺾였고, 마레바는 지루해 보였다. 그녀는 열정

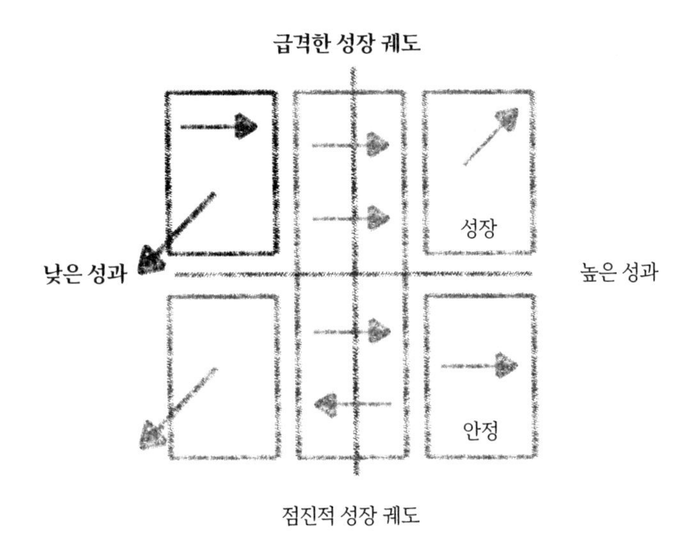

을 느끼지 못했다. 개인적인 문제가 있는지 물었지만 그녀는 고개를 저었다. 결국 나는 그녀를 더 힘차게 밀어붙일 수밖에 없었다. 그러나 달라지는 건 하나도 없었다.

나는 어쩔 수 없이 그녀에게 최악의 점수를 주었다. 다음 분기에는 더 낮은 점수를 줘야만 했다. 이후 나는 왜 상황이 그렇게 흘러가버리고 말았는지에 대해 마레바와 함께 오래 이야기를 나눴다. 그녀는 내 판단을 인정하지 않았고, 그에 대한 타당한 근거를 내놓았다. 나는 충격을 받았으며 그녀의 미래가 걱정되었다.

그런데 문득 이런 생각이 들었다. 내가 그녀에게 맡긴 임무는 주로 분석 업무였다. 그 업무에 적절한 유형은 사무실 안에서 75퍼센트의 시간을 보내면서 숫자 다루는 일을 좋아하는 사람일 것이다.

마레바의 진정한 재능은 공격적인 리더라는 사실이었다. 그럼에도 나는 그녀가 스프레드시트와 씨름하도록 했고, 그녀는 재능을 발휘하지 못했다. 내가 이러한 생각을 전하자 마레바는 비로소 안도의 한숨을 쉬었다. 마레바도 무엇이 문제인지 본능적으로 알고 있었다. 그러나 좋지 못한 성과에 대해 변명을 하거나 내게 책임을 전가하고 싶지 않았던 것이다. 다행스럽게도 마침 수백 명이 참여하는 프로젝트에서 심각한 관리 문제가 나타나고 있었다. 나는 마레바에게 즉시 그 프로젝트를 맡겼고, 그녀는 우리 팀은 물론 기업 전체 차원에서 최고 성과자로서의 면모를 다시 한번 보여주었다.

또 다른 사례를 하나 소개한다. '클레이'는 다른 나라('애틀란티스'라고 하자)에서 근무하고 있었다. 그는 유능한 리더였고 다른 누구보다 급속한 매출 상승을 기록했다. 그는 한 단계 더 도약할 수 있는 기회를 원했다. 그래서 나는 그에게 애틀란티스의 또 다른 팀까지 함께 이끌도록 했다.

클레이는 나를 찾아와 지역 시장 전체를 담당하고 싶다고 말했다. 나는 그게 적절한지 심각하게 고민했다. 그 자리는 클레이가 아직까지 보여주지 못한 정치적 역량을 필요로 했기 때문이다. 그 역할을 성공적으로 수행하려면 탁월한 정치적 역량이 반드시 필요했다.

나는 그러한 염려를 솔직하게 털어놓았지만, 클레이는 끝까지 고집을 꺾지 않았다. 결국 나는 그에게 새로운 역할을 맡기기로 결정을 내렸다. 그러나 클레이는 얼마 지나지 않아 정치적 소용돌이에 휘말리고 말았고, 끝내 빠져나오지 못했다.

팀원에게 언제 성장의 기회를 줘야 할지, 언제 호랑이 굴로 집어넣어야 할지 판단하기란 결코 쉬운 일이 아니다. 나는 실수를 저질렀다. 클레이에게 잘못된 역할을 맡겼던 것이다. 안타깝게도 나는 이후에 그 기업을 떠났고, 얼마 후 클레이는 해고를 당했다. 나는 거울을 들여다보지 않았고, 그 때문에 클레이는 시련을 겪었다. 지금도 그때를 떠올리면 가슴이 아프다(다행스럽게 클레이는 나중에 애틀란티스에서 직접 기업을 설립했고, 큰 성공을 거두었다).

신입사원에 대한 기대가 크다

신입사원을 채용해서 처음부터 새로 가르칠 경우, 초반에 빠른 발전을 기대할 수 없다. 물론 그 직원이 자기 역량을 뒷받침할 만한 근거를 보여준다면, 혹은 '급격한 성장'의 가능성을 제시한다면 더 많은 투자를 할 가치가 있을 것이다. 그러나 그런 경우는 흔치 않다.

성장 속도가 예상에 미치지 못할 때, 스스로에게 이렇게 물어보자. 기대는 충분히 구체적인가? 교육은 제대로 이뤄지고 있는가? 만약 신입사원에게 역할을 자세히 설명하지 않았거나, 아니면 자신의 기대가 다소 추상적이라면, 좀 더 시간을 투자해야 한다. 특히 그 직원이 조직의 구성원이 될 자격이 있다고 생각한다면 말이다.

상사가 종종 저지르는 또 하나의 실수는 한 번에 너무 많은 업무를 맡기는 것이다. 이는 실패가 예정된 접근 방식이다. 상사는 때로 부하직원이 처리할 수 있는 업무량에 대해 비현실적인 기대를 갖곤 한다. 자신만큼 일을 처리할 것이라고 쉽게 생각해버린다. 혹은 경력이 짧은 직원도 자신만큼 알고 있을 것이라고 착각한다.

개인적인 문제가 있다

오랫동안 급속한 성장 궤도를 보여준 직원도 개인적인 문제로 갑작스럽게 성과 문제를 드러내곤 한다. 일시적인 상황이라면, 시간적 여유를 주는 게 마땅하다.

나는 셰릴 샌드버그 밑에서 일하는 동안 집안 문제를 겪었다. 그때 셰릴이 내게 했던 말에 늘 고마움을 느낀다.

"당장 비행기를 타고 고향으로 내려가세요. 거기서 잠깐 쉬었다 올라오세요. 여기 일은 걱정 말아요. 휴가에 포함시키지 않을 테니 마음 편히 쉬어요. 나머지 일은 우리가 알아서 처리할게요."

셰릴의 팀에 있어서 참으로 다행이라는 생각이 들었다. 나는 두 배로 커진 열정을 안고 다시 내 자리로 돌아왔다.

문화적 갈등이 있다

경험과 전문성의 차원에서는 뛰어나지만, 조직문화와의 갈등 때문에 동료의 지지를 얻지 못하는 직원이 있다. 경력이 아무리 화려해도 새로운 동료와 어울리지 못하면 모두가 고통을 겪는다. 조직문화와의 갈등이 해소되지 않으면 다른 길을 가는 게 정답이다. 이러한 문제는 좀처럼 해결이 어렵기 때문이다.

이를테면 구글의 한 직원은 끊임없는 도전으로 큰 성공을 거두었다. 이러한 태도는 구글의 실험 문화와 조화를 이뤘다. 그는 애플로 자리를 옮겨서도 똑같은 방식으로 일했다. 그러나 애플 문화는 시작하기 전에 아이디어를 완벽하게 다듬는 것이 특징이다. 이로 인해 그는 조직으로부터 신뢰를 얻지 못했다. 문제는 그 직원이나 애플 조직이 아니었다. 다만 그가 조직문화와 조화를 이루지 못했을 뿐이다.

영원한 꼬리표는 없다
: 직원은 변한다. 상사도 변해야 한다

직원에 대한 고정된 인식은 위험하다. 가령 이렇게 말이다.

"제인은 록스타다. 한번 록스타는 영원한 록스타다."

"션은 지브롤터 암벽처럼 든든하다. 그가 없으면 곤란한 상황이 벌어질 것이다."

'록스타'와 '슈퍼스타'라는 용어에서 내가 가장 우려하는 바는 이를 영원한 꼬리표로 사용해서는 안 된다는 것이다. 제발 그러지 않기를! 상사는 종종 특정 직원을 특정 역할에 절대적으로 어울리거나, 혹은 절대 변하지 않는 장단점의 조합을 지닌 존재로 여긴다.

사람은 모두 변한다. 점진적 성장 궤도에 있던 직원이 어느 날 갑자기 뜨거운 열정으로 새로운 도전을 추구한다. 급격한 성장 궤도에 오랫동안 머물렀던 직원이 안정적인 업무 환경을 그리워하기도 한다. 따라서 상사는 항상 직원에게 관심을 기울여야 한다.

훌륭한 상사가 되려면 매일, 매주, 매년 새롭게 펼쳐지는 현실에 지속적으로 적응해야 한다. 이를 위해 많은 관심을 기울이고, 변화를 즉각 알아차릴 수 있도록 직원 개개인을 충분히 이해해야 한다.

그 누구도 언제나 급격한, 혹은 점진적 성장 궤도에 머물러 있는 것은 아니다. 성과도 마찬가지다. 특정 직원에게 섣불리 '고성과자'라는 꼬리표를 달아서는 안 된다. 우리 모두는 스펙트럼 상에서 움직인다. 퀄트릭스 공동 설립자(그리고 주스와 구글에서 내 동료였던) 재러드 스미스는 영원한 꼬리표의 위험에서 벗어나기 위해 자신만의 새로운 성과 평가 용어('쉬는 기간 off quarter', '탄탄한 기간 solid quarter', '예외적인 기간 exceptional quarter')를 사용한다.

지금껏 일을 잘해온 직원을 다른 자리로 이동시키는 것은 적어도 단기적으로는 힘든 일이다. 가령 '진'이라는 직원이 특정 업무를 몇 년째 맡고 있다. 그런데 어느 날 진이 새로운 업무를 원한다. 혹은 오랫동안 새로운 도전을 추구했던 '팻'이 갑자기 안정된 업무 환경을 원한다. 그렇다면 지금까지 진과 팻이 해왔던 일을 검증되지 않은 새로운 직원에게 맡겨야 한다. 이러한 결정은 상사에게 엄청난 스트레스다!

우리 모두는 경력 전반에 걸쳐 굴곡을 겪는다. 때로 학습 모드에 있다가 도전 모드로 이동하기도 한다. 우선과제도 변한다. 배우자가 새로운 일을 시작하면 당분간 가정에 더 신경을 써야 한다. 혹은 갑자기 새로운 관심사가 생기기도 한다. 그래서 상사는 각각의 팀원들이 어떤 시점에 어떤 궤도에 있는지 분명히 파악해야 한다. 그래야 그들이 팀과 조직 전반에 실질적으로 기여하도록 만들 수 있다.

성장 궤도 도표는 유용한 도구임에 틀림없다. 그러나 남용은 금물이다. 매일 팀원들을 새로운 눈으로 바라보자. 직원들은 변하고, 관계도 변한다. 그래서 개인적인 관심이 필요하다. 그들을 특정한 사분면에 넣어 둔 채 방치하지 말자.

4

그들은 절대 지시하지 않는다

명령과 지시가 필요없을 때

구글에서 명령은 통하지 않는다

언뜻 보기에, 성과를 올리기 위해서는 개인적 관심보다 직접적 대립에 더 신경을 써야 할 듯싶다. 그러나 완전한 솔직함의 궁극적인 목표는 혼자서 성취할 수 없는 일을 협력을 통해 만들어내는 것이다. 이를 위해서는 함께 일하는 직원들에게 많은 개인적 관심을 쏟아야 한다.

화성 탐사 프로젝트를 이끈 스티브 스콰이어스Steve Squyres는 협력의 놀라움을 이렇게 설명했다.

"이번 임무를 위해 4,000명이 넘는 사람이 함께 일했습니다. 여기서 거만한 표정으로 이렇게 장담할 수 있는 사람은 하나도 없습니다. '난 탐사선에 관한 모든 걸 알고 있어.' 그래서 우리는 두뇌의 벽을 허물어야만 하는 겁니다."

나는 스콰이어스가 등장하는 다큐멘터리 프로그램을 래리 페이지와 함께 보았다. 그때 래리는 나를 쳐다보며 이렇게 말했다.

"대단한 일을 해낼 것 같다는 느낌이 들지 않나요?"

나는 진심으로 동의했지만 다른 한편으로는 구글을 설립한 사람이 다큐멘터리를 보고 그런 느낌을 받았다는 게 좀 의아하기도 했다.

팀을 통해 혼자서 할 수 있는 것보다 더 높은 성취를 이루길 원한다면, 다시 말해 '두뇌의 벽을 허물고 싶다면', 함께 일하는 사람들에게 관심을 기울여야 한다. 동료의 생각을 자기 것으로, 자기 생각을 동료의 것으로 통합하기 위해 노력할 때, 우리는 더 많은 것을 이룰 수 있다.

성과에 대한 집착 때문에 주변 사람들에 대한 관심을 게을리해서는 안 된다. 구글에 갓 입사했을 무렵, 나는 업무에만 집중했다. 그러한 접근 방식은 오히려 업무 흐름을 더욱 더디게 만들 뿐이었다.

내가 이끌었던 애드센스 팀은 중소 규모 고객 업체의 매출과 지원을 담당했다. 우리 팀의 주요 임무는 다섯 가지였다. 신규 고객과 계약을 맺고, 고객의 활동을 지원하고, 고객 관리를 제안하고, 고객 서비스를 처리하고, 기업 정책을 실행에 옮기는 일이었다. 우리 팀의 규모는 100명 정도였고, 내가 합류할 당시 급속한 성장에 따라 혼란이 가중되고 있었다. 모든 팀원이 모든 일을 조금씩 나눠서 했다. 신규 고객에 대한 승인 요청이 계속해서 나지 않자, 이를 알아차린 모든 팀원이 나서서 분노의 이메일을 보냈다.

"승인 건을 다른 것보다 먼저 처리해주세요!"

아무도 알아차리지 못하는 업무는 그대로 방치되기 일쑤였다. 구글은 데이터에 집중했고, 그래서 모든 것을 추적했다. 데이터가 잘못된 결과를 보여주자 모두가 죄책감을 느꼈다. 그러나 아무도 문제를 해결할 구체적인 방안을 내놓지 않았다. 책임 소재가 불분명했기 때문이다. 우리 팀은 문제를 제대로 처리하지 못했고, 이로 인해 모두 스트레스를 받았다. 나의 한 멘토는 이런 말을 했다.

"성공과 실패는 종이 한 장 차이다."

이제 나는 그 의미를 이해한다. 우리 팀은 일반적인 기준으로 성공을 거두었지만, 유소년 축구팀만큼이라도 협력했더라면 더 많은 것을 이루었을 것이다. 우리 팀원들은 공만 쫓을 뿐, 누구도 자기가 맡은 포지션을 지키지 않았다. 가령 나는 직원들과 오랜 대화를 나누고 나서야 아무도 특정 고객을 관리하지 않고 있다는 사실을 알았다(이 탓에 주요 고객과의 협력이 제대로 이뤄지지 않았다. 구글과 고객 업체 모두가 이익을 보는 방식으로 지원을 하지 못했다). 이유를 묻자 이런 답변이 나왔다.

"그건 구글 방식이 아닙니다! 우리는 규모에 상관없이 모든 고객을 똑같이 대해야 합니다."

분위기가 이러니, 주요 고객에 우선적으로 집중해야 한다는 내 주장은 도덕적으로 의심을 받기까지 했다.

조직 구조도 문제였다. 실질적인 책임 할당이 이뤄지지 않고 있었다. 신입사원이 들어오면 구글은 부하직원의 수가 가장 적은 관리자 밑으로 그 직원을 배치했다. 그러나 직원의 업무와 관리자 사이에 특별한 관계가 있는 것은 아니었다. 직원들은 구글의 자유로운 문화 속에서 왜 상사가 있어야 하는지 이해하지 못했다. 굳이 필요한 이유를 꼽으라면 상사가 리더십 경력을 쌓아 비즈니스스쿨에 들어가기 위한 것밖에는 없었다. 다시 말해, 구글에서 명목상이나마 관리자 밑에서 일을 해야만 하는 것은 언젠가 자신도 승진을 해야 하기 때문에, 혹은 비즈니스스쿨의 입학 자격을 얻을 수 있기 때문에 감내해야 하는 필요악에 불과했다.

구글처럼 훌륭한 기업에서 어찌 이렇게 말도 안 되는 상황이 벌어지고 있단 말인가! 내 친구는 처음에 내 이야기를 믿지 않았다. 〈뉴요커〉에서 근무하던 그녀는 팩트체크 팀원이 편집부장에게 보고하는 일은 없다고 했다. 그들의 일을 정확하게 이해하는 유일한 관리자는 팩트체크 팀장뿐이라고 생각하기 때문이다. 그런데 구글은 어떤가?

사실 나는 여러 다른 실리콘밸리 '유니콘'8에서 더 기이한 일들을 목격했다. 대단히 뛰어나지만 경험이 부족한 사람이 기업을 설립하면 여러 다양한 문제가 발생한다. 그러나 나는 그러한 문제를 적극 환영한다. 덕분에 내가 먹고 살 수 있기 때문이다. 37세 무렵에 나는 내 상사보다 나이가 많았고, 구글 직원들보다 평균 열 살은 더 많았다. 말하자면 나는 '성인 감독'이었던 셈이다.

나는 이제 뭘 해야 할지 분명히 알았다. 100명의 팀원 모두가 조금씩 일을 나눠서 하는 무작위 방식 대신에, 다섯 개의 소규모 그룹을 만들었다. 각 그룹 관리자에게 신규 고객 승인, 신입직원 교육, 업체관리, 고객지원, 기업정책 실행을 할당했다. 다음으로 영업 관련 직원들이 하나의 팀으로 일하며, 업체관리 관리자에게 보고하도록 팀을 재편했다. 또한 더 체계적인 방식으로 하나의 팀을 이루어 일을 하면서 기업정책 관리자에게 보고를 하도록 했다. 이를 통해 관리자는 팀원들의 업무를 구체적으로 이해하고, 실질적인 도움을 주고, 최종적인 책임을 지게 되었다.

완전하게 합리적인 변화였다. 그렇지 않은가? 그러나 관리자 다섯 명 중 세 명이 내 상사인 셰릴 샌드버그에게 불만을 제기했다. 그들은 내가 지나치게 독선적이고, 주요 의사결정 과정에서 많은 사람을 배제했기 때문에 도저히 같이 일할 수 없겠다고 주장했다. 심지어 한 관리자는 "슬프고, 불쾌하고, 소외감마저 느꼈다"고 토로했다. 결국 세 명의 관리자는 우리 팀을 떠나 다른 팀으로 갔다. 그 과정에서 어떠한 서류 작업도 필요치 않았다. 내 승인도 필요 없었다. 정말 내가 잘못했던가? 이제 내가 할 일은 분명했다. 셰릴에게 달려가 조언을 구했다.

셰릴은 내 아이디어에 동의했다. 그러나 실행 방식에서는 이의를 표했다.

"킴, 너무 빨리 움직였어요. 기다란 로프를 너무 세게 흔들었어요. 로프 끝에 있는 사람은 필사적으로 매달려야 합니다. 그건 끔찍한 일이죠. 그렇게 세게 흔들고는 직원들이 끝까지 버텨주길 바랄 순 없어요."

구글에서 팀원에게 명령을 내리는 것은 아무런 효과가 없었다. 물론 나는 중대한 변화가 필요한 시점에서 재빠른 실행이야말로 앞으로 나아가기 위한 최고의 지름길이라고 확신했다. 그러나 결과는 그렇지 않았다. 가장 먼저, 나는 팀원들을 의사결정 과정에 포함하지 않았다. 혼자서 모든 결정을 내렸다. 다음으로, 의사결정 결과와 그 이유를 설명하거나 팀원들을 설득하려는 노력을 하지 않았다. 그러다보니 관리자들은 납득이 가지 않는 의사결정을 실행에 옮기는 것이 아니라, 그냥 팀을 나가버리고 말았다. 당연하게도 팀을 다시 꾸릴 때까지 많은 어려움을 겪었고 성과는 나지 않았다.

다행스럽게도 구글은 내게 실수를 만회할 기회를 주었다. 내 상사는 내가 무엇을 잘못했는지 정확하게 지적했다. 공백을 메울 수 있도록 직원을 채용할 수 있게 해주었다. 나는 주스에서 함께 일했던 직원들 몇 명을 구글에 데려왔다. 이번 사건을 통해 나는 소중한 교훈을 어렵사리 배웠다. 구글에서 성과를 올리기 위해서는 팀원들과 협력하는 방법부터 배워야 했다.

구글에서 의사결정은 팀장이 하지 않는다. 물론 설립자도 하지 않는다. 한번은 구글의 한 엔지니어가 애드워즈AdWords9 홈페이지 디자인을 광고주가 다양한 형태의 포맷 중에서 고를 수 있도록 바꾸기로 결정했다. 구글의 매출 대부분은 애드워즈를 통해 나오기 때문에, 디자인 개편은 대단히 신중해야 하는 작업이었다. 나는 디자인 개편 회의 시간에 공동 설립자 세르게이 브린이 내놓은 아이디어를 가지고 그가 직접 엔지니어 팀을 설득하는 것이 어떻겠느냐는 의사를 전했다. 세르게이의 아이디어는 광고주가 원하는 시간과 사이트에 광고가 노출되는 다양한 포맷과 방식을 최대한 단순한 형태로 구현하는 것이었다.

엔지니어 팀의 생각은 세르게이와는 크게 달랐다. 그러자 세르게이는 엔지니어들 몇 명만 자신의 아이디어에 집중하게 하고, 나머지는 스스로의 판단에 따르게 하는 것이 어떻겠느냐는 중재안을 내놓았다. 엔지니어 팀은 그것마저도 거부했다. 웬만해서 화를 내는 법이 없는 세르게이가 테이블을 주먹으로 내려치며 이렇게 말했다.

"일반 기업이라면 모두 제 방식을 따랐을 겁니다. 저는 다만 몇 명이라도 제 아이디어를 따라주었으면 하는 것뿐입니다!"

그는 분명히 화를 내고 있었지만, 입가에는 옅은 미소가 있었다. 아마도 자신에게 맞서는 강력한 팀을 구축했다는 자부심 때문이었을 것이다. 결국 엔지니어 팀은 그들의 아이디어가 더 나았다는 사실을 입증했다.

물론 협력을 강요하거나 상사가 마음에 들지 않을 때 팀을 바꿀 수 있는 회사는 많지 않다. 그래도 나는 권위적인 방식으로 일하는 조직에서도 권한을 내려놓고 협력에 집중할 때 더 좋은 결과를 얻을 수 있다는 사실을 이와 같은 많은 사례를 통해 두 눈으로 확인했다.

스티브 잡스도 지시를 내리지 않았다

인텔Intel의 전설적인 CEO 앤드루 S. 그로브는 로스앨터스에 있는 베스킨라빈스 매장에서 자모카 아몬드 퍼지를 먹으면서 이렇게 소리쳤다.

"망할 스티브는 언제나 똑바로 한다니까."

그때 나는 애플로 자리를 옮겨야 할지 조언을 구하기 위해 그를 만난 참이었다. 나는 앤드루가 농담을 하는 거라고 생각하고 그냥 웃었다. 그러나 그는 나를 쳐다보며 고개를 저었다.

"내 말을 이해하지 못했나 보군. 스티브는 정말로 언제나 똑바로 한다니까. 말 그대로야. 농담이나 과장이 아니라고."

앤드루가 중요한 말을 하고 있다는 생각이 들었다. 내심 그의 말이 진실이기를 바랐다. 구글의 창조적 혼란을 뒤로하고 애플로 넘어가는 선택의 한 가지 매력은 더 체계적인 조직에서 경험을 쌓을 수 있다는 것이었다. 그때까지만 해도 나는 애플이 지시가 체계적으로 이뤄지는 조직이라고 믿었다. 비전과 영감으로 가득한 스티브 잡스가 지시를 내리면 직원들이 이를 실행에 옮기는 조직. 그것이 바로 내가 생각하는 애플이었다. 그럼에도 나는 앤드루의 말에 과장이 묻어 있다고 생각했다. 잡스가 언제나 옳다고? 나는 끼어들었다.

"언제나 옳은 사람은 없어요."

"난 언제나 옳다고 말하지 않았네. 언제나 똑바로 한다고 했지. 스티브도 다른 사람들처럼 실수를 하지만, 자신이 실수를 저지를 때 지적을 해달라고 직원들에게 강력하게 요구하거든. 그래서 결국에는 문제를 바로잡지."

앤드루의 이야기는 팀을 운영하는 방법에 대해 내가 갖고 있었던 복잡하면서도 조금은 역설적인 믿음과 이상을 살짝 건드렸다. 한편으로, 나는 구글의 업무 방식을 좋아했다. 그리고 생텍쥐페리의 말에도 동의했다.

> 배를 만들고 싶다면 사람들에게 나무를 모아오라고 지시해선 안 된다. 과제와 업무를 할당하지 말고, 그들이 바다의 무한함을 꿈꾸도록 만들어야 한다.

다른 한편에, 애드센스 팀에 합류하면서 벌어졌던 일을 다시 한번 겪지 않아도 된다는 생각이 있었다. 즉, 도전 받지 않는 리더가 되고 싶었다.

애플에 입사하고 난 뒤, 나는 앤드루의 이야기가 진실이었음을 확인했다. 실수를 했다고 밝혀졌을 때, 스티브는 자기 생각을 바꿀 의지가 있음을 분명하게 보여주었다. 그러나 "당신 말이 옳군요. 제가 틀렸습니다"처럼 부드러운 방식은 아니었다. 그가 생각을 바꾼 방식은 종종 주변 사람들을 크게 당황하게 만들었다.

한 동료는 스티브와 논쟁을 벌인 일화를 내게 들려주었다. 그때 그는 스스로 납득하지 못했음에도 물러설 수밖에 없었다고 했다. 그러나 결국 그 동료의 생각이 옳았음이 드러나자 스티브가 사무실로 쳐들어와 소리를 질렀다. 동료는 이렇게 반박했다.

"하지만 그건 제 아이디어가 아니었다고요."

그러자 스티브는 이렇게 다그쳤다.

"맞아. 하지만 내가 틀렸다고 설득하는 게 바로 자네 역할이지. 자넨 그 역할을 다하지 못했어!"

그 뒤로 그 동료는 더욱 끈질기게 스티브와 논쟁에 임했다. 스티브가 옳다는 확신이 들거나 자기 생각을 관철시킬 때까지 논쟁을 끝내지 않았다. 바로 이러한 방식으로 스티브는 주변 사람이 자유롭게 자신의 생각에 도전하도록 하고, 또한 자신의 실수를 기꺼이 인정함으로써 잘못을 바로잡았다. 물론 그의 방식이 모두에게 통했던 것은 아니다. 그래서 잡스는 논쟁을 두려워하지 않는 사람을 채용했고, 그들의 용맹함을 거세게 몰아붙였다.

또 다른 동료도 내게 비슷한 이야기를 들려주었다. 그 동료는 스티브의 생각이 틀렸다고 설득하는 데 성공했다. 그러나 스티브는 동료의 아이디어를 전적으로 받아들인 나머지, 마치 자기 아이디어인 것처럼 이야기를 했다. 동료는 스티브가 해결책에 너무도 집중을 한 나머지 그게 누구의 아이디어인지 전혀 신경을 쓰지 않는 것 같다고 했다.

당연히, 이런 방식은 혼란을 줄 수 있다. 우리는 모두 자신이 낸 아이디어로 인정받길 원한다. 그렇다고 해도 처음부터 옳은 것이 아니라 올바른 해결책을 찾아나가는 방식이야말로 애플의 집중적인 운영 역량의 핵심이다.

지시하지 않고 업무를 처리하는 기술

스티브가 문제를 올바로 해결할 수 있었던 것은 분명히 천재였기 때문이다. 우리는 그의 방법을 무작정 따라할 수 없다. 그러나 전체 이야기 속에서 천재는 작은 일부에 불과하다. 뛰어난 아이디어를 지닌 천재는 많지만, 그 아이디어를 현실적으로 실현하는 천재는 드물다.

여기서 그가 천재라는 것보다 더 중요한 사실은 애플 직원들이 자신의 지시에 따라 일사불란하게 움직이도록 하지 않았다는 점이다. 그건 우리도 얼마든지 따라할 수 있는 방식이다. 이를 위해 팀장은 자신과 팀원을 직접적 대립 축에서 오른쪽으로 거세게 밀어붙여야 한다. 다시 말해, 안전지대에서 벗어나게 해야 한다.

구글과 애플은 수직 조직 구조 없이 놀라운 결과를 만들어냈다. 이 사실은 우리에게 중요한 질문을 던진다. 조직에서 구성원들은 자신이 무엇을 해야 하는지 어떻게 알 수 있는가? 전략과 목표를 어떻게 수립할 수 있는가? 두 기업 문화는 어떻게 서로 다른 방식으로 강력하게 진화했는가? 수만 명의 직원이 어떻게 기업 사명을 받아들였을까?

실제로 두 기업은 서로 다른 모습으로 진화했다. 애플은 더 체계적인 방향으로, 구글은 더 자유분방한 방향으로 나아갔다. 그러나 거시적인 관점에서 그들의 여정은 동일했다.

그 여정은 내가 '업무처리Get Stuff Done, GSD 바퀴'라고 부르는 것으로, 비교적 간단한 형태로 이뤄져 있다. 스스로 'Get Stuff Done'이라고 생각하는 사람들이 종종 무시하는 이 바퀴의 핵심은 곧바로 뛰어들려는 충동을 자제하는 것이다. 이 장을 시작하면서 소개했던 내 사례는 바로 그러한 충동을 잘 보여준다. 우리는 충동을 자제하고, 먼저 협력 기반을 마련해야 한다.

업무처리 바퀴를 효과적으로 운영하면 혼자서 할 수 있는 것보다 더 많은 것을 협력을 통해 성취할 수 있다. 즉, 두뇌의 경계를 허물어뜨릴 수 있다. 가장 먼저, 모든 구성원이 서로의 이야기에 귀기울이는 문화를 구축해야 한다. 다음으로, 아이디어를 다듬고 명료하게 만드는 공간

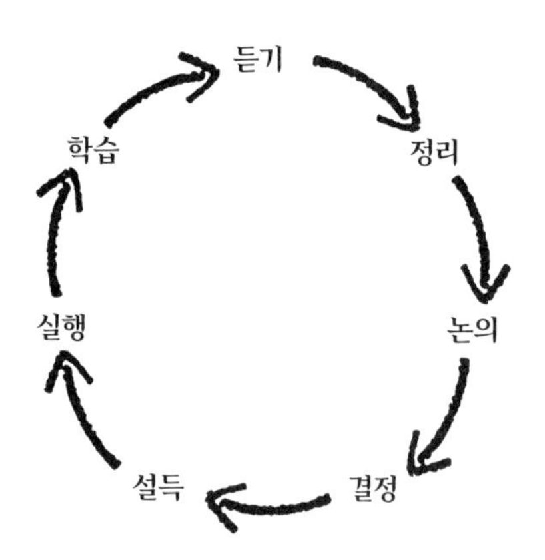

을 마련함으로써 잠재적 유용성이 드러나기 전에 폐기되지 않도록 보호해야 한다. 다음으로 아이디어에 대해 논의하고, 엄격한 검증을 거쳐야 한다. 그러고 나서 의사결정 단계로 넘어간다. 의사결정 과정은 신속해야 하지만 너무 서둘러도 곤란하다. 모든 구성원이 듣고, 요약하고, 논의하고, 의사결정을 내리는 과정에 참여하지는 않기 때문이다. 다음 단계는 참여의 폭을 넓히는 것이다. 이제 당신은 의사결정에 관여하지 않은 구성원들을 설득해서 모두가 그 결정 사항을 실행에 옮기게끔 해야 한다. 다음으로 실행을 통해 과제가 마무리되었는지, 아니면 전체 과정을 다시 한번 시작해야 할 것인지 결정한다. 마지막으로 그 결과로부터 배운다.

업무처리 바퀴는 이처럼 많은 단계로 구성되었다. 그러나 신속한 순환을 위해 설계되었다는 점을 명심하자. 특정 단계를 건너뛰지 말아야 하는 것은 물론, 한곳에 너무 오래 머물러서도 안 된다. 단계를 뛰어넘으면 결국 시간을 더 낭비하게 될 것이다. 혹은 한곳에 오래 머무르면 팀 활동은 협력을 통한 투자가 아니라 협력에 따른 세금처럼 느껴질 것이다.

당신의 상사가 단계를 건너뛰고 지시를 내리는 기존의 방식대로 돌아갈 수 있다. 그렇다면 당신도 팀에게 똑같이 해야 할까? 물론 그렇지 않다! 상사의 업무 방식에 동의하지 않는 상황에서도 자신의 아이디어를 얼마든지 직원들과 함께 실행에 옮길 수 있다. 상사가 결과를 이해하면 상황은 달라질 것이다. 그래도 상황이 달라지지 않는다면 그땐 일자리를 바꿔야 할 것이다. 더 많은 구성원이 긍정적인 업무 환경을 요구할 때, 조직의 성과는 물론 구성원의 행복도도 높아질 것이다.

1. 듣기
: 침묵하는 이에게 발언권을

당신은 듣는 것이 중요하다는 사실을 이미 알고 있을 것이다. 어떻게 들어야 하는지 또는 듣지 말아야 하는지도 알고 있을 것이다. 문제는 상사가 되었을 때, 지금까지의 듣기 스타일을 완전히 버려야만 한다는 말을 주변 사람들로부터 종종 듣게 된다는 것이다. 당신은 앞으로 어떻게 들어야 할지 혼란에 빠질 것이다.

낙담하지 말자. 기존의 듣는 방식을 고수하면서도 모든 팀원이 목소리를 내고 논의에 기여하도록 만드는 것이 얼마든지 가능하기 때문이다.

애플의 최고디자인책임자 조너선 아이브는 애플대학교 강연에서 관리자의 가장 중요한 역할은 "침묵하는 자에게 발언권을 주는 것"이라고 언급했다. 나는 이 말을 매우 좋아한다. 반면 구글 CEO 에릭 슈미트는 또 다른 말을 했다. 그는 "사람들이 시끄럽게 떠들도록 만들어야 한다"고 강조했다. 이 말도 좋아한다.

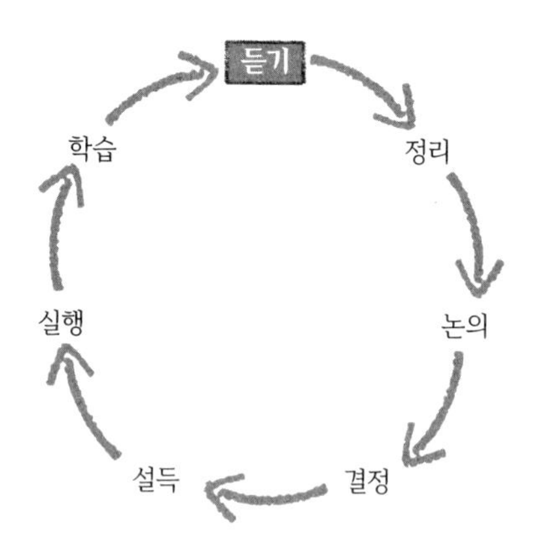

두 명의 리더는 서로 다른 방식으로 주변 사람들이 적극적으로 발언하도록 만들었다. 이것은 리더의 목표다. 이를 실현하기 위해서 몇 가지 방법이 있다. 우리가 할 일은 자기 스타일에 어울리는 방법을 찾는 것이다. 이를 통해 남의 말을 듣는 것이 임무인 상사를 포함하여 모든 구성원이 서로의 이야기에 귀를 기울이는 조직문화를 창조해야 한다.

차분한 듣기

애플 CEO 팀 쿡은 침묵의 대가다. 내가 애플에서 면접을 보기 전, 한 친구는 내게 팀은 오랫동안 침묵을 지키는 버릇이 있기 때문에, 그런 상황이 와도 긴장하거나 혹은 억지로 이야기를 할 필요가 없다는 조언을 했다. 친구의 조언에도 불구하고, 나는 첫 번째 면접 시간에 끊임없이 이야기를 늘어놓는 방식으로 그의 침묵에 대응하고 말았다. 게다가 과거의 실수에 대해 지나치게 많은 이야기를 했다. 그런데 문득 내가 기회를 날려버릴지도 모르는 실수를 저지르고 있다는 생각이 들었을 때, 갑자기 건물이 흔들리기 시작했다.

나는 안도의 한숨을 내쉬며 이렇게 물었다.

"지진인가요?"

팀은 벽의 움직임을 올려다보며 고개를 끄덕였다.

"규모가 꽤 큰 모양이군요."

나는 말하기 모드에서 듣기 모드로 넘어가기 위해 건물의 설계 방식에 대해 물었다. 공학자로서 팀의 본능을 자극하고자 했다. 그 건물은 말하자면 롤러 위에 서 있는 방식으로 설계되었다. 그래서 지진을 더욱 뚜렷하게 느낄 수 있다. 그럼에도 더 안전하다. 팀은 그 모순에 대해 설명하며 미소를 지어 보였다.

또 다른 사례로, '애플 경영법' 강의에 참석했던 한 관리자는 일대일 회의를 할 때마다 적어도 10분 동안은 아무런 말없이 조용히 상대의 말에 귀를 기울인다는 이야기를 들려주었다. 그러는 동안 표정과 몸짓까지도 완전히 중립적으로 보이기 위해 노력한다고 했다.

나는 이렇게 물었다.

"그 10분 동안에 나머지 50분 동안 배우지 못하는 것을 알게 됩니까?"

"제가 듣고 싶어하지 않는 말을 듣게 되죠."

그 관리자는 팀의 듣기 스타일의 효용성을 입증이라도 하듯 이렇게 대답했다.

"제가 어떤 반응을 보이면, 직원들은 제가 듣고 싶어하는 말만 합니다. 하지만 제 생각을 드러내지 않게 조심하면 직원들은 자기 생각을 더 많이 이야기한다는 사실을 깨달았습니다. 비록 제게 듣기 좋은 이야기는 아니라고 하더라도 말이죠."

이처럼 차분한 듣기 방식에는 장점과 단점이 동시에 있다. 상사가 침묵하면 직원들은 상사의 생각을 알 수 없고, 추측을 하느라 시간을 허비한다. 어떤 직원은 상사의 이름을 빌어 자기 의견을 주장할 것이다.

"그가 원하는 게 바로 이겁니다."

상사의 생각을 정확히 알 수 없으면 직원들은 적극적으로 논의에 참여하지 않는다. 게다가 앞서 사례에서 알 수 있듯이, 많은 사람이 침묵에 따른 불편함을 느낀다. 완전하게 솔직한 대화를 나누는 것이 아니라 거대한 판돈이 걸린 포커를 치는 느낌을 받는다. 어떤 이들은 차분한 듣기가 귀를 기울이는 것이 아니라 함정을 파놓고 기다리는 것이라고 오해하기까지 한다. 상대의 말실수를 잡고 늘어지기 위해 반격을 준비한다는 것이다.

당신이 만약 차분히 듣는 스타일이라면, 자기 태도 때문에 상대가 불편함을 느끼지 않도록 특별한 방안을 마련해야 한다. 우선 아무 의미 없이 모호한 표정을 짓지 않도록 주의할 필요가 있다. 직원들이 솔직한 생각을 꺼내도록 격려하려면, 때로 먼저 자기 생각을 말해야 한다. 상대가 이의를 제기하길 바란다면, 먼저 이의를 제기할 필요가 있다. 앞서 소개한 수업 시간의 관리자는 1시간 중에서 10분 동안만 아무 말 없이 들었다. 1시간 내내 무표정한 채로 입을 다물고 앉아 있었더라면, 상대방에게 신뢰를 주거나 관계를 형성하기 불가능했을 것이다. 팀 쿡도 언제나 침묵을 지킨 것은 아니다. 물론 그는 일반적으로 오랫동안 침묵을 지켰기 때문에, 사람들은 그가 말할 때 귀를 기울였다. 또한 쿡은 나직한 목소리로 이야기를 했음에도 언제나 명료하게 생각을 전하는 기술이 있었다.

차분한 듣기 스타일은 분명히 많은 관리자에게 도움이 된다. 그러나 내게는 실천 불가능한 방식이다. 다행스럽게도 또 다른 스타일이 있다.

요란한 듣기

차분한 듣기가 직원들에게 자기 이야기를 꺼낼 기회를 준다면, 요란한 듣기는 반응을 끌어내기 위해 먼저 입장을 밝히는 방식이다. 이는 또한 스티브 잡스의 듣기 스타일이다. 잡스는 회의 시간에 먼저 자기 생각을 분명하게 밝히고 난 뒤, 직원들의 반응을 요구한다. 그런데 왜 나는 이러한 스타일을 '주장하기'나 '소리치기'가 아니라 '듣기'라고 표현했을까? 그것은 잡스가 먼저 자기 주장을 내놓았던 이유가 단지 자기 생각을 관철시키기 위한 것이 아니었기 때문이다. 그가 원했던 것은 다른 사람의 이의 제기였다.

이 방식은 주변 사람들이 기꺼이 이의를 제기할 만큼 자신감이 넘칠 때만 가능하다. 어떤 사람은 조용한 듣기에서 긴장감을 느끼듯이, 다른 사람은 요란한 듣기에서 위압감을 느낀다. 만일 당신이 요란한 듣기 스타일이라면, 공격적인 상사에게 체질적으로 맞서지 못하는 직원들, 혹은 조직 내 지위가 낮아서 불안감을 느끼는 직원들을 위한 다른 방법을 마련해야 할 것이다. 전반적인 조직문화가 이의 제기를 적극적으로 격려한다고 해도 그러한 노력은 필요하다. 당신은 어떻게 신입사원, 혹은 조직 내에서 아직 뚜렷한 입지를 굳히지 못한 직원들의 이야기를 들을 것인가? 이들은 뭐가 문제인지 알고 있으면서도 당신에게 말을 못하는 것인지 모른다.

당신이 요란한 듣기 스타일이라면, 그런 스타일에 불편함을 느끼는 이들과 신뢰를 쌓아야 한다. 당신이 먼저 이의를 제기하면 상대는 아마도 직접적 도전이 위험한 선택이 아니라고 생각하게 될 것이다. 조너선 아이브는 스티브가 종종 자신을 찾아와서 "조니, 좀 바보같은 아이디어이긴 하지만……"이라며 말을 꺼내곤 했다는 이야기를 들려주었다. 그때 잡스는 자기 아이디어를 구체적으로 설명하지 못했지만, 이를 '바보같은 아이디어'라고 부름으로써 조너선이 편하게 자기 의견을 내놓도록 분위기를 조성했다.

픽사Pixar대학교 학장이자 애플대학교 교수인 랜디 넬슨Randy Nelson은 잡스에 대해 이렇게 말했다.

"그는 진정한 사자입니다. 그가 으르렁대면 상대도 같이 으르렁대야 합니다. 하지만 진짜 사자여야 하죠. 안 그러면 잡아먹히고 말 테니까요."

물론 잡스가 실수를 했을 때, 주변 사람들이 편안한 마음으로 이의를 제기했던 것은 아니다. 문제를 발견하거나 논리적 결함을 찾아내고도 말하지 않고 넘어갔다가 나중에 드러날 경우, 잡스의 호통을 혼자서 다 뒤집어써야 했기 때문에 마지못해 이의를 제기했다. 게다가 잡스의 주변인들 모두 강하게 자기 주장을 피력하는 사람들이 아니었다. 잡스와 가까웠던 팀 쿡과 조너선 아이브는 차분히 듣는 스타일이었다. 그럼에도 그들은 강해야 했다. 자신감으로 넘쳐야 했다.

모두가 잡스처럼 요란한 듣기 스타일을 받아들일 필요는 없다. 스탠퍼드대학교 공학 교수 폴 사포Paul Saffo는 '강한 주장을 부드럽게 전달하는 기술'에 대해 설명한다. 사포는 강력한(심지어 무례한) 주장을 제시하는 것이 더 나은 해결책을 얻기 위한 방법, 적어도 더 흥미로운 대화를 나누기 위한 좋은 방법이라고 설명한다. 나도 이러한 방식을 좋아한다. 나는 언제나 내 생각을 먼저 분명하게 밝히고, 이의 제기를 받아들이는 것이 좋은 듣기 방법이라고 생각했다. 실제로 나는 내 입장을 뚜렷하게 밝히는 편이다. 그런 뒤 직원들에게 적극적으로 이의를 제기해달라고 요청한다.

"이 아이디어의 문제점을 말해보세요. 이 아이디어가 그리 좋지는 않다는 사실은 저도 알고 있습니다. 그러니 이 아이디어를 포기해야만 할 이유를 모두 말해보세요."

예전에 한번은 내 생각이 완전히 틀리고 직원의 아이디어가 옳은 것으로 드러났을 때, 그 직원의 책상 위에다가 '당신이 옳고 내가 틀렸다'라는 문구가 적힌 감사패를 올려놓은 적도 있다.

강력한 입장을 먼저 제시하는 요란한 듣기를 통해서 반대 의견이나 논리적 결함을 재빨리 확인할 수 있다. 또한 직원들이 상사의 의중을 짐작하느라 시간을 허비할 필요도 없다. 적극적으로 이의를 제기하는 사람들로 둘러싸여 있을 때, 상사는 자기 의견을 뚜렷하게 제시함으로써 최고의 해결책을 가장 빨리 구할 수 있다.

여기서 가장 중요한 것은 자신에게 가장 자연스러운 스타일을 발견하는 일이다. 많은 리더십 관련 서적이 차분한 듣기를 강조한다. 그러나 요란한 듣기 스타일을 타고 났다면, 그 조언을 따르기란 너무도 힘들 것이다. 자신에게 잘 맞지 않는 방식을 억지로 노력하는 것은 오히려 팀원들에게 불편함을 준다. 그 대신, 자기 스타일에 직원들이 어떻게 반응하는지 살펴보면서 점차 듣기 스타일을 개선해나가자. 또한 적극적인 직원의 발언권을 제지하지 않으면서 조용한 직원의 발언권을 보장할 수 있는 방법도 알아내야 한다. 우리에게 필요한 것은 조직 내에서 발언권을 장악하는 것이 아니라, 직원들과 함께 최고의 해결책을 신속하게 발견하는 일이다.

듣는 문화 만들기

직원의 말을 귀담아듣고 있다는 사실을 명확하게 전달하는 것은 쉽지 않은 일이다. 직원들끼리 서로의 말에 귀를 기울이도록 만드는 일은 더 힘들다. 다음과 같은 사항이 필요하다.

❶ 직원들이 아이디어나 불만 사항을 쉽게 제시할 수 있다.
❷ 제기된 사안 중 적어도 일부를 신속하게 처리할 수 있다.
❸ 특정 사안이 해결되지 않고 있는 이유를 정기적으로 설명해줄 단순한 시스템이 필요하다.

이러한 시스템은 더 좋은 성과를 올릴 수 있도록 직원들에게 힘을 실어줄 뿐 아니라, 문제를 해결하거나 변화를 추구하는 과정에 도움을 준다. 상사는 직원들이 적극적으로 도움을 청하고, 이 시스템을 효율적으로 활용할 수 있도록 해야 한다. 여기에 얼마나 많은 시간을 할애할 것인지 한계를 분명하게 정해야 한다. 또한 정해진 시간은 최대한 효과적으로 활용해야 한다.

구글에 다닐 때 많은 사람이 기발한 아이디어를 들고 나를 찾아왔다. 그 아이디어들은 머지않아 내가 다 들여다볼 수 없을 정도로 쌓였다. 그래서 나는 이를 검토하기 위한 '아이디어 팀'을 만들었다. 그러고는 팀원들에게 〈하버드비즈니스리뷰〉의 한 기사를 읽도록 나눠주었다. 수천 가지의 '작은' 혁신을 소중히 하는 기업 문화를 기반으로 어떻게 경쟁자가 따라올 수 없는 고객 가치를 창출할 수 있는지에 관한 기사였다. 하나의 거대한 아이디어는 따라 하기 쉽다. 그러나 수천 가지의 작은 아이디어는 따라 하는 것은 물론, 이해하기조차 힘들다.[10]

다음으로, 나는 아이디어 팀을 위해 핵심 원칙을 마련했다. 그중에서도 특히 권한 부여에 관한 원칙을 강조했다. 그 원칙이란 누가 어떤 아이디어를 가져와도 받아들여야 한다는 것이다. 만약 거절했다면 왜 거절했는지 분명하게 설명하고, 또한 가치 있다고 판단할 경우에 해당 직원이 자기 아이디어를 완성할 수 있도록 적극 지원해야 한다. 어떤 아이디어의 성공 가능성이 특히 높아 보일 때, 아이디어 팀은 해당 직원의 관리자와 논의를 거쳐 '기존 업무' 시간을 아이디어 완성에 일부 할애할 수 있도록 허용할 권한이 있다.

이러한 혁신을 이루고 난 뒤, 나는 회의 시간에 기발한 아이디어를 듣거나, 영감으로 가득한 이메일을 받을 때마다 부담감 대신 열정적인 반응을 보였고, 그것들을 아이디어 팀에게 고스란히 맡겼다.

얼마 후 많은 직원이 제품을 개선하고, 비즈니스를 성장시키고, 업무 절차를 효율적으로 만들기 위한 다양한 아이디어를 가지고 왔다. 우리가 구축한 것은 직원들이 아이디어를 제시하고, 아이디어 팀이 이를 검토하고, 투표를 통해 아이디어를 선택하는 시스템이었다(기본적으로 위키Wiki와 방식이 비슷하다).

또한 그것은 일종의 듣기 스타일이기도 했다. 아이디어를 승인받은 직원은 동료들로부터 축하를 받았다. 또한 승인받지 못하더라도 그 구체적인 설명을 들을 수 있었다. 이를 통해 과도한 업무에 시달리는 관리자의 침묵이 아니라 분명한 신호를 전할 수 있다. 물론 이러한 시스템이 최고의 아이디어를 이끌어내고, 직원들이 서로 귀를 기울이게 만드는 유일한 방법은 아니다.

다음으로 나는 아이디어 팀에게 모든 아이디어를 검토한 뒤, 이를 제출한 이들과 함께 이야기를 나눌 것을, 즉 그들의 생각에 귀를 기울여볼 것을 요청했다. 이후 아이디어 팀은 투표와 평가를 조합하는 방식으로 훌륭한 아이디어를 선정했다.

더 중요한 것으로, 아이디어 팀은 해당 직원이 아이디어를 완성하도록 지원했다. 가령 아이디어를 연구할 수 있는 시간적 여유를 마련해주거나, 혹은 내가 직접 조언을 전하기도 했다. 그러나 대부분의 지원은 그들의 이야기를 듣고 반응하는 과정에서 전달하는 인정과 격려의 형태로 이뤄졌다.

"훌륭한 아이디어군요! 한번 해봅시다!"

대학을 갓 졸업한 애드센스 팀 직원인 새러 텡Sarah Teng은 프로그래밍이 가능한 키패드라는 아이디어를 들고 우리를 찾아왔다. 그것은 고객과 의사소통하는 과정에서 특정한 표현이나 문장을 반복적으로 사용하는 수고를 덜어줄 수 있는 아이디어였다.

아이디어 팀은 내게 프로그래밍 가능한 키패드를 제작하기 위한 예산을 승인해달라고 요청했다. 나는 그 제안에 동의했고, 결국 우리는 이 간단한 아이디어를 통해 글로벌 팀의 업무 효율성을 133퍼센트나 끌어올렸다. 이 말은 곧 반복적인 문구를 입력하는 데 들어가는 시간을 아껴서 기발한 아이디어를 떠올리는 데 더 많은 시간을 투자할 수 있도록 만들었다는 뜻이다. 선순환이 시작된 것이다!

새러가 그 아이디어를 들고 왔을 때, 나는 그녀에게 고맙다는 인사와 함께 그녀의 아이디어를 활용하여 어떻게 장기적으로 업무 효율성을 높일 수 있는지를 나타내는 그래프를 보여주었다. 물론 사람들이 가장 주목하는 것은 업무 효율성이 아니다. 그래서 나는 글로벌 팀원들에게 새러의 아이디어가 어떻게 업무를 더 즐겁게 만들어주고, 경력 발전에 도움을 줄 수 있는지 강조했다. 그녀의 아이디어를 다른 팀의 리더들과도 공유하기로 했다. 또한 경쟁력은 하나의 거대한 아이디어가 아니라 작은 수많은 아이디어의 조합에서 비롯된다고 주장하는 〈하버드비즈니스리뷰〉 기사를 다시 한번 많은 사람에게 전했다.

내가 사람들에게 그 기사를 나눠준 이유는 뭘까?

첫째, 새러의 아이디어가 얼마나 큰 영향력을 발휘할 수 있는지 보여주고 싶었다. 프로그래밍 가능한 키패드는 그 자체로 중대한 혁신은 아니다. 그러나 직원들이 그러한 아이디어들이 계속해서 쌓여가는 흐름을 볼 때, 훨씬 더 강한 인상을 받을 것이다.

둘째, 이러한 아이디어를 갖고 있는 사람들이 더 적극적으로 목소리를 내도록 만들고자 했다.

셋째이자 가장 중요한 것으로, 직원들이 서로의 아이디어에 귀를 기울이고, 서로의 이야기를 진지하게 받아들이고, 또한 경영진의 승인을 기다리지 않고서도 서로 힘을 모아 아이디어를 완성하도록 힘을 실어주고자 했다. '작은' 아이디어는 큰 조직 안에서 쉽게 사라진다. 그렇게 내버려둔다면, 점진적인 혁신을 질식시키고 있는 셈이다.

수백 명의 똑똑한 인재가 오랫동안 온라인 세일즈와 운영 팀에서 일하고 있었다. 그럼에도 그전에 누구도 프로그래밍 가능한 키패드를 사용하지 않았다는 사실이 믿기지 않았다. 아이디어를 제시했어도 관리자가 듣지 않았던 것인지 모른다. 직원들이 서로 귀기울이는 문화를 구축하면, 그들은 상사가 인식조차 하지 못했던 문제를 스스로 해결하기 시작할 것이다.

내게 가장 의미 있는 변화는 팀의 사기가 높아졌다는 것이었다. 직원들의 사기를 주제로 한 '구글 정신' 설문조사 결과는 애드센스에서 고객 이메일에 답변하는 일을 담당하는 팀원들이 검색팀 엔지니어들보다 자신이 맡은 역할을 더욱 긍정적으로 평가한다는 사실을 보여주었다. 검색팀 엔지니어들이야말로 세상에서 가장 창조적인 사람들이었음에도 말이다.

듣는 문화를 구축하려면 회의를 올바르게 관리해야 한다. 회의 시간에 몇몇 사람만 열띤 토론을 하면 나는 사람들을 둘러보면서 모두들 귀를 기울이고 있는지 확인한다. 혹은 회의실을 돌아다니면서 몇몇 사람만 너무 말을 많이 하지 않도록 막는다. 때로는 회의 전에 직원들과 짧은 대화를 나누기도 한다. 어떤 직원에게는 목소리를 높이도록, 다른 직원에게는 목소리를 낮추라고 부탁한다. 다시 말해, 상사로서 내 책임은 '침묵하는 직원에게 발언권을 주기 위해 다양한 방법을 끊임없이 모색하는 것'이다.

2. 정리
: 선택하고 제거하고 강조하라

일단 듣기 문화를 구축했다면, 다음 단계는 자신을 포함한 모든 구성원이 각자의 아이디어를 구체적으로 이해하고 설명할 수 있도록 도움을

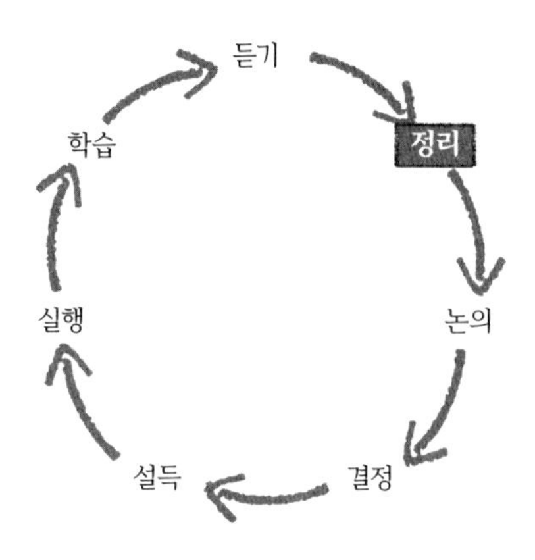

주는 것이다. 아이디어를 분명하게 정의하지 않으면 문제를 해결할 가능성은 낮아진다. 섣부른 논쟁은 아이디어를 질식시킨다. 상사는 편집자이지 저자가 아니다.

스티브 잡스의 추도식에서 조너선 아이브는 잡스야말로 새로운 아이디어를 배양하고 다듬는 노력의 중요성을 정확하게 이해한 인물이라고 언급했다. 그는 말했다.

"스티브는 창조의 과정을 소중하고 아름다운 경외의 눈길로 바라보았습니다. 아이디어는 무럭무럭 성장할 수 있지만, 처음에는 나약하고 제대로 형태를 갖추지 못한 상태에서 자라나기 때문에, 쉽게 무시를 당하거나, 위협을 받거나, 짓밟힐 수 있다는 사실을 이해했습니다."

새로운 아이디어는 차세대 아이패드처럼 거창한 프로젝트일 필요는 없다. 팀원들은 이런 불만을 토로할지 모른다. "지금의 업무 방식이 혼란스러워", "예전만큼 일에 열정을 느끼지 못하겠어", "매출을 더 높일 수 있을 것 같은데", "햇볕이 잘 들면 일이 더 잘될 것 같아", "그 프로젝트를 그만두는 게 낫지 않을까?", "아, 다른 프로젝트에 참여하고 싶어" 등.

직원들의 요구 사항에 귀를 닫아버릴 수도 있다.

"지금은 그 문제를 해결할 시간이 없어!"

당신의 시간을 투자해서 직원들이 문제를 해결하기 위한 아이디어를 더 명료하게 다듬어나가도록 지원하는 노력은 장기적으로 볼 때 시간을 크게 절약해줄 것이다. 그러니 직원들이 불평만 늘어놓을 게 아니라, 문제를 정확하게 정의하고 해결 방안을 마련해나가도록 적극적으로 도움을 주자.

직원들이 문제와 해결 방안을 명료하게 정리하도록 함으로써 소중한 아이디어를 외면하거나, 그들을 괴롭히는 문제를 무시하지 않도록 각별한 주의를 기울일 필요가 있다. 새로운 아이디어를 정확하게 이해하려는 노력은 대단히 중요하다. 좀 더 어려운 일이기는 하지만, 직원들이 그들의 아이디어를 누구에게 명백하게 설명해야 할지 이해하려는 노력 또한 마찬가지로 중요하다.

아이디어 정리하기: 아이디어를 발견하는 안전한 공간

상사의 역할은 아이디어를 논쟁의 혼란 속으로 밀어넣기 전에, 직원들이 더 깊이 있게 생각해보도록 자극하는 것이다. 구글 시절에 나는 팀원들에게 문제가 아니라 세 가지 해결 방안과 추천을 내게 가져오도록 했다. 그러나 러스 래러웨이는 그것이 완전히 잘못된 방법이라고 설명했다. 그는 이렇게 말했다.

"직원들의 혁신을 꾀하도록 도움을 주지 못했습니다. 다시 말해, 충분히 숙고하기 전에 의사결정을 내리도록 강요한 겁니다. 직원들이 당신과 이야기를 나누거나 브레인스토밍을 할 기회가 있었습니까?"

러스의 지적이 옳았다. 나는 '세 가지 해결 방안과 추천'을 가져오라는 말로 상사의 중요한 임무를 외면했던 것이다.

현재 유튜브 CEO인 수잔 보이치키Susan Wojcicki는 새로운 아이디어가 논쟁 속에서 짓밟히기 전에 이를 키워나가도록 직원들을 격려한다. 구글 초창기 시절, 직원들은 새로운 아이디어를 구글의 경영진에게 '직접' 들고 왔다. 논의는 경영진 내부에서 치열하게 진행되었고, 많은 새로운 아이디어가 거기서 죽어나갔다. 수잔은 그 과정에서 많은 팀원이 스트레스를 받고, 구글의 혁신도 방해를 받고 있다고 생각했다. 그래서 그녀는 사전 경영진 회의를 만들었다. 여기서는 새로운 아이디어를 좀 더 확장시킨다. 그리고 협력을 통해 새로운 아이디어를 날카롭게 다듬거나, 문제를 더 명확하게 정의한다.

기업이 아이디어를 분명하게 다듬기 위한 공간과 시간을 마련함으로써 구성원이 새로운 아이디어를 적극적으로 내놓도록 지원할 때, 혁신의 흐름이 빨라진다는 사실을 보여주는 연구 결과가 이미 나와 있다.[11]

실제로 실리콘밸리의 많은 기업은 직원에게 그러한 형태의 자율을 허용하는 다양한 방식을 시도했다. 대표적으로 구글은 직원들에게 20퍼센트 시간을 허용함으로써 정규 근무 시간의 20퍼센트 동안 자신이 원하는 아이디어를 주제로 심도 있는 연구를 할 수 있도록 격려한다.

20퍼센트까지는 아니라고 해도, 많은 기업 역시 구글과 비슷한 정책을 추진하고 있다. 많은 기업이 이러한 노력으로 다양한 아이디어를 개발한다. 지메일과 같은 구글의 다양한 주요 제품 및 서비스 역시 20퍼센트 시간 프로젝트에서 시작되었다.

애플에서 iOS 팀을 만든 스콧 포스톨은 '블루스카이Blue Sky'라는 이름의 색다른 접근 방식을 시도했다. 그는 이를 통해 직원들이 희망 프로젝트를 제출하고 지원을 받을 수 있는 길을 열어놓았다. 여기서 승인을 받으면, 해당 직원은 일상 업무를 떠나 2주일의 여유 시간을 부여받고, 그 동안 자기 아이디어를 발전시키기 위한 추가적인 연구를 하게 된다.

마찬가지로 트위터와 드롭박스Dropbox를 비롯한 많은 신생기업은 '핵위크Hack Weeks'(업무와 직접적으로 관계가 없는 프로젝트를 추진하는 기간-옮긴이)와 같은 행사를 정기적으로 실시함으로써 직원들이 새로운 아이디어 개발에 집중하도록 격려하고 있다.

많은 사람이 브레인스토밍을 새로운 아이디어를 발굴하고, 이를 구체적으로 다듬기 위한 시간으로 활용한다. 그러나 브레인스토밍은 절대로 부정적인 말을 해서는 안 되는 무작위 대화 시간이 아니다. 좋은 아이디어는 물론 나쁜 아이디어도 있고, 우리는 그 사실을 분명히 인정해야 한다. 새로운 아이디어에 상처를 낸다고 해서 그것을 짓밟는 것은 아니다. 공격을 통해 직원들이 아이디어에 대해 더욱 명확하게 생각하도록 자극할 수 있다. 반면 처음에는 별로인 것처럼 보이지만 나중에 훌륭한 것으로 드러나는 아이디어도 있다.

브레인스토밍 시간에는 좋은 아이디어와 나쁜 아이디어를 구분해야 한다. 좋은 아이디어는 짓밟지 말아야 하고, 나쁜 아이디어에 너무 많은 시간을 투자해서는 안 된다. 가령 픽사는 '플러싱plussing'이라는 이름의 시간을 활용한다. 플러싱 시간 동안 사람들은 "나쁜 아이디어야"라고 말해서는 안 된다. 그 대신, 문제에 대한 해결책을 내놓아야 한다.

이처럼 정형화된 회의나 프로그램에 비해 다소 일반적인 형태로 주간 일대일 회의가 있다(생산적인 일대일 회의를 위한 자세한 방법은 8장 참조). 일대일 회의에서 직원들은 편안한 마음으로 새로운 아이디어에 대해 이야기를 나눈다. 상사는 직원들이 논의하는 아이디어에 섣부른 판단을 내리지 않고, 그들이 아이디어를 명확한 형태로 다듬을 수 있도록 도움을 줘야 한다. 이것 역시 일종의 '플러싱'이다. 상사는 문제점을 지적할 수 있지만, 그 목적은 아이디어를 죽이는 것이 아니라 해결책을 발견하기 위함이다.

아이디어 전달하기: 듣는 사람이 쉽게 이해하도록

비즈니스스쿨 시절, 한 교수님은 프랭클린 루스벨트 대통령과 경제학자 존 메이너드 케인스 사이의 대화에 관한 이야기를 들려주셨다. 루스벨트 대통령은 정신없이 바빴지만 케인스와 이야기를 나누기 위해 기꺼이 1시간을 투자했다. 만일 루스벨트가 케인스 경제학을 받아들였다면 대공황이 더 빨리 막을 내렸을 것이고, 엄청난 고통을 막았을 것이라고 주장하는 사람도 있다. 그러나 아쉽게도 루스벨트 대통령은 케인스의 주장에 동의하지 않았다. 교수님은 학생들에게 이렇게 물었다.

"누구 잘못일까요? 루스벨트가 이해하지 못한 걸까요? 아니면 케인스가 설명을 제대로 하지 못한 걸까요?"

그 수업은 내 삶을 바꿔놓은 소중한 순간이었다. 그때까지만 해도 나는 이해의 책임이 화자가 아니라 청자에게 있다고 믿었다. 지금은 만약 케인스의 천재성이 머릿속에 머물러 있었다면, 그건 존재하지 않는 것과 마찬가지라고 생각한다. 자신에게 너무나 명백한 이론을 루스벨트에게도 똑같이 명백하게 만드는 것은 다름 아닌 케인스의 책임이었다.

그는 책임을 완수하지 못했다. 우리는 상대가 설명을 알아듣지 못하면, 상대방이 멍청하거나 마음의 문을 열지 않았기 때문이라고 여긴다. 정말로 그런 경우는 드물다. 우리는 설명하는 주제에 대해 잘 알고 있지만, 그 주제를 이해시켜야 할 대상에 대해 잘 알지 못하는 경우가 많다. 이 경우, 아이디어를 정확하게 전달하기 힘들다.

상대방을 이해하는 데 더 많은 시간을 투자한다면, 아이디어를 더 정확하게 전할 수 있다. 상대방은 무엇을 알고, 무엇을 알지 못하는가? 쉽게 이해하려면 어떤 세부적인 설명을 제시해야 하는가? 더 중요하게는, 어떤 세부적인 설명을 제거해야 하는가?

당신이 팀원의 이야기를 들을 때, 의사소통 책임을 직원에게 미루지 말고 스스로 떠안아야 한다. 그러나 직원이 자기 아이디어를 다른 이들에게(동료든 임원이든) 설명할 때, 상사로서 당신의 역할은 그가 케인스보다 더 잘 설명하도록 돕는 일이다. 당신은 직원이 더 정확하고 분명하게 의사소통을 하도록 지원해야 하고, 그래서 듣는 사람이 더 쉽게 이해할 수 있도록 도움을 줘야 한다.

조지아 오키프는 이렇게 말했다.

"진정한 의미를 이해하려면 선택과 제거, 강조가 반드시 필요하다."

무엇을 선택하고, 무엇을 제거하고, 또한 무엇을 강조할 것인지 결정하는 기준은 당연히 청중이다. 업무에 관한 이메일을 할머니에게 보낸다면, 업무가 자기 삶에 어떤 영향을 미치는지를 이야기하면 좋을 것이다. 그러나 실적에 관한 이야기는 배제하는 편이 나을 것이다. 반면, 같은 주제로 상사에게 이메일을 보낼 때는 강조와 제거가 뒤바뀌어야 할 것이다. 아이디어를 분명하게 전달하기 위한 핵심은 '아이디어' 자체가 아니라, 이를 설명해야 하는 '청중'에 대한 깊은 통찰이다.

이메일을 쓰는 직원이 자기 생각을 단 두 문장으로 요약하도록 두 시간째 돕고 있다면, 절대 그 시간을 낭비로 여기지 말자. 그때 당신은 아이디어의 핵심에 접근하고 있으며, 이를 통해 이메일을 받는 사람이 더 빠르고 쉽게 이해하도록 도움을 주는 것이다. 그 과정에서 직원에게 대단히 소중한 기술을 가르치고 있는 것이다.

3. 논의
: 사람과 아이디어는 마찰과 소음을 통해 빛난다

아이디어를 정리하는 작업에 충분한 시간을 할애했다면(스스로 명백하게 이해하고, 청중에게 쉽게 설명할 수 있는 형태로 다듬었다면), 모든 일이 마무리되었다는 생각이 들지 모른다. 그러나 아직 멀었다! 정리 단계에 투자하는 오랜 시간은 본격적인 논의를 위한 준비다. 논의 단계를 건너뛴다면 효율적인 의사결정이 이뤄지지 않을 것이다. 그리고 실행에 참여해야 할 직원들을 설득시킬 수 없을 것이다. GSD 바퀴는 서서히 느려지다가 결국 멈춰설 것이다. 다시 한번 말하지만, 상사가 모든 논의에 참여할 필요는 없다. 그래서도 안 된다. 대신에 논의가 시작되고, 논의 문화가 팀 내에 자리 잡을 때까지는 신경을 써야 한다.

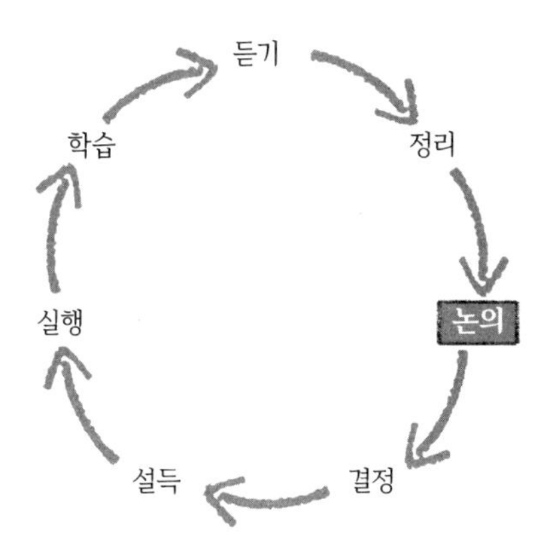

스티브 잡스가 어릴 적에, 한 이웃이 그에게 모터로 돌아가는 자갈 연마기를 보여주었다. 이웃은 어린 스티브에게 정원에서 돌멩이를 주워 오라고 했다. 그는 잡스가 모아온 돌멩이를 연마기 안에 집어넣었고, 모래를 첨가하고는 시동을 걸었다. 그러고는 스티브에게 이틀 뒤에 다시 와보라고 했다. 스티브가 아직도 모터 소리로 시끄러운 창고를 다시 찾았을 때, 이웃은 시동을 끄고는 통 안을 들여다보라고 했다. 스티브는 반짝반짝 빛나는 돌멩이를 보고 깜짝 놀랐다. 스티브는 어릴 적 경험을 떠올리며, 사람과 아이디어는 마찰과 소음을 통해 아름답게 빛나게 된다는 말을 종종 했다.[12]

상사의 역할은 '자갈 연마기'에 시동을 거는 것이다. 안타깝게도 많은 상사가 자기 역할이 거꾸로 시동을 끄는 것이라고 생각한다. 그들은 혼자서 의사결정을 내림으로써 논쟁과 갈등의 고통을 팀에게서 덜어주고자 한다. 그러나 그건 착각에 불과하다. 물론 논의에는 많은 시간과 감정 에너지가 소비된다. 그렇다고 논의 단계를 건너뛰면 장기적인 차원에서 더 많은 시간과 감정 에너지를 소모하게 된다.

연마기를 너무 오랫동안 켜놓으면 안 된다. 그러면 그 안에 모래만 남을 것이다. 지금부터는 직원들을 지치지 않게 하면서 건전한 논의를 이어나갈 수 있는 방법에 대해 생각해보자.

에고가 아니라 아이디어에 집중하라

에고와 자존심이 최고의 해결책을 발견하기 위한 객관적인 탐험에 걸림돌이 되어서는 안 된다.[13] 개인의 에고만큼이나 소중한 시간을 허비하고, 문제 해결책 발견에 방해가 되는 것도 없다. 사람들은 회의에서 '논쟁에서 이길 거야', '내 아이디어와 동료 아이디어 사이의 대결', '나의 제안과 동료 제안의 대결', '팀원들에게 인정을 받아야 한다'와 같은 생각을 한다. 그럴 때, 상사의 개입이 필요하다. 아이디어에 대한 소유 의식을 버려야 한다. 회의실 밖에 있는 사람들의 반응에 신경쓰지 말아야 한다. 상사는 팀원들에게 회의의 목적을 상기해야 한다. 그것은 모두가 힘을 합해 최고의 해결책을 발견하는 일이다. 상사의 역할은 팀원의 협력을 유도하는 것이지, 토론 실력을 평가하거나 직접 논쟁에 뛰어드는 게 아니다. 필요하다면 회의를 시작하기 전에 기본적인 원칙을 정하자. 예를 들어 팀원들의 반응이 괜찮다면, "에고 코트는 밖에 벗어두시오"와 같은 문구를 회의실 문에 붙여두자.

팀원들이 에고가 아니라 최고의 해결책 발견에 집중하도록 도울 수 있는 또 하나의 방법은 상호 역할을 바꿔보도록 하는 것이다. 예를 들어 A를 주장하는 팀원에게 상대방의 주장인 B를 옹호하도록 하는 것이다. 이를 위해 회의에 들어가기에 앞서 논의 중간에 입장을 바꿔볼 것이라고 미리 말해두어야 한다. 다른 사람의 입장을 옹호해야 한다고 생각하면, 팀원들은 본능적으로 상대방의 말에 더 귀를 기울인다.

의무적으로 이의를 제기하라

오래전 나는 여름 동안 맥킨지에서 인턴 생활을 한 적이 있다. 맥킨지에서 가장 인상 깊었던 것은 생산적인 논의 방식이었다. 맥킨지 사람들은 어떻게 논의를 할까? 그들은 '이의를 제기해야 할 책임'을 의식적으로 강조한다. 회의에 참석한 모두가 동의한다면, 그것은 위험 신호다. 누군가는 다른 목소리를 내야 한다. 맥킨지 사람들은 그들의 논의 문화를 다양한 조직에 전파하고 있다.

가령 애플 일본 지사에서 일을 하게 된 맥킨지 출신의 한 임원은 자신이 맡은 팀에 맥킨지 논의 문화를 조성하기 위해 노력을 했다. 그는 '이의 제기의 의무'라고 적힌 의사봉을 만들어놓고는, 논의가 활발하게 진행되지 않을 때마다 그것을 누군가에게 슬쩍 건네주었다. 이는 반대 의견을 내놓으라는 무언의 압박이다. 그는 이 간단한 아이디어만으로 상당한 효과를 보았다.

반드시 휴식을 취하라

팀원들은 때로 생산적인 논의에 참여하느라 지치고, 피곤하고, 감정적으로 고갈된다. 상사는 이러한 순간을 알아차려야 한다. 이러한 상태에서 추가적인 논의는 좋은 결과로 이어질 가능성이 아주 낮기 때문이다. 당신이 나서서 타임아웃을 외쳐야 한다. 그러지 않으면 팀원들은 빨리 퇴근하고 싶은 마음에 서둘러 의사결정을 내릴 것이다. 더 심하면 감정적인 논쟁이 벌어질 위험도 있다. 당신이 팀원들 각자를 충분히 잘 알고 있다면, 그들의 감정과 에너지 상태를 정확하게 파악하고 있을 것이다. 그래야만 언제 끼어들어서 논의를 멈춰야 하는지, 언제 다시 시작해야 하는지 알 수 있다.

유머를 활용하고 즐겨라

논의를 시작하는 태도는 이후의 분위기를 결정한다. 나는 내 감정 상태가 회의 분위기에 놀라울 정도로 영향을 미치는 광경을 종종 목격한다. 내가 흥미진진한 태도로 논의에 참여하면 팀원들도 그러한 흐름을 따른다. 그래서 나는 유머나 유쾌한 이야기로 회의를 시작하곤 한다. 상사의 태도와 말투는 그가 이야기하는 내용보다 회의 분위기에 더 중대한 영향을 미친다.

마지막으로, 모두가 논쟁을 좋아하는 것은 아니라는 사실을 이해해야 한다. 어떤 이들은 논쟁 그 자체를 공격적이고 위협적인 것으로 인식한다. 예전에 의사소통을 주제로 새로운 애플 과목을 개발하던 때, 나는 긍정적인 논쟁 기회를 수업 시간에 집어넣는 아이디어를 제안했다. 그러자 옆자리 한 동료가 갑자기 웃음을 지으며 이렇게 말했다.

"더 나은 강의를 위해 그동안 저랑 논쟁을 벌인 거로군요. 저는 그저 당신이 날 미치게 하려고 그러는 줄 알았어요."

나는 모두가 논쟁을 통해 아이디어를 개발하고 나듬을 수 있는 기회를 발견한다고 생각했던 반면, 그에게 논쟁이란 감내해야 할 고된 훈련이었던 것이다. 이 사례는 논쟁의 목적에 대해, 논쟁이 벌어지는 긍정적인 공간을 만드는 것에 대해 구성원들에게 분명한 설명을 제공해야 한다는 사실을 말해준다. 마찬가지로 내 의도와 상관없이 논쟁 상대를 미치게끔 몰아가는 때를 정확하게 인식할 정도로 상대를 확실히 이해해야 한다는 사실도 말해준다.

논쟁을 끝낼 시점을 분명히 하라

회의가 끝나고 어떤 직원은 좋은 논의였다고 생각하고, 다른 직원은 짜증나는 시간이었다고 느낀다. 한 가지 이유는 어떤 직원은 회의 시간에 최종 결정을 내리기를 기대하고, 다른 직원은 앞으로 계속해서 논의를 이어나가길 원하기 때문이다. 이러한 갈등을 해소하는 한 가지 방법은 논의를 위한 회의와 의사결정을 위한 회의를 구분하는 것이다. 그리고 언제 최종 의사결정을 내릴 것인지 궁금해하는 직원들의 불안감을 덜어주기 위해서, 각 논의 항목 옆에 구체적인 마감일을 적어놓는 방법을 추천한다. 그러면 적어도 언제 논의를 끝내고 결정을 내릴 것인지 모두가 알 수 있다.

나는 매주 '주요 논의' 회의를 진행할 것을 권한다. 나는 관리자 회의에서 주간 논의 회의를 위한 안건을 정하고, 또한 그 회의에 누가 참석해야 하는지 결정한다(8장, '주요 논의 회의' 참조).

논의가 힘들다고 해서 서둘러 결정을 내리지 말라

논쟁이 힘들게 이어질 때, 서둘러 의사결정을 내리려는 생각이 들게 마련이다. 중요한 사안에 대한 논의가 진척을 보이지 못할 때, 직원들은 상사가 빨리 마무리하고 의사결정을 내려주길 기대한다. 그럴 때, 상사들은 본능적으로 논의의 속도를 높이고 서둘러 마무리를 지으려 한다. 그러나 상사의 역할은 논의를 마무리 짓는 것이 아니라 이를 계속해서 이어나가도록 돕는 일이다. 지속적인 논쟁을 통해서만 직원들은 성장하고, 팀은 더 나은 해결책을 발견할 수 있기 때문이다.

한번은 사소해 보이던 사안에 대해 논의 없이 의사결정을 내린 적이 있다. 자리 배치 문제였다. 그런데 팀원들의 반응은 부정적이었다. 그전에 우리 팀은 따로 사무실 없이 책상만 있었다. 그런데 10명이었던 인원이 갑자기 65명으로 늘어나면서, 공간을 새로 배치하고 모든 직원의 자리를 옮겨야 했다. 팀원들은 각자의 의향을 말했고, 한 젊은 프로젝트 매니저가 자원해서 의견을 수렴하고자 했다.

합의는 좀처럼 이뤄지지 않았다. 누가 누구 옆에 앉을 것인지, 창문과 얼마나 거리를 둘 것인지 논의가 일주일 내내 이어졌다. 참다못한 나는 혼자 일요일에 출근해서 모두의 자리를 배치했다. 그리고 월요일 아침에 폭동에 가까운 소란이 일었다. 프로젝트 매니저는 나를 찾아와 이렇게 따졌다.

"합의에 거의 이르렀다고요! 덕분에 한 주를 완전히 낭비한 셈이 되었군요."

그는 대단히 차분한 사람이었는데도, 나는 그의 눈에 분노의 눈물이

고여 있는 것을 보았다.

나는 최종 의사결정 시점을 정확하게 밝혔어야 했다. 그랬다면 팀원들은 프로젝트 매니저를 찾아가 계속해서 부탁을 하는 번거로움을 겪지 않았을 것이다. 혹은 논의가 너무 심각하게 흘러가는 것을 막기 위해, 직원들의 희망을 조율하는 과정에서 어려움을 겪고 있는 프로젝트 매니저와 함께 식사를 하거나 산책을 하면서 조언을 줄 수도 있었을 것이다. 아니면 직원들에게 역할을 바꾸어 상대의 입장을 옹호해보라고 요구할 수도 있었을 것이다. 그러나 나는 혼자서 의사결정을 내려버렸다. 이로 인해 직원들에게 고압적인 관리자의 이미지를 보이고 말았고, 실질적인 도움을 하나도 주지 못했다.

4. 결정
: 에고를 벗어던지고 객관적으로 결정하라

의사결정 단계에서는 사실과 가까이 하고, 에고(특히 자신의 에고)를 멀리해야 한다. 트위터와 스퀘어Square의 CEO 잭 도시Jack Dorsey는 이렇게 말했다.

"의사결정을 사실로 밀어넣어라."

지금부터는 팀원들이 최고의 의사결정을 내리게 하는 법, 항상 문제를 똑바로 해결하도록 하는 법에 대해 내가 깨달은 교훈을 소개하고자 한다.

당신은 의사결정자가 아니다

예전에 한 직원과 우연히 대화를 나눈 적이 있다. 함께 점심을 하는 동안 나는 그녀에게 일은 잘되어가는지 슬쩍 물었다. 그러자 그녀는 머리를 움켜쥔 채 괴로워했다. 놀란 나는 다시 물었다.

"무슨 문제가 있나요?"

"저는 지적 능력으로 이 회사에 들어왔다고 믿었어요. 하지만 여기 들어오고 나서 한 번도 그 능력을 사용한 적이 없어요! 여기선 마크(자신의 관리자 이름을 말할 때 잠시 움찔했다)가 모든 걸 결정하죠. 상황을 제대로 알지 못할 때조차 말이죠."

얼마 후 나는 마크가 주재하는 직원회의에 참석했다. 그 회의는 팀의 분기 OKR Objectives and Key Results(목표와 핵심 결과지표)을 검토하는 자리였다. 그가 첫 번째 슬라이드를 보여주었을 때, 나는 안도감이 들었다. 당시 나는 새로운 업무를 맡은 지 3주밖에 되지 않았고, 세부적인 사항을 잘 알지 못했다. 그가 제시한 목표와 계획은 분명 대단해 보였다.

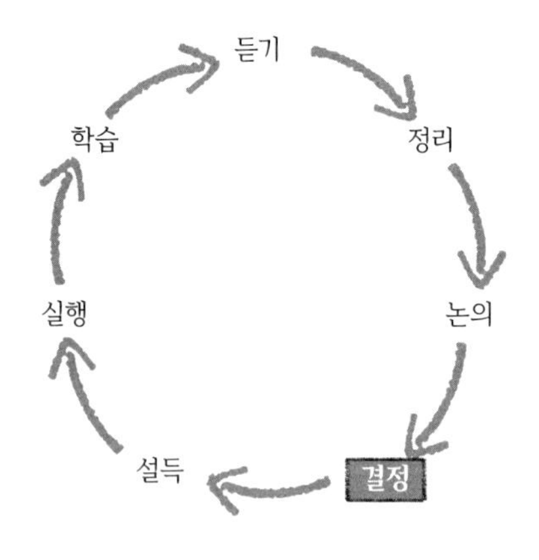

마크의 분기 자료에는 내가 원하는 모든 것, 즉 분명하고 야심찬 목표, 측정 가능한 핵심 결과지표가 들어 있었다. 그런데 내 오른쪽에 앉은 직원이 의자에 앉은 채 몸을 움츠리는 모습이 보였다. 회의실을 둘러보니 직원들은 팔짱을 끼거나 굳은 표정을 짓고 있었다. 회의실의 침묵이 너무도 무거워 잘 준비된 마크의 자료마저도 압도하는 느낌이었다.

마크는 더욱 활기차고 열정적인 어조로 OKR에 대해 설명했다. 그러고는 스스로 팀의 일원인 것을 자랑스럽게 생각한다고 나를 향해 이야기를 하면서 발표를 마무리했다. 그는 분명하게도 팀원들에게 존경을 표했다. 그러나 나는 그가 직원들을 무시한다는 느낌을 받았다. 싸늘한 기운이 감돌았다. 나는 직원들이 받은 느낌을 상상해보았다. 마크는 마지막으로 물었다.

"혹시 질문 있습니까?"

모든 시선이 땅바닥을 향해 있었다. 결국 내가 먼저 이렇게 물었다.

"마크가 OKR을 결정하지 않았다면, 여러분은 다음 분기에 어떤 계획을 세울 생각이었나요?"

그러자 여기저기서 한숨이 흘러나왔다. 그날 점심시간에 머리를 쥐어뜯었던 직원이 마지못한 표정으로 입을 열었다. 그녀는 마크의 비전이 야심차기는 하지만, 현실과 거리가 먼 것은 아닌지 걱정이 된다고 했다. 그녀는 마크가 제시한 목표를 달성하려면 모든 직원이 일주일에 80시간을 일해야 할 것이라고 지적했다. 그러자 다른 직원들도 맞장구를 쳤다. 마크는 시스템 안에서 효율성을 떨어뜨리는 랙타임 문제를 과소평가했다. 그동안 그들은 이를 바로잡기 위해 많이 노력했지만, 문제는 점점 심각한 것으로 드러나고 있었다.

다시 논의가 시작되었다. 마크의 목표는 이론적으로 타당했다. 그러나 팀원들은 목표 달성을 가로막고 있는 중요한 문제를 지적했다. 마크는 직원들의 지적을 그저 사소한 문제로 치부했다. 그러나 팀원들의 논의를 듣고 나니 마크가 '듣기', '정리', '논의', '결정' 단계를 모두 건너뛰고 곧바로 '설득' 단계로 넘어갔다는 사실이 분명하게 드러났다. 나는 다음과 같은 사실을 분명하게 이해할 수 있었다.

❶ 그의 의사결정은 사실에 기반을 두지 않았다.
❷ 설령 그의 결정이 타당하다고 해도, 팀원들이 실행하지 않을 것이다.
❸ 그는 팀원들의 신뢰를 잃을 위기에 처해 있다.

나는 모두의 의견을 듣기 위해 일단 회의를 마무리할 것을 제안했다. 그리고 다음날 다시 모였다.

조지 W. 부시는 이런 유명한 말을 했다.

"저는 의사결정자입니다."

웃긴 소리였다. 그는 의사결정자가 아니었다. 부시는 그 사실을 모르는 유일한 사람이었을 것이다. 미국 대통령에게도 의사결정 권한이 자동적으로 주어지지 않는다면, 관리자나 신생기업의 CEO도 마찬가지일 것이다. 경험 없는 관리자를 비롯하여 많은 이가 저지르는 일반적인 실수다.

제임스 마치James March는 《의사결정의 원칙A Primer on Decision Making》에서 수직적인 구조 안에서 '고위급' 인사가 항상 의사결정을 내릴 때 논란이 발생하는 이유를 살펴보았다. 그는 "바보 멍청이도 의사결정을 내릴 수 있다"고 말했다. 문제는 '충분한 정보'를 확보하지 못한 사람이 의사결정을 내릴 때 벌어진다. 안타깝게도 대부분 조직문화에서는 사무실에 오랫동안 틀어박혀 앉아 있는 고위 간부가 거의 모든 의사결정을 내리는 경우가 많다. 그에 따른 잘못된 의사결정은 조직의 평범함과 직원 불만족의 주요 원인이다.

반면 훌륭한 상사는 스스로 의사결정을 내리지 않는다. 대신에 그들은 분명한 의사결정 시스템을 마련함으로써 최대한 많은 의사결정 사항을 직원에게 맡긴다. 이러한 방식은 의사결정의 수준을 높일 뿐 아니라, 직원들의 사기 진작에도 도움이 된다.

의사결정자는 의견이 아니라 사실을 구해야 한다

의사결정을 위한 정보를 수집할 때, 관리자는 종종 직원들에게 의견을 묻는다.

"이 프로젝트를 진행해야 한다고 생각하나요?"

애플에서 함께 일했던 한 임원이 지적했던 것처럼, 직원들은 언제나 자신의 의견에 에고를 집어넣는 경향이 있다. 다분히 정치적인 입장을 제시함으로써 오히려 의사결정을 망치는 수가 있다. 그 임원은 '의견이 아닌 사실'을 구해야 한다고 내게 조언했다. 물론 '사실'에도 특정한 관점이나 입장이 조금은 반영되어 있다. 그러나 의견보다는 더 객관적이다.

동굴 탐험을 떠나다

당신은 상사로서 개인적으로 흥미롭거나 중요한 세부사항 모두를 면밀히 들여다볼 권리가 있다. 상사라고 해서 언제나 '높은 단계'에 머물러야 하는 것은 아니다. 상사도 때로 의사결정에 참여할 수 있다. 주요 의사결정 임무를 직원들에게 위임했다고 해도, 때로는 더 세부적인 의사결정 속으로 직접 뛰어들 수 있다. 물론 모든 사안에서 그럴 수 있는 것은 아니지만, 그래도 허용되는 몇 가지 상황이 있다.

나는 상사가 의사결정 과정 깊숙이 관여하는 것을 '동굴 탐험'이라 부른다. 실제로 상사는 동굴 탐험을 통해 상황이 어떻게 돌아가는지 알 수 있다. 상사와 부하직원을 더 평등하게 놓아두는 좋은 방법이기도 하다. 여기서 상사와 직원 모두는 같은 선상에 서 있다.

또한 당신이 의사결정자의 역할을 맡았을 때, 사실의 원천을 들여다보는 노력이 중요하다. 특히 당신이 '관리자의 관리자'일 때 더욱 그렇다. 당신은 여러 관리 계층을 통해서 사실을 접하고 싶지 않을 것이다. 어릴 적에 '전화 게임'(여러 명이 줄을 서서 귓속말로 메시지를 전하는 놀이-옮긴이)이란 걸 해보았다면, 몇 사람만 거쳐도 사실이 어떻게 변형되는지 잘 알 것이다.

사실을 있는 그대로 이해하고 전하기 위해, 애플 리더는 조직의 다양한 '층'을 뚫고 세부 사항을 확인한다. 가령 스티브 잡스는 중요한 의사결정을 내리기 위해 특정 기능을 깊이 있게 이해하고자 할 때, 담당 직원을 곧바로 찾아간다. 점심을 먹고 돌아왔더니 잡스가 자신의 자리에서 기다리고 있었다는 젊은 신입 엔지니어들의 이야기를 쉽게 접할 수 있다. 잡스는 그들을 직접 찾아와 구체적인 사항에 대해 질문한다. 그는 직원의 상사를 통해, 혹은 상사의 의견을 통해 걸러진 정보를 구하지 않았다. 대신 정보의 원천으로 직행했다. 이러한 노력을 더 많이 할수록, 조직 전반에 더 많은 권한을 부여할 수 있다.

5. 설득
: 팀원의 힘을 하나로 뭉쳐라

상사는 의사결정을 통해 팀을 관리한다. 물론 결정 사항에 동의하지 않는 직원은 언제나 있게 마련이다. 그러나 의사결정 사항을 실행에 옮기려면 이들의 협력이 절대적으로 필요하다. GSD 바퀴가 부드럽게 굴러간다면, 모든 팀원이 듣기, 정리, 논의, 결정 과정에 참여할 필요는 없다. 관련 있는 직원만 참여하면 된다. 의사결정까지 내려졌다면, 더 많은 직원의 참여를 끌어모아야 한다. 이 단계는 대단히 어렵고 힘들다.

설득 단계는 언뜻 불필요한 것으로 보일 수 있다. 이 단계에서 의사결

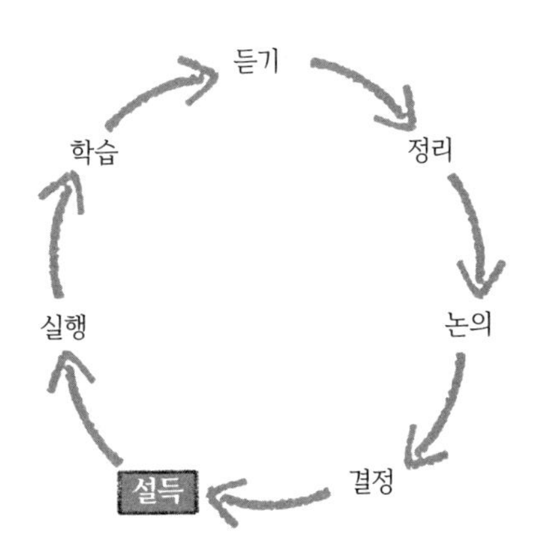

정자는 완전히 동의하지 않는 팀원들로부터 원성을 살 위험이 있다. 의사결정자는 최선을 다해 듣고, 정리하고, 논의를 이끌고, 최종 결정을 내린다. 그런데 왜 팀원들은 그 노력을 인정하지 않는 것일까? 혹은 왜 적극적으로 협조하려 들지 않는 것일까?

의사결정의 타당함을 보여주는 설득 작업 없이 무작정 실행 단계로 나아가다가는 끔찍한 결과로 이어지고 만다. 의사결정자가 당신이든 다른 사람이든, 모든 구성원이 그 결과를 받아들일 것이라고는 기대하기 힘들다. 의사결정 내용을 자세하게 설명하는 것만으로는 부족하다. 설명에는 오직 논리만이 들어 있기 때문이다.

직원들의 감정까지 고려해야 한다. 의사결정자가 당신이든 다른 사람이든, 직원들의 적극적인 실행을 요구하려면 먼저 신뢰 관계를 쌓아야 한다. 독단적인 상사는 설득에 취약하다. 그들은 자기 의사결정이나 논리를 굳이 설명해야 할 필요를 느끼지 못한다.

"따지지 말고 무조건 하세요!"

일반적으로 이들은 팀 구성원들이 어떻게 느끼는지에 별 관심이 없기 때문에 그들의 감정을 들여다보려 하지 않는다. 그들은 직원들로부터 신뢰를 얻지 못한다. 상사의 지시라는 이유만으로 의사결정에 대한 실행을 강요하기 때문이다.

민주적인 상사들조차 의사결정의 논리를 설명하는 과제에 지나치게 몰두한 나머지 직원들이 어떻게 느끼는지 종종 신경을 쓰지 않는다. 혹은 반대로 감정에 신경을 쓰지 않다보니 설명에만 몰두한다. 만약 당신이 완전한 솔직함과 관련된 기본 과제를 잘 수행했다면, 다시 말해 직원들을 개인적으로 잘 알고 열린 대화의 문화를 잘 구축해놓았다면, 설득 단계는 더 순조롭게 흘러갈 것이다. 그러나 그럴 때조차 설득이 저절로 이뤄지는 것은 아니다.

나와 함께 일했던 많은 리더는 설득에 실패했다. 그 이유는 교묘한 속임수를 쓴다는 인상을 주기 싫었기 때문에, 혹은 설득과 속임수 사이의 경계가 희미하다고 생각했기 때문이다.

아리스토텔레스도 지나친 수사학과 설득은 사람들의 감정을 속이는 행위가 될 수 있다는 사실에 대해 많은 고민을 했다. 그는 완전한 이해를 위한 시간과 지식을 갖추지 못한 이들에게 생각을 전달하는 더 나은 방법이 존재할 것이라 믿었다. 상대의 감정을 들여다보는 것은 물론, 신뢰 관계를 구축하고 주장의 근거를 공유함으로써 설득을 뒷받침할 수 있다고 주장했다. 아리스토텔레스가 여기서 언급한 개념이야말로 세월의 검증을 거친 중요한 설득 요소다.

직원들을 설득하기 위해, 혹은 팀 내 의사결정자의 설득 능력을 향상시키기 위해, 여기서부터는 아리스토텔레스 〈수사학Rhetoric〉의 구성 요소(파토스pathos, 에토스ethos, 로고스logos)를 깊이 있게 들여다볼 것이다. 그 세 가지를 감정, 신뢰, 논리로 부르기로 하자.[14]

감정: 화자가 아닌 청자의 감정

당신은 이제 의사결정을 내리기 위한 강력한 감정적 연결 고리를 마련해놓았을 것이다. 그 고리를 통해 조직 전반에서 변화를 이끌 수 있다는 사실을 이해했을 것이다. 그러나 듣는 이의 감정을 고려하지 못한다면, 설득에 성공하지 못할 것이다.

예전에 '제이슨'이라는 동료가 있었다. 그는 기존 제품을 청각장애인들이 사용할 수 있도록 개조하는 일을 했다. 그는 자기 임무에 대단히 열정적이었다. 그의 어머니가 청각장애인이라는 사실도 중요한 이유였을 것이다. 제이슨은 신제품 출시를 앞두고 특정한 주요 기능을 우선적으로 신경 써달라고 엔지니어 팀에 요청했지만, 반응이 없었다. 그때 나는 제이슨에게 아리스토텔레스의 세 가지 요소를 설명해주었다. 그러나 그는 역정만 냈다.

"내 주장에 어떻게 더 많은 감정을 집어넣으라는 말이죠?"

그는 목멘 소리로 이렇게 물었다. 그는 엔지니어 팀원들에게 그 프로젝트의 개인적인 의미에 대해 설명했고, 그들 역시 감동을 받은 듯 보였다고 했다. 그럼에도 팀원들의 반응은 냉랭했다. 나는 물었다.

"엔지니어 팀원들의 감정 상태는 어땠나요?"

"무척 지쳐 보이더군요. 몇 주 동안 야근이 이어졌거든요. 다들 죽음을 향해 행진하는 모습이었어요."

"그 문제를 해결하기 위해 뭘 했나요?"

제이슨은 자기 이마를 때렸다. 무엇을 잘못했는지 깨달았다는 표정으로.

2003년 스티브 잡스는 애플이 윈도우 기반의 아이튠즈를 내놓겠다고 발표했다. 그때 그는 그게 단지 새로운 버전의 제품 출시가 아니라는 사실을 이해했다. 애플 마니아들에게 마이크로소프트와 손을 잡겠다는 것은 배신과 같은 일이었다. 물론 윈도우용 아이튠즈를 출시하겠다는 의사결정의 논리는 타당했다. 그것은 음원 시장에서 승리하려는 의도였다. 당시 윈도우는 음원 시장의 90퍼센트를 차지하는 플랫폼이었고, 시장 점유율이 5퍼센트에도 미치지 못한 애플은 어쨌든 그 플랫폼 속으로 뛰어들어야 했다. 그러나 이러한 논리는 애플 마니아를 더 화나게 만들 뿐이었다. 결국 잡스는 신뢰와 믿음을 저버린 잘못을 인정하고('지옥이 얼어붙었다Hell froze over'라는 슬로건과 더불어), 애플은 앞으로도 핵심 비즈니스를 굳건하게 지켜나갈 것임을 강조함으로써 진지한 태도로 핵심 고객들의 감정에 대응했다.

트위터의 CEO인 딕 코스톨로는 트위터 직원들의 감정 문제에 효과적으로 대처했다. 나는 오랫동안 직원들의 열정을 확인한 다양한 설문조사 자료를 살펴보았다. 스티브 잡스보다 더 나은 리더는 없을 것이라고 생각했다. 실제로 애플 직원의 90퍼센트 이상이 잡스에 대해 긍정적인 느낌을 갖고 있다고 답했다. 그러나 트위터 직원들은 그 기록을 넘어섰다.

딕은 온화한 유머 감각을 바탕으로 직원들과 관계를 맺고 그들의 신뢰를 얻었다. 이는 그가 설득력을 발휘하는 데 실질적인 도움이 되었다. 딕은 트위터 전체 회의실을 종종 웃음바다로 만들곤 했다. 특히 다분히 적대적인 즉흥 질문에 예상치 못한 솔직함으로 대응했다.

나는 딕에게 어떻게 그렇게 대응할 수 있는지 물었다. 그러자 그는 특유의 미소로 이렇게 답했다.

"그냥 저절로 그렇게 됩니다."

스탠드업 코미디언이 아닌 이상, 딕의 조언을 실천해보는 것도 좋을 것이다. 딕은 실리콘밸리 리더들에게 다양한 연극 수업을 들어볼 것을 권한다. 이를 통해 전체 회의에서 마주하는 뜻밖의 질문을 두려워하기보다 흥미진진한 대답을 내놓는 방법을 발견할 수 있다고 한다.

신뢰: 전문성과 겸손함 드러내기

신뢰가 무엇인지 분명하게 설명하기는 힘들다. 그래도 우리는 그게 뭔지 직관적으로 이해한다. 신뢰를 얻으려면 직원들을 개인적으로 잘 알고, 의사결정이 어떻게 내려졌는지 분명하게 보여줘야 한다. 여기에 세 번째 요소가 필요하다. 그것은 겸손함이라는 덕목이다. 이 덕목은 쉽게 찾아보기 힘들다.

겸손함의 모범이라고는 인정받지 못했던 잡스는 신제품을 발표할 때 "제기랄"이라는 말을 하곤 했다. 2010년 아이패드 런칭쇼에서 잡스는 이렇게 말했다.

"애플은 1976년 시작되었습니다. 34년이 흘렀고, 이제 휴가 시즌이 막 끝났습니다……. 156억 달러라는 매출 기록과 함께 말이죠. 저는 그 숫자를 믿지 않습니다. 그건 그저 애플이 500억 달러 규모의 기업으로 성장했다는 뜻일 뿐입니다. 이제 저는 그 숫자를 잊어버리려 합니다. 그건 우리가 애플에 대해 생각하는 바가 아니기 때문이죠. 아무튼 놀라운 숫자이긴 합니다."[15]

그날 무대 위 그의 뒤에는 투박한 상자를 든 두 엔지니어의 모습이 보였다. 이는 애플이 초라한 모습으로 시작했으며, 지금도 수익을 좇는 것이 아니라 세상을 바꿀 제품을 개발하기 위한 열정으로 달려나가고 있음을 말해주는 상징이었다. 이를 통해 잡스는 애플이 그들의 청중을 유지한 채 컴퓨터 시장에서 완전히 새로운 제품군을 창조할 충분한 전문성과 자원을 갖고 있음을 강조했다. 특히 다음의 표현은 잡스의 신중한 선택이었다.

"이제 저는 그 숫자를 잊어버리려 합니다. 그건 우리가 애플에 대해 생각하는 바가 아니기 때문이죠."

여기서 '우리'는 자신과 애플의 겸손한 태도를 드러내는 중요한 표현이다.

그런데 당신이 소위 슘페터적 변화Schumpeterian change의 기록을 보유한 스티브 잡스가 아니라면, 혹은 경험이 많지 않아서 기록이라는 것 자체가 아예 없다면, 어떻게 신뢰를 얻을 수 있을까? 그렇다면 전문성과 과거의 성취에 주목하자. 겸손한 태도를 유지하고, 최대한 '내'가 아닌 '우리'를 강조해야 할 것이다. 그러나 거짓 겸손은 허풍만큼이나 효과가 없음을 알아야 한다. 먼저 자신의 신뢰를 구축하고, 또한 팀 내 다른 의사결정자가 자신의 결정 사안을 기반으로 팀원들을 설득할 때, 신뢰를 구축하도록 적극적으로 도움을 주자.

논리: 자기 일을 그대로 보여주기

사람들은 대부분 설득에서 '논리' 부분이 제일 쉬울 것이라 생각한다. 신뢰를 쌓는 과정에서 어색함을 보이거나 직원들의 집단 감정 문제를 해결하는 심리적 수완을 발휘할 필요가 없기 때문일 것이다. 여기에 함정이 있다. 그 논리가 스스로 자명해 보이기 때문에 직원들과 공유할 생각을 못한다는 것이다. 본인은 어떤 것을 깊이 있게 알고 있지만 다른 사람은 이를 모를 수 있다는 사실을 쉽게 잊어버리고 만다.

좋은 소식은 우리가 이미 고등학교 수학 시간에 논리를 공유하는 방법을 배웠다는 사실이다. 그것은 자기 일을 그대로 보여주는 것이다. 어떤 아이디어가 떠올랐을 때, 스티브 잡스는 그 아이디어를 설명하는 것에서 그치지 않고 이를 공유하기 위해 노력했다. 그는 자기 일을 보여주었다. 만약 논리 구조에 결함이 있다면, 더욱 적극적으로 알리려 했다. 반면 결함이 없다면, 직원들은 그의 아이디어를 더욱 적극적으로 받아들였다. 자신의 일을 보여줌으로써 논리를 강화하고, 설득력이 강할 뿐 아니라 '언제나 올바르게 처리하는 사람'이라는 확신을 줄 수 있다.

6. 실행
: 협력세를 최대한 줄인다

상사로서 당신의 역할은 높은 '협력세'를 자신에게 부과함으로써 팀원들의 실행 시간을 확보하는 것이다. 상사의 책임을 다하려면 많은 시간이 필요하다. 상사로서 가장 힘든 부분은 관리자로서의 책임과 자신의 전문 영역에서 개인적으로 해야 할 일 사이에 균형을 잡는 것이다.

이러한 균형과 관련하여 지금까지 내가 깨달은 세 가지 교훈을 여기서 소개하고자 한다. 그것은 팀원의 시간을 낭비하지 말고, '손톱 아래 때'를 그대로 내버려두고, 실행 시간을 확보하라는 것이다.

팀원의 시간을 낭비하지 마라

솔직히 말하건대, 셰릴 밑에서 일했던 4년 동안 그녀는 단 한 번도 내 시간을 허비하지 않았다. 나뿐만 아니라 모든 부하직원들의 시간을 절약해주었다. 셰릴은 우리가 그녀로부터 도움을 얻을 수 있는 과제 목록을 준비해서 일대일 회의에 참석하도록 했다. 그 시간에 그녀는 귀를 기울이고, 문제를 이해했으며, 마치 폭파 전문가처럼 활약했다. 또한 셰릴은 위태로운 정치적 갈등 요소와 힘든 장애물까지 제거해주었다. 불필요한 회의나 거추장스러운 분석도 없었다. 그녀는 나와 함께하는 회의에서 한 번도 늦은 적이 없다. 자신이 주재하는 회의에 지각하는 걸 용납하지 못했다.

셰릴은 우리가 하나의 팀으로 논의하도록 분위기를 조성했다. 그러나 회의가 지루하게 길어질 경우 의사결정자를 정했고, 그에게 특정 시점까지 의사결정 사항을 들고 오도록 했다. 그녀는 내가 아는 가장 설득력 높은 사람이었다. 그녀는 내게 팀원들을 설득하는 방법을 가르쳐주었다. 시간만 잡아먹는 현실성 없는 지시가 조직 상부에서 내려올 때, 셰릴은 우리의 든든한 보호벽이 되어주었다. 그 덕에 우리는 실행을 위한 충분한 시간을 확보할 수 있었다. 결과가 나오면 셰릴은 날카로운 분석 기술을 마음껏 발휘했다. 실패든 성공이든 간에, 셰릴 덕분에 우리는 결

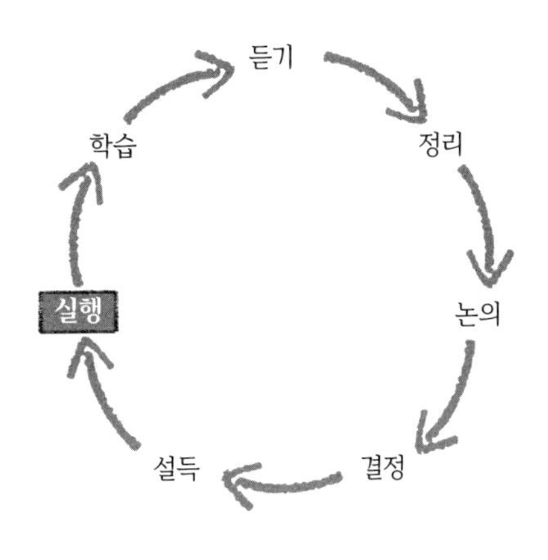

과에서 많은 것을 배웠다.

셰릴이 팀의 생산성을 꾸준히 유지할 수 있었던 것은 GSD 바퀴가 항상 일정한 속도로 돌아가게 밀어붙였기 때문이다. 셰릴은 우리를 위해 업무 공간을 항상 말끔하게 치워놓았다. 그 덕에 우리는 업무 처리에 최대한 많은 시간을 투자할 수 있었다.

'손톱 밑의 때'를 남겨두라

협력세의 대부분은 상사가 떠안아야 한다. 그럼에도 100퍼센트를 져서는 안 된다. 팀원들의 훌륭한 파트너가 되기 위해, GSD 바퀴가 부드럽게 돌아가도록 하기 위해, 당신은 실무의 끈을 놓아서는 안 된다. 직원들의 실행을 지켜보는 것은 물론, 때로는 스스로 실행에 참여해야 한다. 당신이 실행자의 역할을 맡을 때, 자신의 도구를 끊임없이 활용해야 한다. 가령 당신이 세일즈 관리자라면, 계속해서 고객을 방문해야 한다. 배관공팀을 이끌고 있다면, 수도꼭지를 직접 고쳐야 한다. 물론 일대일 회의에서 직원의 말에 귀를 기울이고 논의를 이끄는 등 상사의 역할에 가장 많은 시간을 투자해야 한다.

그렇지만 개인적인 업무와 상사의 과제 사이를 오가는 스위치의 작동법도 익혀야 한다. 상사의 과제를 수행하느라 개인적인 업무를 포기해서는 안 된다. 둘을 하나로 통합해야 한다. 실무에서 너무 멀어질 경우, 팀원들이 명료하게 이해하고, 논의에 참여하고, 의사결정을 내리고, 실행에 옮기는 과정에서 구체적인 도움을 줄 수 없다. 팀이 해결해야 할 과제를 정확히 이해하지 못하면 GSD 바퀴는 서서히 멈춰서고 말 것이다.

실행을 위한 시간을 확보하라

실행은 개인적인 과제일 때가 많다. 협력 과제를 처리하기 위해 사람들 대부분 일정표를 활용한다. 상사로서 당신의 일은 협력 과제를 처리하느라 자신과 팀원들의 시간을 너무 많이 뺏지 않는 것이다. 즉, 이미 결정이 나고 동의를 얻은 계획을 실행에 옮길 시간이 부족하지 않도록 조율하는 것이다.

7. 학습
: 실패에서 배운다는 것

당신이 이 단계에 도달했다면, 당신 자신과 팀은 틀림없이 많은 성과를 올렸을 것이다. 많은 시간과 에너지를 투자할 때, 우리는 당연하게도 그 일에 집착하게 마련이다. 그건 인간적인 본능이다. 그러나 비이성적인 집착일 때도 있다. 그런 일에서 손을 떼려면 엄격한 원칙이 필요하다. 그래야만 성과가 좋지 못했다거나, 아니면 더 나은 성과를 거둘 수 있었다는 사실을 인정하고, 경험을 통해 교훈을 얻을 수 있다.

드롭박스 공동 설립자이자 CEO인 드류 하우스턴Drew Houston은 내가 여태껏 만나본 가장 열정적이고 겸손한 사람이다. 현재 드롭박스가 수억 명의 사용자를 확보할 수 있었던 것은 드류가 이끄는 조직이 끊임없이 기존 제품을 직관적이고 사용하기 쉽게 개선해나갔기 때문이다. 처음에 드류는 혼자서 도전했지만, 기대만큼 성과를 올리지 못했다는 사

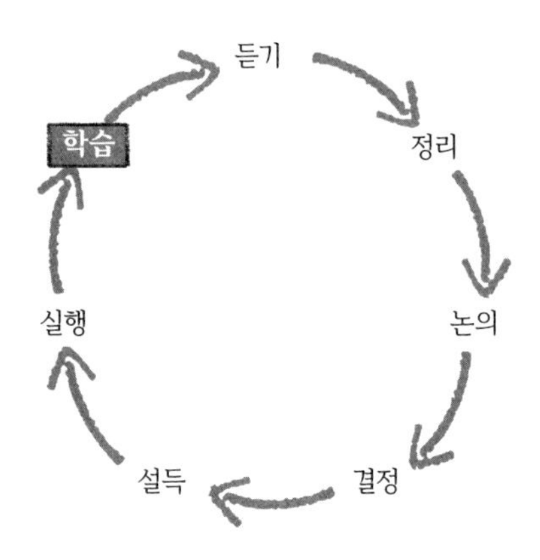

실을 인정하고 노선을 변경했다. 기존 제품을 끊임없이 개선하는 노력도 물론 힘들지만, 자아를 개선하는 것은 더욱 힘들다. 내가 드류에게 강한 인상을 받았던 것은 제품을 개선해나가는 것은 물론, CEO로서 자기 자신도 끊임없이 새롭게 만들어나가고 있다는 사실이었다. 드류는 경영을 주제로 출판된 거의 모든 책을 읽고 또 읽었다. 어떤 기업을 만들고 싶은지, 어떤 리더가 되고 싶은지에 대해 깊이 있게 고민했다.

리처드 테들로우는 《CEO의 현실 부정Denial》에서 똑똑하고 성공적인 많은 인물이 현실을 부정하고, 이로 인해 겪었던 치명적인 실패에 대해 소개했다. 예전에 나의 한 동료는 팀을 이끌면서 완전히 '끔찍한' 결과에 직면했지만, 이를 절대 인정하지 않았다. 그에게 문제를 지적했던 주변 사람들은 그의 이러한 태도에 당황했다. 결국 우리가 현실을 직시하라고 직언을 하자 그는 이런 변명을 내놓았다.

"자기 아이가 못생겼다는 사실을 인정하는 것은 견딜 수 없이 고통스러운 일입니다!"

뛰어난 상사는 성공은 물론 실패를 통해서도 계속해서 배우고 개선해

나간다. 그러나 많은 이가 실패로부터 배우기보다 현실을 부정하려 든다. 그 이유는 뭘까? 대규모 팀을 이끌면서 나는 두 가지 과중한 압박이 사람들을 현실 부정으로 몰아간다는 사실을 확인했다.

일관성에 대한 압박

우리는 입장을 쉽게 번복하다가는 '변덕스러운 사람', 혹은 '원칙 없는 사람'으로 인식될 수 있다는 이야기를 종종 듣는다. 그러나 나는 이와 관련하여 존 메이너드 케인스의 말을 더 신뢰한다. 그는 이렇게 말했다.

> 사실이 바뀌면, 그에 따라 생각도 바뀐다.

여기서 우리가 주목하는 것은 효과적인 의사소통이다. 누군가 이렇게 타당한 불만을 제기할 수도 있다.

"두 달 전만 해도 ○○가 확실하다고 했잖아요? 그런데 지금 와서 그게 아니라뇨?"

물론 약속은 쉽게 어겨서는 안 된다. 설령 그렇게 해야 할 상황이 발생한다고 해도, 분명하게 해명하고 상황이 바뀐 이유에 대해 설득력 있게 설명해야 한다. 조직 전체를 다시 한번 설득해야 할 때, 나는 주변 사람들과 함께 듣기, 정리, 논의, 결정 단계를 다시 들여다본다. 새로운 결론에 도달했다면, 심호흡을 하고서 새로운 결론에 도달한 과정에 대해 자세하게 설명하고, 방향 변화를 명시적으로 선언한다. 이러한 노력은 대단히 중요하다.

번아웃

우리는 때로 일과 삶에서 완전히 지친다. 그럴 때 우리는 결과에서 배우거나, 바퀴 전체를 다시 시작하기 어렵다. 이러한 상황에서 조직을 앞으로 나아가게 만들어주는 원동력은 바로 당신이다. 따라서 상사는 가장 먼저 자기 자신을 돌봐야 한다. 물론 그건 실천이 힘든 원칙이다.

딕 코스톨로는 중심에서 절대 이탈하지 않는 놀라운 능력을 보여주었다. 내가 코스톨로의 자문을 맡을 무렵, 언론은 딕을 그때까지 내가 본 적이 없는 무뢰한으로 몰아가고 있었다. 비록 그는 폭풍의 한가운데 서 있고, 나는 멀찍이 떨어진 안전한 곳에 있었음에도 그런 그를 곁에서 지켜보는 것은 내가 공격을 당하는 것만큼이나 힘들었다. 특히 노골적으로 비난하는 기사가 나온 날 밤에는 트위터 건물이 발사대에 놓여 있고,

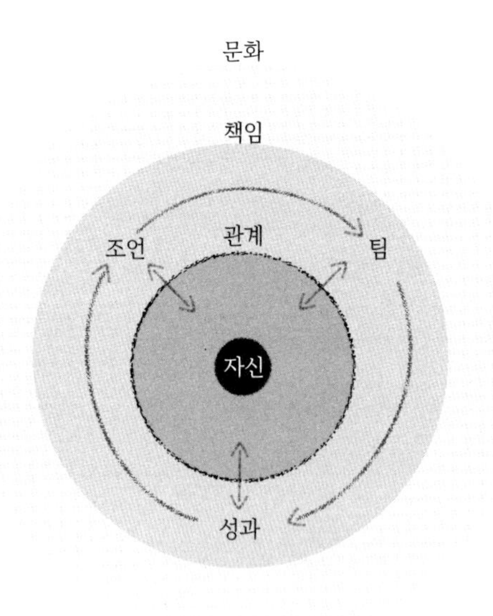

모두가 우주복을 입지 않은 채 발사를 기다리는 꿈을 꾸다가 잠에서 깨기도 했다. 자다가 소리를 지르는 바람에 남편까지 깨고 말았다. 나는 다시 잠들 수 없었다. 그런데도 딕은 편안하게 잘 잤다고 했다.

반대로 그가 마치 세상을 구할 것처럼 모든 언론이 그의 능력을 칭송할 때, 딕은 특유의 자기비하 유머로 대응했다. 그 무렵 딕은 모두가 어떻게든 참여하고 싶어하는 유명인 모임에 초대를 받았다. 그러나 그는 트위터 운영에 집중하고 가족과 저녁을 함께해야 한다는 이유로 대부분 초청을 거절했다. 모든 언론이 딕을 공격하자 그는 자기 딸의 말을 인용했다.

"아빠! 나쁜 소식과 좋은 소식이 있어. 나쁜 소식은 아빠가 야후 파이낸스가 선정한 올해 최악의 CEO 5인에 올랐다는 거야. 좋은 소식은 그 중에서 5등을 차지했다는 거지."

물론 딕은 아무 잘못도 없는 척은 하지 않았다. 당시 그는 물론 트위터도 대단히 힘든 시절을 보내고 있었다. 그는 공격적인 언론의 집중 포화 속에서도 자신감을 잃어버리지 않기 위해 필요한 '심리적 강인함'을 주제로 조직 내에서 강연을 했다. 그런데 이상하게도 나는 그의 연설을 들으면서 눈물이 났다. 주변을 둘러보니 여기저기서 훌쩍이는 모습이 보였다. 그때 나는 딕의 심리적 강인함이 스스로 중심에 머무르는 능력에 뿌리를 내리고 있다는 사실을 깨달았다. 다시 말해, 매일 혼자서 생각에 빠질 2시간을 확보하는 원칙에서 비롯되었다는 사실을 이해했다.

5장에서는 딕처럼 중심을 유지하기 위해 일과 삶에서 할 수 있는 구체적인 방법들을 살펴보자.

Radical

2부

실리콘밸리의 팀장들이 일하는 법

새로운 소통의 기술

1부를 읽고 부디 모든 상사를 끈질기게 괴롭히는 두려움과 걱정, 자기의심의 짐을 어느 정도 덜어버렸기를 바란다. 1~4장에서는 모스크바 다이아몬드 연마공에서 구글, 애플, 캔더에 이르기까지 조직을 이끈 25년의 세월 동안 내가 배웠던 핵심 개념에 대해 설명했다.

내가 이 책을 쓰기로 결심한 이유는 너무 많은 훌륭한 인재가 나쁜 상사로 쉽게 전락하고, 그들이 우리 사회의 중요한 불행의 원천이 되는 것이 안타깝기 때문이다. 나는 이 책에서 소개하는 아이디어를 통해 당신이 더 나은 상사가 되어 직장에서 더 많은 성공을 거두고, 세상을 더 행복하게 만들기를 바란다.

아마도 지금쯤 당신은 완전하게 솔직한 관계를 통해 직원 개개인과 신뢰 관계를 형성함으로써 팀의 성과를 높일 수 있다는 사실을 이해했

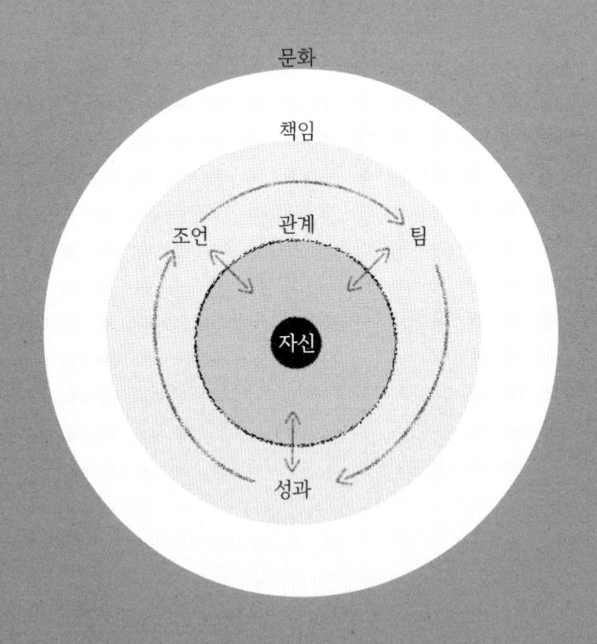

을 것이다. 관계 확장에는 한계가 있을지 몰라도, 조직문화는 얼마든지 확장할 수 있다. 관계와 책임은 서로를 강화하고, 그 상호작용으로 성공을 거두면서 문화는 성장한다. 그런데 이러한 생각을 어떻게 실행해야 할까? 구체적으로 말해, 내일 출근해서 무엇부터 바꿔보아야 할까?

2부에서는 1부에서 소개한 아이디어를 즉각 실행할 수 있는 여러 가지 도구와 기술에 대해 살펴볼 것이다. 나는 당신이 실천해야 할 과제의 순서가 아니라, 핵심 아이디어를 중심으로 이 책의 구성을 설계했다. 이 점을 명심하고 2부를 읽어주길 바란다.

걱정은 하지 않아도 좋다. 마지막 장에서 완전한 솔직함을 실천할 수 있는 단계별 전략을 제시할 것이기 때문이다. 당신이 관심을 기울이는 직원과 함께 좋아하는 일에 도전하고, 놀라운 성과를 거두는 것만큼 가슴 벅찬 일도 없다. 그건 꿈이 아니다. 이제 그러한 업무 환경을 만들 수 있는 구체적인 방법을 소개한다.

Radical Candor

5

사람을 얻는 관계의 기술

팀원들과 신뢰를 구축하는 방법

완전하게 솔직한 관계가 확장되는 업무 환경을 어떻게 조성할 수 있을까? 이 장에서 상사의 역할이 딜버트(미국 연재만화 주인공으로 승진과 해고에 전전긍긍하며 살아가는 회사원의 대명사-옮긴이)와 같은 전형적인 관리자의 역할보다 훨씬 더 의미 있다는 사실에 대해 설명하고자 한다.

비즈니스스쿨 시절에 나는 관리자의 역할이 '주주 가치 극대화'에 있다고 배웠다. 그러나 바깥세상에서는 주주 가치에 대한 지나친 집착이 때로 그 가치는 물론 기업의 도덕성마저 허물어뜨릴 수 있다는 사실을 깨달았다.

나는 주주 가치가 아니라 스스로 중심을 잡는 데 최대한 집중해야 한다고 믿는다. 그래야만 직원들 개개인과 진정한 관계를 구축할 수 있다. 내가 중심을 잡고 관계를 강화해야만 최고 성과를 올리기 위한 관리자로서의 역할을 다할 수 있다. 주주 가치는 그에 따른 결과물이다. 그러나 그게 핵심이 될 수는 없다.

앞서 언급했듯이, 관계와 책임은 닭과 달걀의 관계다. 좋은 관계 없이 책임을 다할 수 없으며, 책임을 다하려면 좋은 관계가 반드시 필요하다. 둘은 안에서 밖으로, 밖에서 안으로 서로를 강화한다.

이 장에서는 먼저 안에서 바깥으로 뻗어나가는 흐름에 주목한다. 반대로 6~8장에서는 밖에서 안으로 들어오는 흐름에 집중할 것이다. 이 장에서 나는 스스로 중심을 잡고, 직원들과 동등한 관계를 유지하는 노력에 대해 집중적으로 설명할 것이다. 또한 직장에서 사회화 기술(그리고 그 위험)에 대해 살펴볼 것이다.

중심을 지킨다
: 내가 바로 서야 다른 사람도 도울 수 있다

언뜻 이상하게 보이겠지만, 완전하게 솔직한 업무 환경을 구축하기 위해 나는 언제나 CEO에게 자문을 제공하는 일로부터 시작한다. 이를 위해 나는 그 CEO가 어떻게 삶을 꾸려가고 업무의 압박감을 해소하는지 들여다본다.

직장에서 우리의 열정은 개인적인 건강과 행복에 달려 있다. 이 주장

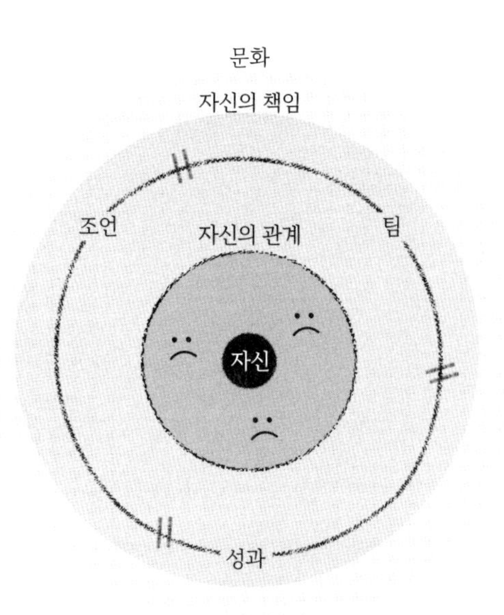

이 이제는 무척 자연스럽게 느껴진다는 것은 우리 사회가 어디까지 왔는지를 말해준다. 스스로 안정적인 기반을 창조하는 관리자는 업무에 최선을 다하는 직원들로 팀을 꾸리는 데 능하다는 점에서, 이러한 주장은 기업에도 도움이 된다.

여기서 잠깐, 직장에서 보낸 힘든 시절에 대해 떠올려보자. 스트레스에 지치고 잠도 제대로 못 잤던 적이 있는가? 직장 문제와 가정 문제는 서로를 강화한다. 심리적, 육체적 상태가 좋지 못하면 힘든 시기는 큰 고통이 된다. 그럴 때, 함께 사는 가족은 물론 함께 일하는 직원들에게 개인적 관심을 주기 힘들어진다. 자신의 어려움에 대처하기에도 벅차다. 개인적 관심은 주변의 모든 것이 돌아가게 만드는 관계 구축의 필수 요소다. 주변 환경 때문에 원칙이 흔들려서는 안 된다.

자신을 돕지 못하면 다른 사람도 돕지 못한다. 자신과 주변 사람을 제대로 돌보지 못하면 업무 성과를 포함하여 모든 것이 효과적으로 돌아가지 않는다. 우리 모두 이미 그 사실을 잘 알고 있다. 그렇다면 이러한 상황에 어떻게 대처해야 할까?

일과 삶을 통합한다

우리는 최고의 자아를 직장으로 가져가야 한다. 그리고 그 자아를 그대로 가지고 집으로 돌아와야 한다. 이는 일과 삶의 균형과는 다른 개념이다. 여기서 말하는 균형이란 삶에 대한 관심이 일에 대한 소홀로, 일에 대한 관심이 삶에 대한 소홀로 이어지는 일종의 제로섬 게임을 의미한다.

반면, 여기서 주목하는 것은 일과 삶을 하나로 통합하는 것이다. 자기 중심을 지키기 위해 8시간 수면이 반드시 필요하다면, 이는 자신을 위해 업무와 팀을 희생하는 시간이 아니다. 일과 삶은 서로를 강화한다. 우리가 직장에서 보내는 시간은 하나의 인간으로서 자신이 누구인가를 드러내고, 삶에 많은 풍요를 주고, 또한 친구와 가족에게 이익을 가져다준다.

중심을 잡는 법을 이해하고 실천한다

세상은 조언으로 가득하다. 그러나 한 사람에게 대단히 의미 있는 조언이 다른 사람에게 완전히 쓸모없는 이야기가 될 수 있다. 내가 보았던 한 영화에는 뉴욕 경찰이 모스크바 경찰에게 어항과 특수 조명을 보여주면서 스트레스를 관리하기 위한 명상법에 대해 자세히 설명하는 장면이 나온다. 그는 이렇게 묻는다.

"당신은 어떻게 해결하나요?"

그러자 모스크바 경찰은 짤막하게 대답한다.

"보드카요."

무엇이든 자신에게 도움이 되는 방법을 실행에 옮기자. 핵심은 힘든 시간이 왔을 때 그 방법을 우선적으로(단, 지나치지는 않게) 실행하는 것이다. 스트레스를 받거나 정신이 없을 때, 다시 중심으로 돌아가게 해주는 행동을 위해 시간을 마련하려는 노력이 무엇보다 중요하다. 내가 아는 한 성공적인 기업가는 힘들 때마다 출근 전과 퇴근 후에 체육관에 들러 운동을 한다.

내가 중심을 지키기 위해 하는 활동은 이런 것이다. 8시간 수면과 45분 운동, 가족과 함께하는 아침과 저녁 식사. 물론 몇 가지를 하루 이틀 빼먹어도 괜찮다. 이제는 완전히 습관으로 자리 잡았기 때문이다. 여기에다가 소설 읽기(목표는 1주일에 한 권), 남편과 함께하는 로맨틱한 주말여행(1년에 네 번), 부모님 및 형제와 함께하는 2주일 간의 휴가(1년에 한 번)도 포함시킬 수 있겠다. 이를 성실하게 실천에 옮길 때, 어떤 폭풍이 불어닥치더라도 나는 거뜬히 중심을 지켜낼 수 있다. 반대로 이러한 것들을 실천하지 못할 때, 주변 환경이 아무리 평온하다 하더라도 나는 어지러움을 느낀다.

일정표를 쓴다

자신을 위해 해야 할 일을 중요한 회의처럼 일정표에 기록하자. 가족과 함께 저녁을 먹는 일을 잘 실천하지 못하고 있다면, 일정표에 퇴근 시간을 기록하자. 꼭 타야 할 기차 시간인 것처럼 지키자.

자신과의 회의

자신과의 회의 시간을 잊지 말자. 그 시간에 상사는 물론 다른 사람과 약속을 잡지 말자.

왜 직장에서는 자유롭게 일하지 못하는가

이제 당신은 자기 중심을 지키면서 최고의 자아를 일터로 데려간다. 다음 단계는 팀 내 관리자와 직원들에게 자율을 부여함으로써 그들도 마찬가지로 중심을 지키며 최고 자아를 일터에 가져오도록 하는 일이다. 팀이 성과를 올리도록 도와주려면 먼저 직원들 개개인과 신뢰 관계를 구축해야 한다. 이러한 관계를 구축하려면 직원들이 '직장에서 자유롭다'는 느낌을 받도록 해야 한다.

신뢰 관계를 구축하기 위한 첫 번째 원칙은 일방적인 권한을 포기하는 것이다. 일반적으로 구글 관리자에게 그런 권한은 없다. 그러나 대부분의 다른 기업이라면, 당신이 자발적으로 포기해야 한다. 이를 위해서는 엄격한 원칙이 필요하다.

물론 누구든 어느 정도 권한을 누리고 싶어한다. 그건 자연스러운 욕망이다. 그러나 권력과 통제는 허상이며, 우리를 정말로 가고 싶은 곳으로 데려다주지 못한다. 실질적인 충족감을 가져다주는 것은 권력이 아니라 관계다.

여기서 기본 전제는 모든 팀원이 정신적, 감정적, 육체적으로 최고의 상태로 출근할 때, 더 높은 업무 만족도를 느끼고, 더 효과적으로 협력하고, 더 나은 성과를 올릴 수 있다는 믿음이다. 트위터와 스퀘어의 CEO 잭 도시는 자신이 전체 구성원에게 이메일을 보내는 이유를 이렇게 설명했다.

"다른 사람의 이름이나 권한으로 메시지를 전할 경우, 이메일을 보내는 실질적인 장점이 모두 사라집니다(자기 자신도 이메일의 내용을 불신할지 모른다). 어떤 것이 옳다고 믿는다면, 자신의 노력을 그대로 드러내 이를 입증하세요. 권력은 다른 무엇이 아니라 바로 이러한 노력에서 만들어집니다."

직원과 신뢰 관계를 형성하고, 그들이 직장에서 자유롭다고 느끼게 만들었다면, 그들은 최고의 능력을 발휘할 것이다. 그러나 그러한 능력은 당신이 억지로 끌어내는 것이 아니다. 당신이 할 일은 그저 그들이 능력을 스스로 발휘할 수 있는 환경을 조성하는 것이다.

1장에서 언급했듯이, 일방적인 권한이나 우월감만큼 직원들과의 신뢰 관계 구축에 방해가 되는 것은 없다. 우리가 직원을 대하는 방식은 그들이 최선을 다할 것인지, 형식적으로만 노력할 것인지, 아니면 고의적으로 업무를 방해할 것인지를 결정한다. 직원을 기계 부품처럼 대할 때, 명령보다 더 많은 것을 얻지 못할뿐더러, 기계를 파괴해야 할 동기까지 자극한다.

비즈니스스쿨 시절, 나는 한 철강 기업에서 컨설팅 프로젝트를 맡게 되었다. 그때 나는 직원들을 마치 자동판매기처럼 대하는 아주 치밀한 보상 시스템을 설계했다. 그런데 이를 본 현장 감독이 내게 이렇게 말했다.

"이걸 도입한다면 직원들은 수단과 방법을 가리지 않고 나를 괴롭히는 방법을 알아낼 겁니다!"

결국 나는 그의 예상이 옳았다는 사실을 깨닫게 되었다.

물론 독재보다 무정부 상태가 더 나쁘다. 홉스는 《리바이어던Leviathan》에서 무정부 상태를 "더럽고, 야만적이고, 짧다"라고 표현했다. 무정부 상태에서 악당은 오로지 이기심만을 추구하므로 협력을 통한 성과는 찾아볼 수 없다.

《첨예한 경쟁Competing on the Edge》의 저자 쇼나 브라운Shona Brown은 구글 경영진에 합류하고 나서 독재자나 사령관 스타일의 인물이 조직에 들어오지 못하도록 막고자 했다. 그래서 그녀는 채용과 승진 및 성과 검토 시스템을 신중하게 설계했다. 그건 직원을 통제하기 위함이 아니었다. 다만 이기심으로 쉽게 남용할 수 있는 일방적인 권한을 제거하고 구성원 모두의 의견을 반영하는 시스템을 도입하려는 것이었다. 구글 경영진은 관리자들에게 일방적 권한을 내려놓도록 함으로써 그들이 직원과 긍정적인 관계를 구축하고, 또한 모두가 직장에서 자유를 느낄 수 있도록 만들었다. 구글은 이러한 노력으로 의사결정 과정을 크게 개선했다.

견제받지 않는 권한에 대한 구글의 불신은 실제로 모든 시스템에서 드러난다. 관리자는 직원을 자기 마음대로 채용할 수 없다. 그들은 엄격한 면접 과정을 통해 후보자를 선정할 수 있을 뿐이다. 그렇게 선정된 '면접 후보'들에 대한 검증은 래리에게까지 올라가면서 이뤄진다.

승진도 관리자 혼자 결정할 수 있는 사안이 아니다. 이는 승진 위원회의 소관이다. 즉, 구글의 성과 평가는 관리자의 주관적인 판단이 아니라, 모든 동료 직원이 참여하는 360도 피드백 방식으로 이뤄진다.

이는 조직 전반에 걸친 표준화된 기준으로 진행된다. 이를 통해 관리자가 개인적으로 마음에 드는 직원을 승진시키거나, 혹은 마음에 들지 않는 직원을 고의적으로 누락시키지 못하도록 한다. 구글에서는 지금도 이와 같은 다양한 노력이 이뤄지고 있다.

구글의 극단적인 방식이 당신의 기업에서 효과를 드러내든 아니든 간에, 당신은 직원이 관리자에 의해 휘둘리는 위험을 낮춤으로써 공정함과 자율성에 대한 직원들의 인식을 높일 수 있다. 관리자에게 일방적인 권한이 집중되어 있을 때, 그들은 필연적으로 관계를 허물어뜨리는 실수를 저지를 것이다. 직원들은 마치 교도소에 갇힌 죄수처럼 직장에서 탈출하기를 원할 것이다. 때로는 아주 사소한 일방적인 권한도 나쁜 행동을 자극하기에 충분하다.

다시 한번 강조하건대, 나는 권한 포기나 무정부 상태를 옹호하는 게 아니다. 직원들의 행동을 그냥 방치하거나 외면하라는 말이 아니다. 상사에게는 분명한 역할이 있다. 팀이 성과를 거두고 현재 상태를 벗어나는 힘든 결정을 내리기 위해, 상사는 때로 직원들로부터 지지를 얻기 힘든 결정을 내려야 한다. 따라서 신뢰에 기반을 둔 관계를 구축하고, 그 안에서 직원들이 자유를 느끼도록 해야 한다.

나는 상사의 기존 권한을 완전히 포기할 수 있는 공간을 찾고, 이를 통해 자율적인 행동을 원한다는 메시지를 직원들에게 보내는 방법을 추천한다. 6~8장에서 내가 하는 조언들도 대부분 상사로서 일방적인 권한을 내려놓고, 그 대신 신뢰 기반의 관계를 구축하는 노력에 초점을 맞추고 있다.

직장에서 결속력을 다지는 기술

어떤 기업은 직원들이 사무실을 떠나서 결속력을 다지도록 많은 노력을 기울인다. 가령 회식이나 주말 파티, 야외 행사가 여기에 해당한다. 물론 직원들이 원할 때, 이러한 행사와 모임은 업무 생산성을 높이는 데 도움이 된다. 그러나 직원들을 개인적으로 잘 알 수 있는 기회는 일상적인 업무 공간이지 특별한 장소가 아니라는 점을 명심해야 한다.

업무 압박에서 벗어나 편안한 장소에서 직원들과 함께 시간을 보내는 것은 관계 구축을 위한 좋은 방법이다. 이를 위해 굳이 많은 비용을 들일 필요는 없다. 가령 함께 산책을 하거나 피크닉을 갈 수도 있다. 혹은 가족 동반 모임도 꽤 효과가 크다. 예를 들어 구글이 마련했던 '자녀 초대 행사'는 거창한 축제보다 직원들에게 더욱 강한 인상으로 남았다. 거기서 엔지니어 팀 수석 부사장 앨런 유스터스Alan Eustace는 핑크색 토끼 옷을 입고 등장하기도 했다. 팀원과 그들의 가족을 집으로 초대해서 함께하는 식사는 마음을 열고 관심을 드러낼 수 있는 좋은 기회다.

경영진이 이러한 행사를 주도할 때, 직원들은 때로 의무적이거나 강압적인 느낌을 받는다. 의도와 다르게 자율적인 문화를 오히려 위축시키기도 한다. 당신은 직장에서 매일 동료, 직원들과 함께 많은 시간을 보내므로, 이를 활용하여 관계를 구축하는 편이 더욱 효과적이다. 일반적으로 특별한 행사가 아니라 일과 시간을 활용하는 편이 중심 잡기에도 도움이 된다.

직장에서 사교 행사를 마련할 때, 다음을 꼭 명심하자. 아무리 자유로운 행사라 해도 직원들은 강압적인 느낌을 받을 수 있다. 술은 당신을 곤경에 처하게 할 수 있다.

자유로운 행사조차 강압적인 느낌을 준다

당신은 특별한 행사를 통해 직원들을 알 수 있고, 또한 직원들끼리 서로 더 깊이 알아가도록 도움을 줄 수 있다. 그러나 당신이 행사의 주체가 될 때, 일부는 크게 부담감을 느낄 수 있다는 점에 유념하자.

구글에 다녔던 마리사 메이어Marissa Mayer라는 직원의 이야기가 떠오른다. 그녀는 상사가 팀 단합을 위해 마련한 고래 관광 여행을 떠났다. 마리사는 배멀미가 심했다. 배만 탔다 하면 구토를 했다. 상사는 좋은 팀원이 되려면 무조건 참여해야 한다고 강요했다. 그러나 배 난간을 붙잡고 구토를 해야만 좋은 팀원이 될 수 있는 것은 아니다.

당신은 이러한 위험에 주의해야 한다. 팀의 단결을 위한 노력, 팀원들의 사기를 높이기 위한 노력이 오히려 분위기를 더욱 힘들게 만들 수 있다. 예전에 함께 일했던 한 동료 관리자는 팀원들을 일주일에 80시간 동안 일하도록 했다. 어느 날 그는 팀원들과 야외 행사를 떠났고, 놀이용 카트를 타고 난 뒤 저녁 9시가 되어서 일과 삶의 균형을 주제로 회의를 했다고 한다. 사실 직원들은 카트 타기를 건너뛰고 싶었지만, 그는 팀의 '단합'을 위해서 뭔가 '재미있는 놀이'가 필요하다고 강력하게 주장했다. 때로 상사가 팀원들에게 줄 수 있는 최고의 선물은 그들을 그냥 집에 가도록 내버려두는 것이다.

술을 조심하자

한두 잔의 술은 사교 행사의 윤활제다. 그러나 지나친 음주는 부작용이 따르게 마련이다. 내가 직접 목격했던 음주에 따른 추태를 몇 가지 소개한다.

한 여성 직원은 고객이 마련한 만찬에서 샐러드 접시에 구토를 했다. 한 남성 직원은 경찰에게 주먹을 날리는 바람에 유치장에서 밤을 보내야 했다. 사무실 소파를 처분해야 한 적도 있다. 누군가 거기서 섹스를 벌였다는 사실이 드러났기 때문이다. 또한 구토 때문에 소파를 내다 버려야 했던 적도 있다. 한 여성 직원은 사무실 파티에서 필름이 끊겼고, 결국 경비원이 새벽 세 시에 그녀의 상사에게 전화를 해야 했다. 지나친 음주에 따른 의도하지 않은 성관계로 많은 이가 심리적 고통을 겪거나 결혼 생활에 위기를 맞는다. 심지어 강간이나 자살 시도까지 벌어진다.

이러한 점에서 술은 결코 관계 구축을 위한 좋은 방법이 아니다.

경계는 무시가 아닌 존중의 대상이다

완전하게 솔직한 관계를 구축하려면 직원들의 경계를 존중하는 것과 그들이 모든 에너지를 직장에 쏟아붓도록 격려하는 것을 구분하는 좁은 선 위를 걸어야 한다. 여기서 선을 그어야 할 올바른 위치라거나, 혹은 직원들이 좀 더 마음을 열게 만드는 정답은 없다. 다만 함께 일하는 직원들 개개인별로 서로 다른 경계를 협의해야 한다. 또한 최고의 관계를 구축하려면 장기적인 차원에서 직원들을 알아가는 동안 이러한 경계를 최대한 존중해야 한다. 지금부터는 이와 관련하여 내가 배운 교훈을 소개하고자 한다. 모쪼록 많은 도움이 되었으면 한다.

신뢰를 구축한다

어떤 관계든지 신뢰 구축에는 시간이 걸리게 마련이다. 신뢰는 꾸준한 행동 패턴으로부터 비롯되기 때문이다. 너무 빨리 신뢰를 쌓으려는 시도는 자칫 심각한 실수를 초래한다(가령 잘 모르는 사람에게 느닷없이 개인적인 질문을 던진다던가). 그럼에도 우리는 어느 시점에서 시작을 해야 한다. 개인적인 질문을 전혀 던지지 않는다면, 개인적 관심 축에서 위로 올라가기는 힘들다.

신뢰 구축을 위해 할 수 있는 가장 중요한 일은 직원들과 주기적으로 조금씩 시간을 보내는 노력일 것이다. 이를테면 직원이 직접 안건을 정하고 당신이 상사로서 질문을 던지는 방식의 정기적인 일대일 회의는 신뢰 구축을 시작하기 위한 좋은 방법이다(8장, '일대일 회의' 참조). 여기서 당신이 지적을 요구하거나 반응하는 방식은 신뢰 구축에 큰 도움이 되거나, 혹은 피해를 입힌다(6장, '즉각적인 조언을 요청한다' 참조). 또한 1년에 한 번 '경력 대화'를 갖는 것도 직원과의 관계를 강화하기 위한 좋은 방법이다(7장 참조).

가치를 공유한다는 것

팀원들과 함께 '애플 경영법' 과목을 설계할 무렵, 강의를 듣는 학생들이 직접 '개인적 가치'를 적어보고 다른 사람과 공유하도록 하는 과제를 과정에 포함해야 한다고 많은 이가 내게 강력하게 요구했다. 그들의 논리는 타당했다. 개인적 가치야말로 중심을 잡아주는 기반이기 때문이다. 그러나 나는 걱정스러운 마음이 앞섰다.

첫째, 개인적 가치의 개발은 평생의 과제다. 45분 강의에서는 이를 피상적으로밖에 다룰 수 없다.

둘째, 개인적 가치를 정의하고 공유하는 게 의미가 있다고 생각하는 사람도 있겠지만, 그렇지 않다고 생각하는 사람들도 분명히 있을 것이다.

가장 중요한 셋째, 많은 이가 개인적 가치를 지극히 사적이라고 생각하여 다른 동료와 함께 논의하기를 꺼려한다. 어떤 이들은 다른 사람의 개인적 가치를 듣고 이를 자기 생각에 맞게 바꾸려 들거나, 혹은 협력과 무관한 차이점을 부각시키려 들지 모른다. 이러한 점에서 개인적 가치를 공개적으로 말하도록 하는 것은 직원들이 서로의 공통점을 발견하도록 격려하기보다 오히려 갈등만 조장할 위험이 있다.

나는 "자아의 전부를 일터로 가지고 오라"(다시 말해 지성적, 감정적, 신체적 역량을 모두 업무에 쏟아부어라)고 강조하면서도, 직원들에게 그들의 개인적 가치관을 써보도록 해야 한다는 주장에는 반대한다. 내 강의에 참석했던 한 학생의 사례가 이를 잘 설명해준다.

그 학생은 미국 중서부 출신의 게이였다. 그는 예전 직장에서 커밍아웃을 하면서 동료들로부터 따돌림을 당했다. 이번 직장에서 개인적 가치를 적고 공유하는 시간을 가졌더라면, 그는 어쩔 수 없이 거짓말을 해야 했을 것이다.

중요한 것은 항상 개인적 가치를 들여다보고, 팀을 관리하는 방식을 통해 이를 드러내는 것이다. 단지 '성실'이나 '정직', 혹은 '혁신' 등을 종이에 적는다고 되는 것이 아니다. 중요한 것은 자기 가치에 따라 삶을 살아가는 것이다. 미국 시트콤 〈오피스The Office〉에 나오는 것처럼 그러한 가치를 목록으로 작성할 필요는 없다.

개방성을 드러낸다

개방성openness이란 말은 완전한 솔직함에 대한 중요한 깨달음을 떠올리게 만든다. 직장에서 신뢰 관계를 구축하기 위해 똑같은 개인적 가치를 공유할 필요는 없다. 자신의 가치가 '옳고', 동료의 가치는 '틀렸다'라고 설득하는 것은 정말로 끔찍한 발상이다. 다른 사람이 개인적 가치에 대해 말하면 우리는 이를 '존중'해야 한다.

많은 사람이 샌프란시스코나 뉴욕 같은 자유분방한 곳에서 살아가는 이들은 서로의 차이에 대해 대단히 관대하리라고 생각하겠지만, 나는 보수적인 정치적 입장을 함부로 드러낼 수 없다고 불만을 토로하는 샌프란시스코 동료를 여럿 보았다. 그들은 보수주의자는 모두 멍청하고 부패했다는 주장을 들을 때마다 입을 꾹 다물고 있어야 했다.

한번 생각해보자. 동성애자를 놀리는 농담을 흘려들어야 하는 게이건, 보수 집단을 싸잡아 비난하는 주장을 못 들은 척해야 하는 보수주의자건 간에 자아의 일부를 사회적으로 인정받지 못할 때, 사람들은 소외감을 느낀다. 그리고 직장에서 자유롭지 못하다는 느낌을 받는다.

완전하게 솔직한 관계를 구축하려면, 완전히 다른 세계관을 갖고 있는 사람들, 혹은 그 삶을 이해하기 어렵거나 자신의 믿음과 상반되는 행동을 하는 사람들과도 얼마든지 관계를 부드럽게 유지할 수 있다는 사실을 직원들에게 강조하는 것이 중요하다.

우리는 낙태, 총기 허용, 종교에 대해 자신과 생각이 다른 사람들에게도 얼마든지 개인적 관심을 기울일 수 있다. 직장에서 피상적인 관계에 머무르게 되는 가장 빠른 길은 신뢰 관계를 구축하기 전에 모든 구성원이 똑같은 세계관을 가져야 한다고 주장하는 것이다. 완전하게 솔직한 관계는 세계관을 떠나 모든 인간은 서로에게 의지해야 한다는 기본적인 존중과 예의에서 시작된다. 다시 한번 강조하지만, 일이야말로 팀원들 모두를 이어주는 연결 고리다. 그 고리를 강화하는 가장 생산적인 방법은 모두가 이익을 얻는 방식으로 협력하는 법을 배우는 것이다.

딕 코스톨로는 트위터를 더 포괄적이고 열린 플랫폼으로 만들기 위해 많은 시간을 투자했다. 그가 무의식적인 편향을 측정하는 암묵적 연합 검사Implicit Association Test, IAT를 받았을 때, 어떠한 무의식적 편향도 없다는 결과가 나왔다. IAT 점수만 놓고 본다면 그의 성적 편향은 여성을 위한 투사라고 자부하는 나보다도 더 약했다.

다양성에 관한 딕의 일화 중에서 내가 특히 좋아하는 한 가지는 그가 자신의 사전에서 'you guys'라는 표현을 제거해버렸다는 것이다. 예전에 나는 그에게 쌍둥이에 대한 이야기를 했었다. 이란성 쌍둥이인 내 아들과 딸은 유치원에 다니고 있었다. 그런데 유치원의 두 담당 교사들 모두 남자 아이들이 더 손을 자주 든다고 했다. 이후 내가 아이들 수업에 참석했을 때, 선생님은 아이들에게 이렇게 물었다.

"여러분You guys, 4 더하기 1이 뭔지 아는 사람?"

당연하게도 여자 아이들은 손을 들지 않았다! 여자 아이들은 guy를 남자라고 직역했고, 그들은 당연히 남자가 아니었다. 나도 남녀가 함께 있음에도 'guys', 혹은 'you guys'라는 표현을 들을 때마다 신경에 거슬렸다고 딕에게 말했다. 일반적으로 내가 'you guys'라는 표현에 문제가 있다는 말을 할 때마다, 사람들은 나를 흘낏 쳐다본다. 딕은 이마를 때리며 이렇게 말했다.

"투명인간 취급받는 것보다 더 기분 나쁜 건 없죠. 왜 그런 생각을 한 번도 하지 못했을까요? 마치 여기에 없는 것처럼 말을 하는 것보다 더 소외감을 느끼게 만드는 것은 없죠."

나는 말했다.

"네. 투명인간 취급을 하는 거죠."

얼마 전 나는 딕과 함께 랠프 엘리슨Ralph Ellison의 소설에 관한 이야기를 나눴다. 그 이야기 속에서도 아프리카계 미국인은 자신의 피부 색깔 때문에 투명인간처럼 살아야 했다.

딕은 말했다.

"맞아요! 당신 말이 일리가 있어요. 이제부터 저도 'you all'이라는 표현을 써야겠어요."

물론 본능적으로 튀어나오는 말을 제어하기란 쉽지 않다. 그럼에도 딕은 'you guys' 대신 'you all'을 쓰기 위해 많은 노력을 기울이고 있다.

물리적 공간을 생각한다

동료와의 신체적 접촉은 어떤가? 많은 이가 직장에서 의례적인 악수 이외에 신체 접촉은 부적절하거나 위험하다고 말한다. 그러나 나는 우리가 지나치게 경계한 나머지 그 핵심마저 잃어버렸다고 생각한다. 가령 교통사고로 배우자를 잃은 동료나 약혼 소식을 발표한 직원에게 의례적인 악수로는 부족하다. 대신에 포옹이야말로 개인적 관심을 드러내는 더 효과적인 방법이다.

태스크래빗TaskRabbit의 CEO 스테이시 브라운-필포트Stacy Brown-Philpot는 많은 존경을 받는 실리콘밸리 자문 빌 캠벨Bill Campbell에게서 포옹과 관련하여, 그리고 물리적 공간을 발견하는 방법에 대해 많은 것을 배웠다. 스테이시가 빌을 처음으로 만난 때는 그녀가 연설을 마치고 막 연단에서 내려왔을 때였다. 빌은 스테이시에게 연설을 하는 도중에 손을 떨었고, 그러지만 않았더라면 강연의 신뢰도가 더욱 높아졌을 것이라고 했다. 나중에 스테이시는 빌의 충고야말로 연설을 위한 최고의 조언이었다고 말했다. 나는 스테이시에게 물었다.

"처음 본 사람이 다짜고짜 지적을 해서 기분 나쁘지 않았나요?"

그녀는 잠시 생각을 하더니 이렇게 답했다.

"아뇨. 기분 나쁘지 않았어요. 그가 지적을 하기 전에 내게 포근한 포옹과 함께 뺨에 키스를 해주었거든요. 그 순간 그가 무척 따뜻한 사람이라는 느낌이 들었어요. 내게 관심이 있고, 나를 돕고 싶어한다는 사실을 분명히 확인할 수 있었어요."

"낯선 사람이 포옹하고 키스하는 데도 이상한 느낌이 들지 않았어요?"

"아뇨, 아주 자연스러웠거든요. 더 많은 이에게서 그런 포옹을 받았으면 좋겠어요."

빌의 아들이 뛰던 유소년 야구팀에서 코치를 맡았던 내 남편은 이렇게 말했다.

"그는 모든 코치와 학부모, 아이들과 자주 포옹을 해. 모든 사람과 그렇게 한다고! 더 많은 사람이 그랬으면 좋겠어."

스테이시와 내 남편의 생각대로 나는 더 많은 사람이 그렇게 포옹을 나눴으면 좋겠다. 그냥 한쪽 팔로 어깨를 감싸안는 게 아니라 6초간의 완벽한 포옹 말이다. 그레첸 루빈Gretchen Rubin은 《지금부터 행복할 것The Happiness Project》에서 다양한 사례에 대한 연구를 통해 오랜 포옹이 효과적인 이유를 이렇게 설명한다.

> 흥미로운 사실은 포옹이 신경전달물질인 옥시토신과 세로토닌을 활발하게 분비한다는 점이다. 이 호르몬은 감정을 고양시키고 유대감을 강

화하는 역할을 한다. 그러니 적어도 6초간 포옹을 하는 게 좋다.

물론 포옹과 스킨십이 문제가 될 경우도 있다. 경력 초반에 한 상사는 화가 나면 나를 다짜고짜 껴안았다. 그러고는 노골적이고 불쾌하게 마구 비벼댔다. 나는 정말로 기분이 좋지 않았다. 처음에는 그를 스승으로 여겼지만, 나중에는 추잡한 인간으로 대하게 되었다. 노골적이고 무례한 포옹은 명백하게도 상대방에 대한 공격이 된다.

또한 포옹만 하고 직접적인 대립을 하지 않으면 파괴적 공감이 될 수 있다. 상대방이 포옹을 싫어한다고 해도 이를 부정적으로 받아들여서는 안 된다. 당신이 포옹을 편안하게 느끼지 않는다고 해도 아무런 문제가 없다. 러스 래러웨이가 이 글을 읽었을 때, 그는 내게 절대 자신을 껴안지 말라고 했다.

포옹으로 개인적 관심을 드러내기 위해 지켜야 할 '플래티넘 원칙'이 있다. 원래 '골든 원칙'은 자신이 대우받고 싶은 대로 남을 대하라고 말한다. 반면 '플래티넘 원칙'은 상대가 편안하게 느끼도록 행동하라고 말한다. 만일 팀원 대부분 포옹을 편안해하고 몇 명이 그렇지 않을 경우, 당신은 그 몇 명이 소외감을 느끼지 않도록 포옹하는 방법을 찾아야 한다. 당신 자신만의 방법을!

만일 빌 캠벨이 스테이시에게 했던 것처럼 포옹할 수 있다면, 완전한 솔직함을 보여줄 수 있다면, 상대의 마음을 새로운 대상을 향해 열 수 있다면, 혹은 어떤 방식으로든 성장을 자극할 수 있다면, 세상은 더 행복한 곳으로 바뀔 것이다.

실천하자. 도전하자! 스스로 안전지대에서 벗어나려는 노력은 중요하다. 그 과정에서 다른 사람을 불편하게 만들어서는 곤란하다. 부디 포옹을 편안하게 생각하는 사람들하고만 스킨십을 나누자.

자신의 감정을 알아챈다

구글에 다니던 시절의 어느 날 아침, 러스는 내게 이렇게 말했다.

"사무실을 들어설 때, 당신의 표정을 보고 내 하루가 어떨 것인지 짐작할 수 있습니다."

그때처럼 창피했던 적은 없다. 사실 나는 스스로 차분하고, 힘든 내색을 하지 않는 사람이라고 믿었다. 그러나 러스는 내 표정에서 감정 상태를 읽었고, 그 문제를 외면하지 않고 내게 직접적으로 지적했다.

"적어도 직원들에게 화풀이를 해서는 안 됩니다. 물론 직원들은 상사의 감정 상태를 알 수 있습니다. 또 그래야만 하죠. 그래야 적응할 수 있으니까요."

팀원들 모두가 나 때문에 하루를 망치지 않도록 나는 무슨 노력을 해야만 했을까? 바로 이 지점에서 자아 전부를 일터에 가지고 오라는 말의 부정적인 측면이 모습을 드러낸다.

부정적인 감정은 억누르려 해도 효과가 없을 때가 많다. 가까이서 함께 일하는 동료에게 감정을 숨기는 것은 무척 힘든 일이다. 물론 팀원에게 화풀이를 하고 싶은 의도는 없겠지만, 기분이 최상이 아니라는 사실도 숨기기는 힘들다.

여기서 해야 할 중요한 과제는 자신의 감정 상태를 정확하게 파악하는 것이다. 상사의 부정적인 감정이 팀원의 잘못 때문이 아니라는 사실을 그들에게 알려야 한다. 가령 이렇게 말할 수 있다.

"요즘 컨디션이 좋질 않군요. 그래도 화를 안 내려고 많이 노력 중입니다. 오늘 내가 좀 다급해 보인다면, 그 때문일 겁니다. 여러분이나 여러분의 업무 때문에 그런 게 아니에요. 얼마 전 친구와 크게 말다툼을 했거든요."

만약 감정 상태가 통제하기 힘들 정도로 심각하다면, 집에서 하루 쉬는 방법을 권한다. 당신도 분명 사무실에 부정적인 감정을 퍼뜨리기 싫을 것이다. 부정적인 감정은 세균만큼 전염성이 높다. 심리적으로 불안한 날에는 각별히 주의를 기울이자.

다른 사람의 감정에 대한 반응을 숙달한다

상사가 될 때, 많은 이가 위험한 감정 경계선을 넘어선다. 즉, 직원들의 감정을 관리하려 든다. 그것은 지나친 간섭이다. 부하직원을 포함하여 모든 이는 감정적인 삶의 주체다. 고의적 거짓으로는 문제를 신속히 해결할 수 없듯이, 다른 사람의 감정을 통제함으로써 문제를 해결할 수는 없다.

완전하게 솔직한 관계를 구축하려면, 다른 이의 감정을 억압하거나 통제, 관리해서는 안 된다. 상대방의 감정이 고조된 상태에 있을 때, 그 감정을 있는 그대로 인정하고 공감하자. 이러한 감정 반응을 관리하는 훈련을 하자.

우리는 상대방의 감정에 어떻게 공감 차원에서 대응하는지 잘 알고 있다. 이는 개인적인 삶에서 누구든 항상 하고 있는 일이다. 직장에서는 그런 기본적인 기술을 종종 잊어버린다. 공감 반응에서 중요한 몇 가지 사항을 소개한다. 당신이 일상적인 삶에서 본능적으로 실천하지만, 직장에서는 숨기고 있는 것들일지 모른다.

감정을 인식하자

감정 표현은 직원들 사이에서 무슨 일이 벌어지고 있는지 이해할 수 있는 중요한 단서를 제공한다. 상사는 감정 표현을 통해 문제를 해결하기 위한 핵심에 접근할 수 있다. 그러므로 분노로 반응하거나, 혹은 침묵을 통해 외면하지 말자. 가령 "개인적인 문제군요"라거나 "프로처럼 행동합시다"라는 말로 사소하게 넘겨버리지 말자. 대신에 "지금 화가 났겠군요", "혼란스럽겠어요", "신나겠어요!"라고 말하자.

질문하자

어떤 직원이 대단히 화가 나거나 불쾌해하며 동료들에게 감정적으로 대응할 때, 이는 곧 질문을 던져야 한다는 신호다. 어떤 문제가 있는지 납득할 때까지 계속해서 질문을 던지자. 그렇다고 대화에 지나치게 개입하지 말고, 다만 귀를 기울이자. 문제의 핵심이 분명하게 드러날 것이다.

상대의 격한 감정에 자신의 죄책감을 더하지는 말자

내가 자문과 조언을 제공하는 임원들은 종종 울음을 터뜨린 직원들에게 조언을 하고 나서 불안한 마음을 안고 나를 찾아온다. 그들은 내게 이렇게 묻는다.

"어떤 다른 말을 해야 했을까요?"

그들은 아무런 잘못을 하지 않았을 수 있다. 누군가 울고 소리친다고 해서 꼭 상사가 잘못한 것은 아니다. 그것은 상대가 분노와 불쾌함을 느꼈다는 신호일 뿐이다. 이러한 상황에서 직원의 감정이 격앙되어 있다는 사실에 죄책감을 느낀다면, 당신은 공감보다 방어적으로 반응할 것이다. 방어적인 반응은 다시 의도치 않은 개입이나 냉정한 태도로 이어질 위험이 있다.

사람들은 직장에서 삶의 많은 부분을 보내며, 일반적으로 자기 업무에 많은 관심을 기울인다. 또한 업무에 문제가 발생할 때, 그들은 당연하게도 불쾌함을 느낀다. 그러므로 누군가 기분이 좋지 않다고 해서 반드시 당신이 관련된 것은 아니다. 그들의 감정 상태는 당신과 상관이 없을 것이다. 그러니 당신이 아니라 그들의 감정 상태에 집중하자.

감정에 대한 강요는 역효과를 낳는다

우리는 가끔 비생산적인 말을 한다. "슬퍼하지 마", "화내지 마", "기분 나쁘게 할 의도는 아니지만……" 등. 이러한 표현이 입 안에서 맴돌거든 미국 가수 미트 로프Meat Loaf의 노랫말을 떠올려보자.

"당신을 원해요. 당신이 필요해요. 그러나 당신을 사랑할 방법이 없죠. 그러니 슬퍼 말아요."

이러한 위로는 상대를 더 슬프게 만들 뿐이다! 상대가 감정을 잘 통제하지 못한다면, 울지 말라거나 소리 지르지 말라거나, 혹은 방어적이 되지 말라고 조언하지 말자. 특정한 감정을 드러내지 말라고 하면 상대는 틀림없이 그러한 감정을 드러낼 것이다. 당신의 조언은 당신이 걱정하는 바로 그 감정을 자극할 것이다.

톨스토이의 형제는 그에게 백곰에 대한 생각을 멈춰야만 방구석에서 벗어날 수 있을 것이라고 말했다. 톨스토이는 그 말 때문에 백곰에 대한 상상에서 오랫동안 벗어날 수 없었다. 예전에 한 상사는 내게 자기 앞에서는 절대 울지 말라고 했다. 그래서 나는 언제나 그의 옆에서 울었다! 그건 우리 모두에게 끔찍한 일이었다.

상대의 감정 폭발을 제어할 수 없다고 해도 자책하지 말자

누군가 울거나 소리칠 때, 가만히 앉아서 지켜볼 의무는 없다. 당신이 감당할 수 없을 만큼 상대방이 감정을 터뜨리면 이렇게 말하자.

"화가 나서 대단히 유감입니다. 잠시 나가서 물 한잔 가지고 올게요. 바로 오겠습니다."

돌아와서는 이렇게 말하면 좋을 것이다.

"지금 이 문제는 다음에 논의하도록 하고 다른 주제에 대해 먼저 이야기하도록 하죠. 다시 한번 이 문제를 다루도록 하겠습니다. 중요한 사안이니까요. 그러나 당장은 좀 곤란할 것 같군요."

휴지를 책상 위에 올려놓지 말자

예전에는 눈물이 날 경우를 대비해서 항상 책상에 티슈 상자를 올려놓았다. 그러자 한 동료는 금요일 오후마다 내 사무실에 들러서 울고 갔다. 나는 다른 동료를 찾아가 어떻게 대응해야 할지를 물었다. 그는 누군가 눈물을 글썽일 때 휴지를 건네는 행동은 자칫 더 큰 울음을 폭발시킬 수 있다고 했다.

누군가 눈물을 글썽일 때, 그는 잠시 양해를 구하고 사무실을 잠깐 벗어났다가 휴지를 가지고 오겠다고 했다. 그 짧은 시간에 상대는 자기 감정을 충분히 추스를 수 있다. 나는 다음 금요일에 이 기술을 사용해보았다. 효과는 만점이었다!

책상에 물병을 놓아두자

내가 인사팀 파트너에게 들은 또 하나의 좋은 아이디어는 뚜껑을 따지 않은 물병을 책상에 놓아두는 것이다. 누군가 화를 낼 때, 그 물병을 권하자. 뚜껑을 열고 물을 한 모금 마시는 것만으로 그 사람이 다시 차분함을 되찾도록 하는 데 충분하다. 당신이 쉽게 눈물을 흘리는 사람이라면, 직접 사용해도 좋다!

앉지 말고 걷자

힘든 대화를 나눠야 한다면, 앉지 말고 걸으면서 이야기를 나누자. 걸으면 감정이 누그러지고, 파괴적 공감으로 떨어질 위험도 줄어든다. 또한 앉아서 마주 보는 것보다 같은 방향을 바라보면서 걷는 것이 협력적인 느낌을 얻는 데 도움이 된다.

관계를 구축하자

직원과 관계를 구축하려면 시간과 에너지가 필요하다. 특히 상황이 좋지 않을 때, 관계 구축은 가장 힘든 일이다. 그러나 관계 구축은 상사의 핵심 업무라는 점을 기억하자. 그 과정에서 직원에게 긍정적인 영향을 미칠 때, 관계를 구축하는 노력이 업무 성과 이상의 의미가 있다는 사실을 깨닫게 될 것이다.

Radical Candor

6

통하는 조언의 조건

칭찬과 지적을 주고받고 격려하는 방법

2장에서는 완전한 솔직함이 더 나은 조언을 줄 수 있는 신뢰 관계를 어떻게 창조하는지, 더 나은 조언이 완전하게 솔직한 관계 개선에 어떻게 도움을 주는지 살펴보았다. 조언은 관리의 '기본'이다. 그러나 사람들 대부분 조언을 불편하게 여긴다. 지금부터는 조언 문화를 구축하는 과정에 도움이 될 만한 구체적인 방법과 기술을 소개하겠다.

조언	칭찬	지적
얻기		
주기		
격려하기		

완전하게 솔직한 조언 문화를 구축하려면 칭찬과 지적을 얻고, 주고, 서로 나누도록 만들어야 한다. 앞의 도표는 그 균형을 유지하기 위한 것이다.

즉각적인 조언을 요청한다

조언 문화를 창조하는 것과 관련하여, 나는 머리말에서 소개했던 래리 페이지와 맷 커츠 사이의 논쟁으로부터 한 가지 깨달음을 얻었다. 맷의 아이디어를 비판하기 전에, 래리는 그가 열정적으로 반박할 때 미소를 지어 보임으로써 과감하게 이의를 제기하도록 용기를 주었다. 래리는 이렇게 말하지 않았다.

"감정을 드러내지 마세요."

맷이 더욱 가열차게 논쟁에 뛰어들수록 래리는 더 큰 미소를 보였다. 이러한 상황을 당연하게 받아들일 수 있는 환경을 어떻게 구축할 수 있을까? 팀원들의 비판을 얻기 위해 어떻게 해야 할까?

조언	칭찬	지적
얻기	✔	✔
주기		
격려하기		

결코 쉬운 일은 아니다. 직원들은 상사를 비판하거나 자기 생각을 있는 그대로 드러내려 하지 않기 때문이다. 당신은 상사라는 지위와 더불어 본래 모습과 상관없는 여러 가지 인식을 물려받는다. 상사라는 지위

는 직원들이 바라보는 당신의 이미지를 크게 바꿔놓는다.

당신은 이러한 사실에 크게 당황할지 모른다. 예를 들어 나는 152센티미터 키에 금발이고, 남부 억양을 쓴다. 나는 평생 '멍청한 금발'이라는 선입견과 맞서 싸웠다. 그래서 관리자가 된 내게 누군가 위압적이라는 말을 했을 때, 나는 그저 농담으로 받아들였다. 그러나 얼마 후 어떤 직원이 나를 키가 큰 사람이라고 설명하는 것을 우연히 듣게 되었다. 우리 팀에는 나보다 무려 40센티미터나 더 큰 직원이 있었음에도 말이다.

자신이 좋은 사람이기 때문에, 혹은 직원들과 매일 점심을 함께하기 때문에 그들이 당신을 긍정적으로 바라보거나 혹은 자동적으로 신뢰할 것이라고 생각하지 말자. 《어번 딕셔너리Urban Dictionary》에는 상사에 관한 다양한 정의를 찾아볼 수 있다.

> 상사란 기저귀와 같다. 엉덩이를 똥으로 가득 덮은 기저귀.
> 상사란 오만한 인간에게 어울리는 가식적인 직함에 불과하다. 사람들은 겉으로 공손하지만 실제로는 아무도 존경하지 않는다.

정도는 다르겠지만, 상사의 역할을 맡는 순간부터 당신은 이러한 선입견과 맞서 싸워야 한다. 그 역할에 따른 권한은 당신 안에 잠들어 있는 최악의 본능을 자극한다. 이러한 점에서 문제는 선입견 때문만은 아닌 것인지 모른다!

그러므로 상사의 자리에 오를 때, 팀원들의 신뢰를 얻는 노력이 무엇보다 중요하다. 상사들 대부분 존경을 얻는 것에 집착한다. 그건 자연스러운 현상이다. 그러나 안타깝게도 존경에 대한 지나친 집착은 역효과를 낳는다. 팀원들의 지적을 받을 때, 지나치게 방어적인 자세를 취하게 되기 때문이다. 신뢰와 존경을 얻으려면 오히려 지적에 귀를 기울이고 적절하게 대처해야 한다.

지금부터는 내가 직접 효과를 보았던 몇 가지 방법과 기술을 말하고자 한다.

상사를 공개적으로 지적하자

길트그룹Gilt Groupe의 CEO인 미셸 펠루소Michelle Peluso는 공개적인 비판의 장점을 설명했다. 그녀는 〈뉴욕타임스〉와의 인터뷰에서 이렇게 밝혔다.

"360도 피드백과는 좀 다른 방식을 활용했습니다. 우리 경영진은 이 방식을 공유하죠. 하지만 저는 제 방식을 고수합니다. 저는 모든 직원에게 이렇게 말합니다. '이것은 내가 잘 아는 분야이지만 저것은 그렇지 않습니다. 그러니 당신 도움이 필요합니다.' 이를 통해 직원들이 편하게 이야기를 하도록 만들 수 있고, 또한 신뢰도 쌓을 수 있습니다."

상사에게 거리낌 없이 지적하는 직원이 있다면, 나는 그에게 관리자 회의나 전체 회의 시간에도 그렇게 하라고 요청한다. 그러면 그들은 처음에 주춤하는 모습을 보인다.

"'지적은 개인적으로 하라'는 원칙은 어떻게 되는 것인가?"

상사는 이 원칙에서 예외다. 회의석상에서 자신을 공개적으로 비판하라고 요청할 때, 당신은 자신이 정말로 지적을 원한다는 사실을 전체 팀원에게 보여줄 수 있다. 또한 팀원 모두에게 기준을 제시할 수 있다. 더 잘하기 위해서 우리 모두는 지적을 기꺼이 받아들여야 한다. 팀의 규모가 클수록 공개적인 비판에 잘 대응함으로써 더 많은 힘을 얻을 수 있다.

팀의 규모가 클수록 직원들과 따로 만나기는 힘들다. 가령 팀원이 60명이 넘고 개인적인 비판을 들을 때까지 기다린다면, 당신은 그들의 지적을 들을 수 없을 것이다. 공개적인 비판의 또 다른 혜택은 똑같은 지적을 반복해서 들어야 하는 수고를 덜 수 있다는 점이다.

많은 상사가 공식적인 비판이 자신의 권위를 위태롭게 만들 것이라 걱정한다. 물론 반대 의견을 듣지 않으려는 것은 인간의 자연스러운 본능이다. 그러나 공개 비판에 적절하게 대처한다면, 강력한 리더로서 신뢰를 쌓을 수 있다. 그리고 조직 내 조언 문화를 구축하는 데 도움이 된다.

조언을 구하는 질문을 하자

상사가 부하직원에게 자신의 성과에 대해 어떻게 생각하는지 물어보는 것은 어색한 일이다. 아마도 상사보다 직원이 더 어색해할 것이다. 《의식 있는 비즈니스Conscious Business》의 저자이자 구글에서 내 자문 역할을 했던 프레드 코프먼은 내게 조언을 구해보라는 제안을 했다. 그래서 나는 직원들에게 이렇게 물었다.

"나와 함께 더 수월하게 일을 하기 위해, 내가 새롭게 해야 하거나 중단해야 할 일이 있습니까?"

이런 말이 입에서 잘 떨어지지 않는다면, 당신에게 어울리는 문장을 찾아보자. 이러한 질문은 여러 가지 형태를 취할 수 있을 것이다. 기존 상황에 변화를 줄 수 있는 질문이라면 무엇이든 좋다.

불편함을 감수하자

앞의 질문에 직원 대부분 처음에는 이런 식으로 반응할 것이다.

"다 좋습니다. 물어봐주셔서 감사합니다."

그러고는 그걸로 대화를 끝내려고 한다. 그들은 그런 질문을 처음 받아보았을 것이며, 그래서 긴장할 것이다. 그들이 느끼는 불편한 감정은 당신도 불편하게 만든다. 아마도 당신은 "그런 이야기를 들으니 기쁘군요"라는 말로 그들을 안심시키려 할 것이다. 그러나 그러지 말자! 이런 시나리오에 미리 대비하고, 솔직한 대답을 들을 때까지 대화를 계속 이어나가는 노력에 집중하자.

한 가지 팁을 주자면, 다른 말을 하기 전에 여섯까지 마음속으로 세면서 침묵의 시간을 견뎌보는 것이다. 그렇게 하는 이유는 직원을 괴롭히기 위함이 아니라 솔직한 대화를 나누기 위해서다. 다시 말해, 침묵을 걷어내고 솔직한 생각을 말하도록 자극하는 것이다.

그래도 아무 말이 없다면, 다시 한번 만남의 시간을 마련해야 할 것이다. 혹은 필요하다면 또 한 번 물어보자.

페이스북 주식 공개를 이끌었던 한 은행가는 내게 잠재 투자자들과의 회의를 마치고 나서 셰릴이 자신에게 피드백을 요청했던 상황에 대해 이야기를 들려주었다. 셰릴은 그에게 이렇게 물었다.

"어떻게 하면 더 잘할 수 있을까요?"

그는 별다른 대답이 떠오르지 않았다. 실제로 그녀의 프레젠테이션은 대단히 만족스러웠다. 그럼에도 셰릴은 질문 공세를 멈추지 않았다.

"고쳐야 할 부분이 있을 것 같아서요."

그래도 그는 아무런 생각이 나질 않았다. 슬슬 긴장감이 느껴졌다. 셰릴은 다시 한번 재촉했다.

"피드백을 잘하기로 유명하시잖아요? 제게 해줄 말씀이 있을 것 같은데요?"

이제 땀이 나기 시작했다. 그래도 셰릴은 고집을 꺾지 않았다. 그녀는 미소를 지으며 아무 말 없이 기다렸다. 그때 뭔가 생각이 났고, 그 말을 들려주었다. 그러자 셰릴은 이렇게 대답했다.

"감사합니다. 다음번에 더 잘할 수 있겠군요!"

불편함을 감수하는 또 다른 방법은 상대방의 몸짓이 언어와 어울리지 않는 순간을 포착하는 것이다. 예를 들어 동료와 함께 거창하고 비현실적인 아이디어를 주제로 한 회의에 참석했다고 해보자. 동료는 이렇게 말한다.

"오! 대단한 아이디어로군요."

그러나 그는 팔짱을 낀 채로 몸을 구부정하게 숙이고 있다. 이런 몸짓은 놓치지 말아야 할 비언어적 신호다. 이에 대해 불쾌하게 생각하지 말고 말하자.

"그런데 왜 몸을 숙인 채 팔짱을 끼고 있어요? 솔직하게 말해봐요!"

해명이 아니라 이해하기 위해 귀를 기울이자

당신은 마침내 직원들이 자신을 비판하도록 만들었다. 이제 다시 한 번 자신의 반응을 관리해야 한다. 비판을 비판으로 받아치지 말자. 직원들에게 그들이 완전히 솔직하지 않았다고 말하지 말자! 직원의 지적으로부터 스스로를 방어하기보다, 직원이 했던 말을 한 번 더 반복함으로써 자신이 내용을 이해했다는 사실을 분명하게 보여주자. 비판에 귀를 기울이고 명백하게 이해하기 위해 노력하자. 그러나 이를 가지고 논쟁을 벌이지는 말자. 대신 이렇게 시작하자.

"당신의 말은……."

이 표현이 상투적이라는 생각이 든다면, 스스로 다른 표현을 찾아보자.

본능적으로 비판을 개선의 기회로 받아들이는 사람이 아니라면, 당신은 방어적인 자세를 취하려 들 것이다. 혹은 적어도 자신의 입장을 해명하려 들 것이다. 이는 자연스러운 반응이다. 그러나 그건 완전한 솔직함의 선물을 거부하는 것이기도 하다. 본능적 반응이 반사적으로 나온다고 해도 죄책감을 느끼지는 말자. 다만 본능에 지배당하지 말고 그런 반응을 지배하고자 노력하자. 비판이 불공평하게 들릴 때, 당신이 가장 먼저 해야 할 일은 해명이 아니라 정확하게 이해하기 위해 귀를 기울이는 것이라는 점을 명심하자.

더 많은 지적을 자극하기 위해 보상을 주자

질문을 하고, 불편함을 감수하고, 비판의 내용을 정확하게 이해했다면, 이제 당신이 할 일은 비판을 진심으로 환영한다는 사실을 보여줌으로써 대화를 이어나가는 것이다. 앞으로 더 많은 비판을 얻고 싶다면, 당신은 직원의 용기에 보상을 줘야 한다. 당신이 비판에 동의할 경우, 최대한 빨리 수정해야 한다. 변화에 시간이 걸릴 경우, 스스로 노력하는 모습을 보여주기 위해 눈에 띄는 시도가 필요하다.

예로 공동 설립자인 러스는 예전에 내가 그의 말을 종종 가로막는다고 불만을 제기했다. 그건 사실이다. 나는 종종 다른 사람의 말을 끊고 끼어드는 버릇이 있다. 물론 그러지 않기 위해 노력했지만, 그가 불만을 제기했다고 해서 내가 오랜 나쁜 습관을 단번에 끊을 수 있다고는 생각되지 않았다. 그렇다고 해서 어쩔 수 없다는 반응을 보이는 것은 러스의 솔직함에 대한 올바른 보상이 아니었다. 그래서 나는 이렇게 말했다

"알고 있어요. 문제죠. 그럼 내가 중간에 끼어들지 못하도록 도움을 줄래요?"

나는 두꺼운 파란색 고무 밴드를 서랍에서 꺼내 손목에 찼다. 그러고는 내가 그의 말을 끊으려 할 때마다 그 밴드를 잡아당기라고 했다. 러스는 내 아이디어가 재미있다며 동의했다. 나는 관리자 회의에서 그 고무 밴드를 사람들에게 '절대적 밴더'라고 소개했다. 그리고 모두에게 이를 잡아당겨서 내가 습관을 끊을 수 있도록 도와달라고 부탁했다. 전체 회의 시간에서도 밴드를 소개했다. 밴드는 내가 사람들의 말에 덜 끼어들도록 도움을 주었다. 중요한 것은 내가 비판에 귀를 기울였고, 행동을 취했고, 더 많은

비판을 원한다는 강력한 신호를 사람들에게 보냈다는 사실이다.

물론 비판에 동의하기 힘든 경우도 있을 것이다. 이러한 상황에서 완전한 솔직함은 필수적인 기술이다. 상대의 감정을 인정하는 것만으로는 충분치 않다. 그것은 필연적으로 수동적인 공격성이나 가식으로 느껴지게 마련이다. 그 대신에 가장 먼저 비판에서 동의할 수 있는 부분을 찾아보자. 이를 통해 자신이 비판에 대해 열려 있다는 사실을 드러내자. 다음으로 자신의 이해를 확인하자. 즉, 상대의 말을 한 번 더 반복함으로써 자신이 분명히 이해했다는 사실을 보여주자. 그 후 상대의 말에 대해 깊이 있게 논의해보고 싶다는 의사를 표현하고, 이를 위해 다시 한번 일정을 잡자. 그리고 반드시 약속을 지키자!

여기서 중요한 것은 당신이 왜 그 지적에 동의하지 않는지 정확하게 설명하는 노력이다. 당신이 그 지적에 따라 행동을 수정할 수 없다면, 그 이유에 대해 신중하고 예의 있게 설명하는 것이야말로 상대의 완전한 솔직함에 대한 최고의 보상일 것이다. 그렇지 않으면 그들은 나중에 갑자기 찾아와 당신이 제시한 논리 속에서 결함을 지적할 수도 있다. 그러지 않으려면 당신이 동의하지 않는 이유에 대한 완전한 설명, 당신의 논리에서 결함을 지적하도록 하는 개방성, 논쟁을 중단하고 실행에 옮겨야 할 시간에 대한 분명한 생각을 그들의 솔직함에 대한 보상으로 제시해야 할 것이다.

조언을 평가하자

당신이 얻은 조언을 기록하자. 직원들은 일주일에 몇 번 당신을 비판하는가? 얼마나 자주 칭찬하는가? 칭찬만 하고 비판이 없다면, 주의하자! 그건 자신이 모르는 곳에서 무슨 일이 벌어지고 있다는 신호다.

직원들이 더 많이 자신을 비판하도록 노력을 기울이자. 그들에게 완전한 솔직함의 개념을 전파하자. 왜 파괴적 공감이나 고의적 거짓으로 관계를 유지하길 원치 않는지 분명하게 밝히자. 또한 완전한 솔직함을 무엇보다 좋아하긴 하지만, 침묵보다는 불쾌한 공격을 더 환영한다고 밝히자. 완전한 솔직함 사분면을 인쇄해놓고, 대화 도중에 상대가 한 발 물러선다는 느낌이 들 때, 완전한 솔직함의 사분면을 가리키며 거기로 이동할 것을 요구하자. 비판의 횟수를 기록하거나 사분면을 인쇄하는 게 너무 거추장스러운 일로 느껴진다면, 우리가 개발한 '캔더게이지 Candor Gauge'를 활용하는 방법을 권한다(www.radicalcandor.com).

상사에게 자연스럽게 지적한다

존슨앤드존슨Johnson & Johnson의 사명 속에는 다음과 같은 대단히 흥미로운 내용이 들어 있다.

> 직원들이 제안과 불만을 제시할 수 있는 체계적인 시스템을 갖춰야 한다.

이를 좀 더 구체적이고 실용적인 형태로 바꿔볼 수 있을 것이다.

"직원들이 제안과 불만을 자유롭게 제기할 수 있도록 해야 한다."

상사는 직원들이 어떻게 느껴야 하는지에 대한 선언보다 더 많은 것을 해야 한다. 제안과 불만을 제기하는 것에 대해 직원들이 안전할 뿐 아니라 자연스럽게 느끼도록 특별한 방안을 실시하지 않는다면, 그들은 적극적으로 의견을 개진하지 않을 것이다. 따라서 체계적인 시스템이 필요하다. 그러나 그 시스템이 직원들을 강요해서는 곤란하다.

2002년 이베이eBay에서 프로덕트 마케팅의 개념을 확립하고, 지금은 신생 투자기업인 해리슨메탈Harrison Metal을 성공적으로 이끌어가고 있는 CEO 마이클 디어링Michael Dearing은 직원들로부터 많은 조언을 얻기 위해 단순하고 효과적인 기술을 활용했다.

마이클은 사람들이 많이 지나다니는 곳에 구멍을 뚫은 오렌지색 상자를 놓아두고는 직원들이 다양한 의견과 질문을 적어서 집어넣도록 했다. 전체 회의에서 상자를 개봉해 즉석으로 대답을 했다. 마이클과 함께 일했던 내 좋은 친구 앤 폴레티Ann Poletti의 이야기에 따르면, 마이클은 상투적인 질문에도 항상 "신중한 태도로 대했다."

조언	칭찬	지적
얻기		✔
주기		
격려하기		

앤의 설명을 더 들어보자.

"이베이가 CEO들을 교체하면서 비즈니스 상황이 대단히 혼란스러운 가운데 200명이 넘는 직원들과 함께 Q&A 시간을 갖는 것은 대단히 힘든 일이었을 겁니다. 사실 그는 내성적인 사람이거든요. 그런 일을 싫어했을 테지만, 한번도 짜증을 내거나 조급한 모습을 보이지 않았습니다. 오히려 그런 시간을 즐기는 것처럼 보였습니다."

직원들의 지적에 대해 비판이 아니라 문제 해결을 제시함으로써 마이클은 직접적인 대립의 문화를 창조했다. 시간이 갈수록 오렌지색 상자는 비어갔다. 문제가 있을 때, 직원들은 상자에 쪽지를 넣는 것이 아니라 직접 질문을 하거나 마이클의 사무실로 찾아가는 방법을 택했던 것이다.

지적하는 시스템을 만든다

엔지니어 조직은 종종 봄맞이 대청소와 같은 일을 벌인다. 즉, 모든 직원이 몇 주에 걸쳐 새로운 기능을 개발하는 작업을 중단하고 기존 제품의 버그 해결에 집중한다. 소위 '픽싯Fix-It'이라고 하는 이 기간 동안에 엔지니어들은 계속해서 버그를 추적하고 측정하며, 기존의 문제 해결을 우선순위로 삼는다.

이 기간은 앞서 언급했던 '핵위크'와 반대되는 개념이다. 픽싯위크 동안에 직원들은 새롭고 흥미로운 아이디어에 도전하는 것이 아니라, 수개월간 그들을 괴롭혀 온 오래 묵은 짜증나는 문제에 집중한다. 이는 마치 3개월 전에 꿀을 쏟았지만, 칼과 포크를 몽땅 꺼내서 청소할 시간을 마련하지 못했던 부엌 서랍을 치우는 것과 같다. 픽싯위크는 핵위크와는 전혀 다른 방식으로 조직에 큰 업무 만족감을 가져다준다.

조언	칭찬	지적
얻기		✔
주기		
격려하기		

구글은 예전에 경영 픽싯위크를 정기적으로 실시하는 것이 업무적 위생 차원에서 도움이 되는 것으로 결론을 내렸다(이후에 또 다른 팀이 픽싯위크를 실시하면서 그 명칭을 '관료주의 해소bureaucracy buster'라고 붙였다).

우선 직원들이 짜증나는 관리 문제에 대한 의견을 개진할 수 있는 시스템을 마련한다. 가령 비용 보고서를 승인받기까지 너무 오랜 시간이 걸린다면, 이를 경영 '버그'로 기록할 수 있다. 또 성과 검토 시기가 부적절하거나, 직원들에 대한 설문조사가 너무 길어진다거나, 혹은 승진 시스템에 결함이 있을 경우에도 똑같은 방식으로 문제 제기를 할 수 있도록 한다.

경영 버그 추적 시스템은 공개 방식이라 직원들은 투표를 통해 우선순위를 결정할 수 있다. 담당자를 임명하여 제출된 문제 항목을 모두 읽고 유형별로 정리하도록 한다. 다음으로 경영 픽싯위크 동안에 관리자에게 각자 담당할 문제를 할당한다. 관리자들은 모든, 혹은 대부분의 일정을 취소하고 직원들을 가장 짜증나게 만든 관리상의 문제 해결에 집중한다.

즉시 조언해준다

지금까지는 직원으로부터 피드백을 얻는 방법을 다뤄보았다. 조언은 양방향 도로처럼 이동해야 한다는 점을 강조하기 위해 이를 먼저 살펴보았다. 그러나 일반적으로 조언은 상사에게서 시작된다. 상사가 완전하게 솔직한 조언을 주지 않을 때, 직원들은 당신이 정말로 솔직한 조언

조언	칭찬	지적
얻기		
주기	✔	✔
격려하기		

을 얻고 싶어한다고 확신하지 못할 것이다. 그러면 소중한 조언을 들을 기회는 사라질 것이다. 또한 상사가 스스로 모범을 보이지 못할 때, 직원들 역시 서로 조언을 주고받지 않을 것이다.

겸손한 태도를 지니자

먼저 겸손한 태도에 대해 살펴보자. 겸손함이야말로 칭찬과 지적을 전할 때 가장 필수적인 덕목이다. 지적을 받을 때 사람들은 자연스럽게 방어적인 태도를 취한다. 그러나 겸손한 태도로 조언을 할 때, 상대는 본능적인 방어벽을 허물어뜨린다. 그러지 않을 때 사람들은 상대의 조언을 간섭이나 거짓으로 받아들인다. 조언을 줄 때 사람들이 공통적으로 걱정하는 부분은 이런 것이다.

"그래놓고 나중에 내가 잘못하면 어떡하지?"

아마도 당신은 잘못을 저지르게 될 것이다. 누군가에게 자기 생각을 말하는 것은 그들이 나중에 당신에게 자기 생각을 말할 기회를 주는 것이다. 조언을 주는 것이 가치 있는 행동이 될 수 있는 이유는, 양측 모두에게 잘못을 수정할 기회를 주기 때문이다.

칭찬이나 지적을 할 때 겸손한 태도를 분명하게 드러내기 위한 몇 가지 방법을 소개한다.

상황, 행동, 영향

임원 교육기업인 창조리더십센터The Center for Creative Leadership는 리더가 더 정확하고 겸손한 자세로 조언하도록 도움을 주기 위해 '상황, 행동, 영향situation, behavior, impact'이라는 기술을 내놓았다. 이 단순한 기술은 조언을 줄 때 세 가지를 명심하라고 말한다.

❶ 목격한 상황

❷ 행동(좋든 나쁘든)

❸ 드러난 영향

이 방법은 상대의 지식과 상식, 내적인 선함 등 여러 다양한 개인적인 특질에 대해서는 평가 내리지 말 것을 권고한다. 이러한 판단을 담을 때, 조언은 오만하게 들릴 수밖에 없다.

이와 관련된 일상적인 사례로, 자신이 주차하려고 기다리던 자리를 누가 먼저 새치기로 차지했을 때, "젠장!"이라고 소리치지 말자. 대신 이렇게 말하자.

"제가 먼저 5분 동안 기다리고 있었습니다. 당신이 여기에 대면 저는 지각을 하게 될 겁니다."

이러한 설명은 상대방에게 이렇게 말할 기회를 준다.

"죄송합니다. 몰랐군요. 차를 빼드릴게요."

물론 놀랍게도 이런 반응이 나올 수도 있다.

"제기랄."

그러면 이렇게 대꾸해도 좋을 것이다. "젠장!"

상황, 행동, 영향은 지적은 물론 칭찬에도 적용할 수 있다. 칭찬도 지적만큼이나 오만한 느낌을 줄 수 있다. 누군가 "당신은 천재입니다"라고 칭찬할 때, 이런 의문을 품을 수 있다.

"누군데 내 지성을 함부로 판단하는 거지?"

마찬가지로 "당신이 자랑스러워요!"라고 칭찬하면 상대방은 이렇게 오해할 수도 있다.

"대체 누군데 나를 자랑스러워한다는 거지?"

그보다는 이렇게 말하는 게 나을 것이다.

"오늘 아침 프레젠테이션에서(상황) 다각화 결정에 관한 이야기는(행동) 꽤 설득력이 있었어요. 사람들에게 또 다른 관점을 제시해주었어요(영향)."

나도 오만해 보이거나 지나치게 간섭하는 것처럼 보일까 하는 걱정에 때로 칭찬하기를 주저하곤 한다. 그럴 때마다 그 세 가지를 떠올리는 것은 도움이 된다.

왼쪽 칸

하버드 비즈니스스쿨 교수 크리스 아그리스Chris Argyris와 철학과 도시계획 교수인 도널드 숀Donald Schön은 '왼쪽 칸left-hand column'이라는 이름의 훈련법을 내놓았다. 이 기술은 조언에 오만한 판단이 끼어들지 않도록 도움을 준다.

예전에 혼란을 느꼈던 대화를 떠올려보자. 빈 종이를 꺼내 중간에 세로로 선을 긋자. 오른쪽 칸에는 당신이 실제로 했던 말을 적어보자. 왼쪽에는 의도를 적자. 다음으로 대화가 어긋나기 시작했던 지점을 생각해보자. 당신의 말은 원래 의도를 그대로 담아냈는가? 여기서 중요한 사실은 의도가 그대로 말로 이어지지는 않는다는 점이다. 자기 생각에 의문을 품는 것은 겸손한 태도다.

"섈리는 정보를 혼자만 소유하고 있는 걸까, 아니면 내게 알려줘야 한다는 사실을 잊어버린 걸까?"

"샘은 정말로 신뢰할 수 없는 사람일까, 아니면 내가 정확하게 요구 사항을 밝히지 않은 걸까?"

존재론적 겸손

프레드 코프먼은 업무 방식에서 자신의 핵심 가치를 고려하는 노력의 중요성을 강조한다. 그는 《의식 있는 비즈니스》의 '존재론적 겸손'이라는 제목의 장에서 객관적 현실과 주관적 경험을 혼동해서는 안 된다고 주장한다. 이를 설명하기 위해 그는 자기 딸의 말을 인용한다.

"브로콜리는 맛이 없어요. 그래서 안 먹는 거예요."

세 살짜리의 말이라고 생각하면 그냥 웃기다. 그러나 성인이 주관적인 맛을 객관적인 현실과 혼동한다면, 그건 독선이다.

"그는 멍청하다. 그래서 그가 하는 말도 다 틀렸다."

개인의 주관적 경험이 객관적 사실과는 다르다는 점을 상기할 때, 우리는 비로소 개방적인 태도로 상호 대립할 수 있다.

도와주자

도움을 주는 것은 당연하게도 개인적 관심을 기울이고, 직접적인 대립이 유용한 것이라는 사실을 보여주는 훌륭한 방법이다.

도움을 주는 것은 쉬운 일이 아니다. 우리는 모두 바쁘고, 모든 문제에 대한 해결책을 갖고 있지는 않다. 더군다나 겸손하다. 그렇지 않은가? 다행스러운 것은 도움을 주는 일이 모든 해결책을 알고 있거나 모든 일을 처리해줘야 한다는 것을 의미하지는 않는다는 것이다. 도움을 준다는 것은 상대방이 직면한 문제를 확실히 이해할 수 있도록 조언을 준다는 뜻이다. 명백한 이해는 그들이 앞으로 나아가게 만들어주는 선물이다. 이와 관련하여 몇 가지 방법을 소개한다.

도와주겠다는 의지를 밝힘으로써 상대의 방어를 낮춘다

상대방을 괴롭히려는 것이 아니라, 정말로 도움을 주려는 것이라는 의지를 분명하게 밝히면 상대가 당신의 제안을 받아들일 가능성은 더욱 높아진다. 간략한 설명을 한번 시도해보자. 가령 이런 식으로 말을 먼저 건넨다.

"저는 이 문제에 대해 이렇게 생각합니다. 물론 제 생각이 틀릴 수 있습니다. 그렇다면 제게 말해주길 바랍니다. 하지만 제 생각이 옳다면, 부디 문제 해결에 도움이 되었으면 합니다."

말하지 말고 보여준다

스토리텔링과 관련하여 이는 내게 최고의 방법이다. 이 방법은 또한 조언에도 적용이 된다. 무엇이 좋거나 나쁜지 더 분명하게 보여줄수록, 조언은 더 많은 도움이 된다.

우리는 종종 구체적인 사항은 건너뛰려는 경향이 있다. 너무 번잡스럽기 때문이다. 상대방에게는 들어야 하는 괴로움을, 자신에게는 장황하게 떠들어야 하는 어색함을 주기 때문이다. 그러나 추상적인 조언으로 물러서는 것은 파괴적 공감을 이루는 주요한 사례다. 더 나아가, 의도와는 달리 문제의 행동이 너무도 나쁘거나 수치스러운 것이어서 입에 담기조차 힘들다는 인상을 줄 수 있다. 그럴 경우, 상대방은 변하지 않는다. 예전에 나는 이렇게 말해야만 했던 적이 있다.

"회의 시간에 당신은 캐서린에게 이런 쪽지를 보냈습니다. '엘리엇이 코를 파는 걸 봐. 뇌까지 찌르겠어.' 그러나 엘리엇이 결국 그 쪽지를 보게 되었습니다. 그의 분노로 당신과 협력에 차질이 빚어졌고, 그건 이번 프로젝트가 늦어진 가장 중요한 이유로 작용했습니다."

전체 상황은 너무나 우스꽝스러워서 나는 그저 이렇게만 말하고 넘어가고 싶었다.

"회의 시간에 당신이 한 일은 유치했어요."

그러나 그랬다면 상황을 제대로 설명하지 못하거나 실질적인 도움을 주지 못했을 것이다. 똑같은 원칙이 다시 한번 칭찬에도 적용된다. 이렇게 말하지 말자.

"그녀는 정말로 똑똑해."

대신 이렇게 말하자.

"사용자들이 그 기능을 꺼려하는 이유에 대해 가장 정확한 설명을 그녀가 해주었어."

이처럼 무엇이 좋고 나쁜지 '명백한 설명'을 제시함으로써 상대방이 좋은 행동을 더 많이 하고, 나쁜 행동을 더 적게 하며, 그 차이를 이해하도록 만들 수 있다.

도움을 발견하는 것은 제안하는 것보다 더 낫다

셰릴 샌드버그가 발성 전문가에게 지도를 받아보라고 제안했을 때, 그녀는 이를 위해 예산을 마련해야 했다. 그러나 내가 프레젠테이션 연습하는 것을 몇 시간 동안 앉아서 지켜볼 필요까지는 없었다. 이를 위해 그녀는 상당한 시간을 투자해야만 했다.

물론 모든 사람이 구글에서 셰릴이 확보했던 예산을 누릴 만큼 운이 좋지는 않을 것이다. 그래도 동료나 지인으로부터 도움을 얻을 수는 있다. 당신이 해야 할 일은 직원을 위해 다른 사람을 소개해주고 대화가 이어지게 만들어주는 것이다.

조언은 당근이나 채찍이 아니라 선물이다

대화 그 자체가 내가 줄 수 있는 도움이라는 진리를 깨닫기까지 오랜 시간이 걸렸다. 조언이 선물이라는 생각을 받아들인다면, 실질적인 도움이나 해결책을 제안하거나 전문가를 소개해줄 수 없는 상황에서도 기꺼이 조언을 주고자 할 것이다. 해결책을 제시할 수 없다고 해서 조언을 망설이지 말자. 당신이 다른 이의 조언에서 많은 도움을 받았던 때를 떠올려보자. 그러한 기억을 떠올리며 조언을 전하자.

즉시 피드백을 한다

조언을 최대한 빨리, 되도록 비공식적으로 전하는 것, 이것이 완전한 솔직함의 필수적인 부분이다. 여기에는 원칙이 필요하다. 우리에겐 대립을 미루거나 피하려는 본능적인 성향이 있고, 일상이 너무도 바쁘기 때문이다. 조언의 영향력은 시간이 흐름에 따라 흐려지게 마련이다. 그러니 즉각 행동에 옮기자!

너무 오래 시간이 흐른 뒤 조언을 하려면 상황은 힘들어진다. 먼저, 문제를 파악하고 해결할 필요가 있다는 사실을 인식하지만, 그 문제를 적어두지는 않는다. 그러다가 나중에 갑자기 생각난다. 그러면 가만히 앉아서 문제가 정확하게 어떤 것이었는지 기억해내기 위해 애쓴다. 다음으로 회의 일정을 잡는다. 그때 말하려고 했지만 하지 못했던 사항을 정리해본다. 그러고는 회의 전에 그 목록에 어떤 것들이 있었는지 다시 한번 떠올려본다. 그러나 내용이 일목요연하게 생각나지는 않는다(아마 문제도 구체적으로 기억나지 않을 것이다). 그렇다보니 '상황, 행동, 영향' 모형을 사용할 수 없다. 결국 당신은 어리둥절해 하는 직원과 마주하게 된다. 이제 정확하게 무엇을 지적할 것인가?

이처럼 느린 지적은 힘들고 어렵다. 그러므로 즉시 지적하는 것이 훨씬 더 수월하고 효과적이다!

물론 직원을 칭찬하거나 지적하기 위해 적절한 시간을 기다려야만 하는 때도 있다. 일반적으로 당신 자신이나 해당 직원이 배가 고프거나, 화가 났거나, 지쳤거나, 혹은 여러 다양한 이유로 좋지 않은 심리 상태에 있을 때, 기다리는 편이 낫다. 그러나 이러한 상황은 예외적인 경우다. 많은 사람이 이러한 예외를 해야 할 일을 미루기 위한 핑곗거리로 활용한다.

마지막으로, 지적을 하는 것과 트집을 잡는 것은 다르다. 지적해야 할 사항이 그리 중요하지 않은 것이라면, 차라리 입을 닫는 게 낫다.

회의 중간 2~3분을 활용하자

회의 중간에 1~2분, 혹은 최대한 3분 정도의 시간을 활용해서 지적 사항을 말하는 것이 나중에 따로 회의를 잡는 것보다 훨씬 시간이 적게 든다. 나중으로 미뤄서 계속 전전긍긍해야 할 필요도 없다. 내가 완전한 솔직함을 주제로 강의할 때, 가장 많이 받는 질문 중 하나는 이런 것이다.

"그런 시간을 어떻게 찾아야 합니까?"

처음에 나는 사람들이 조언의 중요성을 잘 이해하지 못해서 이러한 질문을 한다고 생각했다. 그러나 많은 대화를 나눠본 후에, 나는 그들이 이런 방법이 실제로 시간을 절약해준다는 사실을 믿지 않기 때문에 그런 질문을 한다는 사실을 깨달았다. 그들은 지적을 하려면 1시간 동안 대화를 나눠야 한다고 생각했다. 또 직원들에게 조언을 주려면 매주 회의 시간을 추가적으로 잡아야 할 것이라고 믿었다.

그들은 조언하는 것을 치과 진료처럼 여겼지만, 우리는 이를 양치질 정도로 생각할 필요가 있다. 조언하기 위해 다이어리에 회의 일정을 따로 기록하지 말자. 다만 꾸준하게 실천하자. 그러면 치과에 갈 필요는 없을 것이다.

한 번 더 강조하지만, 즉각적인 조언은 회의 중 휴식 시간 3분 만에 해낼 수 있는 과제다. 휴식 시간에 즉각적으로 조언을 준다면, 따로 회의를 잡을 필요가 없다. 조언의 수준도 더 높아질 것이다. 내가 평생 받은 조언 중 인상적이었던 것들은 대부분 빠르고 즉흥적인 대화에서 비롯되었다. 가령 2장에서 소개한 셰릴과의 대화처럼 말이다.

만약 부하직원이 다섯 명 있고, 각각 일주일에 세 번의 칭찬과 한 번의 지적을 하고자 한다면, 즉각적인 피드백이 훨씬 더 많이 필요할 것이다. 그 시간을 모두 합해도 일주일에 60분밖에 되지 않는다. 물론 그 시간 동안 산책을 하며 휴식을 취할 수도 있지만, 그렇게 해도 에너지가 필요한 것은 마찬가지다.

일정표에 휴식 시간까지 집어넣자

일반적으로 우리는 중요한 과제를 일정표에 기록한다. 그런데 '즉각적인' 조언을 위한 시간까지도 기록해야 할까? 그건 불가능하다. 즉각적인 조언은 말 그대로 즉각 해치우는 게 낫다. 그러려면 두 가지 중 하나를 해야 한다.

첫째, 일정표에 휴식 시간을 기록하자. 그래서 회의를 잇달아 잡지 않도록 하자.

둘째, 30분이나 60분이 아니라, 25분이나 50분으로 잡자. 그러지 않으면 다음 회의 시간에 늦을 것이다.

일대일 회의나 성과 검토 회의를 위해 조언을 아껴두지 말자

상사가 되는 것과 관련하여 가장 웃긴 일은 많은 경우에 다른 사람과 관계 맺는 방법을 잊어버리게 된다는 사실이다. 만약 당신이 일상생활 속에서 누군가에게 불만이 있다면, 그들에게 불만을 이야기하기 위해 공식적인 일정을 기다리지는 않을 것이다.

오늘날 관리 업무는 일상적인 의사소통에 관한 효과적인 전략을 몽땅 잊어버려야 하는 단계까지 관료화되었다. 일대일 회의와 연례 및 격년 성과 검토, 혹은 업무 만족도 설문 등 공식적인 절차가 모든 걸 지배하도록 내버려두지 말자. 이러한 제도는 일상적인 방법들을 보완하기 위함이지 결코 대체하기 위한 것이 아니다.

1년에 몇 번 치과에 간다고 해도 양치질은 매일 해야 한다. 공식적인 회의를 즉각적이고 개인적인 피드백을 따로 주지 않아도 되는 핑곗거리로 삼지 말자.

조언의 효력은 급속히 줄어든다

어떤 사람과 얘기하기 위해 일주일이나 그 이상 기다려야 한다면, 얘기하려던 일은 과거로 흘러가버리고 결국 문제를 바로잡거나 성공할 수 없게 된다.

묵혀놓은 지적은 폭발하게 마련이다

개인적인 삶과 마찬가지로, 직장에서도 분노나 짜증을 유발하는 대상에 대해 너무 오랫동안 침묵하다보면 결국에는 스스로를 비이성적인 인간으로 만들어서 관계를 망치는 폭발로 끝나고 만다. 지금 당장 화가 난 상태가 아니라면, 생각을 즉시 말하자.

블랙홀을 조심하자

당신이 직원들에 대해 어떻게 생각하고 있는지 그들에게 바로 알려주자. 직원이 참석하지 않을 회의나 프레젠테이션을 위해 당신의 준비를 도와달라고 부탁할 때, 그 성과에 대한 반응을 직원에게 즉각 알리도록 하자. 그러지 않으면 그 일을 맡은 직원은 자신의 모든 노력이 블랙홀로 빨려 들어갔다고 느낄 것이다. 그들의 기여에 대한 칭찬과 지적 모두를 그대로 전달하자. 물론 이보다 더 나은 방법은 직원이 해당 프레젠테이션이나 회의에 참석하도록 해서 직접 조언을 얻을 기회를 허락하는 것이다. 수평적 조직인 구글에서조차 내 상사의 칭찬은 나보다 내 밑에서 일하는 부하직원들을 향한 것일 때가 많았다.

개인적인 조언을 한다

조언의 명쾌함은 화자의 입이 아니라 청자의 귀에서 결정된다는 사실을 명심하자. 이러한 점에서 가장 좋은 것은 개인적인 조언이다. 청자의 반응을 직접 보지 못할 때, 우리는 그가 자신의 조언을 이해했는지 파악할 수 없다. 이처럼 상대방의 이해 여부를 확인할 수 없다면 조언은 차라리 하지 않는 편이 낫다.

의사소통 대부분은 비언어적이다. 상대방의 몸짓과 표정을 바라볼 수 있을 때, 더 잘 이해할 수 있도록 메시지를 수정해서 전달할 수 있다. 가령 상대방의 눈을 바라보거나, 혹은 꼼지락거리고 팔짱을 끼는 등 반응을 확인할 수 있을 때, 자신의 조언이 정확하게 전달되었는지 쉽게 확인할 수 있다.

많은 이가 개인적인 조언을 피하는 이유는 상대방의 감정적 반응에 직면하기를 꺼리기 때문이다. 이는 자연스러운 현상이다. 그러나 이러한 감정에 적극적으로 직면할 때 조언은 더욱 효과적으로 전달될 것이다.

상대가 크게 실망했을 때 우리는 그에게 공감을 보여줄 수 있다. 즉, 완전한 솔직함 도표에서 개인적 관심 사분면으로 이동할 기회를 잡을 수 있다. 우리는 상대의 감정적 반응을 보고 자신의 메시지가 어떻게 전달되었는지 더욱 잘 이해하고 수정할 수 있다.

상대가 화를 낼 때(가령 셰릴이 내게 "음"이라는 말을 너무 많이 한다고 지적했을 때 내가 그랬던 것처럼), 완전한 솔직함 사분면에서 직접적 대립 축을 따라 오른쪽으로 이동해야 한다는 사실을 깨닫게 된다. 또 상대가 실망할 때는 개인적인 관심을 더 기울여야 할 것이다. 상대방이 부정적 감정을 표출한다고 해서 선의에서 우러나온 직접적 대립이나 개인적 관심을 포기하지 말자.

물론 안타깝게도 개인적인 조언이 언제나 가능한 것은 아니다. 그럴 경우, 다음의 방법을 고려하자.

즉각적인 조언 vs. 개인적인 조언

상대방이 다른 지역에서 근무하고 있고, 그래서 개인적으로 조언을 주려면 며칠 이상 기다려야 할 경우, 심각한 문제가 아니라면 즉각적인 측면에 주목하자(그렇다고 문자 메시지로 화나게 만들지 말자). 혹은 상대방이 복도를 걸어가고 있고 몇 걸음 달려가서 조언을 줄 수 있다면, 당장 움직이자!

여러 우선순위를 고려하자

고속 인터넷을 쓸 수 있으면 영상 회의를 차선책으로 활용할 수 있다. 인터넷으로 하기 힘들면 컴퓨터의 볼륨을 줄이고 휴대전화를 보조 수단으로 사용하자. 휴대전화 영상 통화는 세 번째 선택지다. 이메일과 문자는 가급적 피하는 게 좋다. 물론 이메일과 문자 메시지가 더 빠르기는 하다. 그러나 이로 인해 발생한 오해를 바로잡기 위해 몇 시간을 추가적으로 투자해야 한다면, 복도에서 빨리 따라잡는 게 시간 절약에 훨씬 도움이 된다. 만약 따라잡기 힘든 거리라면 전화기를 들자.

다양한 방법을 반복하자

나는 공식적인 전체 회의석상에서 직원을 칭찬하는 것이 주요 성과를 공유하는 좋은 방법이라 생각한다. 또한 개인적인 일대일 회의나 팀원 전체에게 보내는 이메일을 통해 나중에 이를 한 번 더 언급할 경우, 더욱 강력한 메시지를 전할 수 있다는 사실도 종종 확인했다.

전체 답장 기능을 가려 사용하자

이메일로 누군가를 지적해야 한다면, '전체 답장' 기능을 쓰지 말자. 절대로! 많은 직원과 관련된 실수가 있다면, 먼저 실수 당사자에게 메일을 보내서 그가 전체 답장을 통해 직원들에게 메시지를 전하도록 하자. 반면, 사소한 일로 칭찬을 할 때에는 전체 답장을 통한 즉각적인 이메일이 꽤 효과가 있다. 단 1분만 투자하면 가능하다. 이를 통해 당신이 무슨 일이 일어났는지 잘 알고 있으며, 고맙게 생각한다는 사실을 보여줄 수 있다. 또 복도에서 마주치거나 해당 직원의 자리를 지나칠 때, 이에 대해 개인적으로 한 번 더 언급할 수 있다면 더욱 효과적이다. 그러나 완벽함에 집착하지는 말자.

원격 관리는 어렵지만 가능하다

조언할 상대방이 멀리 떨어져 있다면, 혹은 원격 시스템으로 직원들을 관리하고 있다면, 즉각적이고 잦은 교류를 위한 노력이 무엇보다 중요하다. 그 과정에서 직원들의 미묘한 감정적인 신호를 포착할 수 있다.

나는 이러한 사실을 러시아 시절 내 상사였던 모리스 템플스먼에게서 배웠다. 당시 뉴욕에 있던 그는 내게 매일 전화를 걸었다. 대개 3분 동안의 안부 전화이기는 했지만.

모리스는 1970년대에 아프리카 지역을 관리하고 있었고, 잦은 의사소통을 통해 멀리 떨어진 지역 직원들의 감정적 신호를 파악하는 노력이 대단히 중요하다는 사실을 알고 있었다. 그는 전화 통화가 불가능하고 텔렉스(전신과 팩스 사이에 존재한 통신 기술)를 활용해야 했을 때조차 직원들의 감정 상태를 파악하기 위해 최선을 다했다. 어쨌든 그것도 매일 연락을 취하는 습관을 유지할 때에만 가능하다.

칭찬은 공개적으로 하고, 지적은 개인적으로 하라

조언에 대한 한 가지 원칙은 공개적으로 칭찬하고, 개인적으로 지적하라는 것이다. 공식적인 지적은 방어적인 반응을 자극해 당사자가 실수를 저질렀다는 사실을 인정하고 이를 통해 학습하는 것을 어렵게 만든다. 반면 공식적인 칭찬은 더 많은 힘을 실어주고, 다른 직원들이 선례를 따르도록 격려한다. 여기에도 주의해야 할 몇 가지 사항이 있다.

수정, 객관적 관찰, 이의 제기, 논의는 지적과 다르다

지적은 항상 개인적으로 이뤄져야 한다. 그러나 직원의 잘못을 수정하고, 객관적으로 관찰하고, 공개적으로 논의하는 것은 지적과는 다르다. 다음을 보자.

"6쪽에 오타가 있군요."

"프레젠테이션 자료에 오타가 많습니다. 이번 프로젝트의 중요성을 고려할 때 100퍼센트 정확해야 합니다."

"오타가 좀 보이지만 이 단계에서는 그리 문제가 되지 않을 것 같군요."

"수치에서 5퍼센트 오차가 있어요."

"당신의 주장에 동의하기 힘들군요."

이런 말들은 얼마든지 이메일을 통해서, 혹은 공개회의를 통해서 언급해도 괜찮다. 반대로 개인적인 지적은 이러하다.

"맞춤법 검토 프로그램만 돌려보았어도 얼마든지 오타를 잡아낼 수 있었어요. 그런데도 프레젠테이션 자료가 오타로 가득하군요. 일이 제대로 되어가고 있는지 걱정입니다. 설명을 좀 해볼래요?"

이러한 지적은 반드시 개인적인 대화를 통해 이뤄져야 한다.

개인 취향을 인정하자

사람들 대부분 공식적인 칭찬을 좋아하지만, 어떤 이들에게는 고통이 될 수도 있다. 직원을 칭찬하는 목적은 그들의 성과를 인정하고, 사기를 북돋우기 위함이지 당신의 기분을 위한 것이 아니다. 직원에게 개인적인 관심을 기울이고 시간을 투자해서 그들을 알아나간다면, 그들의 취향을 자연스럽게 이해할 수 있다.

집단 학습

나는 공개적으로 칭찬받는 것을 좋아한다고 말하는 사람을 거의 만나본 적이 없다. 그래서 공개적으로 칭찬할 때마다, 나는 그 사람이 그것을 좋아하기 때문이 아니라 다만 좋은 성과를 모두 함께 공유하기 위해서라고 설명한다. 가령 이런 식이다.

"제인을 당황하게 만들 의도는 없지만, 그녀의 성과를 모두에게 알려주고 싶어서 무슨 일이 있었는지 이야기를 함께 나누고자 합니다."

반면 공식적인 지적을 통해 모두가 다른 이의 실수로부터 배울 수 있도록 할 경우, 나는 자기보고 방식을 활용한다(이 장 후반부에 나오는 '훕스더몽키' 참조)

개인화하지 말자

칭찬이나 지적을 할 때, 개인적인 관심과 개인화personalizing 사이에는 큰 차이가 있다. 개인적인 관심은 좋지만, 개인화는 그렇지 않다. 지금부터는 개인화의 위험을 피하면서 직원들이 조언을 받아들이도록 만드는 몇 가지 방법을 소개한다.

근본적 귀인 오류는 조언을 방해한다

근본적 귀인 오류란 스탠퍼드대학교 사회심리학자 리 로스Lee Ross가 처음 사용한 용어로, 사실 우리 모두 이를 체험했다. 배우자나 아이들, 친구 혹은 부하직원 등 건강한 인간관계를 유지하는 데 대단히 유용하다는 점에서, 다시 한번 살펴보는 것도 도움이 될 것이다.

근본적 귀인 오류란 개인의 특성을 바탕으로 섣불리 판단하는 행위를 말한다. 가령 이렇게 단정 짓는 것이다.

"당신은 멍청하고, 게으르고, 탐욕스럽고, 위선적이고, 나쁜 인간이야."

이는 어떤 행동의 실질적인 원인이나 상황 요인을 고려하지 않고, 개인의 특성에서 원인을 발견하려는 방식이다. 이는 두 가지 점에서 문제가 된다.

❶ 일반적으로 정확하지 않다.

❷ 해결 가능한 문제를 수정하기 힘들게 만들어버린다. 그 이유는 개인의 내적 특질을 바꾸는 것은 대단히 어렵고 시간이 많이 드는 일이기 때문이다.

2장에서 소개한 사례에서 애드센스 정책의 문제점은 래리의 탐욕적인 성향 때문이 아니었다. 다만 내가 래리의 생각을 제대로 이해하지 못했던 것이다. 그럼에도 래리를 탐욕적인 인물이라고 비난하는 것은 훨씬 더 쉽고, 단기적으로 만족스러운 방식이었다. "당신은 ___한 사람이야"라고 말했을 때를 떠올려보자. 상황, 행동, 영향 모형이나 왼쪽 칸 기술을 활용해서 겸손한 태도를 유지하고 개인화의 위험을 피하자.

"당신은 잘못되었어"가 아니라 "그건 잘못되었어"라고 말하자

예전에 나는 완전하게 솔직한 사람과 함께 일한 적이 있다. 그는 부당하게도 동료들로부터 나쁜 평을 듣고 있었다. 일단 그와 가까워지게 되면, 결코 나쁜 사람이 아니라는 사실을 분명히 깨닫게 된다.

그는 대단히 인상이 강한 사람이었다. 우선 업무 성과 못지않게 동료들에 대해서도 깊은 관심을 갖고 있었다. 업무 능력 또한 대단히 뛰어나서 단기적으로 부정적인 이미지도 그의 성공을 가로막지는 못했다. 그럼에도 동료와의 불필요한 마찰은 조직 내에서 많은 스트레스를 유발했다.

뉴욕을 떠나 캘리포니아로 넘어온 후, 몇 년간 그를 만날 수 없었다. 그러다가 얼마 전 그와 같은 팀에서 일하게 된 한 직원을 만나게 되었다. 나는 그 직원이 그와 잘 지내기 위한 조언을 구할 것이라 생각하고 마음의 준비를 했다. 그러나 뜻밖에도 그는 이렇게 말했다.

"멋진 사람입니다! 그와 함께 일할 수 있어 만족합니다. 우리 팀에서 가장 든든한 사람으로 평가받고 있죠."

나는 친구에게 전화를 걸어 어떤 변화가 있었는지 물었다. 친구는 간단한 조언이 그를 완전히 바꿔놓았다는 이야기를 들려주었다. 그 조언은 무엇이었을까?

그는 언젠가부터 "당신은 잘못되었어요 You're wrong"라는 말 대신에 "그게 잘못되었다고 생각해요 I think that's wrong"라고 말하기 시작했다. "……라고 생각합니다"는 겸손한 표현이다. '당신' 대신에 '그것'이라고 말함으로써 개인화하지 않았다. 이후 직원들은 그의 지적을 더 적극적으로 받아들이기 시작했다.

"왼쪽으로 가야 할까, 오른쪽으로 가야 할까? 버튼을 위에 달아야 할까, 아래에 달아야 할까?"와 같은 사소한 문제에 대한 논의가 개인적 전쟁터로 변질될 때가 종종 벌어진다. 사람들은 이렇게 말한다.

"멍청하고 오만한 생각이군요!"

논쟁 과정에서 절대로 주제 범위를 벗어나지 말자. 불필요한 개인화는 문제를 더 골치 아프게 만들 뿐이다.

“개인적으로 받아들이지 마세요”라는 말은 금물이다

앞서 나는 개인화의 위험에 대해 경고했다. 그 경고를 충실히 따랐다고 하더라도(즉, 개인화의 위험을 피했더라도) 받아들이는 사람의 입장에서 조언은 언제나 개인적인 것이다.

사람들은 대부분 많은 시간과 에너지를 자신의 일에 쏟는다. 이러한 점에서 일은 우리의 정체성을 구성하는 중요한 요소다. 조언은 다분히 개인적인 것이다. 그래서 “개인적으로 받아들이지 마세요”라는 말로 조언의 충격을 완화하고자 한다면, 그건 상대방의 감정을 부정하는 셈이다. 가령 “슬퍼하지 마세요”나 “화내지 마세요”라는 말과 비슷하다.

당신이 상사로서, 인간으로서 해야 할 일은 상대방의 감정 반응을 그대로 인정하고, 적절하게 대처하는 것이다. 감정을 절대 외면하거나 부정하지 말자.

개인적인 문제도 개인화하지 않는 방법

업무적인 이야기를 할 때, 개인화의 위험을 피하기는 좀 더 수월하다. 그러나 더 개인적인 사안에 대해 이야기할 때는 쉽지 않다.

예전에 나는 암내가 심한 직원과 함께 일한 적이 있다. 사실 냄새가 너무 심해서 업무 능력마저 무색케 만들 정도였다. 어떻게 그 문제를 꺼내야 할까?

나는 그녀의 암내가 아니라 다른 직원들의 코에 대해 이야기를 했다. 그녀는 미국인은 아니었지만 미국에서 일하고 있었기 때문에, 나는 미국 문화를 가볍게 꼬집었다. 그리고 이 문제에 대해 강압적인 인상을 주지 않도록 각별히 신경썼다. 어쩌면 그녀에게 데오도란트 알레르기나 특별한 건강 문제가 있을지 몰랐다. 그러나 나는 이 문제가 그녀의 경력을 가로막고 있다는 생각을 분명하게 전했다. 그때 그녀는 무척 당황한 표정을 지었다.

5년 후, 관리자로 승진한 그녀는 내게 고맙다는 메모를 건넸다. 최근에 비슷한 문제에 직면한 그녀는 과거에 내가 그 문제를 얼마나 어렵게 꺼냈는지 잘 이해했다. 일단 문제를 해결하자, 더 많은 동료가 그녀와 함께 일하기를 원했다. 이제는 그녀도 주저함을 극복하고 부하직원에게 정확하게 문제를 지적하는 것이 얼마나 중요한 일인지 잘 이해한다.

즉각적인 조언을 평가하는 요령

앞서 완전한 솔직함에 대한 평가는 화자의 입이 아니라 청자의 귀에서 이뤄진다고 했다. 그런데 청자의 귀에서 무슨 일이 벌어지는지 어떻게 알 수 있을까? 자신의 조언에 대한 조언을 얻어야 하는가? 나쁜 소식은, 그러한 노력이 꼭 필요하다는 것이다. 좋은 소식도 있다. 15초면 충분하다는 것이다.

자신이 언제 완전한 솔직함의 사분면으로 들어서는지, 혹은 빠져나오

조언	칭찬	지적
얻기	✔	✔
주기	✔	✔
격려하기		

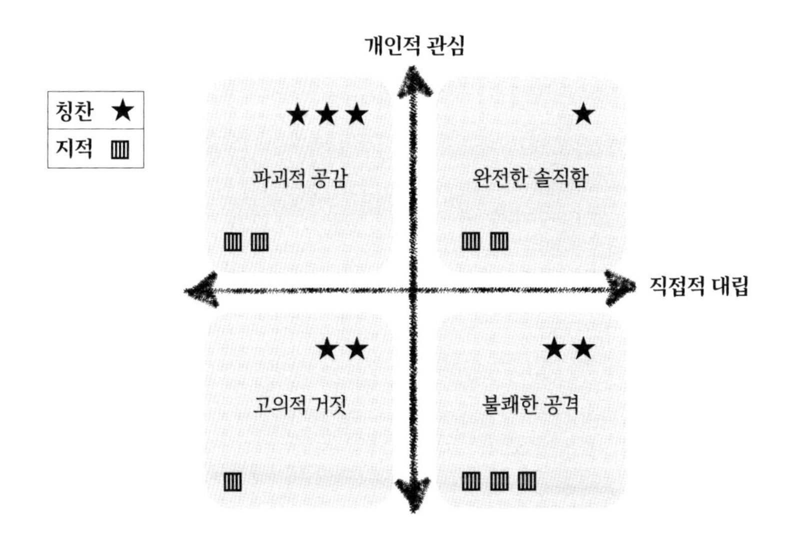

는지를 말해주는 시각적 실마리는 대단히 중요하다. 완전한 솔직함 사분면으로 들어서기 위한 한 가지 효과적인 접근법은 팀원들에게 그 도표에 대해 설명하고, 매주 자신의 조언을 평가해달라고 부탁하는 것이다. 이를 통해 지속적인 발전 과정을 추적할 수 있다. 당신은 지금 완전한 솔직함 사분면으로 들어서고 있는가, 아니면 빠져나오고 있는가?

이를 확인하기 위한 쉬운 방법은 사분면을 복사해서 책상 근처에 붙여놓는 것이다. 바로 옆에는 서로 다른 색상의 칭찬 스티커와 지적 스티커를 비치해둔다. 그 후 당신의 최근 조언이 해당되는 사분면에 스티커를 붙여달라고 직원들에게 요청한다.

예를 들어 불필요하게 비판적인 조언을 받은 직원은 지적 스티커를 '불쾌한 공격' 사분면에 붙일 것이다. 혹은 자신의 사정을 봐주었다고 느낀다면, 지적 스티커를 '파괴적 공감' 사분면에 붙이면 된다. 그냥 기분 좋으라고 하는 "잘했어", "대단해", "자네가 자랑스러워"와 같은 의미 없는 칭찬을 들은 직원은 칭찬 스티커를 '파괴적 공감' 사분면에 붙이면 된다. 앞에서는 잘했다고 들었지만 다른 동료들에게는 그렇지 않다고 말했다는 사실을 알았다면, 칭찬 스티커를 '고의적 거짓' 사분면에 붙일 것이다.

사분면과 스티커 방식의 문제점은 한 직원의 평가가 나중에 다른 직원의 평가에 영향을 미칠 수 있다는 것이다. 그 영향은 계속 쌓인다. 직원들이 상사의 책상이나 사무실에 들러서 스티커를 붙이고 가는 모습도 그리 자연스럽지만은 않다. 직원들의 관심도 오래가기 어렵다. 직원들은 굳이 상사의 책상을 돌아다니며 스티커를 붙이려고 하지 않을 것이다(다행히 이런 문제를 해결해줄 어플리케이션이 나와 있다. radicalcandor.com을 방문해보라).

사분면과 스티커 방식이든 앱을 활용하든, 팀원에게 자기 조언을 평가하도록 함으로써 완전하게 솔직한 조언을 더 자연스럽게 받아들이도록 만들 수 있다(나는 이를 애플에서 확인했다. 그때 나는 멋진 종이 위에 완전한 솔직함 사분면을 인쇄해서 여러 관리자에게 나눠주고 이를 책상 근처에 붙이도록 했다).

첫째, 직원들이 매일 완전한 솔직함 사분면을 바라보게 만들 수 있다. 이를 통해 직원들과 직접적으로 대립할 때, 그것이 그들의 삶을 힘겹게 만들기 위함이 아니라 개인적으로 관심을 기울이기 위함이라는 사실을 더 자연스럽게 받아들이도록 만들 수 있다.

둘째, 완전한 솔직함의 개념을 함께 공유할 때, 직원들은 당신에게 완전하게 솔직한 태도를 기대할 것이다. 이러한 분위기는 '칭찬이 아니면 입을 닫아라' 증후군을 극복하는 데 도움이 된다.

셋째, 이러한 시각적인 장치는 순간적으로 방향을 잃었을 때에도 완전한 솔직함 쪽으로 이동하도록 끊임없이 당신을 자극할 것이다. 내 경협상, 상사들 대부분 자신이 악당처럼 보일까 걱정하고, 직원들은 상사가 돌려서 말을 하는 것은 아닌지 걱정한다. 직원들이 직접적인 지적을 더 원한다는 사실을 분명하게 이해할 때, 상사들은 더욱 수월히 기대에 부응할 수 있을 것이다.

마지막으로 넷째, 당신의 요청에도 직원들이 실행에 옮기지 않고, 또는 앱에서 익명으로만 제출한다면, 그들은 당신이 그들의 반응에 적절히 대응할 것이라고 신뢰하지 않는다는 신호를 보내고 있는 것이다. 이 경우, 지적에 따른 불이익은 절대 없을 것이라는 사실을 보여줘야 한다. 그리고 다시 돌아가 완전하게 솔직한 조언을 요청해야 한다.

예를 들어 많은 직원이 칭찬과 지적 스티커를 파괴적 공감 사분면에 붙여 놓았다면, 이는 상사가 칭찬과 지적을 할 때 직접적 대립이 충분치 않았다는 사실을 의미한다. 그렇다면 칭찬을 더 구체적이고 진지하게 줘야 할 것이다. 지적을 할 때에도 즉각적으로 전할 필요가 있다. 이러한 시도는 처음에는 두렵다. 그러나 내가 자문을 제공했던 사람들 대부분 그 결과에 깜짝 놀랐다. 그들은 직접적 대립을 위한 마음의 준비를 하면서 최악의 감정적 반응을 예상했지만, 직원들은 오히려 그들에게 감사하다는 말을 전했다. 이후로 완전한 솔직함은 더욱 쉬운 일이 되었다.

파괴적 공감 사분면에서 완전한 솔직함 사분면으로의 이동은 상대적으로 간단하고 편안한 여정이다. 완전한 솔직함으로 곧장 넘어갈 때, 긍정적인 느낌이 바로 들 것이다. 그러나 올바른 이동을 위해 간접적인 여정이 필요할 때가 있다. 다시 말해, 파괴적 공감 사분면에서 완전한 솔직함 사분면으로 이동하기 위해, 사람들이 가장 두려워하는 사분면인 불쾌한 공격을 경유지로 선택해야 할 때가 있다. 애초에 파괴적 공감에 머물렀던 이유가 악당처럼 보일까봐 걱정했던 것이기 때문에, 불쾌한 공격 사분면으로의 이동은 대단히 두려운 것일 수 있다. 그렇다고 해도 좌절하지 말자. 올바른 곳으로 나아가기 위한 과도기이니 말이다. 분명한 사실은 거기서 멈춰서는 안 된다는 것이다. 완전한 솔직함으로 끝까지 밀고 올라가자!

파괴적 공감에서 완전한 솔직함으로 넘어가려면 결코 쉽지 않은 행동 변화가 필요하다. 좋은 소식은 행동 변화는 양치질과 비슷한 구석이 있다는 것이다. 어릴 적에 양치질 습관을 익히지 않았다면, 성인이 되어서 하루 몇 분밖에 걸리지 않는다고 해도 규칙적으로 하기 어려울 것이다. 일단 양치질 습관을 익히게 되면, 건너뛰는 게 오히려 더 힘들다. 양치질을 하지 않고서 잠자리에 들거나 외출을 할 수 없게 된다.

조언의 품질은 언제나 변하게 마련이다. 집안일 때문에 정신이 없거나 신경이 쏠려 있을 때, 파괴적 공감이나 불쾌한 공격 사분면으로 쉽게 떨어질 수 있다. 언제나 100퍼센트 주의를 기울일 수는 없다. 조언은 힘들고, 완전한 솔직함에서 끌어내리려는 압력은 항상 존재한다. 그러므로 한 번의 노력만으로 완성되지 않는다. 매일 스스로 관리해야 한다. 그 과정에서 자신이 완전한 솔직함 사분면으로 들어가고 있는지, 혹은 벗어나고 있는지를 말해주는 직원들의 신호는 대단히 중요하다.

고의적 거짓이나 불쾌한 공격 사분면에 있을 때, 평가 결과를 확인하는 것은 실로 괴로운 일이 될 것이다. 그럼에도 당신은 결과로부터 동기를 얻을 수 있다. 고의적 거짓이나 불쾌한 공격 사분면에 계속해서 머물고 싶은 사람은 없기 때문이다.

물론 아무리 효과적이라고 해도 '파괴적 공감'이라고 평가를 받는 것은 결코 즐거운 일이 못된다. 직접적 대립이 사실은 친절한 태도임을 상기하는 것은 즉각적인 행동 변화에 도움이 된다. 지적을 '즉각적으로 말하고', 칭찬을 '구체적으로 하는 것'은 그다지 힘든 일이 아니다.

관리상 실수는 대부분 파괴적 공감 사분면에서 벌어지기 때문에, 조언에 대한 평가는 조언의 양과 질을 신속하게 개선함으로써 당신과 조직문화 전반을 완전한 솔직함으로 나아가게 만든다. 파괴적 공감에서 완전한 솔직함으로 쉽게 이동할 수 있다면, 생산성이 높아지고 행복이 증가할 것이다. 불쾌한 공격은 파괴적 공감보다 더 높은 성과를 올리게 하지만, 이는 동시에 많은 스트레스까지 자극한다.

가장 중요한 것은 직원들이 당신의 조언을 어떻게 느끼는지 파악하는 것이다. 직원들과 직접적으로 대립할 때 당신이 그들의 업무적 성장뿐 아니라 개인적으로도 관심을 가지고 있다는 사실을 보여주자. 당신의 조언을 상대방이 어떻게 받아들이는지 보여주는 일반적인 시각적 신호는 대단히 중요하다.

상사와 시작하는 완전한 솔직함

최근 한 연설에서, 나는 완전한 솔직함은 상사의 과제일 뿐 아니라 도덕적 의무라고 강조했다. 며칠 후, 강의를 들었던 한 사람이 내게 이런 트위터 메시지를 보내왔다.

"상사에게 완전한 솔직함을 시도했지만 해고되고 말았습니다."

나는 깜짝 놀랐다. 미안한 마음에 다른 일자리를 알아봐주겠노라고 약속했다. 그는 어쨌든 잘된 일이며, 갈 데를 이미 몇 군데 알아놓았다고 했다.

분명히 짚고 넘어가자. 당신이 상사의 지위에 있지 않다고 해도, 나는 당신에게 완전하게 솔직한 태도를 권한다. 그러나 일자리를 포기하면서까지 상사와 대립할 필요는 없다. 상사와 절대적으로 솔직할 수 없다면, 장기적으로 새로운 상사와 새로운 일자리를 찾아보기를 권한다. 해고를 당해서는 안 되니 상황에 맞게 대처하자.

그렇다면 어떻게 상사와 안전하게 완전히 솔직한 관계를 맺을 수 있을까? 먼저 허락을 받아야 할까? 나는 일방적인 권한은 효과가 없다고 믿기 때문에, 이 질문에는 '아니오'라고 말하겠다. 스스로 주도권을 쥐어야 한다.

먼저 팀원들과 완전한 솔직함을 시작하자. 결과가 좋았다면 자신이 어떤 노력을 했고, 왜 그렇게 했는지를 상사에게 자세히 설명하자. 그런 뒤 상사에게 먼저 도전의 기회를 주자. 물론 선의를 기반으로 해야 한다. 여기서 긍정적인 신호를 받았다면, 상사에게 조언을 시작하자.

다행스럽게도 팀원들과 했던 방법 그대로 상사와 함께 완전한 솔직함의 사분면으로 들어갈 수 있다. 상사에게 조언 요청하기부터 시작하자. 상대가 상사나 직원, 동료, 지인이든 간에, 당신이 칭찬과 지적을 해주기에 앞서 먼저 조언을 얻는 과정에서 그 사람의 입장을 이해할 수 있다. 지적에 비판으로 대응하지 말자. 의미 없는 칭찬을 그대로 받아들이지 말자. 그러나 솔직한 조언을 얻었다면 용기에 보상하고, 그렇지 못했다면 불편함을 감내하자.

상사가 먼저 완전한 솔직함을 시작할 경우, 그들의 조언을 평가해달라고 명시적으로 요청할 경우, 비판에 비판으로 대응하지 말아야 한다는 원칙은 예외적으로 어겨도 좋다. 파괴적 공감에 있는 상사가 자신의 조언을 평가해달라고 요청한다면, 솔직하게 의견을 전하자.

다음으로 상대가 부하직원이 아니라 상사라면, 수정해야 할 부분이 하나 있다. 그것은 조언을 줘도 좋은지 허락을 먼저 구해야 한다는 것이다. 가령 이런 식으로 말해보자.

"○○에 대해 제 생각을 말씀드려도 될까요?"

상사가 거부하거나 상관하지 말라고 대답한다면 포기하고 이력서를 다듬자! 반대로 상사가 동의한다면 사소한 조언부터 시작하고 상사의 반응을 주의 깊이 살피자. 긍정적인 반응을 보이거나 솔직함에 보상을 준다면 조언을 계속하자. 그렇지 않다면 즉각 중단하자. 그리고 다시 한번 주의 깊게 시도하자. 그래도 똑같은 반응이 나온다면 그건 떠나야 할 시점이 왔다는 신호다. 당신은 더 훌륭한 상사와 함께할 자격이 있다.

상사에게 조언할 때, 앞서 소개한 방법을 그대로 따르자. 다시 말해, 도움을 주고, 겸손한 태도를 보이고, 즉각적으로 말하고, 개인적으로 지적하고, 공식적으로 칭찬하고(단, 아첨은 금물), 개인화에 유의하자.

상사와의 완전한 솔직함은 성공에서 대단히 중요하다. 중간관리자의 역할이 힘든 것은(CEO를 제외한 대부분이 중간관리자다) 스스로 동의하지 않은 의사결정에 대해 책임을 져야 할 일이 종종 발생하기 때문이다. 그럴 경우, 꼼짝달싹할 수 없는 곤경에 처했다는 느낌이 든다. 팀원들에게 의사결정에 동의했다고 말한다면 그건 거짓이다. 적어도 진정성이 없는 말이다. 반대로 의사결정에 동의하지 않았다고 말하면 나약하거나 반항적인 것으로, 혹은 둘 다로 보일 위험이 있다.

이러한 상황에서 벗어날 수 있는 것이 바로 완전한 솔직함이다. 상사의 의사결정에 동의하지 않는다고 말하면 적어도 그 결정을 뒷받침하는 논리를 더 잘 이해할 수 있는 대화의 기회를 가질 수 있다. 일단 그 논리를 정확하게 이해했다면 비록 동의하기 힘들다고 해도 팀원들에게 그 논리를 설명할 수 있다. 가령 직원들이 이렇게 물을 수 있다.

"왜 이 일을 해야 하죠? 이해가 가질 않습니다. 이의를 제기하지 않으셨나요?"

그러면 이렇게 대답할 수 있다.

"여러분의 입장을 충분히 이해합니다. 물론 이의를 제기했습니다. 그리고 왜 우리가 이 일을 해야 하는지에 대해 다음과 같은 설명을 들었습니다."

당신이 그 결정에 동의하는지 질문을 받았다면 상사에게 솔직하게 이의를 제기했으며, 이제는 논쟁이 아니라 결정을 실행에 옮겨야 할 때라고 직원들을 설득할 수 있다. 애플 시절에 나는 앤드루 S. 그로브의 주문을 빌려 리더십의 개념을 설명하곤 했다. 그의 주문은 이런 것이었다.

'듣기, 도전, 실행.'

그가 말하는 강한 리더란 귀기울일 줄 아는 겸손함, 끊임없이 도전하는 자신감, 논쟁을 끝내고 실행에 옮길 때를 아는 지혜를 갖춘 인물이다.

조언할 때 성별을 고려한다

성性은 조언을 힘들게 만드는 요소다. 그 방식은 성별로 다르게 나타난다. 성적 편견, 혹은 내가 말하는 '성 정치학gender politics'은 자신과 성이 다른 상대방과 완전하게 솔직한 관계를 맺는 데 방해물이 된다. 나는 특히 이 문제에 관심이 많다. 그 이유는 이 책이 내 직접적인 경험을 기반으로 하고 있으며, 내가 백인 여성이기 때문이다. 물론 성 외에 인종 등 집단의 경계를 넘어서는 모든 요소도 비슷한 영향을 미친다.

완전한 솔직함이 여성 직원을 관리하는 남성 상사에게 더 힘든 이유

남성은 '여성에게 친절해야 한다'는 교육을 어릴 적부터 받아왔다. 이러한 생각은 남성 상사 밑에서 일하는 여성 직원에게 오히려 독이 될 수 있다. 예전에 한 남성 상사는 남성 직원과는 달리 나를 지적할 때 더 머뭇거리는 모습을 보였다. 그는 내가 우는 것을 끔찍이 싫어했다. 사실 남성 직원들도 우는 경우가 있었지만, 이에 대해서는 별로 신경쓰지 않았다. 장담하건대, 직장에서 여성이 남성보다 더 많이 우는 것은 아니다. 물론 이에 관한 객관적인 데이터가 있는 것은 아니지만, 남성 직원도 여성 직원만큼 자주 운다. 그럼에도 그 상사는 여성 직원들에게 지적하는 것을 몹시 망설였다. 혹시나 여성 직원을 울릴까봐 걱정했다. 그러나 나는 그 상사가 오만과 그에 따른 동정심으로 여성 직원을 무시한 것이라 생각한다.

많은 남성 상사는 남성 직원보다 여성 직원을 지적하는 과정에서 망설이는 모습을 더 많이 드러낸다. 그들은 대부분 여성 혐오자가 아니다. 만일 당신이 그런 남성 상사라고 해도 자책하지는 말자. 다만 여성 직원을 지적할 때 눈물에 대한 걱정은 접어두고 개인적인 사정을 봐주지 않는 것이 상사의 책임임을 기억하자. 지적은 선물이다. 따라서 남성과 여성 직원 모두에게 똑같은 기준을 적용해야 한다.

성적 편견은 남성이 여성과 완전하게 솔직한 관계를 맺기 힘들게 만드는 요소다. 며칠 전에 나는 한 물리학 교수를 만났다. 그는 내게 이차방정식을 모르는 여학생에 관한 이야기를 들려주었다(나는 물리학을 전공하지는 않았지만, 고등학교 수학 시간에 이차방정식을 배웠던 기억이 어렴풋이 난다). 그는 물리학과 학생이 이차방정식을 모른다는 사실에 충격을 받았고, 그 여학생에게 당장 공부하라고 다그쳤다고 했다. 그런데 그 여학생은 그 지적에 대해 나중에 교수에게 최악의 평가 점수를 주는 것으로 대응했다.

여기서 문제의 원인은 성이 아니었다. 다만 보통의 사람처럼 그 여학생도 지적받는 일에 익숙하지 않았기 때문이었다. 그러나 그 교수의 동료들(성 문제에 대단히 민감한 선의의 남성 교수들)은 그 사건을 성 문제로 몰아갔다. 덕분에 물리학과 여학생에게 이차방정식을 공부하라고 했던 말이 마치 캠퍼스 안에서 절대 하면 안 되는 대단히 위험한 발언이 되고 말았다.

그 사건은 학업에서 성공을 거두기 위해 반드시 알아야 했던 것을 거부한 그 여학생에게는 물론, 그 교수가 이후에 가르쳤던 모든 여학생에게도 좋지 못한 영향을 미쳤다. 당연하게도 그 교수는 나중에 남학생에 비해 여학생을 지적하는 과정에서 더욱 주저하게 되었다. 그러나 물리학과 여학생들은 학업에서 성공하기 위해 남학생들과 마찬가지로 교수의 조언을 받아들여야 한다. 물론 이 사건은 다른 교수들에게도 좋지 못한 기억으로 남았다.

이 사례는 오늘날 대학과, 밀레니얼 세대가 일하는 기업에 닥친 피해를 잘 보여준다. 교수나 상사가 학생과 직원의 보복에 대한 두려움으로 부정적인, 어쩌면 불쾌한 조언을 주는 것을 두려워하게 된다면, 학교와 기업 모두 심각한 손해를 볼 것이다. 이 문제가 성 정치학과 결합할 때, 성과에 치명적인 피해가 나타나게 된다. 그렇다면 지금의 대학 캠퍼스 분위기는 오히려 여성에 대한 교육과 학습에 역효과를 일으키고 있는 것은 아닐까?

물론 위 사례는 극단적인 경우지만, 비슷한 사례가 일상적으로 일어난다. 대학생뿐 아니라 스스로 객관적인 데이터에 기반을 두고 있다고 자부하는 중년 직장인 집단에서도 일어난다.

최근에 나는 기술팀 관리자로 있는 한 남성 동료와 함께 성 문제에 대해 이야기를 나눴다. 나는 (업무와 경력에서 오랫동안 도움을 주었던) 여성 직원에게 직접 생각을 물어보라고 그에게 조언을 주었다. 그는 놀란 표정으로 나를 바라보며 이렇게 소리쳤다.

"이런 문제로 그녀와 이야기를 나눌 수는 없다고!"

그는 내가 그런 제안을 했다는 사실에 깜짝 놀란 표정이었다.

그 동료는 성 편견에 민감하고, 스스로 그러한 편견을 떨쳐버리기 위해 노력하는 사람이다. 그는 때로 내가 놓친 문제까지 포착한다. 그런 그가 잘 알고 있는 여성 직원과 성 문제에 대해 완전히 솔직한 대화를 나눌 수 없다면, 우리 사회는 정말로 이 방면에서 낮은 점수를 기록하고 있는 셈이다. 그러나 문제의 핵심은 그도, 그 여성 직원도 아니다. 나는 두 사람 모두를 잘 안다. 또한 그가 먼저 대화를 시도했더라면 순조롭게 흘러갔을 것이라고 예상한다. 문제의 핵심은 우리 사회 전반적인 분위기가 성 문제에 지나치게 조심스럽고, 그래서 중요한 문제를 그저 외면하려고만 한다는 사실이다.

또 다른 남성 동료는 얼마 전 직장에서 성과 관련하여 중요하고 논리적인 주장을 하는 과정에서 논란의 중심에 섰다. 그가 사용했던 표현은 맥락에서 분리되어 언론과 소셜 미디어를 통해 널리 퍼졌다. 사실 그는 직원들을 공정하게 대하고, 여성 직원들의 경력을 강화하기 위해 꾸준히 노력했던 인물이다.

소동이 벌어진 뒤, 그는 성에 대해 더는 공식적인 발언을 하지 않기로 결심했다. 나는 그를 비난할 수 없다. 그 일은 완전한 솔직함에 대해, 그리고 중요한 문제에 대한 우리 사회의 공식적인 논의에 대해 피해를 입힌 또 하나의 사건이었다. 우리는 이런 사회적 흐름을 당장 멈춰야 한다.

성 편향은 왜 완전한 솔직함을 여성에게 더 힘든 과제로 만드는가

성 편향의 문제는 남성과 여성 모두에게 절대적으로 솔직하려는 여성의 노력을 더 힘들게 만든다. 여성에게 종종 피해를 입히는 일반적인 성 편향은 '거친 함정Abrasive Trap'이라고 불린다.

이와 관련하여 개인적인 경험을 소개할까 한다. 어느 날 상사가 나를 사무실로 부르더니, 최근에 나온 '능력/호감도' 논문에 대해 들어보았는지 물었다. 나는 모르겠다고 답했다. 상사는 내게 유능한 여성일수록 동료들의 호감도가 낮다는 논문의 결론을 친절하게 설명해주었다. 그리고는 이러한 성 편향 때문에 몇몇 동료 직원이 나를 좋아하지 않는다고 덧붙였다. 그 상사는 이 동료들에게 성 편향에 대해 생각해보라고 당부하는 대신, 내게 개인적인 '호감도'에 더 신경을 쓰라고 말했다.

당연하게도 나는 내 능력을 질투하는 동료들의 편향을 그대로 인정할 것이 아니라, 그런 편향을 제거하기 위해 노력해야 한다고 생각했다. 나는 내 일을 좋아했다. 양 옆자리의 남성 직원들과도 친했다. 내가 때로는 불쾌한 공격의 사분면으로 떨어진다는 사실도 잘 알았다. 나는 자신이 원하는 것보다 더 적게 그 사분면에 떨어지는 관리자를 알지 못했다. 게다가 나는 어떤 동료가 나를 좋아하지 않는지, 왜 그 문제가 상사의 심기를 불편하게 만드는지 잘 알았다. 어쨌든 나는 상사와 평화롭게 지내기 위해 최선을 다하기로 결심했다(아부는 빼고).

며칠 후 상사는 나를 다시 한번 사무실로 불렀다. 나는 이제 문제가 다 해결되었을 것이라고 생각했다. 상사는 상황이 좀 나아지기는 했지만 문제가 완전히 해결된 것은 아니라고 했다. 그러고는 자신에게 한 가지 아이디어가 있다고 했다. 나는 귀를 기울였다. 그의 제안은 내 직급을 낮추는 것이었다. 그는 이것이야말로 동료들이 나를 질투하지 않게 만들 수 있는 최고의 방법이라고 설명했다. 그리고 나를 더 '호감 있는' 직원으로 만들어줄 것이라고 했다. 3주 후, 나는 새 일자리를 찾아 떠났다.

그래도 나는 운이 좋았다. 어느 정도 경력을 쌓았기 때문에 다양한 선택지 중 하나를 골라서 갈 수 있었다. 만약 그 일이 경력 초반에 있었다면, 씁쓸한 마음을 감내하고 상사의 제안을 받아들였을 것이다. 혹은 새로운 일자리를 정하지 못한 채 일을 그만두었을 것이고, 경력에서 큰 손해를 보았을 것이다.

텍스티오Textio의 공동 설립자 키어런 스나이더Kieran Snyder는 성과 검토에 언어 분석을 적용했다. 그는 여성이 직접적 대립(성공을 위한 필수적인 요소)을 실행에 옮길 때, '거칠다abrasive'(실제로 종종 사용되는 표현)라는 이미지 때문에 손해를 보게 된다고 설명한다. 여기서 '거칠다'라는 꼬리표는 남성은 물론, 다른 여성 직원들에 의해서 부여된다.

스나이더는 〈포천〉 기사에서 자신의 경험을 소개했다. 그 기사는 내가 자문을 제공한 여러 기업에서 목격했던, 가장 길고 가장 인상적인 이메일 쇄도를 촉발했다. 그 기사가 왜 사람들의 신경을 그토록 자극했던 걸까? 비즈니스 세상에서 내가 아는 여성들 모두 '거칠다'라고 불리는 것에 관한 얘기, 자기 능력에 질시를 받는 것에 관한 얘기, 그리고 감정적으로, 업무적으로 그 대가를 치러야 했던 경험에 관한 많은 이야기를 갖고 있다.

가상의 사례를 통해 '거칠다'라는 꼬리표가 어떻게 성비가 50 대 50인 조직에서조차 여성의 발목을 잡고 그들이 리더로 성장하는 과정에서 장애물로 작용하는지 한번 생각해보자. 이는 스나이더가 제시한 사례로, 여기에는 업무 역량이 동등한 두 명의 관리자가 등장한다. 그들은 부하 직원들로부터 각각 다음과 같은 피드백을 받는다.

- "제시카는 정말 유능합니다. 다만 좀 부드러웠으면 좋겠어요. 너무 거칠어요."
- "스티브는 똑똑하고 훌륭한 관리자입니다. 모두가 그렇겠지만, 참을성이 좀 더 있었으면 좋겠어요."

직원들의 이런 평가는 관리자 성과 점수에 반영될 것이고, 결국 승진에도 영향을 미칠 것이다. 여기서 제시카가 '거칠다'라는 꼬리표 때문에 스티브보다 낮은 점수를 받았다고 해보자. 물론 특정 분기에만 그런 평가를 받았다면 큰 문제가 아닐 것이다. 그러나 그런 평가가 몇 분기에 걸쳐 잇달아 나온다면, 제시카는 승진에 어려움을 겪게 될 것이다. 설령 업무 평가에서 스티브와 똑같은 점수를 받았다고 해도 '호감도' 기준에서 불이익을 받을 것이다.

조직 전반에 만연한 성 편향은 여성 직원이 리더 역할을 맡는 과정에 중대한 영향을 미친다. 연구원들은 시뮬레이션을 통해 성 편향이 평가 점수에 영향을 미칠 경우, 승진과 관련하여 장기적으로 어떤 결과가 나타나는지 실험해보았다. 성 편향이 성과 점수에 5퍼센트 영향을 미칠 때 초기에 여성이 차지하는 비중이 58퍼센트였던 조직에서 향후 여성 비율이 29퍼센트로 떨어진 것으로 드러났다.[16]

물론 이는 전체 이야기의 일부에 불과하다. 제시카에게 경력 전반에 걸쳐 개인적으로 무슨 일이 일어날 것인지 생각해보자. 그녀가 경력 초반 단계에 있었다면, '거칠다'라는 인식에도 불구하고 어떻게든 승진이 되었을 것이다. 그러나 조만간 스티브보다 1년 정도 뒤처질 것이다. 그렇게 5~7년의 세월이 흐른다. 그때가 되면 스티브가 조직 구조에서 제시카보다 2단계 더 앞서 있다. 승진에 따라 연봉도 증가하기 때문에 스티브는 제시카보다 훨씬 더 많은 급여를 받을 것이다. 여기서 스티브와 제시카가 결혼을 해서 아기를 낳았다고 해보자. 가구 소득의 관점에서 두 사람 중 누구의 경력이 더 중요할까? 아기가 아플 때 누가 휴가를 내야 할까?

그래도 아직까지 제시카 입장에서 최악의 시나리오는 펼쳐지지 않았다. 언젠가부터 제시카는 직접적 대립을 포기하고 '거친' 피드백을 자제하기 시작한다. 그녀는 자기 행동을 수정함으로써 개인적인 호감도를 끌어올렸지만 업무 효율성은 그만큼 떨어지고 말았다. 불쾌한 공격이라고 부당하게 공격받았던 완전한 솔직함을 포기한 대신, 제시카의 피드백은 이제 파괴적 공감이나 고의적 거짓 사분면 쪽으로 흘러간다. 이는 곧 관리자로서의 중대한 역량 손실을 뜻한다. 제시카는 이제 성 편향은 물론이거니와 성과 문제와도 싸워야 한다. 이로 인해 경력 차원에서 앞서 나가기는 힘들 것이다. 호감도를 높이는 것과 업무적으로 성공하는 것 사이에서 선택을 내려야 하는 상황이 이어지면서, 제시카는 결국 그것이 심각한 고통을 감내할 만큼 가치 있는 싸움이 아니라고 결론을 내린다. 그리고 퇴사를 결심한다.

이와 비슷한 시나리오가 내가 아는 모든 여성의 삶에서 펼쳐지고 있다. 물론 성공적으로 맞서 싸운 여성도 있지만, 대부분의 여성이 그러한 시나리오 속에서 많은 어려움을 겪었다. 이제 우리 사회는 이처럼 부조리한 구조에서 벗어나야 한다.

뭘 할 수 있을까?

이러한 사안은 지나치게 민감해서 다루기 힘들다. 많은 남성(성 편향 문제 해결에 많은 관심을 갖고 있는 이들을 포함하여)이 조금이라도 성과 관련된 논쟁에 휘말릴 위험을 굳이 무릅쓸 이유가 없다고 생각한다. 그러나 그러한 위험은 반드시 함께 일하는 여성들에게 오는 것은 아니다. 때로 자신의 경력 발전의 관점에서 성 편향을 이용하기 위해 고의적으로 논란을 불러일으키는 남성들에게서 오기도 한다.

이따금 지나치게 열정적인 인사팀에게서 오기도 하며, 혹은 실제 사례에서 종종 터무니없이 부적절한 법률로부터 온다. 간혹 소셜 미디어의 압박이나 편파적인 언론 기사(성 편견에 관한 문제는 손쉽게 특종을 잡으려는 기자들의 주요 먹잇감이다)로부터도 온다. 중요한 것은 맥락이지만, 이제 성 정치학과 성 편향의 맥락은 감히 건드리기 힘든 부분이 되고 말았다. 이러한 사회적 분위기는 모두에게 손해다.

일상적인 비즈니스 환경에서 어떻게 차분하게 문제를 해결해갈 수 있는지 몇 가지 아이디어를 제시한다.

남성: 여성이라고 특별 대우하지 말 것

성 정치학에 주의를 기울이지 않으면 여성 직원을 울릴 것이라고 걱정하는 남성 상사라면, 자신의 조언에 대해 여성 직원이 어떻게 느낄 것인지 이해하는 노력이 필요하다. 이를 위해서는 여성 직원에게 직접 물어보는 게 좋다. 우선 완전한 솔직함의 개념을 설명하고 난 뒤, 피드백과 함께 이렇게 말하자.

"저는 완전한 솔직함을 원합니다. 제 조언에 대해 어떻게 생각하는지 알고 싶습니다."

자신의 칭찬과 지적을 평가해달라고 요청하자(성 정치학에 대해 걱정하지 않는다고 해도 도움이 될 것이다!). 당신도 어떤 이에게는 편하게, 다른 이에게는 조심스럽게 대하고 있다는 사실을 알 수 있을 것이다.

여성: 지적해달라고 요구할 것

마찬가지로 남성 상사가 자신에 대한 업무적인 지적을 머뭇거린다고 걱정하는 여성 직원이라면, 스스로 더 많은 지적을 원한다는 사실을 적극적으로 알리자.

이렇게 말해보자.

"완전하게 솔직한 관계를 맺으려면 제가 무엇을 하거나, 혹은 무엇을 중단해야 할까요?"

"제 감정에 너무 신경쓰느라 저에게 필요한 지적을 주는 데 망설이는 건 아닌지 걱정이 됩니다."

"제가 가장 바라는 바는 솔직한 생각을 말씀해주시는 겁니다."

그리고 머릿속으로 여섯까지 세자. 불편한 순간을 참자. 남성 상사나 동료로부터 솔직한 평가를 이끌어내기 위해 최선을 다하자. 앞서 설명했던 조언을 얻는 방법을 다시 한번 살펴보고 실행에 옮기자!

남성과 여성
: 여성이 "지나치게 공격적이다"라고 느낄 때 고려해야 할 것들

피드백을 주기 전 다음과 같은 방법을 시도해서 능력/호감도 함정에 빠지지 않도록 하자. 자신이 여성이라서 그 함정에 절대 빠지지 않을 것이라 장담하지 말자! 안타깝게도 내가 생각하기에 여성과 남성 모두 책임이 있다.

성별을 바꿔 생각해보기

여성과 똑같은 일을 남성이 했다면 "너무 공격적이군요"라는 지적이 "일을 어떻게 처리하는지 잘 알고 있군요"라는 칭찬으로 바뀔까? 팀 내에서 어떤 남성이 한 여성과 똑같은 일을 했다고 상상해보자. 당신은 어떻게 반응할 것인가? 두 반응이 서로 다르다면 당신은 그 함정에 빠진 것이다.

내가 아는 두 배우는 롤플레잉을 통해 사람들에게 조언을 주는 교육을 하고 있는데, 얼마 전 한 실리콘밸리 기업에서 실험을 했다. 롤플레잉에서 상사와 대화를 나누는 동안 '제기랄fucking'이라는 표현을 사용했을 때, 사람들의 반응을 살펴보는 것이었다. 그 결과, 여성 배우가 그 표현을 썼을 때 남성과 여성 피실험자 모두 공격적인 반응을 보였다. 그러나 남성 배우가 그랬을 때에는 별 반응을 보이지 않았다. 한 여성 피실험자는 남성 배우가 그 표현을 썼을 때 아무런 반응을 보이지 않았지만, 여성이 썼을 때는 이렇게 외쳤다.

"저런 여자는 해고해야 해요!"

더 구체적으로 표현하기

"공격적이군요"와 같은 지적은 너무 추상적이라 함정에 빠질 위험이 있다. 특정 사례에 대해 더 구체적으로 설명한다면 정말로 문제가 있는 것인지, 아니면 단지 무의식적 편향에 불과한 것인지 분명하게 가늠할 수 있을 것이다.

특정 성과 관련된 표현을 사용하지 않기

자신이 사용하는 표현을 살펴보자. '거친abrasive', '소리를 질러대는

shrill', '날카로운screechy', '권위적인bossy'처럼 남성에게는 좀처럼 사용하지 않는 표현들을 쓰고 있지는 않는가? 그렇다면 능력/호감도 함정에 빠져 있는 것이다. 딕 코스톨로와 함께 일하는 동안 그에게 감사했던 적이 있다. 그는 성과 검토 과정에서 '거칠다'와 같은 단어를 사용하는 것에 강하게 반발했다. 또한 내가 종종 놓치곤 했던 뉘앙스까지 포착하기도 했다. 성과 관련하여 부적절한 표현을 들으면 그는 언제나 목소리를 높였다.

호감도를 높이라고 요구하지 말기

여성이 행동을 수정해서 업무 효율성을 높일 수 있는 구체적인 제안을 통해 문제를 해결하자. 비록 성 편향은 삶의 문제이기는 하나, 그렇다고 해서 여성에게 그 문제를 피할 수 있는 방법에 대해 조언을 하지는 말자. 그 대신, 부조리한 편향이 여성의 경력을 가로막지 않는 조직문화 구축을 위해 '편향을 인식하고 제거하는 노력'에 앞장서자.

"거칠다"라는 지적을 받은 여성이 고려해야 할 것들

지나치게 공격적이라거나 거칠다는 지적에 곧장 대응하기에 앞서, 다음 네 가지를 고려하자.

직접적 대립을 멈추지 말기

거칠다는 말을 듣는 여성에 대한 사람들의 일반적인 조언은 직접적 대립을 그만두라는 것이다. 그건 올바른 해결책이 아니다. 성공을 위해서는 직접적 대립이 반드시 필요하다.

개인적 관심을 기울이되, 사무실 천사가 되지 않기

여성들은 개인적 관심을 기울이기 위해 사무실 허드렛일을 하느라 혹은 버지니아 울프의 말처럼 '사무실 천사'가 되는 데 너무 많은 시간을 낭비한다. 이는 개인적 관심을 드러내는 효과적인 방법이 아니다. 스스로 원치 않으면 쿠키를 굽거나, 커피를 타거나, 복사할 필요는 없다. 남성들은 청바지와 티셔츠 차림인 사무실에서 옷에다 많은 시간과 돈을 들일 필요는 더더욱 없다!

능력/호감도 연구는 누구도 예외는 아니라는 사실을 말해준다

우리 자신도 얼마든지 불쾌감을 줄 수 있다는 사실을 명심하자. 사무실 천사가 되려고 노력하는 대신, 자신도 누군가에게 불필요한 상처를 줄 수 있다는 사실에 대해 열린 마음을 갖자.

강자에게 약하고 약자에게 강한 것이 틀렸다고 해서 그 반대가 반드시 옳은 것은 아니다

2장에서 소개했던 래리에 대한 나의 부당한 이메일과 비슷한 실수를 저지른 많은 여성에게 나는 다양한 조언을 주었다. 직원들과는 완전하게 솔직한 여성 관리자도 상사와는 불쾌한 공격 사분면에 머물러 있는 경우가 종종 있다. 물론 이러한 현상이 여성에게서 더 보편적으로 나타난다는 연구 결과는 아직 나오지 않았다. 그러나 내 경험상 그건 분명한 사실이다.

남성을 무시하지 말자

능력/호감도 함정에서 벗어나기 위한 방법으로 직급 강등을 제안했던 상사에 대한 이야기를 아버지께 들려드렸을 때, 아버지는 그게 무슨 의미인지를 물었다. 나는 아버지를 위해 지금은 널리 알려진 하이디·하워드 로이젠 사례를 설명해드렸다.

한 비즈니스스쿨 교수는 두 학생 그룹에게 실제 기업가 하이디 로이젠Heidi Roizen의 행동에 관한 동일한 사례를 읽도록 했다. 다만 한 그룹에게는 하이디가 아닌 하워드로, 주인공을 남성으로 바꿨다. 이후 두 그룹을 대상으로 설문조사를 했을 때, 학생들은 하이디와 하워드가 똑같이 유능하기는 하지만 하이디는 '나쁜 여성bitch'인 반면, 하워드는 '훌륭한 남성great guy'이라는 평가를 내렸다('bitch'와 'great guy'는 저자의 표현임-옮긴이).

아버지는 말씀하셨다.

"이제 무슨 말인지 알겠구나. 나는 필요 이상으로 공격적인 많은 여성과 함께 일했다."

내 아버지는 대단히 지적인 사람이며, 경력의 모든 단계에서 내 꿈을 지지해주셨다. 천문학자를 꿈꿨던 열 살 무렵, 아버지는 나를 데리고 밖으로 나가 망원경으로 별을 보여주셨다.

그런 아버지의 지성도, 나에 대한 사랑도, 내 성공을 바라는 간절한 마음도 당신의 무의식적 편향을 없애버릴 만큼 강하지는 못했다. 아버지 역시 능력/호감도 함정에 빠져 있었기 때문이다. 나는 아버지에게 다시 한 번 설명을 했고, 우리 두 사람은 실컷 웃었다.

다행스럽게도 그는 내 아버지였고, 나는 아버지가 내게 얼마나 많은 관심을 갖고 있는지 알고 있었다. 그러나 또 다른 남성이었다면, 나는 근본적 귀인 오류를 범했을 것이다. 즉, 상대방을 가망 없는 여성 혐오자이자 성차별주의자로 바라보았을 것이며, 이를 일컫는 은어로 그를 불렀을 것이다.

그러지 말자. 이러한 태도는 문제 해결에 하등 도움이 되지 않는다. 직접적 대립을 지속하면서 상대방이 받아들일 때까지 개인적 관심을 기울이자.

공식적 성과 평가를 매끄럽게 하는 방법

성과 평가는 치과 치료와도 같다. 비록 성과 평가에서는 환자만큼이나 의사도 고통스럽다는 게 차이점이기는 하지만. 성과 평가는 어떤 측면에서 피할 수 없는 과제다. 당신도 나처럼 성과 평가 절차가 지나치게 조직적이고, 인위적이고, 비인간적인 시스템이라고 느낀다면, 틀림없이 성과 평가 시점이 다가오는 것을 달가워하지 않을 것이다.

다양한 성과 평가 방식을 시도했던 GE를 비롯해 많은 기업이 그 절차를 폐지하고 있다. 이 기업들이 훌륭한 피드백 문화를 창조하기 위한 구체적인 대안을 마련해놓고 있다면, 연봉 인상과 상여금, 승진 대상자를 누구로 정할 것인지에 대해 투명하게 의사결정을 내릴 수 있는 또 다른 시스템을 갖추고 있다면, 성과 평가는 얼마든지 폐지할 수 있을 것이다. 또한 형식적인 성과 평가를 실시하지 않는 기업이라면 즉각적인 조언에 더 집중해야 할 것이다.

조언	칭찬	지적
얻기	✔	✔
주기	✔	✔
격려하기		

당신의 기업이 공식적인 성과 평가를 실시하고 있다면 이는 외면할 수 없는 과제다. 지금까지 나는 공식적인 성과 평가가 때로 즉각적인 조언이 하지 못하는 일을 하는 것을 목격했다. 예를 들어 한 직원의 부정적인 태도가 팀 협력에 방해가 되는 상황을 떠올려보자. 당신은 상사로서 그 직원에게 문제를 지적할 것이다. 그러나 그 직원은 낮은 성과 점수를 받기 전까지 그 말의 진정한 뜻을 이해하지 못할 것이다. 그는 잘못된 의사소통 방식 때문에 성과 점수가 낮게 나왔다는 사실을 알고는 충격을 받을 것이다. 이처럼 성과 평가 시스템이 효과적으로 운영된다면, 즉각적인 조언을 개선하는 중요한 기회를 제공한다.

여기서 '효과적으로 운영된다면'이라는 표현은 성과 평가 시스템에서 대단히 중요하다. 당신의 기업이 공식적인 성과 평과 시스템을 실시한다면 효과적으로 운영하기 위해 나의 몇 가지 조언에 주목해보자.

깜짝쇼를 하지 않는다

공식적인 성과 평가에서 깜짝 놀라는 일이 벌어져서는 곤란하다. 직접적인 조언을 정기적으로 꾸준히 건넨다면, 이러한 일이 벌어질 가능성은 낮다.

일방적인 평가에 의존하지 않는다

다른 동료들로부터 특정 직원의 업무 역량을 파악할 수 있는 360도 평가 시스템을 기업에서 실시하지 않는다고 해도, 얼마든지 '타당성 검사sanity check'를 할 수 있다. 내가 알고 있는 많은 관리자는 팀원들에게 그들의 동료를 +, 0, −로 평가하도록 함으로써 타당성 검사를 실시하고 있다. 이러한 경우, 직원들 대부분 0점을 얻게 된다. 여기서 한 직원이 어떤 동료에 대해 −나 +를 주었다면, 관리자는 그 이유에 관한 몇 가지 질문을 던져볼 수 있을 것이다. 이처럼 1년에 두 번, 성과 평가 직전에 모든 직원을 대상으로 각각 5분의 시간을 투자함으로써 타당성 검사를 실시하고, 이를 통해 스스로 공정하고 광범위한 시각으로 바라볼 기회를 갖자. 이상적인 경우, 동료들의 점수는 성과에 대한 객관적인 평가가 될 수 있다. 물론 이를 시스템으로 구축하려면 시간 투자가 필요하다. 모든 직원이 왜 이러한 일을 하는지 이해하고, 그래서 동료에게 −를 주는 것이 '치졸한 경쟁'으로 느껴지지 않아야 한다.

자신에 대한 피드백을 먼저 요구한다

직원들의 성과를 평가하기 전에, 먼저 자신의 성과를 평가해달라고 요구하자. 이러한 방식의 주요 장점은 평가 절차를 위압적인 일방적 평가가 아니라 양방향 논의처럼 보이게 만든다는 것이다. 또한 스스로 먼저 평가를 받을 때, 성과 평가를 앞둔 직원 개개인의 느낌을 이해할 수 있다. 이를 통해 메시지의 내용과 전달 방식을 수정할 수 있다.

평가 과정을 기록한다

기록은 힘들고 시간이 걸리는 작업이다. 그래서 많은 기업은 성과 평가를 기록하지 않는다. 나는 기록하는 과정에서 성과 평가의 결과가 달라진 사례를 여러 차례 목격했다. 일반적으로 나는 성과 평가 시간에 무슨 말을 해야 할지 잘 알고 있다고 생각한다. 그러나 회의를 마치고 나중에 그 내용을 기록하기 시작할 때, 상황이 내가 생각했던 것보다 훨씬 더 미묘했음을 깨닫게 된다. 이처럼 자기 생각을 직접 기록해봄으로써 성과 평가 과정에서 그 결과를 늦지 않게 수정할 수 있다.

또한 해야 할 말을 미리 적어둔다면, 회의 도중에 망설임 없이 지적을 하는 데에도 도움이 된다. 성과 평가 회의의 분위기가 감정적으로 치달을 때, 파괴적 공감 사분면으로 물러설 위험이 있다. 해야 할 말을 미리 구체적으로 적어놓는다면, 완전한 솔직함으로 한 걸음 더 다가설 수 있다.

마지막으로, 평가 과정을 기록함으로써 회의에서 나왔던 내용을 직원들에게 다시 한번 명확하게 전달할 수 있다. 성과 평가를 하는 동안에는 아주 많은 이야기가 오간다. 그 내용을 문서로 정리함으로써 많은 도움을 얻을 수 있다. 나는 셰릴이 성과 평가 내용을 요약해서 내게 전해준 소중한 메모를 몇 달 동안 가방에 넣고 다니며 종종 꺼내보면서 내가 어떤 노력을 해야 할지 계속해서 떠올리곤 했다.

평가 기록을 넘겨주는 시점을 의식적으로 선택한다

올바른 시점이란 없다. 어떤 직원은 평가 검토의 내용을 미리 알고 있을 때 생산적인 대화에 더 쉽게 참여할 것이다. 일반적으로 이들은 준비를 좋아하고 이례적인 변수를 싫어한다. 이런 직원들에게는 성과 평가의 내용을 담은 서류를 하루 전에 보내자. 또한 성과 평가 서류를 지나치게 오래 들여다보는 직원도 있다. 그러한 경우, 그들이 서류를 읽는 동안 함께 자리를 지키면서 이해에 도움을 주도록 하자. 가령 "최근 관리자 회의를 취소하는 바람에 팀이 혼란에 빠졌다"라고 썼을 때, 어떤 관리자는 "팀원들이 나를 싫어하고, 조만간 해고당할지 모른다"고 해석할 수도 있다. 이처럼 지나치게 반응하는 직원에게는 구두 상으로 함께 설명함으로써 이해를 돕는 게 낫다. 서류를 전하고 나서 직원이 읽는 동안 당신은 차를 한잔 마시자. 그러고 나서 다시 대화를 시작하자. 어떤 평가를 전달하기로 결정했든 간에, 완전한 솔직함에 충실하자. 자신의 의도를 직원이 정확하게 이해했는지 확인하자.

평가 회의를 할 때 직원 1명당 50분 이상 시간을 잡는다

예전에 나는 평가 회의를 30분씩 잇달아 잡아서 급하게 해치웠다. 그렇게 할 때마다 결과는 좋지 않았다. 회의는 종종 예상보다 늘어졌고, 그러다보면 사무실 밖에 줄을 서서 기다리는 직원들의 모습이 보였다. 이로 인해 나는 직원의 시간을 낭비하고(상사로서 중요한 실수), 사무실에 필요 없는 긴장감을 조성했다. 회의 시간을 늘렸을 때조차, 평가 회의를 잇달아 잡는 것은 좋은 생각이 아니었다. 평가 회의는 감정적으로 대단히 피곤한 일이기 때문에, 회의 사이에 10분 이상의 휴식은 반드시 필요하다.

회의 절반은 뒤를 돌아보고(진단), 나머지 절반은 앞을 내다보자(계획)

성과 평가를 문서로 작성할 때, 나는 각각의 직원이 지난 분기/반기/

연도에 어떤 일을 했는지 구체적으로 기록하기 위해 최대한 노력한다. 그러나 회의에서는 과거 이야기에 절반 이상을 할애하지 않으려고 신경을 쓴다. 그 이유는 직원들이 미래를 바라보도록 만드는 노력이 더 중요하기 때문이다.

나는 계획을 제시하지 않는다. 대신 직원들이 계획을 가져오도록 한다. 과거의 성공으로 어떻게 더 큰 성공을 만들어낼 것인가? 좋지 못한 성과를 어떻게 개선할 것인가? 미래에 집중함으로써 성과가 좋은 직원은 현실에 안주하지 못하게 만들고, 성과가 좋지 않은 직원은 절망에서 벗어나도록 할 수 있다.

평가 결과로서 직원들 개인이 무엇을 할 것인가에 대해 집중하는 것은 또한 그들의 이해를 확인하는 좋은 방법이다. 직원들이 평가 결과로 내놓은 계획을 들여다볼 때, 나는 그 직원이 내 말을 정확히 이해했는지 확인할 수 있다.

계획이 잘 진행되고 있는지 정기적으로 검토한다

성과 검토 대상인 직원이 계획을 세우도록 도움을 주었다면, 다음으로 정기적인 검토 계획을 잡고 이를 일정표에 기록해야 한다. 이는 앞으로 있을 일대일 회의에서 하나의 안건으로 다뤄도 좋다. 여기서 직원은 발전 상황을 보고하게 된다. 정말로 중요한 것은 지속적인 점검이다.

성과 평가 회의가 끝난 뒤에 점수·보상에 관한 소식을 전한다

기업이 공식적으로 성과를 평가하고 이를 바탕으로 보상 수준을 결정한다면 관련 정보를 직원들에게 어떤 순서로 전달할 것인지 고민할 필요가 있다. 직원들은 대부분 그들의 평가 점수가 보상으로 어떻게 이어질 것인가에 집중하기 때문에, 성과 평가 동안에는 깊이 있는 대화를 나누기 힘들다. 그러므로 두 가지를 따로 진행하는 편이 낫다. 다시 말해, 점수·보상에 관한 내용은 성과 평가 이후에 알려주도록 하자. 내 경험상 처음부터 점수를 알려줄 경우, 직원들은 이후 상사의 말에 집중하지 않는다. 따라서 점수 관련 정보를 알리는 시점을 맨 뒤로 돌리는 편이 좋다. 하루 이상의 시간을 두고 알리고, 그 전에 앞으로의 계획을 먼저 제출하도록 요구하는 방식이 효과적이다. 많은 기업도 분기나 그 이상의 주기로 '계획 수립 논의'와 '성과 평가 논의'를 따로 진행한다. 이러한 방식은 '계획 수립 논의'가 일주일 간격으로 이뤄지는 즉각적인 조언을 대체하지 않는 한, 문제가 없다.

험담을 들어주지 않는다

조직 내에서 발생하는 정치적 어려움을 극복하는 한 가지 방법은 직원들의 험담을 들어주지 않는 것이다. 험담을 들어주는 것은 언뜻 공감처럼 보이지만, 실제로는 조직 내에서 정치적인 분란을 조장하는 것이다.

대신, 당신이 빠진 상태에서 직원들끼리 직접 이야기를 주고받아야

조언	칭찬	지적
얻기		
주기		
격려하기		✔

한다고 말하자. 그건 충분히 가능한 일이다. 만약 여의치 않다면 삼자 대화의 자리를 마련하자. 이러한 대화는 개인적으로 이뤄져야 한다. 전화상으로는 곤란하다. 이메일이나 문자메시지가 아니라 실제로 만나서 나누는 직접적인 방식이어야 한다. 그러한 대화에 참여할 때, 두 사람이 서로를 이해하고 함께 협력할 수 있는 방법을 제시하자.

예전에 나는 중재 없이는 함께 일하지 못하는 직원들에게 최악의 해결책을 내놓는 상사에 관한 기사를 읽은 적이 있다. 그는 갈등의 중재 역할을 끔찍이 싫어했기에 그렇게 했다. 그러나 그의 해결책은 갈등을 더 증폭시키고 말았다.

상사가 할 일은 처벌이 아니라 지원이다. 직원들이 해결하기 힘든 갈등의 문제를 안고 찾아왔을 때, 당신이 해야 할 일은 개방적이고 공정한 해결책을 신속하게 마련하는 것이다.

팀원들이 서로 격려할 환경을 만든다

훌륭한 조언은 '개인적인 대화' 속에서 나온다는 사실을 명심하자. 그럼에도 많은 이가 다양한 도구를 활용하여 조언을 주고받는 수고를 대체할 수 있다고 주장한다. 예로 사용자에게 짧은 문자를 쓰도록 요구한다. 다음으로 주변에 발송하고, 기록하고, 추가적으로 분석 작업을 하라고 말한다.

이러한 방법은 그럴싸해 보이지만 결국 관계를 잘못된 방향으로 몰아간다. 이는 마치 서투른 문자메시지 때문에 관계가 멀어지는 것과 같다.

조언	칭찬	지적
얻기		
주기		
격려하기	✔	✔

따라서 상사는 팀원들이 서로 자연스럽게 이야기를 나눌 수 있는 환경을 조성해야 할 책임이 있다.

훕스더몽키

내가 1990년대에 일했던 한 신생기업의 최고기술책임자 댄 우즈Dan Woods는 지금껏 내가 본 것 중에 가장 쉽고 효율적인 칭찬 및 지적 격려 시스템을 개발했다. 고래 인형과 원숭이 인형만 있으면 된다.

전체 회의에서 직원들은 '킬러웨일Killer Whale'이라는 고래 인형을 받을 사람을 서로 추천한다. 그 후보자는 일주일 동안 업무적으로 특별한 성과를 거둔 사람들이다. 지난주 고래를 받은 직원이 이번 주 우승자를 결정한다.

다음으로 '훕스더몽키'라는 이름의 원숭이 인형을 받을 사람은 스스로를 추천한다. 일주일 동안 업무적으로 실수를 한 직원이 후보자가 된다. 직원들은 자리에서 일어나 자신의 실수에 대해 이야기를 한다. 그러면 그들은 자동적으로 면죄부를 받을 수 있다. 이를 통해 다른 동료가 똑같은 실수를 저지르지 않도록 도움을 준다.

주스와 구글에서 처음으로 이 시스템을 실행에 옮겼을 때, 회의실에는 침묵만이 감돌았다. 시계바늘 소리가 선명하게 들릴 정도였다. 뾰족한 방법이 없어 보였다. 나는 결국 원숭이 인형 머리에 20달러를 얹어놓았다. 그러자 한 직원은 누구도 그 인형을 차지할 만한 사람은 없을 것이며, 다만 20달러를 차지하기 위해 실수를 저지른 척할 것이라고 이야기했다. 그러나 원숭이 인형은 실수를 안전한 것으로 만들어주었을 뿐 아니라(혁신의 자극제), 해결책을 만들어내는 속도에 박차를 가했다.

한 직원이 어느 임원에게 큰 결례를 범했다는 이야기를 듣고, 나는 뭔가 대책을 마련해야겠다고 생각했다. 또 한번은 어떤 직원이 고객을 크게 화나게 만들었다는 이야기를 듣고는 고객을 달래기 위해 조치가 필요하겠다는 생각을 했다.

이후 킬러웨일과 훕스더몽키는 전체 회의에서 내가 가장 좋아하는 시간이 되었다. 모든 직원이 15분 동안에 많은 것을 배웠다.

물론 이 방법이 어디서나 통하는 건 아니다. 이를테면 애플은 '두 번 측정하고 한 번 자르는' 조직이다. 이는 구글의 '시작하고 반복하기' 정신과는 완전히 다르다. 애플에서 훕스더몽키는 과장 광고처럼 보였을 것이다. 게다가 봉제 인형은 분명하게 애플 디자인 정신과도 어울리지 않았다.

특히 항공처럼 한 번의 실수가 중대한 피해로 이어지는 일부 산업에서 훕스더몽키와 농담은 부적절할 것이다. 가령 항공기 조종사가 실수를 저지르면, 수백 명의 생명이 위험에 처한다. 물론 조종사 역시 인간이기에 실수를 한다. 그리고 서로의 실수로부터 많은 것을 배울 수 있을 때, 항공 산업 역시 더 안전해질 것이다.

미 연방항공국Federal Aviation Administration, FAA도 항공기 조종사들이 치명적인 실수나 충돌에 가까운 사건 이후에 자유롭게 정보를 공유할 수 있는 방안을 모색한 바 있다. 연방항공국이 조종사의 면허증을 취소할 권한을 갖고 있다는 점에서, 조종사들이 자발적으로 그들이 저지른 실수를 공개할 가능성은 없어 보였다. 연방항공국은 NASA가 관리하는 프로그램인 항공안전보고제도 개발 과정에 지원을 했다. 여기서 은퇴한 조종사들은 안전사고에 연루된 조종사들과 대화를 나누고 무슨 일이 벌어졌는지 파악한다. 그 과정에서 중대한 과실이나 심각한 부주의가 아닌 이상, 조종사는 그들이 저지른 실수로 처벌받지 않는다. 이를 통해 조종사들은 더 안심하며 정보를 공유할 수 있고, 그만큼 항공 산업의 안전성은 높아지고 있다.

의료 분야에도 이와 비슷한 시스템이 있다고 상상해보자. 자신의 과실을 솔직하게 인정한 의사를 고소할 것이 아니라, 그들에게 면죄부를 줌으로써 정보를 수집하고, 공유하고, 이를 통해 다른 의사들이 비슷한 실수를 하지 않도록 도울 수 있다면 어떨까? 의사들끼리 조언을 주고받고 서로의 실수에서 배울 수 있다면 효과는 엄청날 것이다.

동료 평가

직원들끼리 대화를 촉진하는 또 하나의 방법은 팀원들에게 완전한 솔직함의 개념에 대해 설명하는 것이다. 팀원들에게 서로 조언을 평가하는 방식에 대해 설명하자. 이를 통해 조언의 수준을 높일 수 있다. 직원들끼리 동료들의 조언을 서로 평가하도록 하자. 구성원 모두가 공통된 용어를 사용할 때, 조직문화는 완전한 솔직함을 향해 한 걸음 더 나아간다.

직급 건너뛰기 회의

NASA에 있다가 구글로 자리를 옮겨 학습 및 개발 프로젝트를 담당하고 있는 록산느 웨일스Roxane Wales는 조언 문화를 강화하기 위한 관리자의 주요 과제 중 하나로 소위 '직급을 건너뛴 회의skip level meeting'를 꼽았다. 이는 중간관리자를 배제한 채 상사가 직원들을 직접 만나는 자리로, 효율성을 극대화하려면 1년에 한 번 여는 것이 좋다. 여기서 상사는 중간관리자가 더 나은 관리자가 되기 위해 그들이 해야 할 일과 하지 말아야 할 일을 직원들에게 직접 물어볼 수 있다.

일반적으로 기업은 다분히 수직적인 형태를 취하고 있다. 완전히 '평등한' 조직은 이상에 불과하다. 비즈니스 세계에서 수직 구조는 피할 수 없는 부분이다. 수직체계에 따른 조직 장벽을 최대한 낮출 수 있는 좋은 방법은 그러한 장벽의 존재를 인정하고, 인간적인 차원에서 평등한 지위를 보장할 수 있는 방안을 모색하는 것이다. 이를 통해 모든 직원이 자유롭게 "권력에게 진실을 말할 수 있다"는 확신을 갖도록 해야 한다.

직급 건너뛰기 회의가 필요한 이유는 직원 대부분 직속 상사에 대한 비판을 꺼리기 때문이다. 또한 관리자들, 특히 새로운 관리자들은 의식적, 무의식적으로 비판을 억압하려는 경향이 강하다. 이러한 현상이 나

조언	칭찬	지적
얻기		
주기		
격려하기	✔	✔

타날 때를 확인하고 이를 해결하려는 노력은 완전한 솔직함의 문화를 보존하는 과정에 대단히 중요하다. 그리고 억압적인 관리자 밑에서 일하는 직원들의 고통을 덜어줄 수 있다.

직급 건너뛰기 회의를 진행하려면 신중한 주의가 필요하다. 자칫 중간관리자에 대해 불만만 늘어놓는 시간으로 변질될 수 있다. 당신은 상사의 입장에서 직속 부하직원, 다시 말해 중간관리자에게 문제가 있다고 단정 지어서는 안 된다. 또한 관리자에 대한 지적에 귀를 막아서도 안 된다.

이 회의의 목적은 중간관리자를 처벌하는 것이 아니라, 그들에게 도움을 주기 위함이다. 이를 위해 그들이 언제 실수를 저지르는지 확인하고, 문제를 해결하기 위해 실질적인 조언을 해야 한다. 게다가 완전한 솔직함의 문화를 유지하기 위해, 직원들이 불만이 있을 때 중간관리자가 아니라 당신을 직접 찾아오도록 해서는 안 될 것이다.

지금부터는 직급 건너뛰기 회의를 오랫동안 진행하면서 내가 배운 몇 가지 교훈을 소개한다.

설명하고, 보여주고, 다시 한번 설명하기

관리자들에게 회의의 두 가지 목표를 설명하자.

❶ 더 나은 상사가 되도록 도움을 주기

❷ 직원들이 그들에게 더 편안한 마음으로 피드백을 전하도록 격려하기

다음으로 그 말의 의미를 직접 보여주자. 가장 먼저 당신의 상사, 혹

은 당신을 건너뛰고 회의를 진행할 수 있는 사람에게 직급 건너뛰기 회의를 열어달라고 요청하자. 만약 당신이 CEO라면 자문이나 이사회 일원에게 요청하자.

중간관리자와 사전 협의 없이 일방적으로 직급 건너뛰기 회의를 추진하지 말자. 대신에 관리자의 입을 통해 사전에 직원들에게 회의와 관련된 전반적인 사항을 설명하자. 직급 건너뛰기 회의가 관리자에 대한 공격이 아니라 지원이라는 사실을 모든 직원이 이해하도록 만드는 노력이 중요하다.

회의를 시작하면서 그 목적이 관리자가 더 나은 상사가 될 수 있도록 도움을 주기 위한 것이라는 점을 한 번 더 밝히자. 또한 모든 직원이 편안한 마음으로 그들의 관리자에게 조언과 지적을 할 수 있는 조직문화를 구축하기 위한 것임을, 이 회의는 그 자체가 목적이 아니라 앞으로 나아가기 위한 발판이라는 점을 다시 한번 강조하자.

더욱 중요한 점은 오로지 직속 부하직원들을 위해서만 실시하지는 말라는 것이다. 이는 조직의 모든 관리자를 위해 반복적으로 추진하는 절차가 되어야 한다. 팀에 문제가 있을 때만 직급 건너뛰기 회의를 한다면, 부하직원의 관리 역량을 강화하는 것이 아니라 그들을 처벌하기 위한 도구로 전락하고 말 것이다.

회의 목적이 누가 무슨 말을 했는지 밝히는 것이 아님을 명확히 하자

회의 목적이 모든 직원이 그들의 관리자에게 더 편안하게 피드백을 제공하는 것이지 '누가 무슨 말을 했는지' 밝혀내기 위한 것이 아님을 모두가 이해하도록 만들어야 한다. 다시 말해, 관리자와 함께 공유하는 것은 발언의 내용이지, 발언의 주체가 아님을 인식시키자.

메모 내용을 화면으로 보여주자

회의 동안에 당신이 적는 것을 프로젝터 화면으로 보여줌으로써 참여한 직원 모두 그 내용을 관리자와 함께 공유할 것임을 이해하도록 하자. 메모에 실수가 있을 때, 직원들이 적극적으로 지적하도록 하자. 직원이 지적하면 수정을 한 뒤 한 번 더 확인을 받자. 다른 직원을 시키는 것이 아니라, 직접 메모를 작성하는 것이 중요하다! 첫째, 당신이 듣고 있으며 많은 관심을 기울이고 있다는 사실을 보여줄 수 있다. 둘째, 잘못 이해한 바를 바로잡을 수 있다.

대화를 시작하자

이러한 회의는 때로 대단히 어색한 분위기를 연출하기도 한다. 당신은 회의실 내 모든 이에게 신뢰를 얻기 위해 노력해야 한다. 일반적으로 직원들의 이야기를 이끌어내려면 칭찬으로 시작하는 방법이 가장 쉽다. 가령 이렇게 말한다.

"지금 여러분의 팀장이 잘하고 있는 점은 무엇입니까?"

다음으로 이렇게 묻는다.

"팀장이 무엇을 더 잘할 수 있을까요?"

그리고 이렇게 묻는다.

"문제는 무엇입니까?"

문제에 대한 이야기를 나누면서 동시에 직원들이 해결 방안에 대해 생각하도록 해 회의가 불만 성토장으로 변질되지 않도록 하자. 많은 불만이 터져나온다고 해서 부정적으로 받아들이지 말자. 오히려 모두가 좋은 말만 한다면 회의는 잘못 흘러가고 있는 것이다.

문제의 우선순위를 정하자

일단 회의가 시작되면 수정할 수 있는 것보다 더 많은 문제가 제기될 것임을 직원들에게 상기시키자. 회의의 목표는 상황을 개선하는 것이다. 완벽한 해결은 현실적인 목표가 아니다. 그러므로 회의에 참석한 직원들로 하여금 무엇이 가장 중요한 사안인지, 무엇을 우선적으로 다뤄야 하는지 결정하도록 하자.

회의 후 메모를 공유하자

회의가 끝나기 8분 정도 전에 필기한 내용을 직원들에게 보여주자. 그 메모를 관리자와 즉각 공유할 것이라는 사실을 알려서 직원들이 논의에 더욱 집중하고, 자신의 제안에 책임감을 느끼도록 만들 수 있다. 회의가 끝나자마자 관리자와 내용을 공유할 것이라는 사실은 그 회의가 관리자 뒤에서 벌어지는 일이 아니라는 사실을 직원들에게 각인시켜준다. 게다가 메모를 참석자 모두에게 보내서 그들이 동의하는지 이중으로 점검하는 수고를 덜 수 있다. 또한 그 내용을 관리자와 함께 공유해야 한다는 사실을 다시 한번 상기하게 된다.

이로써 회의 시간에 모든 일을 마무리할 수 있다. 다시 말해, 불필요한 '다음 단계'를 남겨두지 않는다. 다음 단계를 남겨두면 머리만 아프고 후속 조치도 없을 때가 많다. 게다가 평가를 받는 관리자의 불안감만 증폭시킨다. 그들은 무슨 얘기가 나왔는지 당장 알고 싶어한다!

중간관리자들이 개선 사항에 대해 논의하고 변화를 시도하도록 하자

중간관리자들이 회의 내용을 모두 읽었다면 즉각 실천에 옮길 수 있는 한두 가지 구체적인 해결책을 내놓도록 하자. 반드시 거창한 것일 필요는 없다. 가령 '관계를 개선하기'보다는 '이메일로 거절 의사를 밝히지 않기'처럼 사소하고 구체적인 방안이 좋다.

각각의 관리자들이 이를 통해 무엇을 배웠으며, 앞으로 어떤 변화를 시도할 것인지를 당신을 참조로 넣어 팀원들에게 이메일로 보내도록 하자. 또한 다음번 관리자 회의 시간에 그 진척 상황을 확인하자.

직급 건너뛰기 회의에 대한 팔로업 차원에서 변화를 확인하고 팀원들로부터 차이를 직접 들어보도록 하자. 만일 직원들이 아무런 변화가 없다거나 혹은 그 회의가 아무런 차이점을 만들어내지 못했다고 느낀다면, 이는 '아주' 심각하게 받아들여야 할 사안이다. 극단적인 경우, 당신은 해당 관리자를 다른 팀으로 보내거나, 직급을 강등하거나, 아니면 해고해야 할 수도 있을 것이다.

1년에 한 번 직급 건너뛰기 회의를 실시하자

직급 건너뛰기 회의에서 가장 중요한 문제는 회의가 잘 진행될 때, 모두가 그 회의를 원하고, 당신은 상사로서 그 회의를 얼마든지 확대할 수 있다는 사실에 있다.

예전에 나는 구글에서 매일 직급 건너뛰기 회의를 하고 싶은 생각이 들기도 했다. 그러나 회의를 하는 데는 많은 시간과 에너지가 소모되며, 과도하게 실시할 경우 자칫 조직에 피로감을 유발할 위험이 있다. 그래서 나는 중간관리자 한 명당 1년에 한 번을 추천한다.

중간관리자가 이러한 회의를 주최할 수 있는 상황이라면, 마찬가지로 그들도 1년에 한 번을 추진하도록 하자. 중간관리자가 다섯 명인 경우, 1년에 7~8시간으로 충분하다(회의당 1시간, 이후 팔로업 회의 30분 기준).

직급 건너뛰기 회의에 관한 FAQ

나는 처음으로 관리자의 관리자 역할을 맡은 수십 명의 사람과 함께 일하고 있다. 직급 건너뛰기 회의는 이들에게 언제나 관심과 근심의 원천이다. 다음은 이들이 내게 자주 묻는 질문과 그 대답이다.

관리자가 모든 팀원의 신뢰를 잃으면 어떻게 됩니까?

직급 건너뛰기 회의를 매년 실시한다면 이러한 경우는 거의 없다. 지금까지 나는 세 번 정도 이러한 경우를 목격했다. 그때마다 나는 문제의 원인을 파헤쳤으며, 해당 관리자가 더 이상 조직 관리를 담당해서는 안 된다는 결론에 도달했다.

직원들이 회의 시간에 아무런 말을 하지 않는다면?

먼저 아이스브레이킹 시간을 갖자. 이렇게 물어보자.

"그렇다면 모든 게 다 완벽한가요?"

아니면 당신이 들었던 몇몇 문제점에 대해 대화를 시도하자. 혹은 이런 질문을 던지자.

"바꿔야 할 한 가지가 있다면……."

그러고는 주위를 둘러보고 직원들이 대답을 하도록 하자. 어느 정도의 불편함은 감내하자!

직원들이 입을 다물지 않는다면?

한 직원이 계속해서 발언을 한다면 다른 직원들의 표정을 신중하게 읽자. 강력한 동의나 반발의 표정이라면 그들의 생각을 물어보자. 지루한 표정이 보인다면 이렇게 말하자.

"크게 공감이 되는 사안은 아닌 모양이군요. 또 다른 사안이 있습니까?"

제대로 처리할 수 없을 정도로 문제점이 쏟아져나온다면, 논의의 중심을 우선순위를 정하는 것으로 잡자. 직원들에게 개인의 성격은 바꿀 수 없는 요소라는 점을 강조하자.

관리자에 대한 지원과 직원들의 요구 수렴 사이에서 어떻게 균형을 잡아야 합니까?

피드백을 요구하는 관리자에 대해 함부로 평가하거나 두둔하지 않도록 주의하자. 자칫 회의가 해당 관리자를 처벌하기 위한 기회라는 느낌을 전달할 경우, 직원들은 냉담한 반응을 보이거나 혹은 불만을 끝없이 성토할 것이다. 당신의 역할은 판단이 아니라 피드백을 전하는 것임을 분명히 하자. 심각한 문제가 드러났을 경우, 깊이 있는 논의를 약속하자.

다만 회의석상에서는 판단을 삼가자. 해당 관리자를 옹호하거나 헐뜯지 말자. 물론 그렇다고 해서 직원들의 말에 공감을 하지 말라는 뜻은 아니다. "스트레스가 컸겠군요. 그런 이야기를 들어서 유감입니다. 상황을 개선하기 위해 할 수 있는 일을 살펴봅시다"라고 말하는 것과 "관리자가 지나치게 간섭했군요. 걱정 마세요. 앞으로는 그렇게 하지 못하도록 할 테니!"라고 말하는 것 사이에는 큰 차이가 있다.

성공의 핵심은 단계별 지시에 따르는 것이 아니라 원칙을 지키는 것임을 명심하자. 당신이 지금 완전한 솔직함의 사분면에 있다면, 일상적으로 팀원 개개인과 그들의 업무를 많은 관심을 갖고 지켜보고 있을 것이다. 그럴 때 당신이 어떤 지적을 하더라도 직원들에게서 긍정적인 반응을 얻을 것이다. 일상적으로 개인적인 관심을 드러낼 때 직원들은 당신의 솔직함을 더 진지하게 받아들일 것이다.

방향을 잃었다고 느낄 때마다 두 가지 질문을 떠올리자.

"팀원들에게 개인적 관심을 보여주고 있는가?"

"직원 개개인과 직접적으로 대립하고 있는가?"

두 질문에 대해 모두 "예"라고 답했다면 지금 충분히 잘 해나가고 있는 것이다.

Radical Candor

7 성장하는 팀의 비밀

피로와 권태를 이겨내는 방법

3장에서는 부하직원을 개인적으로 이해함으로써 올바른 인재를 올바른 자리에 배치하는 방법에 대해 이야기를 나눠보았다. 이상적으로, 관리자는 직원 모두가 최고의 성과를 올리기를 기대한다. 그러나 그들 모두 변화를 갈망하거나, 혹은 현재 업무에 만족하는 상황은 당신도 원치 않을 것이다. 그 대신 관리자는 균형을 원한다. 즉, 일부는 변화를 향해 노력하고, 나머지는 조직에 안정성을 더해주길 바란다. 무엇이 직원에게 동기를 부여하는 요인인지 파악하기 위해, 상사는 직원 개개인과 완전하게 솔직한 관계를 형성해야 한다.

물론 현실은 이상과 다르다. 일반적으로 일부 직원은 평균적인 성과를 내고, 다른 일부는 최악의 결과를 보여줄 것이다. 당신이 상사로서 최고 성과자에게 집중하는 것이 효율성 면에서는 가장 높겠지만, 다른 모든 직원까지 효과적으로 관리할 수 있는 방법도 찾아내야 한다. 이제 이를 위한 구체적인 기술을 살펴보자.

팀원과의 경력 대화
: 팀원의 동기와 비전을 이해하고 발전하도록 돕는다

3장에서 살펴보았듯이 모든 직원은 각자 서로 다른 성장 궤도로 나아간다. 그러므로 모두가 '슈퍼스타'나 '록스타'가 되길 바랄 수 없다. 상사는 성장과 안정성 사이에서 균형을 잡아야 한다. 직원 개개인의 성장 궤

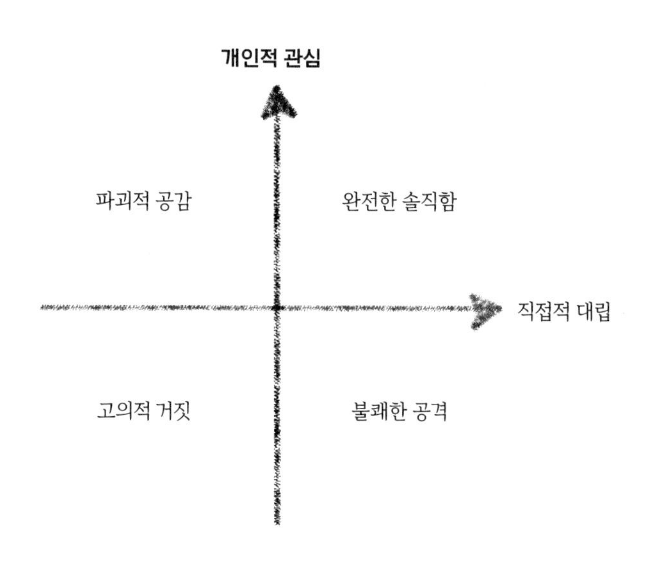

도를 파악함으로써 그들을 더 잘 이해할 수 있다.

그들의 성장 궤도를 알기 위해서는 그들의 꿈을 이해하고, 이를 실현할 수 있도록 계획을 세우는 경력 대화career conversation의 시간을 갖는 것이 중요하다. 3장에서 소개한 팀 프레임워크에서 직원 개개인이 어디에 위치해 있는지를 떠나, 상사는 모든 부하직원과 개인적으로 경력 대화를 나눠볼 필요가 있다.

일단 경력 대화를 시작하면, 앞으로의 대화를 기다리게 될 것이다. 경력 대화는 완전한 솔직함 사분면에서 개인적 관심 축을 따라 올라갈 수 있는 중요한 기회다. 사실 나는 당신이 팀원들에게 완전한 솔직함의 개념을 소개할 때 경력 대화도 함께 시도해보길 권한다. 물론 이를 위해서는 시간이 필요하지만, 일반적인 일대일 회의 형태로 진행이 가능하다. 당신은 상사로서 가장 유쾌한 대화 경험을 누리게 될 것이다.

캔더의 공동 설립자 러스 래러웨이는 내가 함께 일하고 있는 탁월한 관리자다. 그는 구글이 어려움을 겪던 시절에 효과적인 접근 방식을 내놓았다. 당시 러스는 세일즈 책임자로서 합병을 통해 들어온 새로운 팀을 떠맡게 되었다. 그런데 그 팀의 직원들은 사기가 완전히 꺾여 있었다. 그들은 구글에서의 성장 기회에 대해 대단히 비관적이었으며, 구글 관리자로부터 많은 관심을 받지 못할 것이라고 생각했다. 향후 3년 이상 근속을 할 것으로 기대하는 직원은 거의 없었다.

구글은 그 기업을 인수하기 위해 이미 10억 달러를 투자했고, 그 투자를 가치 있게 만들기 위해서는 그 팀이 온전하게 기능하도록 만들어야 했다. 러스는 빨리 대책을 강구하지 않으면 팀원들 대부분이 조직을 떠날 것이라고 생각했다. 그래서 가장 먼저 그들에게 자신이 많은 관심을 갖고 있다는 사실을 보여주고자 했다. 물론 관심을 기울여야 할 주체는 기업이 아니라 상사다. 기업은 정부를 비롯한 여느 기관만큼 개인적인 관심을 보여주는 데 한계가 있게 마련이다.

러스는 그 팀과 조직 전반에서 직원들의 최대 관심사가 그들 자신에 대한 경력 전망이라는 사실을 깨달았다. 이는 부분적으로 돈과 관련된 문제였다. 실리콘밸리 지역의 집값은 너무도 높아서 구글에 다니고 있다고 해도 집을 살 수 있는 사람은 거의 없었다.

또 그것은 나이와 관련된 문제이기도 했다. 구글의 직원들은 대단히 젊었다. 대부분이 서른 정도였는데, 그들 중 많은 이가 중년의 위기를 앞두고 있다고 느꼈다. 셰릴은 전체 팀원들과 함께 한 야외 행사에서 '경력 개발'에 대한 조직 전반의 우려를 해결해야겠다는 생각을 했다. 그녀는 이런 제안을 내놓았다.

"장기 비전과 18개월짜리 계획이 필요합니다."

러스는 깜짝 놀랐다. 직원 모두가 장기 비전과 18개월짜리 계획을 세우도록 하려면 어떻게 해야 할까? 모두에게 구체적인 지침을 주고, 이러한 노력이 700명 직원들에게 널리 전파되도록 하려면 어떻게 해야 할까? '개인개발계획personal development plan'이라는 기존의 방법이 있었지만, 이는 별로 도움이 되지 못했다. 많은 직원은 경력 개발을 오로지 개인의 책임으로 여겼다. 일부는 승진을 위해 필요한 구체적인 단계에 주목했다. 그것은 텅 빈 캔버스, 혹은 숫자로 가득한 따분한 도표와 같은 것이었다.

이 상황에서 필요한 것은 말 그대로 교육education이었다(라틴어 에듀코

educo는 '이끌다'라는 의미다). 직원들은 자신들이 무엇을 원하는지 알았다. 러스는 그들이 원하는 것을 분명하게 드러내고 이를 성취하도록 도움을 주는 것이야말로 상사의 책임이라고 느꼈다.

러스는 '토드'라는 직원에게 경력에 대한 장기 비전을 들려달라고 했다. 그러자 토드는 러스가 듣고 싶은 이야기를 했다. 즉, 장차 러스처럼 되고 싶다고 했다. 러스는 웃었다.

"그걸로는 충분하지 않아요! 나도 지금 하고 있는 일을 정말로 원하는지 잘 모르겠어요. 더 많은 걸 원해야 해요. 그리고 그럴 자격이 있어요!"

토드는 물러서지 않았다. 러스는 다른 방법을 시도했다.

"좋습니다. 그것도 한 가지 비전이라고 해두죠. 하지만 나중에 자기가 무엇을 원하게 될지 정확하게 아는 사람은 없습니다. 그러니 또 다른 비전을 한 번 제시해봐요."

그러자 토드는 래러웨이가 아니라 '미니 잭 웰치'가 되고 싶다고 털어놓았다(다시 말해 〈포천〉 500대 기업까지는 아니더라도 기업을 이끄는 CEO가 되고 싶었다). 이제 러스는 그가 진정한 비전을 찾아나가고 있다고 느꼈다.

러스는 또 다른 직원과 비슷한 시도를 했고, 또 한 번 비슷한 상황을 확인했다. 이번에는 '새러'라는 직원이었다. 새러도 처음에는 러스처럼 되고 싶다고 했다. 러스는 물었다.

"또 다른 비전은 없나요? 당신의 CAD crazy-ass dream(열광적인 꿈)는 뭔가요?"

그러자 새러는 정말로 원하는 것이 스피룰리나 농장을 경영하는 것이라고 답했다. 러스는 그때 처음 알았다. 스피룰리나가 프로틴과 철이 풍부한 슈퍼푸드라는 사실을.

러스는 흥미를 느꼈다. 그런데 온라인 광고를 담당하는 직원들이 미래의 잭 웰치나 스피룰리나 농장주가 되도록 어떻게 도움을 줄 수 있다는 말인가? 러스는 그들의 장기적 비전에 대해 걱정하기보다 직원들 각자를 더 많이 알아나가기로 했다. 그때까지만 해도 그는 직원들을 모두 잘 알고 있다고 생각했지만, 그건 착각이었다. 그는 직원들과 대화를 나누면서 그들의 삶에 대해 많은 것을 묻기 시작했다.

새러가 이전 직장을 그만두고 지금의 일자리로 오게 된 이야기를 들으며, 러스는 많은 질문을 던졌다. 대화가 끝날 무렵, 그는 새러의 열정에 대해 많은 것을 알게 되었고 새러에게 동기를 부여하는 요소를 적어보았다(예를 들어 경제적 독립, 환경 보호, 성실함, 리더십 등). 그녀의 이야기를 듣고 어떻게 그런 단어를 선택하게 되었는지 설명해주었다. 그건 분명한 이해를 위한 점검이었다.

러스는 '리더십'을 새러의 가장 핵심적인 동기 요인으로 꼽았다. 그녀가 캘리포니아 공유지 보전 사업에 자원봉사자로 참여했다는 이야기를 듣고서였다. 그러나 새러는 리더십이라는 말보다 '스튜어드십stewardship'(책임 있는 관리자로서의 자질-옮긴이)이라는 표현이 더 맘에 든다고 했다. 러스는 이런 대화가 대단히 소중하다는 사실을 깨달았고, 앞으로 미래 비전으로 넘어가기 전에 과거에 대해 더 많은 질문을 던져야겠다고 생각했다.

다음으로 러스는 절정에 오른 새러의 일과 경력을 그녀의 장기 비전과 연결하여 분석해 새러의 다양한 꿈을 도표로 만들었다. 그러고는 각각의 꿈을 이루기 위해 어떤 기술이 필요한지 물었다. 마지막으로, 그녀가 이미 경쟁력을 확보하고 있는 기술이 무엇인지 물었다.

러스의 이러한 분석 작업은 새러에게 앞으로 무슨 기술을 개발해야 할 것인지, 어떤 기술을 더 강화해나가야 하는지 생각하도록 도움을 주었다. 이를테면 새러가 지금 집중해야 할 가장 중요한 과제는 관리 경험을 쌓는 일이었다. 물론 분석 기술과 프레젠테이션 기술 역시 중요하다. 만약 그녀의 장기 목표가 구글 임원이라면, 그건 핵심적인 기술이다.

그러나 스피룰리나 농장주에게 더 필요한 것은 프레젠테이션 기술이 아니라 관리 기술이다. 게다가 새러는 프레젠테이션을 별로 좋아하지 않았고 분석 기술 개발에도 큰 관심이 없었다. 반면 실무 관리에는 많은 관심을 갖고 있었다. 이제 관리 기술에 집중해야 할 이유는 새러와 러스에게 더욱 분명해졌다.

러스는 새러의 관리 책임을 높이고, 또한 구글 내부의 뛰어난 리더에게 배움을 얻을 수 있는 기회를 마련했다. 계획을 수립하는 과정에서 새러가 구글에 좀 더 오랫동안 머무르는 것이 관리 경험을 쌓는 데 도움이 될 것이라는 결론에 도달했다. 게다가 새러의 상사인 러스야말로 구글에서 뛰어난 관리자였다.

새러는 구글에 몇 년 더 머무르기로 결정했고, 결국 뛰어난 리더로 성장했다. 현재 새러는 자신에게 필요한 기술을 익히면서 스피룰리나 농장을 세우기 위한 자금을 모으고 있다. 지금 그녀가 하고 있는 일은 그녀가 정말로 하고 싶은 일과는 동떨어져 보이지만, 그 일을 해야 할 이유만큼은 분명하다.

경력 대화를 통해 얻은 깨달음을 바탕으로 러스는 외부 행사를 통해 자신의 관리자들에게 부하직원과 함께 경력과 승진은 물론, 장기 비전에 대해 논의하는 방법을 주제로 강의를 했다. 그는 팀장을 대상으로 3~6주 동안 모든 팀원과 45분짜리 회의를 세 번 실행하는 방법을 제시했다.

러스의 접근 방식은 매우 성공적인 것으로 드러났다. 직원 만족도에 대한 내부 설문조사 결과 역시 구글과 개인의 미래에 대한 인식, 그리고 관리자에 대한 인식에서 평가 점수가 높아졌다는 사실을 분명하게 보여주었다. 그때까지 구글 인사팀은 그러한 극적인 변화를 목격한 적이 없었다.

첫 번째 대화: 삶의 이야기를 듣는다

첫 번째 대화는 직원들이 무엇으로부터 동기를 얻는지 이해하기 위한 것이다. 러스는 첫 번째 대화를 이렇게 시작해보라고 제안한다.

"유치원에서 시작해 지금까지의 이야기를 들려주세요."

그리고 다음으로 그들이 실행에 옮긴 변화의 순간에 주목하고, 왜 그런 선택을 내렸는지 생각해보라고 말한다. 직원들의 가치관은 변화의 순간에 모습을 드러낸다.

"대학원 3년을 중퇴하고 나서 월스트리트로 들어갔군요. 그 결정에 대해 자세한 이야기를 들려주세요."

가령 이러한 대답을 들을 수 있을 것이다.

"대학원 시절에는 오렌지 주스 한 잔 마실 돈이 없었어요. 그냥 돈을 벌고 싶었거든요."

"실질적인 활용 없이 이론만 파고드는 공부에 염증을 느꼈어요."

이러한 대답을 통해 퍼즐을 조립할 수 있다. 첫 번째 대답을 듣고 나서 '경제적 독립'을 핵심 동기 요소로 적을 수 있을 것이다. 두 번째 대답에서는 '실질적인 연구 성과 확인'이라고 기록할 수 있다. 팀 활동을 하고 싶어서 달리기를 그만두고 축구 선수 생활을 시작했다고 한다면 동기 요소를 '팀 일원으로 활동하기'라고 적을 수 있을 것이고, 치어리더 생활을 그만두고 수영을 시작했다고 한다면 가십에 싫증을 느끼고 개인의 기록 갱신에 집중했다는 점에서 '개인적 성장'을 동기 요소로 기록할 수 있겠다.

명심할 점은 정답을 찾는 게 아니라는 사실이다. 우리의 목적은 직원 개개인을 조금 더 이해하고 그들의 관심사를 파악하는 것이다.

초반에 많은 관리자가 이러한 대화에 심리적 부담감을 느낀다. 직원들에게 업무와 무관한 삶의 이야기를 묻는 것은 위험한 경계를 넘는 것처럼 보이기 때문이다. 이에 대해 러스는 두 가지 사실을 제시했다.

첫째, 신뢰와 존경의 분위기 속에서 진행될 경우, 직원들 대부분 이러한 대화에 만족감을 보인다. 상사로서 직원들에게 개인적인 관심을 기울여야 한다는 점에서 직원들의 개인적인 삶을 이해하려는 노력은 당연히 중요하다.

둘째, 지나치게 개인적인 영역을 침범할 경우, 직원이 불편함을 드러낼 수 있다. 그렇다면 이를 존중해야 한다. 예로 어떤 직원은 어린 시절에 관한 기본적인 질문에도 불편한 기색을 드러냈다. 그래서 러스는 어린 시절 이야기는 건너뛰고 곧장 대학원 이후의 삶으로 넘어갔다. 나중에 그 직원을 더 깊이 알게 되면서 러스는 그가 어린 시절에 심각한 트라우마를 경험했다는 사실을 알게 되었다. 그래서 그 이야기를 꺼내는 것은 결코 편한 일이 아니었고, 러스 역시 대화 속에서 어린 시절 이야기를 더 이상 요구하지 않았다.

러스는 먼저 관리자들끼리 '알아가기 대화'를 나눠보도록 했다. 이런 시간을 통해 직원들과 훨씬 편한 분위기에서 대화를 나눌 수 있도록, 개인적인 영역으로 더 주의 깊게 들어갈 수 있도록 했다. 또한 먼저 이러한 대화를 나누게 함으로써 알아가기 대화의 목표를 다시 한번 상기시켰다. 그것은 직원들의 동기 요소를 파악하기 위한 것이다.

동기 요소는 반드시 삶의 이야기에서 이끌어내야 한다. 동기 부여에 대한 추상적인 논의는 쉽게 오해로 이어진다. 어떤 직원이 경제적 독립이 동기 부여 요소라고 말했다고 그 직원이 물질적인 사람이라고 판단해버릴지 모른다. 그러나 그에게 삶의 이야기를 먼저 들었다면 당신은 틀림없이 다른 인상을 받았을 것이다.

그녀는 열두 살 무렵 가족들과 여행 중 버번 스트릿을 지나다 스트립바에서 나체의 여성이 봉을 잡고 춤을 추는 모습을 보았다. 칵테일을 몇 잔 마신 아버지는 이렇게 말했다.

"봤니? 그 여자는 엄마가 1년 버는 것보다 더 많은 돈을 하루에 번단다."

그녀는 폴 댄서에게도, 어머니에게도 화가 났다. 그리고 아버지의 말에서 이 세상에서 여성으로 살아간다는 것이 무엇을 의미하는지 어렴풋이 깨달았다. 그녀는 그때 경험으로부터 경제적 독립이 정말로 중요하다고 느꼈다. 그녀가 생각하는 경제적 독립은 이기적인 물질주의와는 차원이 다르다.

세 번의 대화 중 첫 번째는 특히 중요한 의미가 담겨 있다.

첫째, 45분의 시간 동안 그 어떤 노력보다 직원을 더 많이 이해할 수 있다. 당신 스스로 개인적인 관심을 갖고 있다는 사실을 드러내고(대화 이후에도 똑같이), 실제로 더 많은 관심을 기울여야 한다.

둘째, 이제 각 직원에게 어떤 유형의 기회가 도움이 될 것인지 이해할 수 있다.

셋째, 다음 대화를 위한 준비가 되었다. 무엇이, 왜 직원에게 동기를 부여하는지 이해할 때, 그들의 꿈을 더 잘 알 수 있다.

두 번째 대화: 팀원의 꿈을 이해한다

두 번째 대화에서는 동기 부여 요소를 이해하는 단계에서 직원의 꿈을 이해하는 단계로 이동한다. 꿈은 경력의 정점에서 그들이 이루고자 하는 것이자, 그들이 상상하는 최고의 삶을 의미한다.

러스는 '꿈'이라는 용어를 신중하게 선택했다. 일반적으로 상사는 '장기 목표', '경력 목표', 혹은 '5년 계획'에 대해서 묻는다. 상사가 이러한 표현을 사용할 때, 정형화된 대답, 즉 사무적이고 인간적이지 않은 대답이 나올 가능성이 높다. 또한 직원이 정말로 성취하길 원하는 대답이 아니라, 상사가 듣길 원하는 대답으로 이어질 위험이 높다. 다시 말해 야심차 보이면서도("당신처럼 되고 싶습니다") 동시에 지나치게 무리하지 않는 것("그렇다고 해서 당신의 자리를 넘보는 것은 아닙니다") 사이에서 미묘한 균형을 이루고자 한다.

이처럼 "경력 목표가 무엇입니까?"와 같은 질문은 스피룰리나 농장처럼 경력을 완전히 바꾸거나, 창업에 관한 이야기를 털어놓을 수 있도록 자극하지 못한다. 게다가 경력에 관한 질문은 승진에 초점을 맞추는 경향이 있으며, 이런 대화는 만족스러운 결말로 끝나기 힘들다. 승진을 원하는 직원은 그들이 충분히 빠른 속도로 성장하고 있다고 느끼지 않는다. 승진을 갈망하지 않는 직원은 경력 목표와 관련된 질문을 받을 때, 자신의 야망이 그리 높지 않다는 사실에 대해 일종의 죄책감을 느낀다.

개인적인 발전 계획이 지나치게 협소하게 승진에만 집중할 때, 알아가기 대화는 직원들이 현재 업무를 진지하게 생각하고 있지 않다는 이미지를 줄까봐 걱정하는 대화로, 기업은 직원들에게 조직을 떠나라는 메시지를 줄까봐 걱정하는 대화로 끝나게 될 것이다. 어쩌면 직원은 다음 번 승진을 원하지 않는지도 모른다. 그럼에도 대화 방식은 마지못해 그들이 승진을 원한다고 말하도록 부추길 수 있다. 아니면 정말로 승진을 갈망할 수도 있다. 그러나 똑같은 이유로 그런 생각을 뚜렷하게 밝히지 못할지도 모른다.

직원들에게 자신의 꿈에 대해 이야기할 시간을 줌으로써, 상사는 그들이 각자 꿈의 방향으로 나아갈 기회를 발견하게 해준다. 이를 통해 직원들은 현재의 업무를 더 만족스럽고 의미 있는 일로 받아들이고, 이는 결국 직원들이 조직에 더 오래 머물도록 붙잡아둔다. 그러나 이는 부차적인 혜택에 불과하다. 러스가 제안하는 '경력 대화'의 주된 목표는 기존 업무를 만족스럽고 의미 있는 일로 만들고 상사와의 관계를 생산적으로 만드는 것이다.

당신은 일반적인 질문이 아닌 어떤 질문을 던질 것인가? 러스는 다음과 같은 질문으로 대화를 시작할 것을 제안한다.

"경력의 최정상이 어떤 모습이기를 바랍니까?"

직원들 대부분 그들이 온전히 '성장했을 때' 무엇을 원하는지 구체적으로 알지 못하기 때문에, 러스는 직원들에게 3~5가지 서로 다른 꿈을 제시하도록 요구한다. 이를 통해 직원들은 상사가 듣기 좋아하는 답 외에도 진심에 더 가까운 꿈 이야기를 털어놓는다.

직원들이 지난 대화에서 설명했던 3~5가지 꿈에 대해 각각 이름을 붙이고, 그 꿈을 빈 종이 맨 위에 쓰도록 하자. 그리고 그 꿈을 실현하기 위해 필요한 기술을 아래에 열거하도록 하자. 그 기술들이 각각의 꿈 실현에 얼마나 중요한지, 어느 정도의 수준이 필요한지 적어보도록 하자. 그러면 어떤 기술을 어느 정도로 익혀야 하는지 일목요연하게 확인할 수 있다. 이제 상사로서 당신의 일은 직원들이 그러한 기술을 어떻게 습득할 것인지 생각하도록 도움을 주는 것이다. 그 기술과 관련된 프로젝트는 무엇인가? 직원들에게 어떤 멘토를 소개할 수 있을까? 적당한 교육과정이 있을까?

러스의 두 번째 대화에서 마지막 부분은 꿈과 그 꿈을 반영하는 가치가 정렬되도록 만드는 것이다. 예를 들어 성실함이 핵심 가치라면, 왜 조기 퇴직을 꿈꾸는가? 직원이 제시한 꿈에 대해 질문을 던지는 것은, 대화를 솔직하고 의미 있는 방향으로 이끌어가기 위한 중요한 기술이다. 구글의 한 사례에서, 러스는 질문을 통해 한 직원의 어린 자녀에게 특별한 보호가 필요한 상황이라는 사실을 알게 되었다. 아이는 십대에 이르기까지 건강 상태가 점점 안 좋아질 것이라고 했다. 그 직원은 아버지로서 아이가 자신을 가장 절실하게 필요로 할 때 곁에 있어주기를 바랐다. 그래서 그는 완전히 다른 관점에서 조기 은퇴를 개인의 목표로 잡았던 것이다.

또 다른 사례도 있다. 예전에 함께 일한 한 부하직원의 아이는 심각한 건강 문제를 안고 있었다. 그는 그 기간 동안 일찍 퇴근해서 아내와 함께 해가 지기 전 30분 동안 산책하는 것을 인생의 목표로 삼았다. 그의 생활 전반을 고려할 때 그 목표는 대단히 벅찬 것이었고, 그래서 나는 그가 어떻게든 일찍 아내와 아이와 산책을 할 수 있도록 최선의 배려를 했다.

세 번째 대화: 18개월짜리 계획을 마련한다

마지막으로, 러스는 직원들이 스스로에게 다음과 같은 질문을 던지게 하도록 관리자들에게 조언을 주었다.

"꿈을 향해 나아가기 위해 무엇을 배워야 할까? 내가 배워야 할 것들 중 무엇에 우선적으로 집중해야 할까? 누구로부터 배워야 할까? 이를 위해 어떤 역할을 맡아야 할까?"

일단 직원들이 다음에 배우길 원하는 것을 분명하게 이해했을 때, 관리자는 직원들이 향후 6~18개월 동안 기술을 개발할 수 있도록 어떤 도움을 줘야 할지 명확히 알 수 있다. "다음번에 올라서야 할 사다리 칸은 여기입니다"라고 말하는 것보다 현재에서 미래로 나아가는 길을 보여줌으로써 강력한 영감을 불어넣을 수 있다.

이제 해야 할 일은 다음과 같다. 그들이 꿈을 성취하기 위해 필요한 기술을 배우도록 도움을 줄 수 있는 방법의 목록을 작성하자. 그들이 누구에게서 배울 수 있는지, 무슨 강의를 듣고 어떤 책을 읽어야 할지 목록을 작성하자. 각각의 항목 옆에 누가, 언제, 무엇을 해야 하는지를 기록하고, 그 행동 목록을 항상 간직하자.

직원들이 자신의 가치관과 꿈을 명확하게 이해하고 이를 현재 업무와 최대한 밀접하게 정렬함으로써 꿈을 더욱 뚜렷하게 다듬을 수 있다. 직원 개개인은 더 많은 성공을 이루고 만족감을 느낄 것이며, 당신 역시 '일상적인 시간 속에서 예상치 못했던' 결과를 성취할 것이다. 소로는 《월든Walden》에서 이를 잘 표현했다.

> 꿈을 향해 용기 있게 걸어간다면, 그리고 꿈꾸던 삶을 열심히 살아간다면 일상 속에서 예기치 못한 성공과 마주하게 될 것이다. 위대한 업적을 남길 것이다. 그리고 보이지 않는 경계를 뛰어넘을 것이다……. 하늘에 성을 짓는다 해도 쉽게 허물어지는 것은 아니다. 성이 있어야 할 곳은 바로 그곳이다. 이제 그 밑에 기반을 쌓으면 된다.

꿈을 향해 용기 있게 걸어가는 것은 두려운 일이다. 상사로서 당신의 일은 직원들이 용기를 발견하도록 도움을 주는 것이다. 그 일을 잘해 낸다면, 그것만큼 더 큰 보상을 주는 일도 없을 것이다.

지금까지 아주 간단해 보이는 세 가지 대화를 심도 있게 살펴보았다. 그 대화가 올바르게 나아가는 것은 당신의 역할에 달렸다. 부하직원과 신뢰를 구축하고, 각각의 직원이 어떤 역할에 어울릴지, 그래서 어떻게 팀 성과에 기여할 수 있을지 이해하는 능력에 달렸다.

팀원을 위한 성장 관리
: 팀원에게 필요한 기회를 파악하고 지원한다

세 가지 형태의 경력 대화와 함께 직원 개개인의 꿈과 업무 기회를 정렬하는 노력을 시작했다. 이를 통해 우리는 완전한 솔직함의 도표에서 개인적 관심 축을 따라 위로 올라갈 수 있다. 이제는 직접적 대립 축을 따라서 오른쪽으로 이동할 때다.

상사는 1년에 한 번, 직원 개인의 성장-관리 계획growth-management plan을 세워야 한다. 팀원 모두를 살펴 개별 구성원의 꿈과 성장 궤도가 팀의 집단적 요구와 어떻게 조화를 이루는지 파악하자. 팀원 모두가 그들이 원하고 그들이 있어야 할 곳에 있지 않다면, 그 과정에서 아주 도전적인 대화에 직면하게 될 것이다.

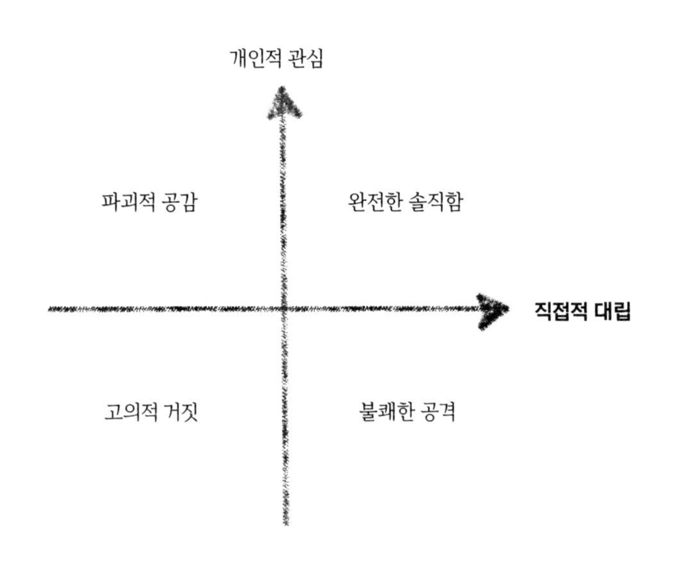

상자 안에 팀원 이름을 넣는다

첫 단계는 록스타와 슈퍼스타를 발견하는 일이다. 이들의 이름을 해당 상자에 집어넣자.

그리고 괜찮은 정도지만 특출하지는 않은 성과를 올린 팀원들의 명단을 확인하자. 대부분 여기에 해당될 것이다.

또 성과는 낮지만 개선될 조짐이 있고, 역량과 꿈이 발전 가능성을 보여주기 때문에 앞으로 성과가 더 나아질 것이라고 기대되는 직원들의 명단을 확인하자.

마지막으로 이 과정이 가장 힘든데, 성과도 낮고 개선의 여지도 보이지 않는 직원 명단을 확인하자.

이 작업에 과도한 에너지를 집중하지는 말자. 최대 20분 이내로 작업을 마무리하자. 신속하게 생각하자.

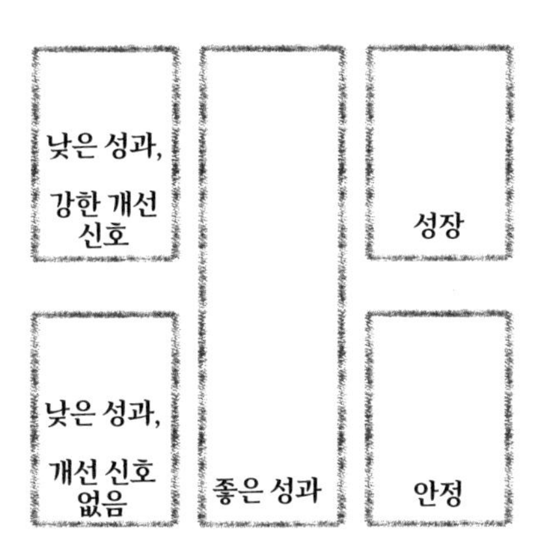

다음으로 편향을 멀리하기 위해 외부 시선을 확인하자. 팀원들의 업무에 익숙한 사람들, 그러나 당신만큼 감정적으로 얽혀 있지 않은 사람들을 찾자. 가령 당신의 상사나 동료, 인사팀 직원이 후보가 될 수 있다. 그들이 당신의 직원을 다른 상자에 집어넣었다면 이유를 물어보자. 이는 당신이 동의하지 않을 때 특히 중요하다.

성장 계획을 작성한다

다음으로 부하직원 각각에 대해 3~5가지 성장 계획을 작성하자. 슈퍼스타의 열정을 자극할 프로젝트와 기회를 마련하자. 또 록스타의 생산성을 끌어올릴 자극제를 준비하자.

좋은 성과를 올리는 직원이 최고의 성과를 올리도록 만드는 방법에 대해 고민하자. 당신은 이들에게 어떤 새로운 형태의 프로젝트나 교육 기회를 제공할 수 있는가?

성과가 낮지만 개선의 신호를 분명하게 보여주는 직원의 경우, 다음과 같은 질문을 던져보자. 혹시 그들에게 잘못된 역할을 맡긴 것은 아닌가? 그들에 대한 기대는 충분히 구체적인가? 추가적인 훈련이 필요하지는 않는가?

이제 성과도 낮고 개선의 여지도 없는 직원으로 넘어가보자. 당신은 아마도 어떤 시점에 이들에 대한 해고 절차를 밟아야 할 것이다. 그러나 상사들 대부분 이를 미루려는 경향이 있다. 당신이 규모가 큰 조직에 있다면 인사팀과 함께 공식적인 성과개선계획에 대해 논의할 수 있을 것이다. 직원을 해고하는 방식은 해당 직원의 미래뿐만 아니라, 다른 팀원들이 당신과 기업을 인식하는 방식에 중대한 영향을 미친다. 언젠가 나는 러스와 함께 고객 업체를 방문한 적이 있다. 그때 누구를 만났을까? 상대는 다름 아닌 러스가 몇 년 전에 해고한 직원이었다. 그래도 러스가 해고 절차를 잘 처리했기에 특별한 문제는 없었다.

좀 더 즐거운 이야기를 해보자. 직원 개인의 경력 발전에 대해 자주 고민을 한다면 직원 한 명당 5~15분 동안 성장 계획을 작성할 수 있을 것이다. 이는 힘든 작업이 아니라 체계적인 설문조사처럼 느껴져야 한다. 이를 통해 모든 팀원의 성장 궤도를 그려볼 수 있다.

허술하거나 깐깐한 평가자가 되지 말자

다른 동료들도 성장 계획을 작성하고 있다면 서로 자료를 공유하는 것도 좋다. 당신의 팀이 조직의 일부라면, 최고의 성과와 좋은 성과, 나쁜 성과에 대한 이해를 공유하는 노력이 더욱 중요하다. 예를 들어 팀원의 절반이 록스타 박스 안에 들어있다면, 그건 최고의 팀이라기보다 다른 동료들과 보조를 맞추지 못했을 가능성이 크다.

관리자의 관리자 지위에 있다면 모든 관리자가 동일한 선상에서 생각할 수 있는 쉬운 방안을 찾아야 한다. 예로 자료를 서로 공유하거나, 모든 관리자의 직속 부하들을 적절하게 상자에 집어넣은 뒤 함께 회의를 할 수 있을 것이다. 이견이 있을 경우, 관리자들끼리 따로 논의를 하도록 하고, 결정 사항에 대해 보고를 요청하자. 만약 의견 일치를 보지 못했다면 당신이 개입해서 최종 판단을 내리도록 하자. 물론 쉽지 않은 논의 주제이기는 하나, 관리자들 사이에 일관성을 높일 수 있다는 점에서 그만한 가치가 있다.

모든 관리자가 서로 다른 유형의 높은 성과자를 담당하도록 하는 것은 모두가 시스템이 공정하다고 느끼도록 만드는 데 중요하다. 게다가 급격한 성장 궤도에 있는 직원과 점진적 성장 궤도에 있는 직원 간의 적절한 비중에 대한 인식을 관리자들에게 심어주는 데 도움이 될 것이다.

직급에 따른 공정성을 확보한다

직속 부하직원들에게 많은 관심을 기울이면 그중에서 최고 성과자를 발견할 수 있을 것이다. 그것은 분명 좋은 일이지만, 대규모 조직에서는 자칫 무의식적인 편향으로 이어질 가능성이 있다. 예를 들어 500명 직원을 이끌고 있다면 틀림없이 그중에서 직속 부하직원을 높게 평가하려는 경향이 있을 것이다. 마찬가지로 중간관리자들도 그들의 직속 부하직원들을 높게 평가하려 할 것이다. 따라서 각별한 주의를 기울이지 않으면 조직 내에서 연공서열이 높은 직원이 슈퍼스타와 록스타의 자리를 모두 차지하게 된다. 직급이 실질적인 역량을 반영하지 않음에도 말이다.

직급에서 공정성을 보장하면 조직 전반에 걸쳐 성장을 강화하고 불필요한 불만을 없앨 수 있다. 직급이 높은 직원들이 높은 평가 점수를 독점하는 현상이 자주 발생하는데, 상사의 성과는 직원의 직급이 아니라 생산성에 의존한다. 그러니 각별한 주의를 기울여야 한다!

일반적으로 직원들은 최고 성과가 모든 직급에 골고루 배분될 것으로 예상한다. 또한 점진적 성장 궤도에서는 직급이 높은 사람들이, 급격한 성장 궤도에서는 젊은 직원들이 더 많은 비중을 차지할 것이라고 예상한다. 그러나 현실은 정반대로 나타날 때가 많다. 젊은 직원보다 직급 높은 직원들이 자주 슈퍼스타 상자 안을 가득 메운다. 이러한 경우에 이의를 제기하고 정당화할 수 있는 분명한 근거가 있는지 확인하자.

채용하기
: 실패하지 않고 인재를 발굴하는 원칙

채용을 할 때, 업무 역량이 뛰어난 인재 발굴에 집중한다. 그렇다면 록스타를 뽑아야 할까, 아니면 슈퍼스타를 뽑아야 할까? 물론 이 질문에 대한 대답은 "그때그때 다르다"다. 둘 중 하나를 뽑아야 할 때가 있지만 조직 전반에 걸쳐 균형을 맞춰야 할 때도 있다. 슈퍼스타가 너무 많으면 다음에는 록스타를 뽑아야 할 것이다.

채용 절차

채용 절차는 대단히 중요하다. 최고의 팀을 구축하기 위한 핵심이기 때문이다. 조직이 빠르게 성장할 때, 직원을 채용하는 데 많은 시간을 보내게 된다. 구글 시절에 나는 전체 시간의 25퍼센트를 사람을 뽑는 데 쓰기도 했다.

여기서 살펴보고자 하는 것은 내가 구글 및 애플을 비롯하여 여러 다른 기업에서 효과를 확인했던(혹은 실패를 깨달았던) 채용 방법들이다. 너무 힘들지 않으면서도 최대한 엄격하게 지켜야 할 채용 절차의 기본 원

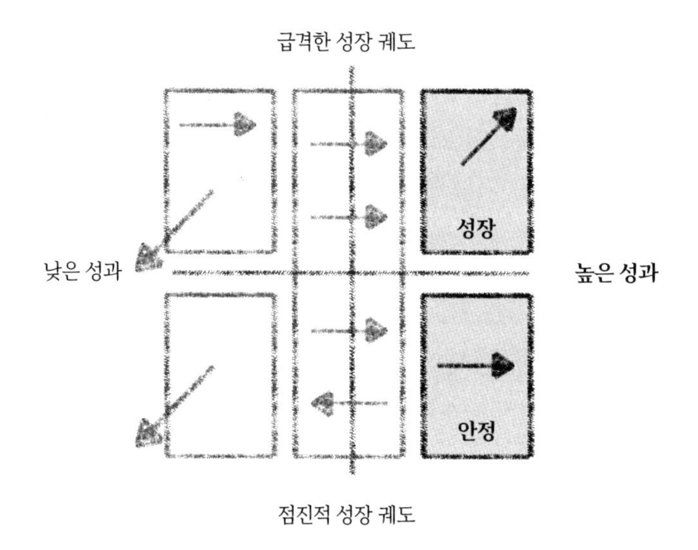

칙을 소개하고자 한다.

모든 채용 과정에는 결함이 있고, 다분히 주관적일 수밖에 없다. 이러한 특성을 완전히 제거할 수는 없지만 어느 정도 관리할 수 있다. 올바른 인재를 채용하기 위한 몇 가지 간단한 방법을 살펴보자.

업무기술서를 작성해둔다

전문 채용기업이 아닌 이상, 직원을 채용하려면 역할과 역할에 필요한 기술, 팀 '조화'를 중심으로 업무기술서를 미리 마련해두어야 한다. 그러나 팀 조화는 정의하기 힘든 요소라 대부분 그냥 내버려두는 경향이 있다.

가장 먼저 조직문화를 두세 단어로 요약해보자. 예를 들어 '세부사항을 중시한다', '개성을 존중한다', '의견을 직설적으로 제안한다', '거시적 관점을 중시한다', '예의를 중시한다' 등이 될 수 있다. 어떤 정의를 선택했든 간에, 이러한 요소를 기준으로 면접을 진행하는 기술을 익혀야 한다. 이를 통해 이따금 편향적으로 이뤄지는 직관적인 의사결정의 위험을 줄일 수 있다.

시간을 들여 역할에 필요한 성장 궤도를 확인하면 채용 과정에서 편향의 위험을 줄이는 데 도움이 된다. 가령 '꿈이 비슷한 직원을 채용하라'와 같은 편향은 채용하고자 하는 역할과 아무런 관련이 없다. 일단 업무기술서를 작성했다면 모든 면접관에게 나눠주고 어떤 인재를 찾아야 하는지 분명하게 이해시키자.

블라인드 기술 평가도 편향을 줄이는 데 도움이 된다

면접은 시간이 걸리고 또한 피드백 보고서를 받기까지는 더 오랜 시간이 걸린다. 그러므로 누구를 면접관으로 참여시킬 것인지 신중하게 선택할 필요가 있다. 여러 가지 잘못된 긍정적 편향이나 부정적 편향은 사전 예방이 가능하다. 그 좋은 사례로 기술 평가skills assessment를 꼽을 수 있다. 기술 평가란 잠재적 후보자들에게 그들이 지원하는 역할과 관련된 프로젝트를 추진하거나 문제를 직접 해결해보도록 하는 채용 방법이다. 이를 통해 이력서 상으로는 뛰어나 보이지만 실제로 해당 업무를 처리할 수 없는 후보자를 걸러낼 수 있다. 또한 업무 역량은 뛰어나지만 이력서가 화려하지 못한 이들에게 소중한 기회를 줄 수 있다.

이상적으로는 블라인드 방식의 기술 평가가 최고의 선택이다. 이제는 널리 알려진 말콤 글래드웰Malcolm Gladwell의 설문조사에 따르면 블라인드 오디션을 실시한 오케스트라의 경우에 여성 연주자의 비중이 다섯 배나 더 높았다고 한다. 가능하다면 어떤 사람인지에 집중하기보다 그들의 역량을 드러낼 수 있는 기회를 후보자에게 주도록 하자.

일부 기업은 모든 개인 정보를 배제하는 온라인 기술 평가 방식을 시도하고 있다. 면접관은 후보자의 성, 인종 등의 정보를 전혀 알지 못한다. 비록 많은 시간이 소요되고 어디서나 적용 가능한 방식은 아니라고 해도 대단히 획기적인 방식임에 틀림없다. 실제로 최근 하이어드닷컴 hired.com과 같은 많은 채용기업은 이름과 사진 정보를 제외한 이력서를 제공함으로써 편향을 줄이는 방식으로 서비스를 제공한다.

동일 면접관 그룹이 여러 후보자를 만나도록 한다

가능하다면 일방적인 채용 결정은 피해야 한다. 면접은 지극히 주관적이고, 편향에 취약하기 때문이다. 다양한 관점을 취합함으로써 좋은 의사결정의 가능성을 높일 수 있다. 그러나 동시에 누가 누구와 면접을 보는지와 관련하여 일관적이고 신중해야 한다. 이를테면 밥, 찰리, 도리가 인터뷰를 보고 나서 사비어가 마음에 든다고 한 반면, 에버트와 프랭크, 조지아는 잰이 마음에 들었다고 한다면, 최종적으로 누구를 어떻게 결정할 것인가? 잘못하면 여덟 명의 시간을 낭비한 것으로 끝나버릴 위험이 있다.

면접관 그룹의 적절한 규모는 네 명이다. 구성은 다양할수록 좋다. 면접관 모두가 남성일 때 여성 후보자는 불이익을 받을 수도 있다. 또한 면접관 모두가 백인일 때 소수 민족 출신 후보자는 당혹감을 느낄 것이다. 면접관 그룹 중 적어도 한 명은 다른 팀에서 오는 것이 좋다. 이를 통해 '필사적 채용'의 위험을 피할 수 있다. 팀 내 '결원'이 발생하면 일반적으로 직원들은 그 자리를 어떻게든 메우고자 하는 마음에 경고 신호를 외면한다. 반면 결원의 어려움을 똑같이 느끼지 못하는 사람은 그러한 신호에 더 민감하게 반응할 것이다.

편안한 면접을 통해서 팀 조화에 대해 더 많은 것을 알 수 있다

세계 어딘가에는 훌륭한 면접 교육과정이 있을 것이다. 나는 아직 발견하지 못했다. 내가 볼 때, 면접은 경험을 통해 배우는 기술이다. 그러므로 직원들 각자 자기만의 면접 스타일을 개발해나가도록 하자. 나는 특히 이야기를 좋아하기 때문에 면접관들에게 "이력서를 말로 설명해 달라"는 요청을 하도록 한다.

또 다른 좋은 방법으로는 의식적으로 편안한 분위기를 조성하는 것이다. 가령 후보자와 점심을 함께하거나, 주차장까지 같이 걸어가는 방법도 좋다. 혹은 안내원이나 비서에게 후보자에 대한 인상을 물어볼 수도 있다. 긴장을 하지 않을 때 후보자는 더 솔직하게 말하고 행동하는 경향이 있다.

나는 우리 조직문화에서 밥 서튼Bob Sutton이 말한 '악당 출입금지No Assholes'를 대단히 중요한 원칙으로 여긴다. 한번은 어떤 후보자가 무례하게 구는 바람에 비서가 운 적이 있었다. 또 다른 후보자는 종업원에게 대단히 거만한 태도를 보이기도 했다. 나는 두 사람 모두 채용하지 않았다. 어떤 후보자는 자신이 떨어뜨리지 않은 휴지를 주웠고, 나는 그를 채용했다.

내가 아는 한 임원은 언제나 후보자를 주차장까지 배웅해준다. 그는 그동안 몇 가지 사실을 배운다. 한 후보자는 약물에 의존해 있었고, 다른 후보자는 가정에서 자신의 높은 위상에 대해 자랑하면서 집안 여자들을 자신이 통제한다고 으스댔다. 또 다른 이는 점심을 함께하면서 동료나 고객에 대한 가십을 너무도 좋아한다고 했다.

떠오르는 생각을 적어서 면접의 생산성을 높인다

면접 과정에서 피드백을 적어두자. 이를 통해 면접관 그룹은 물론 자신의 생각을 정리하는 데 도움이 된다. 이는 당연히 더 나은 채용 결과로 이어진다. 팀 조화는 물론 기술을 기준으로 면접을 보고 있다면 각각의 기술에 대해 생각을 적어두자.

얼마 전 화려하고 인상적인 이력서를 제출한 후보자와 면접을 한 적이 있다. 그런데 뭔가 계속 찜찜했다. 나는 인터뷰 피드백을 작성하기 위해 자리에 앉았을 때 비로소 그게 뭔지 깨달았다. 그 후보자는 구체적인 사항은 배제한 채 오로지 거창한 이야기만 늘어놓았다. 그는 현재 다니고 있는 기업의 시스템을 "무한대로 확장할 수 있다"고 주장했다. 그러나 내가 계속해서 질문을 던지자 하루에 몇 백만 건의 데이터밖에 처리할 수 없다고 털어놓았다. 그건 무한대와 한참 거리가 먼 수치였다. 게다가 기업이 어떻게 수익을 올리고 있는지에 대해서도, 거기서 자신이 맡고 있는 역할에 대해서도 추상적으로 말했다.

물론 당신은 바쁘고, 모든 것을 적을 시간적 여유도 없을 것이다. 방법이 있다. 면접 시간을 1시간으로 정한 뒤 45분간 면접을 보고 나머지 15분 동안은 기록을 하자. 이를 통해 면접에 더욱 집중하면서 최종적으로 누구를 선택할 것인지에 대해 더 나은 추천을 할 수 있다.

반드시 채용해야 할 후보가 아니라면 제안을 하지 않는다

채용과 관련하여 내가 들었던 최고의 조언은 다음과 같다. "반드시 채용해야 할 후보가 아니라면, 제안을 하지 말자." 반드시 채용해야겠다는 생각이 들더라도, 누군가 강력하게 반대한다면 그 의견을 존중하자. 일반적으로 채용 과정에서 부정적인 편향은 중요한 의미가 있다.

한 자리를 놓고 3~4명의 후보자와 면접 시간을 가진 후, 면접관 그룹은 회의를 열고 각각의 후보자에 대해 논의한다. 이러한 회의는 일정에 따라 공식적으로 이뤄진다. 그러나 면접관 개개인의 의견을 듣는 게 더 효과적인 방법이라고 생각한다면, 면접관을 각각 일대일로 만나서 평가에 대한 이야기를 나누는 것이 좋은 의사결정을 내리기 위한 가장 빠르고 확실한 방법이다.

모든 면접관으로부터 피드백을 받은 뒤, 이를 다른 면접관들과 공유함으로써 최종 결정을 위한 회의가 신속하게 진행되도록 도움을 줄 수 있다. 그러나 이를 위해서는 면접관들의 더 많은 준비가 필요하다. 모두가 동일한 논의 선상에 있도록 만드는 한 가지 방법은 1시간짜리 회의를 시작하면서 15분 동안 '스터디홀study hall' 시간을 갖는 것이다. 이 시간 동안 면접관들은 서로 다른 면접관이 기록한 피드백을 읽는다.

스터디홀 시간이 제대로 운영되면 일반적으로 회의는 더 일찍 끝나게 될 것이다. 추가적인 절차 없이 의사결정을 내릴 권한이 있고, 채용을 원하는 후보자를 누구도 반대하지 않는다면, 곧바로 채용 결정을 내리자. 그런 경우가 아니라면 조직의 상부에 당신이 희망하는 후보자를 추천하고, 신속하게 의사결정을 내릴 것을 요구하자.

해고하기
: 실수 없이 관계를 유지하는 원칙

일부 기업은 해고가 그리 어렵지 않다는 생각에 그 절차에 많은 시간을 투자하지 않는다. 그러나 그건 착각이다. 직원 해고는 감정적으로나

법률적으로 결코 쉽지 않은 일이다. 부당한 의사결정으로 너무 쉽게 직원을 해고하는 조직에서는 성과가 뛰어난 직원들조차 불안감을 느낀다. 그러한 감정이 들 때, 직원들은 점차 위험을 회피하거나 새로운 것을 배우려하지 않는다. 그만큼 성장이 느려지면서 잠재력을 제대로 실현하지 못하게 된다. 이는 개인적 성장 관리와 정반대되는 흐름이다.

또 다른 기업들은 전혀 다른 실수를 저지른다. 그들은 해고를 거의 불가능하게 만들어놓는다. 이러한 기업에서 상사는 한쪽 팔을 등 뒤에 묶은 채 싸움에 임해야 한다. 어떤 상사는 성과가 낮은 직원을 영문도 모르는 다른 동료에게 떠넘기는 방식으로 문제를 해결하려 든다. 이 방법은 결국 힘든 정치 싸움으로 변질되게 마련이다.

이런 상황에서 고성과자들은 성과가 나쁜 직원들과 함께 일해야 하고, 결국 좌절한 채 직장을 그만두게 된다. 성과가 낮은 직원은 크게 문제가 되지 않는다고 안심하며 개선의 노력을 게을리한다. 결국 평범함

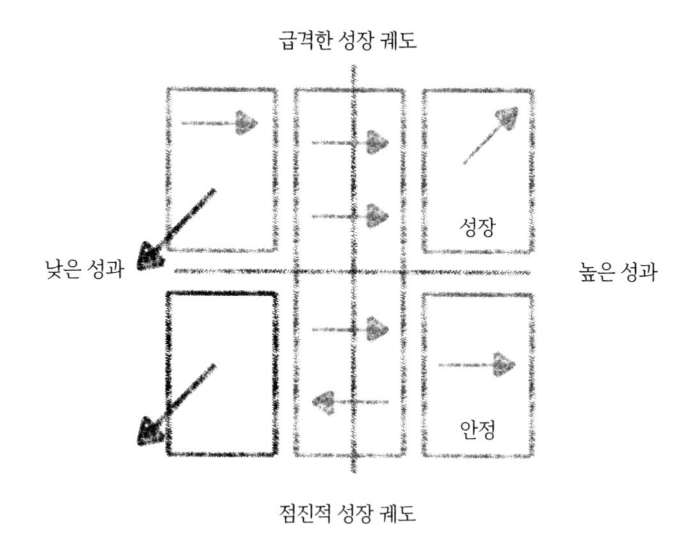

의 인력이 조직 내에 강하게 자리잡는다.

해고는 힘든 일이며, 당연히 힘들어야 한다. 세 가지 원칙을 지킨다면 자기 자신과 팀, 해고를 당하는 직원 모두 수월하게 절차를 진행할 수 있다.

너무 오래 기다리지 않는다

실제로 함께 일했던 많은 관리자가 특정 팀원의 성과가 낮다는 사실을 너무 늦게 인정하는 경향이 있었다. 그들은 좀처럼 그 사실을 인정하려 들지 않는다. 상사나 인사팀은 물론 스스로도.

조직 관리를 주제로 강의할 때, 나는 참석자들에게 그들이 관리하는 직원들의 이름을 인재 관리 사분면에 집어넣으라고 말한다. 나는 그들에게 그 결과를 확인하지는 않을 것이라고 미리 일러둔다. 다른 사람과 그 도표를 공유할 필요는 없다. 이는 전적으로 심리적 훈련과 같다. 모두가 마쳤을 때, 나는 이렇게 묻는다.

"자신이 속한 조직에 성과가 낮은 직원이 있다고 생각하시는 분?"

그러면 일반적으로 모두가 손을 든다. 그러면 다시 묻는다.

"낮은 성과에 해당하는 두 사분면에 직원의 이름을 적어 넣은 분?"

그러면 몇몇 사람만이 손을 든다. 다른 이들은 겸연쩍은 웃음으로 다음 질문으로 넘어가려 한다. 그러나 나는 모두가 낮은 성과자 사분면에 이름을 기입할 때까지 넘어가지 않는다.

낮은 성과자를 반드시 일찍이 확인해야 할 네 가지 이유가 있다.

첫째, 성과가 낮은 직원에게 공정해지기 위해서다. 문제를 일찍 확인할 때, 해당 직원에게 해결할 시간적 여유를 줄 수 있다. 또한 문제를 해결할 수 없거나, 해결하려고 들지 않아서 결국 해고 절차를 밟아야 할 때, 충격을 줄일 수 있다.

둘째, 기업에게 공정해질 수 있다. 충분히 일찍 문제를 확인하고 해결할 때, 기업이 고소를 당하거나 혹은 힘든 법적 공방을 치르는 몇 달 동안 계속해서 월급을 지급해야 할 손해를 막을 수 있다.

셋째, 자기 자신에게 공정할 수 있다. 가령 당신이 어떤 직원에게 지난 분기에 높은 점수를 주었다가 다음 분기에 해고한다면, 무성한 소문이 돌면서 조직 내에 당신의 신뢰가 허물어질 것이다. 게다가 해고를 당한 직원에게 소송을 당할 위험도 있다. 성과 문제를 해결하는 데는 많은 시간과 감정 소모가 필요하지만, 소송을 치르는 데는 훨씬 더 많은 시간과 감정 소모를 필요로 한다.

가장 중요한 넷째, 높은 성과자들에게 공정할 수 있다. 낮은 성과자를 그대로 방치하는 것은 고성과자들에 대한 불공평한 처사다.

일방적으로 의사결정을 내리지 않는다

일단 성과 문제를 확인했다면 시간을 갖고 상사에게 조언을 구하고, 동료와 논의하고(가능할 경우), 인사팀에 도움을 청하자. 혼자서 최종적인 판단을 내리려고 하지 말자. 당신은 분노의 감정으로 직원을 해고하거나, 아니면 조직의 거부로 해고 절차를 중단해야 하는 상황을 원치 않을 것이다. 많은 이가 해고라는 힘든 과정 속에서 길을 잃는다. 따라서 상사나 동료에게 도움을 구함으로써 생각을 명확하게 정리할 수 있다. 인사팀에게서도 그와 같은 도움은 물론, 기업이 고소를 당하지 않을 방식으로 절차를 진행하기 위한 조언을 구할 수 있다.

물론 인사팀에서 해고와 관련된 모든 절차를 진행해주면 더 바랄 게 없을 것이다(당신이 경영자라면 그러한 역할을 담당할 직원을 지정할 수 있을 것이다). 그런 경우가 아니라면 고용 관련 변호사나 경험 많은 인사팀 직원, 혹은 노련한 관리자를 찾아가 도움을 청하자. 그냥 조언을 구하는 것만으로 끝내지 말고 당신이 작성한 서류를 수정해달라고 부탁하자.

조언은 추상적이다. 내가 목격한 수많은 사례에서 관리자들은 '성과개선계획'을 작성하는 방법에 대해 조언을 얻었다. 그들은 공정하게 처리하라는 말을 듣지만, 성과 문제를 효과적으로 해결하기란 쉽지 않다. 관리자들은 '공정하게'라는 부분은 듣지만, '결코 쉽지 않다'라는 부분은 무시한다. 문제의 핵심은 그대로 내버려둔 채 성과개선계획을 제출한다. 그 결과 똑같은 문제가 3~6개월 동안 그대로 이어진다.

당신은 상사로서 성과개선계획과 같은 서류를 작성해야 한다. 이미 작성해본 사람이 있다면 구체적인 수정을 맡기자. 생각보다 훨씬 시간이 많이 들 것이다. 그러나 그만한 가치가 있다. 고소를 당하는 것보다는 훨씬 낫기 때문이다!

해고되는 직원에게 관심을 기울인다

그렇다고 해서 인사팀과 변호사의 조언에 완전히 얽매이지는 말자. 심호흡을 하고 한 걸음 물러서서 바라보자. 우리는 해고하려는 직원과도 관계를 맺고 있고 어떤 방식으로든 그에게 도움을 줄 수 있다. 해고 절차가 그들 입장에서 가장 수월하게 진행되도록 배려하자. 위험과 어려움을 기꺼이 감수하자.

주스에 있을 때, 한 직원을 해고해야 했던 적이 있다. 나는 그 과정이 순조롭게 진행되지 않을 것이라는 걱정이 들었다. 그래서 해고 절차와 관련하여 변호사에게 많은 조언을 들었고(당시 주스에는 인사팀이 따로 없었다) 많은 부분이 도움이 되었다. 그러나 변호사는 내게 계속해서 경비원을 고용하여 그 사람을 내보내라고 했다. 나는 그 말대로 하면 그가 더 수치심을 느끼거나 화를 낼 것이라는 걱정이 들었다. 나는 변호사에게 물었다.

"그렇게 하지 않으면 어떻게 되죠?"

그의 대답은 이랬다.

"사무실에서 분통을 터뜨릴 겁니다."

나는 그의 조언을 따르면 오히려 우려했던 사태가 벌어질 것이라는 걸 직감했다. 그래서 반대로 했다. 즉, 정상 출근해서 동료들과 작별 인사를 나누도록 했다. 나중에 그는 그러한 배려에 대해 감사하다는 말을 전했다. 그때 나는 변호사의 조언보다 내 직감을 따르는 것이 모두의 상처를 덜어주고, 또한 소송을 피하는 데 도움이 된다고 확신했다.

직원을 해고할 때 겸손함을 잊지 말자. 직원을 해고하는 이유는 그가 멍청이라서, 혹은 무능해서가 아니다. 다만 맡은 자리와 잘 어울리지 않았기 때문이다.

직원을 해고한 뒤 후속 조치

나는 일반적으로 해고 후 한 달쯤 뒤에 그 직원에게 이메일을 보낸다. 또한 그들에게 어울릴 만한 일자리를 알아보기 위해 노력한다. 비록 내가 특별히 도움을 줄 수 있는 부분이 없다고 해도 이메일을 보낸다. 물론 그들 입장에서 나는 떠올리기 싫은 기억일 것이다. 그래서 답장을 받지 못해도 실망하지 않는다. 그리고 그들을 비난하지 않는다.

때로는 해고한 직원과 편하게 이메일을 주고받기도, 따로 만나서 점심을 함께하기도 한다. 한 직원은 내게 그를 해고해준 것에 대해 고마워한다고 했다. 그의 아내까지 내게 배려에 대한 고마움을 전했다. 우리 회사에서 나간 것이 그의 경력에도 도움이 되었고, 결혼 생활과 자녀와의 관계에도 도움이 되었다고 했다.

해고는 힘든 일이다. 더 힘든 것은 해고해야 할 사람을 해고하지 않는 것이다. 문제가 발생했을 때 완전한 솔직함은 상사의 의무다.

승진시키기
: 공정하게 조직력을 관리하는 원칙

상사가 자신의 편향에 따라, 혹은 다른 팀보다 훨씬 더 빨리 자기 직원들을 승진시키는 것만큼 조직 내에서 불공정함에 대한 불만의 목소리를 높이는 것도 드물다. 또한 상사들끼리 모여 그들 마음대로 승진의 공정성을 확보하고자 할 때, 이는 편협한 정치적 싸움으로 변질될 위험이

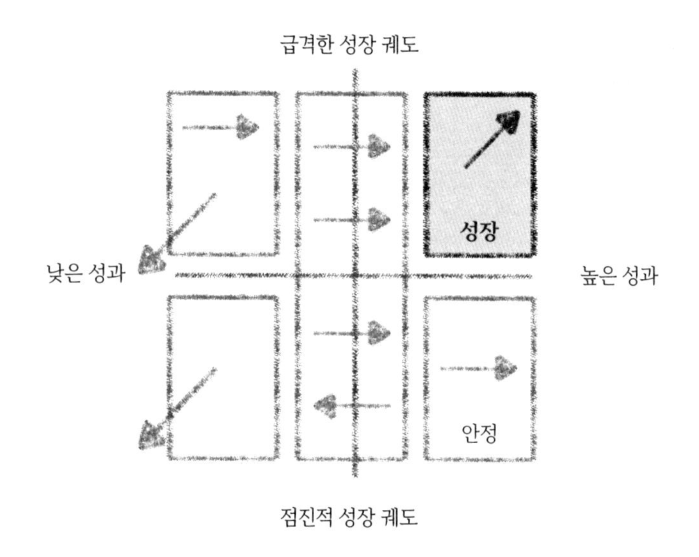

높다. 개인적인 갈등으로 조직 전반에 큰 피해를 입힐 수 있다. 더러는 아무도 알지 못하는 밀실 협상으로 끝나기도 한다("우리 직원을 승진시켜 주면 당신 직원도 승진시켜 주겠다"). 그렇게 발생한 감정적인 앙금은 향후 정당한 승진 기회를 가로막는다.

구글의 기술팀은 승진위원회를 통해 이러한 문제를 해결했다. 기술팀 승진위원회는 1년에 두 번 소집된다. 위원회는 성과와 관련하여 비교적 객관적인 정보를 기준으로 직원들의 승진 여부를 논의한다. 논의 대상은 자신의 부하직원이 아니라, 다른 관리자의 부하직원이다. 논의 주제는 승진에 따른 장점이지, '내 직원' 대 '당신 직원'의 경쟁이 아니다. 승진위원회의 가장 큰 가치는 '팀장 편애'라고 하는 오랜 문제를 해결할 수 있다는 것이다. 그래서 구글 엔지니어는 아첨만으로는 절대 승진할 수 없다(아쉽게도 구글 내 다른 팀은 기술팀만큼 엄격한 승진 절차를 갖추지 못했다).

물론 구글이 완벽한 시스템을 갖췄다는 말은 아니다. 사실 구글에서도 보이지 않는 곳에서 중요한 혁신을 일구어낸 직원보다 뚜렷하게 드러나는 프로젝트를 완수한 직원이 승진 기회를 더 쉽게 잡는다. 직원의 추천은 과대평가되는 경향이 있다. 그럼에도 구글의 승진 시스템은 내가 지금껏 본 최고의 절차이며, 따라할 만한 가치가 충분하다.

기업이 승진 절차를 더 공정하게 만들기 위해 이러한 노력을 하지 않는다고 해도 당신은 얼마든지 동료와 협의할 수 있다. 혹은 당신이 상사의 상사라면, 최종 승인에 앞서 관리자끼리 각자의 승진 계획을 비교해 보도록 요구할 수 있다. 앞서 언급한 조직 내 정치적 싸움이 이러한 협력을 망치지 않도록 하기 위한 몇 가지 방법을 소개한다.

준비하기

모든 관리자가 승진 희망 목록과 그 이유를 작성하도록 하자. 인사팀에 파트너가 있다면 직급별로 승진 후보자와 그 근거를 서류로 정리해 달라고 요청하자. 그 정보를 쉽게 이해할 수 있도록 프레젠테이션 자료로 정리하자. 모든 정보를 검토하고 난 뒤, 회의 일정을 잡자. 각각의 승진 건에 대해 입장을 정리하고 열린 마음으로 회의에 임하자.

시간을 효율적으로 관리하자

직급별로 모든 승진 후보자를 살펴보자. 젊은 후보자보다는 직급이 높은 후보자에게 더 많은 시간을 투자하자. 그렇다고 해서 모든 시간을 고위 후보자에 쏟지는 말자. 논의가 지나치게 길어지면 관리자들끼리 회의를 더 진행한 후에 결과나 문제점을 보고하도록 하자.

회의 당일 좋은 컨디션을 유지하자

회의 하루 전날 충분한 수면을 취하고, 아침 운동을 하고, 아침을 든든히 챙겨 먹자. 회의 당일에 차분하고 유쾌하게 하루를 시작하자. 관리자들 역시 똑같은 상태를 유지하도록 조언하자.

회의가 다 끝난 뒤 회의를 가볍게 평가하자

함께 산책을 하는 등 기분전환을 위한 일정을 잡자. 일반적으로 나는 술과 업무를 혼합하는 방법을 추천하지 않는다. 물론 시간적 여유가 있다면 가벼운 술자리도 좋다.

기업도, 당신의 상사도 승진의 공정성에 크게 신경을 쓰지 않는다면 동료들에게 협력을 제안하자. 만약 그들도 협조하지 않는다면 조직 내에서 같은 일로 고민하는 사람을 물색해서 함께 논의하자. 승진시킨 직원에 대해서 나머지 팀원들이 부적절하다고 느낀다면, 당신은 그 직원에게 아무런 혜택도 준 것이 아니다.

록스타에게 보상을 준다
: 슈퍼스타에게 모든 영광을 돌리지 마라

승진·지위에 대한 집착 버리기

구글에 다닐 때 수신자를 전체 직원으로 해서 승진 발표와 축하를 담은 이메일을 보낸 적이 있는데, 뭔가 찜찜한 느낌이 들었다. 그로부터

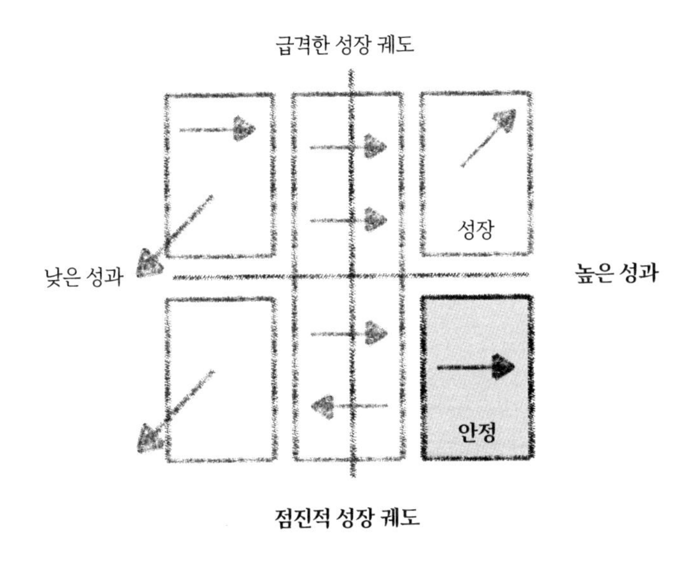

10년이 흘러서야 내가 무슨 잘못을 했는지 이해하게 되었다. 나는 그런 이메일을 쓰지 말았어야 했다. 공개적인 승진 발표는 건강하지 않은 경쟁을 자극한다. 즉, 직원들이 역량 개발보다 형식적인 지위에 집착하도록 부추긴다.

일반적으로 승진에는 연봉 인상과 책임 증가가 따른다. 일부 기업에서는 주식까지 준다. 이는 승진의 외적인 측면이다. 승진 대상자는 그때까지 업무적으로 보여준 성과에 대해 공식적인 칭찬을 받는다. 그러나 승진을 공식적인 차원에서 축하할 때, 수직체계에 대한 집착의 비용이 승진 대상자에 대한 인정의 이익을 넘어서게 된다.

역할을 분명하고 투명하게 만드는 것은 어떨까? 승진에 역할 변화가 따른다면, 그 내용을 공식적으로 발표하자. 그러나 모든 승진이 역할 변화를 의미하는 것은 아니며, 마찬가지로 모든 역할 변화가 승진을 의미하는 것도 아니다. 우리가 주목해야 할 것은 직원이 조직에서 성취한 지위가 아니라 그가 맡은 역할이다.

공식적인 칭찬은 어떨까? 그렇다. 모든 칭찬은 공식적으로 주어져야 한다. 칭찬의 대상에 대해서는 신중해야 한다. 더 많이 얻고 싶은 것을 칭찬하자. 가령 뛰어난 업무 성과, 놀랄 만한 혁신, 높은 효율성, 적극적인 팀워크를 칭찬의 대상으로 삼자. 다음 승진에서 그러한 측면에 초점을 맞출 것인가? 그렇지 않다면, 일을 크게 벌이지 말자.

'감사합니다'라고 말하기

다우존스Dow Jones의 수석부사장 짐 오터웨이Jim Ottaway는 자신이 10년 전에 쓴 '감사합니다' 메모가 한 직원의 파티션에 붙어 있는 것을 보고 깜짝 놀랐다는 이야기를 들려주었다. 자신의 메모가 직원들에게 어떤 의미였는지 깨닫고 나서, 그는 앞으로 그런 메모를 더 자주 쓰겠다고 결심했다.

많은 상사, 심지어 유능한 상사조차 손쉬운 감사 메모의 가치를 종종 간과한다. 직원에게 주는 감사 메모는 칭찬 이상이다. 칭찬은 훌륭한 업무 성과에 대한 인정인 반면, 감사 메모는 개인적인 고마움을 나타낸다. 감사 메모를 쓸 때, 당신은 그 일의 중요성은 물론, 그것이 당신 자신에게 어떤 의미가 있는지까지 전할 수 있다.

꼭 시간을 내서 감사함을 표현하자. 개인적으로 고맙다는 말을 하거나 메모를 건네자. 이러한 노력은 개인적인 차원에서 많은 의미를 전한다. 때로는 공식적으로도 큰 의미를 지닌다. 즉, 두 가지 모든 차원에서 의미가 있다.

대가로 인정하기

역할에서 유능함을 인정하는 또 하나의 방법은 전문성의 영역에서 대가guru로 인정해주는 것이다. 그들이 다른 직원들에게 자신의 기술을 가르쳐주도록 함으로써 그들의 전문적인 역량을 높이 평가할 수 있다. 몇 달의 시간을 주고 강의 계획을 짜도록 함으로써 자신들의 전문적인 지식을 어떻게 가르칠 것인지 깊이 고민하도록 하자. 이를 통해 그들에게 강한 만족감을 줄 수 있으며, 또한 팀 생산성을 크게 끌어올릴 수 있다.

물론 모든 사람이 가르치는 것을 좋아하지는 않는다. 따라서 강사의 역할을 맡기는 것이 보상인지, 혹시 처벌이 되는 것은 아닌지 확인할 필요가 있다. 만약 가르치는 일을 좋아하지 않는다면, 인정할 수 있는 또 다른 방법을 모색해보자.

공식적인 프레젠테이션 자리 마련하기

다시 한번, 업무 역량이 뛰어나고 점진적인 성장 궤도에 있는 직원들의 가장 공통적인 불만은 그들의 존재감이 제대로 드러나지 않는다는 것이다. 이를 해결하기 위한 한 가지 간단한 방법은 중요하지만 제대로 평가받지 못하는 과제를 수행하는 직원들이 동료에게 그들이 하고 있는 업무를 공식적인 프레젠테이션을 통해 자세히 설명할 기회를 마련해주는 것이다.

세부경영과 부재경영 피하기

세부경영Micro Management과 부재경영Absentee Management의 함정에 빠지지 않고 직원들을 위한 훌륭한 파트너가 되도록 도움을 주기 위해, 나는 다음과 같이 간단한 도표를 만들었다. 부디 직원들과의 협력 관계를 강화하는 과정에 도움이 되길 바란다. 강력한 협력 관계야말로 직원들의 열정을 끌어올릴 수 있는 최고의 방법이다.

부재경영	협력	세부경영
손과 귀와 입을 모두 차단	손과 귀를 열고, 입을 차단	손과 입을 열고, 귀를 차단
호기심 결핍. 알고 싶어 하지 않는다	호기심을 드러냄. 더 많은 것을 알아야 할 때를 인식	호기심 결핍. 모든 것을 아는 척
듣지도 말하지도 않는다	듣고 이유를 묻는다	듣지 않고 세부 지시만 내린다
세부사항을 외면한다	관련된 세부사항에 대해 질문한다	세부사항에 집착한다
상황 인식 부족	충분한 정보를 확보	업무, 프레젠테이션, 보고서, 업데이트를 요구
목표를 세우지 않는다	함께 목표를 수립	일방적인 목표 수립
문제 인식 결여	문제에 귀를 기울이고 예측한다. 브레인스토밍으로 해결책 모색	문제를 완전히 이해하지 못한 상태에서 해결책 제시
경솔한 판단으로 모두에게 피해를 입힌다	장애물을 제거하고 갈등을 완화시킨다	장애물 제거를 지시. 안전한 거리에서 지켜 봄
질문과 대답에 무지하다	정보를 공유하거나 질문한다	아는 척한다
맥락에 대한 이해 부족	맥락을 공유	정보를 독점

팀 관리 요령 요약

모두가 자기 일을 사랑하고 기꺼이 협력하는 팀의 일원이 되는 것만큼 큰 즐거움을 주는 것은 없다. 당신은 바로 그런 팀을 구축할 수 있다. 이를 위해 모든 팀원들과 경력 대화를 나누고, 1년에 한 번 직원들을 위한 성장-관리 계획을 세우고, 올바른 인재를 채용하고, 어울리지 않는 구성원을 해고하고, 자격 있는 직원을 승진시키고, 뛰어난 성과에도 승진을 하지 못한 직원에게 보상을 제공하고, 스스로 직원들의 파트너임을 자처해야 한다. 날마다 업무를 기대하는 팀을 구축하는 과제는 전적으로 당신 손에 달렸다. 모두가 꿈을 향해 달려가면서 혼자서는 할 수 없는 일을 함께 성취하자.

8

당연히, 성과

함께, 빨리 업무를 처리하는 방법

완전한 솔직함의 궁극적인 목표는 협력을 통해서 혼자서는 불가능한 성과를 올리는 것이다. 지금까지 당신은 조언의 문화를 창조했다. 개인적인 관심을 기울이고, 직접적으로 대립하는 완전한 솔직함의 정신을 구현하는 모범적인 팀을 구축했다. 그 결과, 팀은 최고의 속도를 올리고 있다. 더 중요한 사실은 당신이 알아차리기 전에 문제를 해결하는 '자가 수정self-correcting' 역량을 개발했다는 것이다. 이제 당신이 할 일은 완전한 솔직함의 선물, 즉 조직의 잠재력을 실현함으로써 최고의 결과를 얻기 위한 노력에 모든 시간과 에너지를 집중하는 것이다!

신경과학자 스티븐 코슬린Stephen Kosslyn은 한 연설에서 팀원들이 서로

'정신적으로 의지'하도록 만드는 방법에 대해 설명했다. 어떤 팀원이 좋아하지 않거나 잘하지 못하는 일을 다른 팀원이 좋아하거나 잘할 수 있다. 함께할 때, 이들은 '더 유능하고, 더 강하고, 더 신속하게' 움직인다. 다시 말해, 4장에서 언급했던 업무처리GSD의 단계를 따른다. 여기서 당신의 역할은 듣기, 정리, 논의, 결정, 설득, 실행의 절차를 주도적으로 이끌어가는 것이다. 이를 통해 모든 팀원이 하나의 마음으로 프로젝트를 추진하고, 그 결과로부터 배우도록 하는 것이다.

이는 비단 실리콘밸리의 첨단 IT 기업에만 해당되는 말은 아니다. 얼마 전 나는 뉴저지트랜짓New Jersey Transit이라는 기업에서 관리자 훈련을 담당하고 있는 사람을 만나 이야기를 나눴다. 나는 그에게 훈련 과정에서 무엇을 가장 먼저 가르치는지 물었다. 그의 대답은 이랬다.

"직원들을 통제하려 들지 말 것. 그러면 신뢰를 얻지 못합니다. 그보다 먼저 귀를 기울이세요."

모든 업무를 부드럽게 추진하기 위해 당신이 주목해야 할 것은 누가 누구와 얼마나 자주 의사소통을 해야 하는지를 결정하는 일이다. 다시 말해 회의의 참석자와 빈도를 정해야 한다. 분명하게도 모든 회의에는 많은 비용, 즉 시간이 소요된다. 그래서 최대한 회의의 횟수와 참석자 수를 최소화하려는 노력이 필요하다. 이러한 회의들 중 가장 중요한 것은 개별 부하직원과 갖는 일대일 회의다.

1. 일대일 회의
2. 관리자 회의

3. 생각할 시간

4. 주요 논의 회의

5. 주요 의사결정 회의

6. 전체 회의

7. 회의 없는 시간

8. 칸반보드

9. 돌아다니기

1. 일대일 회의(일대일 대화)
: 개인적인 친분을 확실히 쌓는 기회

부하직원이 안건을 제출하고, 당신은 들으면서 그들이 좀 더 분명하게 이해하도록 도움을 준다.

일대일 회의는 반드시 필요한 시간이다. 팀원의 말에 귀를 기울일 수 있는 최고의 기회다. 이를 통해 무엇이 잘 진행되고, 무엇이 그렇지 않은지에 대한 그들의 생각을 들으며 직원들을 좀 더 잘 알아갈 수 있다. 즉, 완전한 솔직함 도표에서 개인적 관심 축을 따라 올라갈 수 있다.

그동안 쌓아둔 지적을 한꺼번에 늘어놓는 시간이 아니라는 점을 반드시 명심하자. 그건 이미 진행하고 있는 2~3분짜리 즉흥 대화에서 해야 할 일이다!

일대일 회의의 목적은 듣고 정리하기 위함이다. 즉, 부하직원들이 어

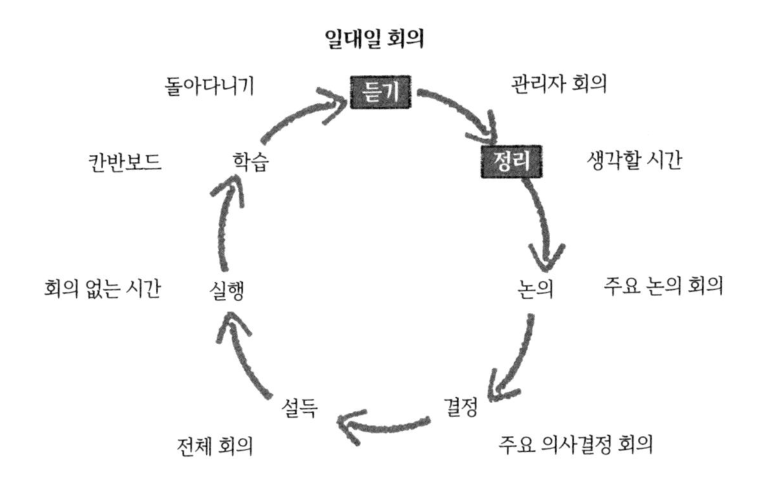

디로 나아가고 있는지, 무엇이 그들을 가로막고 있는지 이해하기 위한 시간이다. 예전에 셰릴은 일대일 회의를 통해 내게 많은 도움을 주었다. 실마리가 보이지 않던 문제가 일대일 회의를 통해 쉽게 풀리곤 했다.

당시 나는 전 세계 다양한 지역의 조직을 관리하고 있었고, 그래서 여러 지역을 두루 돌아다녀야 했다. 그런데 마흔에 접어들 무렵, 출산 계획을 세우게 되었다. 임신을 했을 때 남편과 8,000킬로미터나 떨어져 있어야 한다면, 그건 정말로 끔찍한 일이 될 거라는 생각이 들었다. 어떡해야 할까? 나는 그 문제를 들고 셰릴을 찾아갔다. 그녀는 말했다.

"간단한 문제군요!"

나는 귀를 기울였다.

"어쩔 수 없어요. 시간 여유가 없다고요. 임신을 최고 우선순위로 놓아야 해요."

그 순간 안도감이 들었다. 내가 임신한 상태로 출장을 다니는 것은 불가능에 가까워 보였기 때문이다. 셰릴도 나와 같은 생각이어서 기뻤다. 동시에 걱정이 들었다. 그럼 일을 그만두어야 할까? 물론 그럴 순 없다! 셰릴은 이렇게 물었다.

"팀원들이 글로벌 회의를 외부에서 열기를 희망했지만, 예산을 승인받기 어려웠던 일이 기억나나요? 이번에 예산을 타내기 위해 한 번 더 도전해봅시다. 그러면 모두를 여기로 불러들일 수 있어요. 그들은 이곳에 오길 원하고, 당신은 가기를 원치 않아요. 윈윈처럼 보이는군요."

부하직원들과의 일대일 회의를 최대한 활용하기 위해 할 수 있는 것들을 살펴보자.

일대일 회의를 하는 태도

당신의 태도는 일대일 회의가 어떻게 진행될지 결정하는 중요한 요소다. 나는 일대일 회의가 하나의 공식적인 회의가 아니라, 더 알고 싶은 사람과 점심이나 커피를 함께하는 시간이라고 바라보았을 때, 더 나은 성과로 이어졌다는 사실을 알게 되었다.

식사 시간을 활용해 일대일 회의를 하는 게 편하다면, 정기적으로 함께 점심을 먹는 시간을 갖자. 혹시 당신과 직원 모두 걷기를 좋아하고, 사무실 근처에 좋은 산책로가 있다면 걷기 회의 시간을 가져보자. 아침에 활력이 높다면, 아침 시간에 일대일 회의를 갖자. 오후 2시에 졸음이 온다면 그 시간은 피하자.

당신은 이미 많은 회의 일정이 있다. 따라서 가급적 에너지를 아끼는 방식으로 일대일 회의의 시간과 장소를 최적화하자. 그러나 상식을 벗어나서는 곤란하다. 가령 새벽 5시에 헬스장에서 운동을 한다고 해서 그곳으로 직원을 부를 생각은 하지 말자.

일대일 회의를 몇 번 해야 할까

시간은 관계 형성에 대단히 중요한 요소다. 일대일 회의는 상사가 얼마나 많은 직원을 관리할 수 있는지를 결정하는 자연적인 기준이 되어야 한다. 나는 일주일에 한 번씩 50분의 시간 동안 모든 직원을 일대일로 만나고 싶다. 그러려면 일정상 일주일에 다섯 명밖에 만날 수 없다. 듣는 것은 대단히 힘든 일이다. 직원들의 이야기를 무한정 들을 수 있는 여력은 내게 없다. 그래서 나는 직속 부하직원을 다섯 명까지만 두려고 한다. 직원들과 멀리 떨어져 있는 경우, 나는 화상 기술을 통해 일대일 회의 시간을 갖는다. 그리고 좀 더 자주 회의를 함으로써 단점을 보충한다.

지금까지 내가 몸담았던 여러 기업을 포함하여 일반적인 많은 기업에서 다섯 명은 현실적인 숫자가 아니다. 만약 10명의 부하직원을 맡아야 한다면, 일대일 회의 시간을 25분으로 줄여야 할 것이다. 내가 아는 많은 관리자가 20명 정도의 직원을 관리한다. 그들은 실질적으로 일대일 회의를 하지 못한다. 이것이 바로 오늘날 많은 기업의 현실이다. 당신이 지금 이러한 상황에 처해 있다면, 각 직원당 25분의 시간을 격주로 갖는 방법을 추천한다. 또한 부하직원에게 리더십을 발휘할 기회를 마련할 수 있는지, 혹은 부하직원 수를 줄일 수 있는지 적극적으로 알아봐야 할 것이다.

마지막으로 회의가 계속해서 늘어나는 흐름을 막기 위해, 일대일 회의를 통해 팀원과 경력 대화(7장 참조)를 하거나, 공식적인 성과 검토 시간을 갖는 방법을 추천한다.

일대일 회의를 취소하지 말자!

일대일 회의에서 가장 중요한 조언은 함부로 취소하지 말라는 것이다. 부하직원이 10명 이하이고, 매주 그들과 한 번씩 일대일 회의를 나눌 수 있다고 해보자. 출장이나 병가, 휴가 등 다양한 이유로 열세 번의 일대일 회의 중 두세 번은 취소할 수밖에 없을 것이다. 게다가 특별한 일대일 회의를 위한 시간(가령 성과 검토, 피드백 요청, 경력 대화 등)을 따로 마련해두었다면, 정기적인 일대일 회의는 분기당 7~8회 정도에 불과할 것이다.

이상적인 조직 구조가 안 되고, 부하직원의 수가 10명이 넘는다면 일대일 회의는 격주로밖에 진행할 수 없을 것이다. 다시 말해 각 부하직원과 분기당 서너 번밖에 일대일 회의를 할 수 없다는 뜻이다. 그러니 일정상 어떤 문제가 발생하더라도 가급적 일대일 회의만큼은 취소하지 말자.

부하직원의 안건을 놓고 얘기하자

일대일 회의를 위한 안건을 부하직원이 들고 온다면 회의는 더욱 생산적으로 진행될 것이다. 그들에게 정말로 중요한 문제를 다룰 수 있기 때문이다. 더 나아가 나는 안건과 그 전달 방식에 대해 기본적인 기대를 마련해두길 추천한다. 당신은 체계적인 안건을 원하는가? 그 안건을 회의 전에 미리 확인하고 싶다면 그렇게 말하자. 반대로 미리 확인할 필요가 없다면 그렇게 일러두자. 안건을 냅킨 위에다가 적어와도 괜찮은가? 아니면 문서로 작성해서 나중에 참조할 수 있는 공식적인 형태를 원하는가?

공식적인 안건을 원하든, 아니면 자유로운 형태를 원하든 간에, 안건은 당신이 아니라 부하직원이 들고 와야 한다. 여기서 상사의 역할은 그들이 제대로 준비를 하지 않았을 때 이에 대해 책임을 지도록 하는 것이다. 혹은 때로 특별한 안건 없이 일대일 회의를 진행해도 좋다는 결정을 내리는 것이다.

팀장이 할 수 있는 질문들

회의를 이어가기 위한 몇 가지 질문을 소개한다. 이를 통해 당신이 귀를 기울이고 있으며 많은 관심을 갖고 있다는 사실을 보여줄 수 있다. 실제 회의와 당신이 생각하는 회의 사이의 간극을 점검할 수 있다.

"왜 그런가요?"

"어떻게 내가 도울 수 있을까요?"

"더 수월하게 하려면 내가 무엇을 해야(하지 말아야) 할까요?"

"요즘 잠을 잘 못자는 이유가 뭔가요?"

"억지로 하는 일이 있습니까?"

"그 일을 싫어하는 이유가 흥미가 없기 때문인가요, 아니면 중요하지 않다고 생각하기 때문인가요?"

"그 일을 하지 않으려면 어떻게 해야 하죠?"

"원하는 일을 하지 못하고 있습니까?"

"그 이유가 뭔가요?"

"그 일을 하려면 어떻게 해야 하죠?"

"팀이 정한 우선순위에 대해 어떻게 생각합니까?"

"중요하지 않거나 비생산적인 일에 집중하고 있습니까?"

"당신이 생각하기에 중요한 일을 하지 않고 있습니까?"

"당신 생각을 팀원들에게 직접적으로 얘기한 적이 있습니까? 없다면 그 이유는 무엇입니까?"

(이러한 질문의 목표는 당신이 문제를 해결하려는 것이 아니라, 해당 직원이 문제를 제기하도록 격려하기 위함이다. 6장, '험담을 들어주지 않는다' 참조)

일대일 회의에서 새로운 아이디어를 자극하자

일대일 회의를 시작하기 전에 조너선 아이브의 말을 떠올려보자.

"새로운 아이디어는 위태롭다."

일대일 회의는 새로운 아이디어를 논쟁의 수렁으로 집어넣기 전에 배양하는 안전한 공간이 되어야 한다. 아이디어에 대한 직원의 생각과 그 이해를 명확히 하도록 도움을 주자. 아이디어에 대한 설명은 엔지니어와 영업사원을 대상으로 서로 다른 두 가지 형태로 이뤄져야 한다. 직원들이 아이디어를 배양하도록 격려할 수 있는 몇 가지 질문을 소개한다.

"본격적인 논의에 앞서 팀 차원에서 생각해봐야 할 아이디어가 있습니까? 내가 도움을 줄 수 있을까요?"

"아이디어가 있는 것 같은데 그게 정확하게 무엇인지 잘 모르겠군요. 다시 한번 자세하게 설명해줄 수 있을까요?"

"좀 더 고민해볼까요?"

"아무나 쉽게 이해할 수 있을 것 같지는 않군요. 다른 이들에게 다시 설명해줄 수 있을까요?"

"사람들이 바보라서 이해 못 하는 걸까요, 아니면 충분히 자세하게 설명하지 않아서일까요?"

일대일 회의에서 잘하지 못하고 있음을 말해주는 신호

일대일 회의는 직원들이 생각을 당신과 공유하고, 업무적으로 어느 방향으로 나아가야 할지 함께 결정하는 소중한 시간이다. 당신에게도 마찬가지다. 때로 일대일 회의에서 상사로서 역할을 다하지 못하고 있다는 조기 경보 신호를 발견할 수 있다. 몇 가지 분명한 사례를 살펴보자.

취소

직원들이 일대일 회의를 너무 자주 취소한다면, 그들이 이로부터 실질적인 도움을 얻지 못하고 있다는 신호다. 혹은 당신이 지적 사항을 모아놓았다가 한꺼번에 터뜨리는 시간으로 부적절하게 활용하고 있다는 신호일지도 모른다.

업데이트

이메일로 충분히 전달할 수 있는 정보만 이야기한다면 좀 더 효과적으로 그 시간을 활용하도록 해야 할 것이다.

좋은 소식만

좋은 소식만 이야기한다면, 직원들이 실제 문제를 가지고 편안하게 찾아올 수 없다는 신호이거나 당신에게서 도움을 얻을 수 없을 것이라고 생각한다는 신호다. 이러한 경우, 나쁜 소식도 이야기해달라고 분명하게 요청해야 한다. 부정적인 이야기를 들을 때까지 계속 요청하자.

지적이 없을 때

직원들이 당신에게 아무런 지적을 하지 않는다면 상사로서 역할을 제대로 하지 못하고 있는 것이다. 그런 때, 이렇게 질문을 던지자.

"협력을 위해서 내가 해야 할 일, 혹은 하지 말아야 할 일이 있습니까?"

안건이 없을 때

논의 주제가 계속해서 없다면 직원이 위압감을 느끼거나, 회의의 목적을 이해하지 못하거나, 회의가 유용하다고 생각하지 않기 때문이다. 그럴 경우 공손하고 직접적으로 질문을 던지자.

"이 회의는 여러분을 위한 시간입니다. 그런데 함께 이야기를 나눌 게 별로 없어 보이는군요. 그 이유를 말해줄 수 있나요?"

2. 관리자 회의
: 팀 생산성을 높이는 핵심 과정

그동안 함께 일해온 많은 CEO와 중간관리자, 신참 관리자들 모두 직속 부하직원과 함께 생산적인 관리자 회의를 이끌어가는 과정에서 많은 어려움을 겪는다. 회의 주최자는 부담을 느끼고, 참석자는 시간 낭비라 생각하고, 회의에서 배제된 직원들은 소외감을 느낀다.

비대해진 관리자 회의는 자칫 참석자들의 시간과 에너지를 낭비시킬 수 있지만, 그 반대도 가능하다. 잘 운영하기만 한다면 이를 통해 시간을 절약하고, 문제에 대한 경고 신호를 확인하고, 업데이트를 효율적으로 공유하고, 모든 직원이 그 주의 공유된 우선순위를 동일한 관점으로 바라보게 만들 수 있다.

관리자 회의의 목표는 '배우기, 듣기, 정리하기' 세 가지다. 지난주 업무 진척 상황을 확인하고, 직원들끼리 중요한 업데이트를 공유하고, 주요 의사결정 사항을 분명하게 확인하고, 다음 일주일 상황에 대해 이야기를 나눈다. 그걸로 끝이다. 관리자 회의는 안건을 논의하거나 의사결정을 내리는 자리가 아니다. 여기서 상사의 역할은 일관적인 안건을 마련하고, 직원들의 관심을 끌어모으며, 너무 오랫동안 한 가지 프로젝트에 매달려 있거나 궤도에서 벗어난 직원들을 정렬하는 것이다.

가장 효과적이라고 생각하는 안건은 다음과 같다.

- 배우기: 핵심 기준 검토(20분)
- 듣기: 공유 문서 업데이트(15분)

● 정리하기: 핵심 의사결정 및 논의 사항 확인(30분)

배우기: 핵심 기준 검토(20분)

지난주에 어떤 일이 잘 진행되었으며, 그 이유는 무엇인가? 제대로 진행되지 않은 일은 무엇이며, 그 이유는 무엇인가?

검토해야 할 핵심 기준으로 구성된 대시보드를 만든다면 회의는 더 부드럽게 이뤄질 것이다. 여기서 대시보드란 IT 부서가 설계한 대단히 복잡한 시스템을 의미하는 게 아니다. 그저 몇 가지 숫자를 기입한 스프레드시트 문서를 말한다. 지금 목표 달성을 향해 나아가고 있다면, 반드시 알아야 하고 매주 확인해야 할 주요 업무와 결과는 무엇인가? 이러한 대시보드는 당신이 직접 설계할 수 있다. 이를 위해 굳이 기업의 제반시설까지 활용할 필요는 없다.

이상적으로, 대시보드는 자동 업데이트된다. 그게 불가능하다면, 관리자 회의 하루 전에 모든 직원이 그들이 맡은 부분을 직접 업데이트하도

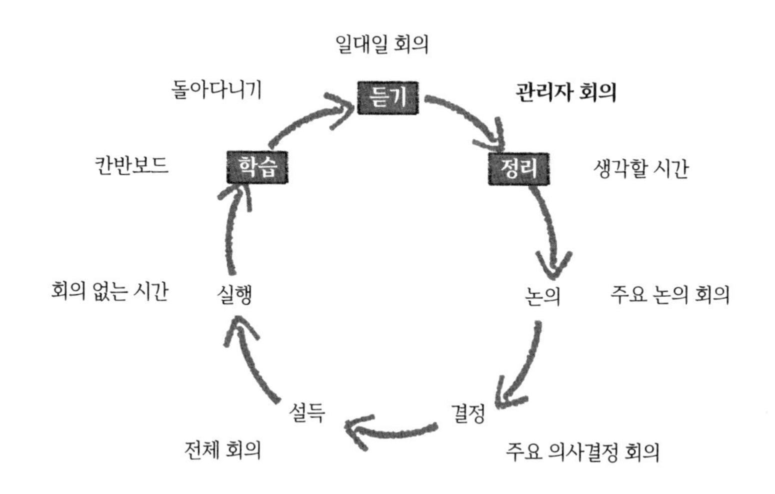

록 하자. 직원들 스스로 검토하고 업데이트할 때까지 재촉해도 좋다. 모두가 볼 수 있는 위치에 대시보드를 붙여놓는다면 이를 통해 거의 모든 것을 공개할 수 있다.

듣기: '스터디홀' 시간을 활용해 공유 문서에 업데이트 사항 기록하기(15분)

팀 관리에서 가장 힘든 부분은 모든 직원이 다른 직원들과 함께 똑같은 속도로 나아가도록 만들고, 관심 및 중복 영역을 표시함으로써 시간 낭비를 줄이는 것이다. 업데이트는 핵심 기준과는 달리 대시보드에 포함되지 않는다. 가령 이런 것들이다.

"이번 프로젝트의 목표를 바꿔야 한다."

"구조조정에 대해 생각하고 있다."

"해고를 고려하고 있다."

"다음 달에 수술이 있음. 퇴원하기까지 3주 정도 걸릴 예정임."

어떤 리더는 이러한 정보 공유를 위해 관리자 회의를 몇 시간 동안 진행한다. 늘어지는 회의를 좋아할 사람은 아무도 없다. 그래서 어떤 리더는 다른 방향을 선택한다. 그들은 지난주의 핵심 업무와 다음 주에 할 일을 기록하는 공식 문서를 활용한다. 구글 역시 이러한 방식을 활용했고, 이 업데이트를 '스니펫snippet'이라고 불렀다.

정보 업데이트를 위한 스니펫 시스템은 사용하기 쉽고, 관리자 회의가 끝없이 늘어지지 않도록 막는 대안이다. 직원 각자가 스니펫을 작성하는 데에는 몇 분밖에 걸리지 않고, 다른 직원의 스니펫을 읽는 데에도 오래 걸리지 않는다. 그럼에도 실행 초기, 구글의 많은 직원은 스니펫에 강한 저항감을 갖고 있었다. 모든 직원이 참여하지 않을 때, 스니펫 시스템은 의미가 없다.

나 역시 끝없이 늘어지는 관리자 회의에 반대했음에도, 스니펫을 입력하기 위한 5분의 시간을 부담스럽게 여긴 사람 중 하나였다.

나는 잠시나마 스니펫을 작성하기 위해 열심히 노력했다. 그러나 스니펫을 힘들어하는 것이 나 혼자가 아니라는 사실을 깨달았을 때, 다른 해결책을 마련해야겠다고 생각했다. 그래서 관리자 회의 시간 안에 스니펫을 작성하고 남의 스니펫을 읽는 시간을 별도로 마련했다. 이 방법은 꽤 효과가 좋았다.

다음으로 스터디홀 스니펫의 작동 방식을 살펴보자. 모든 직원이 5~7분 동안 자신이나 자기 팀이 그 주에 실행했던 업무 사항과 다른 직원들에게 알려야 할 3~5가지 업무 사항을 적도록 한다. 그 뒤, 다시 모든 직원이 5~7분 동안 다른 직원의 업데이트 내역을 읽도록 한다. 그동안 잡담은 금물이다. 팔로업 질문은 회의가 끝나고 다룰 것이라고 일러두자. 나는 이처럼 간단한 방법으로 관리자 회의에서 낭비되는 시간을 크게 줄일 수 있었다. 스니펫을 실천하지 않을 때, 대부분의 회의 시간 동안 두세 사람만 이야기를 하고 나머지는 심드렁하게 쳐다보는 상황이 이어질 것이다.

스니펫 시스템은 여러 사람이 동시에 편집 가능한 공유 문서가 있을 때 가장 효과적으로 작동한다. 예를 들어 구글 독스Google Docs나 오피스 365Office 365, 에버노트Evernote 등을 사용할 수 있다. 만일 직원들에게 노트북이나 스마트폰이 없다면 종이와 펜을 사용해도 무방하다. 모두가 종이에 기록한 뒤 돌려보는 식으로 확인하면 된다.

당신이 상사의 상사라면, 스니펫을 전체 팀에 공개하자. 이 말은 곧 거기에 비밀로 간직해야 할 내용, 즉 개인의 성과나 연봉 조정 등의 문제는 담을 수 없다는 말이다. 당신은 팀을 위해 '비밀 스니펫' 문서를 관리할 수 있겠지만, 너무 많은 정보를 담지 않도록 유의하고 대부분 논의 주제는 팀 전체와 공유하자.

정리하기: 핵심 의사결정을 정의하고 논의하기(30분)

당신의 팀이 그 주에 처리해야 할 한두 가지 주요 의사결정이나 논의 사항은 무엇인가? 팀 규모가 20명 이하라면 그 목록을 작성해서 즉흥적인 방식으로 의사결정·논의를 처리할 수 있을 것이다. 20명이 넘는다면 좀 더 형식을 갖춰야 할 것이다.

각각의 안건을 '주요 의사결정'과 '주요 논의 사항'으로 분류하고, 누가 제안한 것인지 명시하자. 이로 인해 회의가 더 늘어난다고 생각할 수 있겠지만, 실제로는 상사의 부담을 덜어주고, 또 논의와 의사결정 회의에 참석하길 원하는 직원들에게 기회를 줄 수 있다.

논의 사항과 의사결정을 제안한 사람은 당신이나 당신의 부하직원들은 아닐 것이다. 회의를 두 가지로 구분함으로써 당신은 논의와 의사결정을 직원들에게 위임할 수 있다. 이러한 위임을 통해 직원들이 사실에 직면하도록 하고, 또한 수직적인 사고(즉, 세부사항이나 현실과 단절된 사고)로부터 벗어나게 할 수 있다.

두 회의의 안건은 팀 전체에 걸쳐 전달되어야 한다. 참석을 희망하는 누구에게라도 열려 있어야 한다. 초반 회의 규모는 아주 크겠지만, 머지 않아 직원들은 정말로 원할 때만 참석할 것이다. 직원 대부분 관련 있는 의사결정 과정에서 배제되기를 싫어한다. 자신과 무관한 회의에 참석하는 것은 더 싫어한다. 약간의 투명성만 보장한다면 이러한 문제를 쉽게 해결할 수 있다.

3. 생각할 시간
: 생각할 시간을 확보하고 반드시 지킨다

당신은 공식적으로 일정이 잡힌 회의 외에도 직원들과 함께 여러 문제에 대해 이야기를 나누고 싶을 것이다. 급박하게 처리해야 할 문제는 언제든 등장하게 마련이다. 당신은 언제 생각을 명료하게 정리할 시간을 따로 마련해야 할까? 직원들이 그들의 생각을 명료하게 가다듬도록 도움을 줄 시간을 언제 마련해야 할까?

이러한 질문에 대해 아무런 결정을 내리지 않는다면, 식사는 물론 화장실에 가거나 물을 마실 여유도 없을 것이다. 당신은 결국 일정표에 끌려다니다 밤늦게 잠자리에 들 때가 되어서야 조용히 생각할 수 있는 혼자만의 시간을 가질 수 있을 것이다. 그러나 밤에는 분명히 잠을 자야 한다.

크게 성공을 거두고 그래서 항상 바쁜 내가 아는 한 CEO는 일정표상에서 매일 혼자 생각할 시간 2시간을 따로 마련해둔다. 그는 어느 누가 찾아와도 그 시간을 변경하지 않는다.

한번은 어느 나라의 대통령(국가는 밝히지 않겠다)이 그를 만나고 싶다고 연락해왔다. 그때 대통령 측은 회의 안건에 대해서는 별다른 언급을 하지 않았다. 물론 대부분의 사람이라면 궁금해서라도 그 제안을 당연히 받아들였을 것이다. 그 CEO는 그러지 않았다. 왜? 그럴 경우 생각할 시간을 뒤로 미뤄야만 했기 때문이다. 또 다른 한 언론사 임원은 CEO의 사무실로 들어갔을 때, 그가 의자에 기대앉아 하늘을 멍하게 쳐다보고 있었다는 이야기를 들려주었다. 그는 CEO에게 무슨 생각을 그렇게 하느냐고 물었고, CEO는 앞으로 10년 동안 조직을 어떻게 이끌어갈지 고민하고 있었다고 답했다고 한다.

생각하기는 CEO만의 과제가 아니다. 나는 구글의 중간관리자 시절에 이 방법을 실천에 옮겼다. 여기서 내가 하는 조언은 생각할 시간의 일정을 잡고, 이를 신성하게 여기라는 것이다. 직원들에게도 그 시간만큼은 결코 양보할 수 없다는 사실을 분명히 알려두자. 혹시 그 시간에 약속을 잡으려고 한다면 분명히 거절 의사를 밝히자. 그리고 팀장도 똑같은 방법을 실천하도록 격려하자.

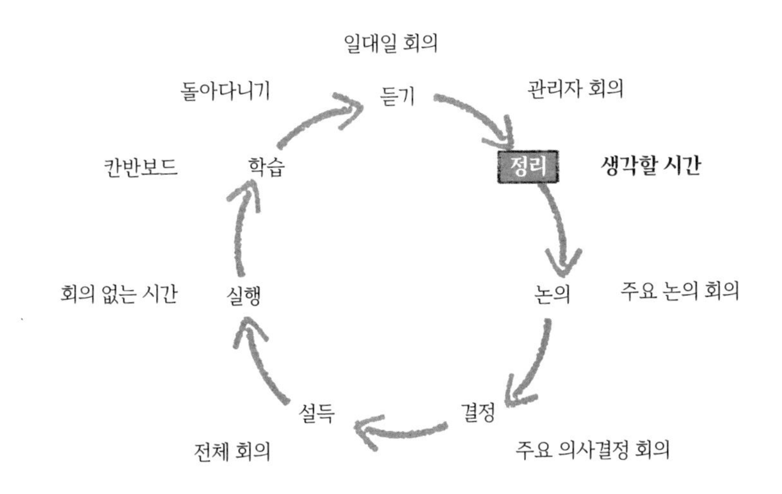

4. 주요 논의 회의
: 최종 결정이 아니라 토론을 하는 시간

'주요 논의' 회의는 팀이 직면한 주요 사안에 대해 최종 의사결정이 아니라 토론을 하기 위해 따로 마련된 시간이다. 목적은 세 가지다.

긴장감 낮추기

많은 회의에서 드러나는 갈등과 혼란은, 참석자 절반은 의사결정을 추구하고, 나머지 절반은 토론을 추구한다는 사실에서 비롯된다. 의사결정을 추구하는 이들은 나머지 절반이 진지하게 해결책을 모색하지 않는다고 화를 낸다. 반면 토론을 추구하는 이들은 나머지 절반이 사안에 대한 충분한 숙고와 다양한 관점에 대한 고려를 거부한다고 분통을 터뜨린다. 그러나 그 회의가 아무런 의사결정 없이 끝날 것임을 먼저 분명하게 밝히면 긴장의 원천은 사라진다.

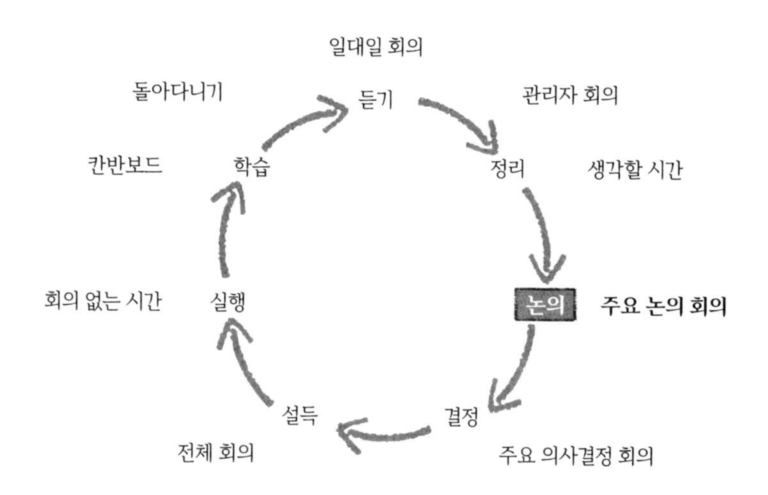

필요할 때 개입해서 의사결정 일정 미루기

사안이 중대하고 구체적인 해결책에 대해 많은 의견 충돌이 있을 때, 갈등과 혼란이 계속해서 이어진다. 이러한 상황을 피하기 위해 직원들은 오래 숙고하거나 충분한 정보를 얻기 전에 의사결정에 뛰어들려고 한다. 그러나 토론을 목적으로 회의를 잡으면 직원들이 문제를 계속해서 고민하고, 필요한 정보를 나누고, 전문가의 조언을 구하고, 더 깊이 생각하도록 만들 수 있다.

강력한 논의 문화 구축하기

효율적인 팀에서는 끊임없이 논의가 이어진다. 주요 논의 회의를 정기적으로 주최함으로써 의견 충돌을 해결하는 역량과 끈기를 강화할 수 있다. 이를테면 '특정 회사에 대한 투자'를 주제로 논의를 진행할 때("엄청난 투자를 통해 새로운 위험 시장으로 진입해야 하는가?"), 모든 이해관계자들이 열린 방식으로 논의에 참여해야 한다. 감정적 대립을 예방한다는 점에서, 정기적인 토론은(혹은 논쟁도) 긴장감을 낮추는 데 도움을 준다. '자기조직화 임계성self-organizing criticality'의 원칙(많은 작은 변화는 안정에 기여하지만, 하나의 거대한 변화는 재앙을 촉발한다)은 시장은 물론 인간관계에도 그대로 적용된다.

회의 전략은 간단하다. 관리자 회의가 끝난 뒤, 회의 주제와 주최자, 참석자에 관한 정보를 당신의 팀원들(당신이 관리자의 관리자일 때)은 물론, 협력하고 있는 다른 팀 모두에게 전달해야 한다. 또한 원하는 직원들 누구나 참석 및 참관을 할 수 있어야 한다. 회의 주최자는 한 사람을 지목해서 기록하도록 하고, 그렇게 작성된 자료는 관련된 모든 팀과 공유한다.

주요 논의 회의의 규칙은 간단하다. 참석자는 모두 회의장에 들어설 때 에고를 내려놓아야 한다. 회의의 목표는 최고의 해결책을 함께 모색하는 것이다. 그 과정에서 승자와 패자는 없다. 한 가지 훌륭한 규칙은 논의 중반에 참석자들끼리 서로 역할을 바꿔보도록 하는 것이다. 이를 통해 서로의 주장에 귀를 기울여 최고의 해결책을 제시하고, 각자의 에고와 지위를 잊어버리게 만들 수 있다.

주요 논의를 통해 사실과 당면 과제를 신중하게 정리하고, 주어진 선택권을 분명하게 확인하며, 의사결정에 이르기 위한 제안을 요청해야 한다.

5. 주요 의사결정 회의
: 문 앞에 에고를 내려두고 입장

일반적으로 '주요 논의' 회의 이후에 '주요 의사결정' 회의가 이뤄진다. 이 회의는 두 가지 중요한 기능을 한다.

첫째, 중요한 의사결정을 내린다.

둘째는 다소 미묘한 것으로, 그동안의 논의를 중단하고 의사결정 과정을 시작한다. 그 전환 시점을 언제로 잡아야 하는지에 대한 정답은 없다. 다만 논의 과정을 끝내고 의사결정 과정을 시작하는 시점에 대한 분명한 이해와 의식적인 구분이 필요하다. 따라서 나는 두 가지 회의를 서로 구분하여 진행하기를 권한다.

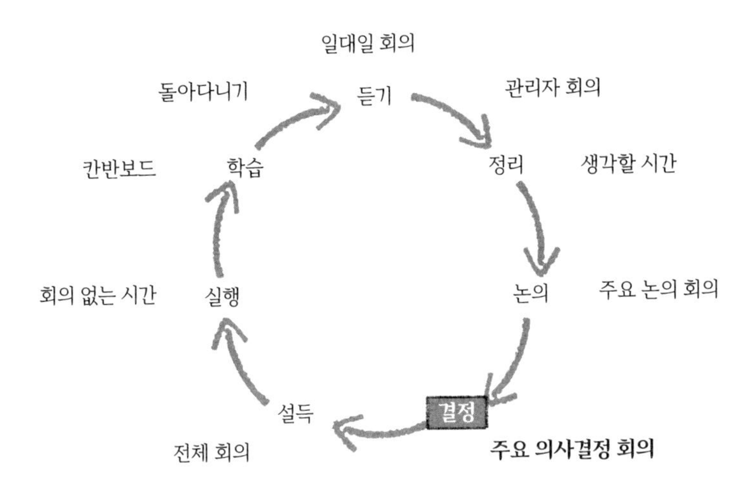

의사결정 회의의 전략과 원칙은 '주요 논의' 회의와 동일하다. 관리자 회의에서 정한 사람이 '의사결정자' 역할을 맡는다. 이 회의의 참석자들은 관리자 회의에서 정한 사람들이지만, 그밖에 누구라도 참석할 수 있다. 또한 논의 내용을 기록하고, 이를 관련된 모두에게 공개해야 한다.

마찬가지로 회의 참석자는 회의실 문 앞에 에고를 내려두고 입장해야 한다. 또 승자도 패자도 없다. '주요 의사결정' 회의를 마친 뒤에는 공식적인 요약 자료를 모든 이해관계자에게 보내야 한다.

의사결정은 최종적인 것이어야 한다. 만약 그렇지 않을 때, 이의 제기가 계속되면서 논의는 끝나지 않을 것이며, 실질적인 의사결정도 이루어지지 않을 것이기 때문이다.

당신은 다른 모든 참석자와 마찬가지로 회의에서 이뤄지는 모든 의사결정에 관여할 수 있다. 당신이 분명한 입장을 고수하는 주제라면, 자유롭게 의견을 개진함으로써 당신에게 거부권이 있음을 회의 주재자에게 분명하게 알리자. 그럴 경우, 의사결정자는 공식 자료를 배포하기 전에 먼저 당신에게 승인을 받아야 할 것이다. 거부권은 신중하게 사용해야 한다. 그러지 않으면 회의는 의미를 잃어버린다.

6. 전체 회의
: 모두가 참석하는 회의

팀 인원이 10명 이하라면, 의사결정 후 별도의 회의를 잡아 모든 구성원을 설득할 필요는 없을 것이다. 그러나 팀 규모가 그 이상이라면, 의사결정 사항을 함께 공유하는 방식에 대해 깊이 생각해봐야 한다. 팀 내 일부가 내린 의사결정이 그 과정에 참여하지 않은 이들에게 모호하고 심지어 비도덕적인 것으로 비춰질 수 있다는 것은 참으로 놀라운 사실이다. 팀 규모가 100명 이상일 때 정기적인 전체 회의는 의사결정 사항을 모두에게 전달하고, 혹은 이의 제기를 받아들이기 위한 중요한 기회가 된다.

실리콘밸리 기업들은 이러한 전체 회의로 유명하다. 애플의 전체 회의는 타운홀Town Hall이라고 한다. 드롭박스는 위스키프라이데이Whiskey Friday, 구글은 TGIFThanks Google It's Friday, 트위터는 티타임Tea Time이라고 부른다. 실리콘밸리 기업들을 살펴보면 전체 회의가 어떻게 이뤄지는지, 그리고 그것이 왜 중요한지 알 수 있다.

일반적으로 전체 회의는 두 부분으로 구성된다. 첫째는 기업이 훌륭한 의사결정을 통해 올바른 방향으로 나아가고 있음을 알리기 위한 프레젠테이션 시간이고, 둘째는 리더가 이의 제기를 듣고 이에 대해 답변을 내놓는 질의응답 시간이다. 까다로운 질문에 리더가 올바른 답을 제시할 때, 일반적으로 질의응답 시간은 프레젠테이션 시간보다 더 효과적일 수 있다.

내가 경험했던 최고의 전체 회의는 구글이 키홀Keyhole(이들의 기술은 이후 구글 어스의 기반이 되었다)을 인수한 직후 가졌던 금요일 회의였다. 래리와 세르게이가 그 인수 건을 놓고 새로운 장난감을 손에 든 아이처럼 기뻐하는 모습을 보였기 때문에, 회의 역시 아주 흥미진진하게 진행되었다. 그 회의는 또한 두 사람이 말한 "세상의 모든 정보를 조직화하라"라는 선언에 대한 최고의 설명이기도 했다. 두 사람이 말하는 정보란 단지 웹사이트나 책만을 의미하는 것은 아니었다. 그것은 말 그대로 세상의 모든 정보를 의미하는 것이었다! 그날 구글의 회의실은 그야말로 흥분의 도가니였다.

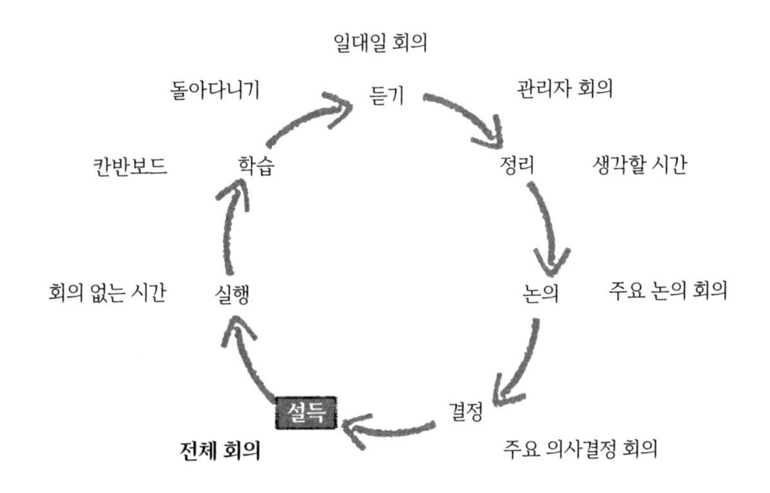

일반적으로 프레젠테이션은 관심을 자극하는 한두 가지 프로젝트에 집중한다. 발제자는 주요 프로젝트에 관한 정보를 전체 직원에게 알리고 그들을 설득한다. 일반적으로 프로젝트를 담당한 팀에서 프레젠테이션을 실시한다.

구글에서 이러한 관행은 중요한 역할을 했다. 구글은 이를 통해 조직 전반에 걸쳐 설득 역량을 강화했으며, 직원들도 이 회의에 참석하기를 좋아했다.

"여러분의 팀이 무대를 원합니까? 그들에게 기회를 주세요!"

다음으로 질의응답 시간은 CEO나 설립자가 진행한다. 이들은 이 시간을 통해 직원들이 정말로 무슨 생각을 하는지 배울 수 있다. 때로 그 과정에서 불쾌하거나, 도전적이거나 기이한 질문에 맞닥뜨리게 된다. 이러한 질문을 다루는 방식은 조직 내에서 올바른 의사결정이 이루어지고 있다는 사실을 직원 모두에게 설명하는 데 대단히 중요하다.

나는 래리 페이지와 세르게이 브린이 구글 TGIF에서 질의응답에 임하는 태도를 항상 높이 평가해왔다. 래리와 세르게이는 매주 다양한 형태의 질문을 받는다. 그럼에도 CEO들이 주로 드러내는, 지나치게 다듬어지고 형식적인 태도는 보이지 않는다. 두 사람은 언제나 즉흥적이고, 인간적이고, 솔직하고, 냉소적이기까지 한 대답을 내놓는다. 간혹 그들의 대답이 너무 직설적이어서 에릭 슈미트가 나서서 마이크를 잡고 이렇게 해명하곤 한다.

"사실 세르게이(혹은 래리)가 뜻하는 바는 이러한 것입니다."

그러면 두 사람은 어깨를 으쓱하며 미소를 지어보이곤 한다. 거칠고 이상한 질문은 TGIF 때마다 계속해서 등장한다. TGIF를 시작할 무렵, 두 사람의 나이는 서른이 채 되지 않았지만, 그럼에도 그들은 중요한 의사결정 사항을 모두에게 설명하고, 이의 제기를 환영하는 방식의 중요성을 본능적으로 잘 이해하고 있었다.

7. 회의 없는 시간
: 업무를 실행하는 데 필요한 시간을 마련한다

지금쯤이면 GSD가 지옥에서 굴러온 바퀴처럼 느껴질지 모른다. 자칫 방심하면 회의는 우후죽순처럼 늘어나 개인이나 팀 차원에서 업무 실행을 가로막을 위험이 있다. 여기서 상사가 해야 할 가장 중요한 일은 팀원들의 업무 실행 시간을 절대적으로 확보하는 것이다.

많은 기업이 시도하는 한 가지 방법은 회의실에서 의자를 몽땅 치워버리는 것이다. 의자가 없으면 회의는 좀 일찍 끝나게 될 것이다. 회의실 테이블에 모여 1시간 넘게 서 있기가 힘들기 때문이다. 또한 앉아 있을 때보다 서 있을 때 창조력이 높아진다는 연구 결과도 있다. 어떤 전문가는 앉아 있는 것이 또 하나의 흡연이라고까지 말한다. 의자를 치우는 방법은 직원들의 건강에도 도움이 되고, 의자 비용까지 절약할 수 있다. 구글에서는 여러 팀들이 이런 선언을 한다.

'회의 없는 수요일', 혹은 '회의 없는 목요일.'

그러나 어느 팀도 이를 완전하게 실행에 옮기지는 못한다. 구글과 페이스북에서 기술팀 임원으로 일했던 그렉 배드로스Greg Badros는 회의의

25퍼센트를 일찍 끝내겠다는 목표를 세웠다. 나는 이런 유형의 목표를 좋아한다. 그러나 그가 실제로 목표를 달성했을 것이라고는 기대하지 않는다.

나는 불로써 불에 맞서는 방식으로는 이 문제를 효과적으로 해결할 수 없다는 사실을 깨달았다. 나는 일정표에서 생각할 시간을 미리 확보해놓는다. 마찬가지 이유로 일정표에서 회의 없는 시간, 즉 업무를 실행하는 시간을 따로 마련해놓는 것이 중요하다고 생각한다. 나는 이 방법을 다른 직원들에게도 추천한다. 이를 통해 그들은 많은 불필요한 회의 요청에 "아니오"라고 분명하게 자신의 의사를 밝힐 수 있다.

8. 칸반보드
: 업무 활동과 흐름을 한눈에 확인한다

칸반보드Kanban Board는 도요타 엔지니어 오노 다이이치大野耐一가 제조업의 공급망 관리를 효과적으로 하기 위해 개발한 일정 관리 시스템으로, 다른 기업들은 업무 흐름을 시각화하기 위해 이 시스템을 활용하기도 한다.

칸반보드는 '해야 할 업무', '진행 중 업무', '완료한 업무'의 세 부분으로 구성된다. 칸반보드를 활용하려면 여러 색깔의 포스트잇 뭉치가 필요하며, 다른 색상은 서로 다른 사람, 혹은 다른 팀을 의미한다.

그들은 자신의 색상에 해당하는 포스트잇에 자기 과제를 적고, 이를 해야 할 업무, 진행 중 업무, 완료한 업무로 분류하여 해당 칸에 붙인다.

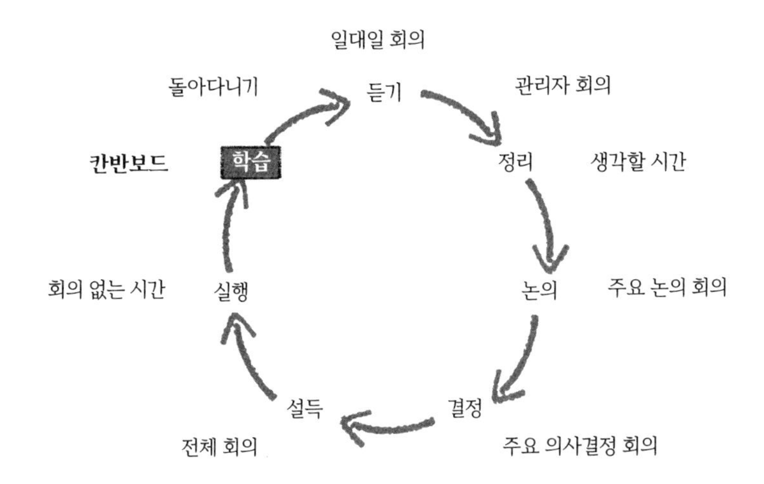

이렇게 하면 어디서 업무적인 병목 현상이 발생하고 있는지 한 눈에 파악할 수 있다. 그리고 개인 및 팀 별로 책임을 부여하는 것은 물론, 누가 도움을 필요로 하고 있는지, 누가 도움을 줄 수 있는지 확인할 수 있도록 해준다.

칸반보드는 진행 중인 업무에 집중하는 대시보드와는 다르다. 칸반보드를 효과적으로 활용하면 미리 문제점을 파악하고 이를 해결하기 위한 시간적 여유를 벌 수 있다.

업무 흐름을 한눈에 확인할 수 있으면 팀은 더 높은 자율성을 확보할 수 있다. 병목 현상이 어디서 발생하는지 누구나 쉽게 확인할 수 있으면 관리자의 개입 없이도 자원을 집중할 수 있다. 예를 들어 당신이 엔지니어 팀장이고 누군가 업무적으로 뒤처져 있다는 사실을 발견한다면, 그 직원을 돕는 데 집중할 것이다. 그 직원이 역할을 제대로 해내지 못하면 전체 과제가 연기되거나 마무리되지 못할 것이기 때문이다.

업무 활동을 확인하고 그 흐름을 시각화하는 노력이 중요한 또 한 가지 이유는 비즈니스 상황이 좋을 때, 누가 실질적인 가치를 만들어내고, 누가 무임승차를 하는지 구분하기가 쉽지 않기 때문이다.

마찬가지로 통제 불가능한 외부 요인으로 비즈니스 상황이 좋지 않을 때, 그저 결과에만 집중한다면 누가 침몰하는 배를 구하기 위해 노력하고 있는지, 누가 그저 허둥대며 돌아다니거나 상황을 더 악화시키고 있는지 구분하는 것 역시 힘들다.

야후와 AOL에서 근무했던 내 동료들은 비즈니스 상황이 좋을 때에는 충분한 보상을 받았지만, 상황이 나빠질 때는 어느 누구도 나서서 무엇을 해야 한다고 말하지 않는다는 이야기를 들려주었다. 그들은 다만 비즈니스 성과에만 주목했다. 그러나 무엇이 좋은 성과를 만들어내는지, 또는 성과가 좋지 못할 때 어떻게 해야 하는지 전혀 알지 못했다.

업무 활동을 확인하고 그 흐름을 시각화하면 팀과 팀원들은 각자의 역할이 어떻게 성공이나 실패로 이어지는지 분명하게 이해한다.

내 경력 초반에, 애드센스의 인사이드세일즈 팀Inside Sales Team은 대형 웹사이트 업체를 대상으로 매출을 올리겠다고 목표를 수립했다. 그런데 그들은 정작 소규모 웹사이트 업체로부터 많은 의뢰를 받았고, 이러한 의뢰에 응답하는 것이 대형 업체들을 찾아 돌아다니는 것보다 훨씬 쉬웠다. 다시 말해 큰 물고기를 잡으러 바다로 나섰지만, 수많은 작은 물고기 떼가 배 안으로 뛰어 들어오는 바람에 큰 물고기를 잡아야 한다는 애초의 목표를 잊어버린 것이다.

어쨌든 매출은 꾸준히 발생했고, 겉으로 보기에 인사이드세일즈 팀의 성과는 대단히 좋아보였다. 그러나 업무 활동의 기준을 살펴보았을 때,

즉 인사이드세일즈 팀의 대형 업체 방문 수를 확인했을 때 우리는 문제가 있다는 사실을 발견했다. 그 팀원들에게 비싼 월급을 주는 것은 저절로 들어오는 주문을 처리하기 위함이 아니었다.

업무 활동 기준을 평가하기 시작하자 팀 매출은 빠른 속도로 증가했다. 또한 평가를 시작하면서부터 누가 정말로 훌륭한 영업사원인지도 분명히 드러났다. 주문을 처리하는 것과 매출을 만들어내는 것은 엄연히 다른 영역이다.

업무 활동을 평가함으로써 팀 간 존경심도 강화할 수 있다. 한 팀의 직원들이 다른 팀이 아무 일도 하지 않은 채 무임승차하고 있다고 생각할 때, 부당함에 대한 분노가 끓어오르게 된다. 그러나 칸반보드를 통해 다른 팀이 무슨 일을 하고 있는지 정확하게 확인할 수 있으면 자연스럽게 존경심이 일어난다.

또한 업무 활동을 평가하고 이를 공식적으로 확인함으로써 연봉 인상과 승진을 통해 최고 성과자에게 일관적인 방식으로 보상을 제공하고, 모두를 힘들게 하는 편향으로부터 자유로울 수 있다.

시어슨리먼허튼Shearson Lehman Hutton에서 주식 리서치를 담당했던 잭 리브킨Jack Rivkin은 애널리스트들의 활동과 성과를 측정하기 시작하며 인스티튜셔널인베스터Institutional Investor 평가에서 3년만에 15위에서 1위로 뛰어올랐다.

업무 활동에 대한 객관적인 평가는 공정성에 영향을 미친다. 어떤 업무 활동이 성공에 기여했는지 분명하게 드러날 때, 채용, 평가, 승진과 관련된 의사결정에서 그만큼 편향은 줄어든다. 실제로 리브킨 팀에는 해당 산업 분야의 어느 조직보다 여성 직원이 많다.

9. 돌아다니기
: 사소한 문제를 빨리 발견하는 방법

직원들의 이야기에 귀를 기울이는 것은 시간과 노력이 많이 필요하지만 그래도 그렇게 어려운 일은 아니다. 그러나 당신이 관리자의 관리자라면, 직원들의 말을 모두 경청하는 것은 더 힘든 일이 될 것이다. 모든 사람의 말에 귀를 기울일 수는 없다. 수백 명, 혹은 수천 명의 직원과 일대일 회의를 할 수는 없다. 그렇다고 사무실에서 시간을 보낸다면 직원들이 찾아와 이렇게 짜증을 낼 것이다. "뭘 하고 있는 겁니까?"

딕 코스톨로야말로 전체 직원과 가장 좋은 관계를 유지하는 리더일 것이다. 그는 이를 위해 많은 노력을 한다. 그런데 그중 한 가지는 아주 간단하다. 사무실을 걸어서 돌아다니는 일이다.

딕의 방법을 실행에 옮겨보자. 일주일에 1시간 돌아다니는 일정을 잡자. 이는 이미 검증된 관리 기술이다. 역사가 스티븐 오츠Stephen B. Oates에 따르면 에이브러햄 링컨도 남북전쟁을 치르는 동안에 막사를 돌아다니며 병사들을 다독였다고 한다. 1970년대에 휴렛패커드Hewlett Packard는 이 방법을 조직문화의 일부로 삼았다. 실제로 그리 어렵지 않다.

사무실에 틀어박혀 있을 때, 혹은 잇달아 회의를 치르고 있을 때, 우리가 무엇을 놓치고 있는지 생각해보자. 사무실을 걸어다니다가 눈에 띄는 직원에게(한동안 대화를 나눠보지 못한 직원이면 더 좋을 것이다) 어떤

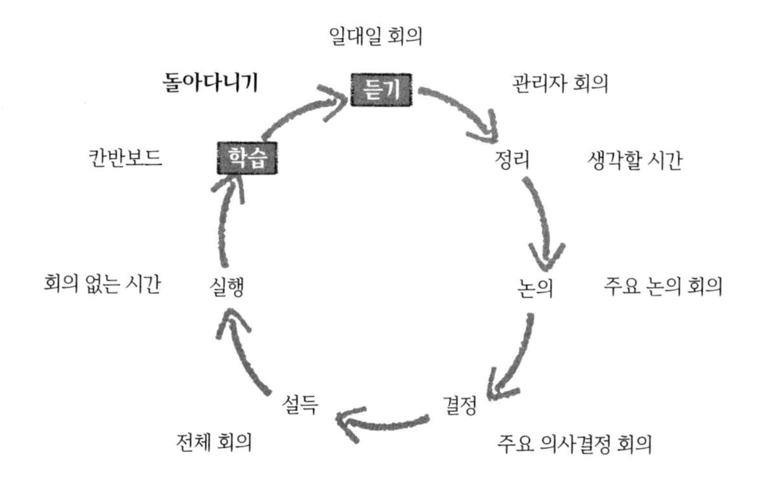

업무를 맡고 있는지 물어보자. 사소한 문제라도 발견하면 그것을 마치 '우주를 담은 모래알'처럼 생각하자.

사소한 문제를 확인하는 노력은 여러 가지로 많은 도움을 준다.

첫째, 구체적인 사안에서 결정적 티끌을 발견하게 된다. 어떤 문제가 발생했을 때 보통 그것을 가장 늦게 알아차리는 사람은 상사다. 직원들이 고의적으로 문제를 숨기려 해서가 아니라, 그들이 중요하게 생각하는 것만 보고를 하기 때문이다. 그러나 사소한 문제는 때로 그들이 생각하는 것보다 훨씬 중요할 때가 많다.

둘째, 당신이 소매를 걷어붙이고 사소한 문제를 해결하려 들 때, "그건 제 일이 아닙니다", 혹은 "내가 그 일까지 해야 해?"라는 태도를 예방할 수 있다. 당신이 모든 사소한 문제에 관심을 기울일 때 모든 직원도 사소한 문제라고 무시하지 않을 것이다.

셋째, 고객 만족도나 업무 만족도에 영향을 미치는 사소한 문제에 당신이 깊은 관심을 보이면 모든 직원이 갑작스럽게 그 문제에 관심을 기울일 것이다. 그러면 중요한 문제도 함께 해결되기 시작한다.

예전에 딕은 트위터의 조직문화를 구축하기 위해 의식적으로 많은 노력을 기울였다. 그는 직원들이 사소한 문제에 불만을 늘어놓기보다 나서서 직접 고치는 적극적인 문화를 창조하고자 했다.

어느 날 사무실을 걸어다니는 동안, 딕은 탕비실에 더러운 접시가 수북이 쌓여 있는 것을 보고 불평을 하는 두 사람 곁을 지나게 되었다. 사실 그도 지나다니다가 접시를 보고 신경이 쓰이긴 했다. 그러나 이번에는 스스로 문제를 해결하기로 결심했다. 그는 걸음을 멈추고 주위를 둘러보았다. 눈에 잘 띄지 않는 다른 장소를 가리키며 두 사람에게 이렇게 물었다.

"접시를 저곳으로 옮기면 어떨까요?"

그들은 고개를 끄덕였고, 놀랍게도 딕은 손수 더러운 접시를 그쪽으로 옮기기 시작했다. 그러자 두 직원은 불만을 멈추고 즉각 그 일을 도왔다. 이 에피소드는 사람들의 입을 타고 널리 퍼졌다.

팀장이 바로 팀 문화다

"문화는 점심으로 전략을 먹는다."[17]

팀 문화는 성과에 많은 영향을 미친다. 리더의 개인적 특성은 팀 문화에 많은 영향을 미친다. 인간으로서 당신의 존재는 팀 문화와 성과에 엄청난 영향을 미친다.

핀터레스트의 CEO 벤 실버맨은 자신의 개인적인 특성이 조직문화에 지나치게 영향을 미치는 게 걱정스럽다는 이야기를 했다. 그는 내성적인 성격이었고 그 조직도 내성적이었다. 그는 논쟁을 좋아하지 않았고 조직 내부에서도 논쟁이 거의 없었다.

나는 그의 말을 듣고 깜짝 놀랐다. 사실 나도 내 팀에게서 비슷한 느낌을 받았지만, 그 사실을 대놓고 말할 용기가 없었기 때문이었다. 한때 내가 이끌던 팀은 마치 찌그러진 거울처럼 내 결함을 과장해서 반영하고 있었다. 팀 문화는 내 특성을 그대로 드러냈고, 이는 결코 내가 선택한 방식이 아니었다.

무척 걱정스러운 일이었다. 그건 내가 내 개인적인 특성을 마음대로 바꿀 수 없었기 때문이다. 그렇다면 팀 문화는 실질적으로 바꿀 수 없단 말인가? 조직에 지대한 영향력을 미치고 있지만, 그 영향력을 내 마음대로 통제할 수 없단 말인가?

다른 많은 문제와 마찬가지로 이것도 당신 혼자만의 문제가 아니다. 직원을 평가할 때처럼 개인의 성격보다 행동에 초점을 맞추자. 즉, 본질이 아니라 행위에 집중하자. 진정성 있게 계속해서 피드백을 요구한다면, 자신의 특질 중 가장 문제가 많은 것들을 파악하게 될 것이다. 앞서 언급했듯이 모든 직원과 완전하게 솔직한 관계를 맺기 위해 노력하는 과정에서 팀 문화는 완전한 솔직함의 사분면으로 나아가게 될 것이다. 당신은 GSD 바퀴의 각 단계에서 의식적인 행동을 통해 조직문화의 다양한 측면에 영향을 미칠 수 있다.

직원들은 당신의 말에 귀기울인다

상사가 되면서 당신은 현미경 아래에 놓인다. 관리자가 되기 전에는 한 번도 경험하지 못했던 방식으로 직원들은 당신의 말에 귀기울인다. 그들은 당신의 이야기에, 당신이 입는 옷에, 당신이 모는 차에 의미를 부여한다(때로는 정확하게). 어떤 면에서 상사가 된다는 것은 구금을 당하는 것과도 같다. 당신의 말과 행동은 당신 자신에게 불리하게 활용될 위험이 있다.

밥 루빈Bob Rubin은 골드만삭스를 이끌던 시절에 시장 상황을 알아보기 위해 영업소에 들렀다. 그는 사무실을 둘러보다가 막 금 매수 거래를 마친 한 직원과 이야기를 나누며 이렇게 말했다.

"저도 금을 좋아하죠."

몇 주 후 밥은 최근 회사가 금을 대량으로 매입했다는 보고를 받고는 깜짝 놀랐다. 그는 담당 직원에게 물었다.

"왜 그렇게 금에 집중하는 거죠?"

돌아온 답변은 이런 것이었다.

"그렇게 해야 한다고 들었습니다. 금을 좋아신다고요!"

그때 밥의 말은 매수 주문을 넣으라는 지시가 아니라 그냥 친근감의 표시였다.

내가 애플에 있던 시절, 쿠퍼티노와 샌프랜시스코 사이를 오가는 셔틀버스 운행 프로그램이 연기되었다는 이야기를 들었다. 그런데 그 이유가 잡스가 버스의 인테리어 가죽을 교체하라고 지시했기 때문이라는 것이었다. 나는 당시 셔틀버스 운행 프로그램의 책임자와 함께 점심을 먹으면서 소문의 진위를 물었다. 그는 웃으며 말했다.

"사실이 아닙니다."

나는 그렇다면 버스의 인테리어 색상은 어떻게 결정했는지 물었다. 그러자 그는 주차장에 가서 잡스의 차 내부를 살펴보았다는 사실을 인정했다. 그때 그가 본 잡스의 차량은 검정색 가죽 시트에 은색 장식으로 꾸며져 있었다. 그렇다면 셔틀버스의 인테리어는? 당연히 검정색 가죽 시트에 은색 장식으로 결정되었다.

밥 루빈이나 스티브 잡스처럼 엄청난 성공을 거둔 리더가 아니어도, 상사는 자신이 의도한 것보다 훨씬 거대한 영향력을 조직문화에 미친다. 관리자로서 경력 초반에, 나는 반짝이는 검정색 셔츠를 자주 입고 다니던 한 영업사원에게 이런 말을 했다.

"저는 옥스퍼드 재질의 흰색 셔츠 차림이 참 좋아 보이더라고요."

난감하게도 그는 다음 날은 물론 일주일 동안 하루도 빼놓지 않고 옥스퍼드 화이트 셔츠를 입고 출근했다. 물론 내가 어떤 암시를 주었기 때문이다. 나는 상사가 된다는 것에 익숙하지 못했고, 직원들이 내 말을 그리 진지하게 받아들일 거라고는 예상하지 못했다.

상사로서 자신의 말과 행동이 예상 밖의 영향을 미치게 되는 경험을 종종 하게 된다. 그래서 실제로 의도했던 것보다 직접적 대립 축을 따라 더 멀리 이동하기도 한다.

정리하라: 메시지를 분명하게 전달하기 위해 계속 노력하라

상사로서 감내해야 할 직원들의 시선을 고려할 때, 무엇보다 메시지를 분명하게 전달하려는 노력이 중요하다. 그것은 침묵도 마찬가지다.

구글에 다닐 때 나는 오렌지색 혼다 엘리먼트 모델을 몰았다. 누가 봐도 내 차임이 분명했다. 대부분의 사람들은 프리우스를 비롯하여 구글에서 보조금을 지원하는 연비 높은 차량을 몰았기 때문이다. 내가 근무하는 사무실은 상사의 사무실과 몇 킬로미터 떨어져 있었기 때문에, 회의를 할 때면 항상 차를 몰고 가야만 했다. 그러나 빠듯한 일정에 비해 주차장은 매번 만원이었기 때문에 되는 대로 주차를 해야 했다. 조금이라도 빈틈이 보이면 어떻게든 차를 밀어넣고 나왔다.

그 무렵 나는 직원들이 자유롭게 기존의 규칙에 도전하도록 '허락이 아닌 용서를 구하라' 문화를 조직 내에서 강조하고 있었고, 그러한 점에서 내 주차 습관도 조금은 용서가 될 것이라고 기대했다. 그러나 '두 번 측정하고 한 번에 자르기'를 주장하는 애플 문화에 있었더라면, 내 주차 습관을 고치거나 적어도 해명을 내놓아야 했을 것이다. 사실 나는 애플에서 일할 때에는 그런 식으로 주차하지 않았다.

분명한 논의와 의사결정: 문화가 '그냥 흘러가게' 내버려두지 마라

어떤 논의와 의사결정은 그냥 '인사팀에 위임'하고픈 생각이 든다. 그런 문제는 주로 뇌를 혹사시키기 싫은 것들이다. 가령 이런 것이다. 이번 행사를 '홀리데이 파티'라고 할까, 아니면 그냥 '크리스마스 파티'라고 할까? 크리스마스 트리를 설치해야 할까? 그러면 촛대는? 술을 준비할 것인가, 말 것인가? 월요일 아침에 회의실에서 브래지어와 팬티를 발견한다면 어떻게 대처할 것인가? 어떤 직원이 동료의 엉덩이를 걷어찬 사건에 대해서는? 그건 중학생들끼리 친근함의 표시로 하는 그런 장난이었다. 그러나 당한 직원은 불쾌함을 호소했다. 이런 상황에 어떻게 대처해야 할까? 누가 처리를 해야 할까?

정말 이런 문제는 인사팀에 미루고 싶다. 그러나 당신의 인간적인 영향력을 배제한 채 오로지 인사팀이나 노무사에게 의사결정을 맡긴다면 조직문화는 규범을 불신하는 방향으로 흘러가게 될 것이다. 당신이 의사결정을 내리지 않으면 조직은 결국 무정부상태로 빠져들게 된다.

설득하라: 사소함에 집중하라

애플에 처음 입사했을 때, 나는 꼼꼼하게 제작된 삼단 접이 방식의 폴더를 하나 받았다. 표지에는 이런 제목이 붙어 있었다.

"아, 서류작업!Ah, Paperwork!"

그건 새로운 업무의 서류작업을 가능한 짜증나지 않는 것으로 보이게끔 하려는 배려와 관심이었다. 폴더는 멋졌다. 저렴하면서도 아름다운 디자인이었다. 나는 제목을 볼 때마다 웃음이 났다. 내가 어떤 업무를 맡게 될 것인지 기대하기도 전에, 그 폴더는 내게 서류작업에 대한 관심을 불러일으켰다.

세부사항에 관심을 기울이면 당신은 직원들에게 조직문화가 이해하고 받아들일 만한 충분한 가치가 있다고 설득할 수 있다. 사무실 환경은 조직문화의 일부다. 가령 실리콘밸리는 독특한 사무실 환경과 최고급 요리사로 유명하다. 비록 그 정도로 넉넉한 자원을 누릴 수 없더라도, 직원들이 좋아하는 커피나 녹차 티백을 탕비실에 비치하는 것쯤은 얼마든지 할 수 있다. 뉴욕에 있는 한 출판사는 블라인드 테스트를 통해 직원들이 좋아하는 커피를 선정하고 구매했다. 이후 직원들의 커피 소비량은 크게 증가했고, 업무 만족도 설문조사는 이에 대해 긍정적인 평가를 보여주었다.

사무실 환경은 문화에 영향을 미친다. 당신은 은은한 조명의 차분한 분위기를 원하는가? 아니면 모두가 분주하게 돌아다니는 활기찬 사무실 분위기를 원하는가? 사소한 선택을 통해 직원들이 조직문화에 따라 행동하도록 설득할 수 있다.

실행하라: 행동은 문화를 반영해야 한다

놀랍게도 당신의 사소한 행동마저 조직문화에 영향을 미친다. 그 영향은 당신이 조직을 떠난 뒤에도 남는다.

구글에 다니던 어느 날, 출근을 하니 사무실 소파가 옮겨져 있는 게 눈에 들어왔다. 지금 위치의 소파를 이용하려면 직원들은 몇 걸음 더 돌아서 가야만 했다. 나는 풍수에 집착하지는 않지만, 소파 위치는 계속해서 눈에 거슬렸고 결국 다시 옮기기로 결정했다. 나는 직원들에게 효율성을 강조했는데 빙 돌아서 소파를 이용해야 하는 것은 그러한 생각과 맞지 않았다. 나는 소파를 혼자서 밀기 시작했다. 그러자 한 직원이 이렇게 농담을 건넸다.

"새로운 일을 맡으셨나 보군요."

나는 웃으면서 이렇게 말했다.

"뭔가 문제가 생기면 그걸 고치는 게 우리 일이죠!"

구글을 떠나고 2년 뒤, 나는 옛 동료를 만나기 위해 구글 사무실을 방문했고 벽에 붙여놓은 슬로건을 보았다.

"애드센스 팀은 소파를 옮긴다!"

내 후임으로 왔던 스콧 셰퍼Scott Sheffer는 자신이 성공적으로 팀을 이끌 수 있었던 것은 내가 오랫동안 팀 문화 구축에 힘을 썼기 때문이라는 이야기를 들려주었다.

배워라: 실수에서 배우는 팀 문화를 만들어라

골치 아픈 일은 언제든 일어나게 마련이다. 그런 일이 벌어질 때, 문제로부터 배우고 변화를 추진하는 것은 상사인 당신의 몫이다. 그러한 책임을 게을리 할 때, 실수에서 배우는 조직문화를 구축할 수 없다.

구글에서 나는 팀원들에게 편안한 문화를 강조했다. 우리가 했던 사소한 노력 중 하나는 회의실을 '편안한 공간'으로 바꾸는 일이었다. 우리는 테이블과 의자를 모두 치우고, 그 자리에 소파와 빈백을 놓았다. 나는 관리자 회의를 주로 거기서 했다. 그런데 어느 월요일 아침, 나는 브래지어와 남자 속옷이 소파 틈 사이에 끼어 있는 것을 발견했다. 사무실 섹스는 결코 내가 추구하는 문화가 아니었다. 결국 나는 '편안한 공간'을 폐지했고 우리는 편안한 문화를 구축하기 위한 새로운 방법을 찾아야 했다.

들어라: 팀 문화는 자기 복제로 퍼져나간다

조직문화와 관련해서 가장 놀라운 점은 강력한 문화는 자가 복제 기능이 있다는 사실이다. 당신이 조직문화에 영향을 미치기 위해 많은 의식적인 노력을 했더라도, 자기 자신보다 더 큰 가치를 이룩했다고 느낄 때 비로소 성공했다는 확신을 얻을 수 있을 것이다.

우리가 애드센스 팀을 전 세계 다양한 지역에 걸쳐 구축했을 때, 각 지역의 팀 문화가 어떤 형태로 드러날지 많이 걱정되었다. 나는 모든 팀이 권위에, 특히 내 권위에 도전하라고 말하고 싶었다. 나는 이러한 메시지를 전하기 위해 각 지역의 사무실을 방문해야 한다고 생각했지만 당시 나는 임신을 준비하고 있었고, 그래서 출장을 가기는 힘들었다.

특히 중국팀이 신경쓰였다. 내가 알고 있던 중국 문화를 감안할 때, 권위에 도전하는 문화를 그곳에 복제하는 것은 더욱 힘들 것이라는 생각이 들었다. 1장에서도 언급했듯이, 나는 중국팀 리더인 로이 주와 이 문제에 관해 광범위하게 이야기를 나눴다. 내가 그곳을 직접 방문하지 않고도 메시지를 잘 전달할 수 있을까? 나는 걱정이 되었다. 임신 계획만 아니었더라면 당장 출장을 떠났을 것이다.

당시 중국팀의 한 직원은 전 세계 모든 애드센스 팀들이 서로를 소개하는 영상을 제작하자는 아이디어를 냈다. 솔직히 말해서 나는 별 기대를 하지 않았다. 결과는 놀라웠다. 모든 영상에서 나는 인간적인 따스함과 유머를 느낄 수 있었다. 권위에 대한 도전은 마운틴뷰나 더블린에서와 마찬가지로 베이징에서 만든 영상에서도 뚜렷하게 드러났다. 동시에 각각의 개성도 뚜렷했다.

애드센스 문화를 홍보하는 차원에서 각 팀의 영상을 내가 직접 감독했다면, 아마도 만족하지 못했을 것이다. 그러나 나는 영상 제작에 전혀 관여하지 않았다. 어떻게 가능했을까? 그건 바로 문화의 자기 복제력 때문이었다. 나는 내 자신보다 더 큰 가치를 창조하는 데 기여했던 것이다. 그건 내 업무 경력에서 마술처럼 빛나는 순간이었다.

시작하기

축하한다! 이 책을 여기까지 읽었다는 것은 자신이 원하는 상사가 되기 위한 첫 걸음을 시작했다는 뜻이다. 내가 모든 해답을 제시한 것은 아니지만 당신이 '훌륭한 상사 되기'에 대해 고민해볼 시간을 가졌다는 것은 의미 있는 도약이 아닐 수 없다.

이제 이 책의 아이디어를 실행에 옮길 시간이다. 무엇을 먼저 해야 할까? '작전 순서'는 어떻게 정해야 할까? 아이디어와 방법을 설명하는 것과, 그것을 실행에 옮기는 것은 전혀 다른 일이다. 나는 당신이 올바르게 시작하기를 바란다. 팀과 함께 완전한 솔직함의 문화를 구축하기 위한 한 가지 계획을 소개한다.

이야기를 공유하라

팀원들에게 완전한 솔직함의 개념을 설명하고 앞으로 당신이 하려는 일을 이해시키자. 팀원들에게 책을 권할 수도 있고, 완전한 솔직함의 웹사이트에 게재한 동영상을 보여줄 수도 있다. 가장 좋은 방법은 당신이 직접 설명하는 것이다. 책의 초반에 소개한 '음' 이야기나 '밥' 이야기에 해당하는 당신의 에피소드는 무엇인가? 당신의 이야기를 팀원들에게 들려주자.

약점을 기꺼이 드러내자. 개인적인 이야기는 어떤 경영이론보다 당신이 하고자 하는 일과 그 이유에 대해 잘 설명해줄 것이다. 그래서 나도 이 책에서 다양한 개인 사례를 이야기했다. 당신의 이야기는 내 이야기보다 팀원들에게 더 많은 의미를 전달할 것이다. 그것은 당신 자신에게 중요한 경험이기 때문이다.

요구하기 전에 먼저 모범을 보여라

먼저 팀원들에게 자신을 지적해달라고 요구하자. 6장에서 소개했던 '즉각적인 조언을 요청한다'를 다시 한번 살펴보자. 팀원들이 지적을 하지 않는다고 그냥 포기하지 말자. 처음부터 많은 말을 하지는 않을 것이다. 그 단계를 넘어서기까지는 불편함을 감수해야 한다. 그래도 아무런 지적이 나오지 않는다면, 관심을 더 집중하자.

2장에서 소개한 완전한 솔직함 사분면을 복사해서 붙여두고, 누가 무슨 말을 했는지 기록해볼 수 있을 것이다. 혹은 우리 사이트에서 소개한 캔더게이지를 사용해봐도 좋다. 직원들이 당신을 지적하지 않는다고 해서, 그들이 당신을 완벽한 인물로 생각한다는 뜻은 아니다. 계속해서 아무도 당신을 지적하지 않는다면 마이클 디어링의 '오렌지 상자'를 시도해보자(6장 참조).

조언, 특히 지적을 요청하는 노력은 한 번 하고 끝나는 일이 아니다. '매일' 실천해야 할 과제다. 그러나 일정표를 기록해야 할 회의의 형태가 아니라, 1~2분의 짧은 대화를 통해 얼마든지 실천이 가능하다. 따로 일정을 잡을 필요는 없다. 다만 신중을 기하기만 하면 된다. 처음에는 어색하겠지만, 습관으로 자리 잡히면 하지 않을 때 오히려 불편함을 느끼게 된다. 조언을 구하는 일이 언젠가부터 물을 마시거나 양치를 하는 것처럼 자연스럽게 느껴질 것이다.

이제 경력 대화를 시작할 준비가 되었다

팀원들과 함께 '경력 대화'를 시작하자. 가장 오랫동안 함께 일했던 부하직원들과 먼저 시도해보자(7장, '경력 대화' 참조. 더욱 자세한 내용은 radicalcandor.com 참조).

조언을 요구하는 것과 마찬가지로 '경력 대화' 역시 한 번 하고 끝낼 과제가 아니다. 직원들은 변하고, 당신도 그들과 함께 변해야 한다는 사실을 명심하자! 이러한 점에서 1년에 한 번 일대일 회의를 통해 각각의 직원들과 '경력 대화'를 갖는 시간을 마련하는 것은 좋은 방법이다.

동시에 일대일 회의를 추진하자

부하직원들과 의미 있는 일대일 대화를 나누자. 세 가지 회의 사이에 1~2주 간격을 둔다면, 모든 직원과 세 가지 회의를 나누는 데 최소한 3~6주가 걸릴 것이다(8장, '일대일 회의' 참조).

다음 할 일

완전한 솔직함의 개념을 설명하고, 조언을 요청하고, 경력 대화를 나누고, 일대일 회의를 개선했다면, 당신은 이제 팀원의 신뢰를 얻고, 더 훌륭한 문화를 구축하고 있다는 사실을 확인할 수 있을 것이다. 다음으로 할 일은 즉각적인 칭찬과 지적을 주는 방법을 개선하는 것이다. 즉각적인 조언은 1~2분간의 짧은 대화를 통해 가장 효과적으로 전달할 수 있다는 사실을 명심하자(6장 참조). 당신 스스로 자신이 주는 조언을 평가하자(6장, '즉각적인 조언을 평가하는 요령' 참조).

당신은 완전하게 솔직하다고 생각할지 모르지만, 어떤 직원은 아무런 지적도 듣지 못했고, 다른 직원은 파괴적 공감의 형태로 지적을 듣고, 또 다른 직원은 불쾌한 공격으로 들었다고 생각할지 모른다. 당신은 각각의 직원마다 지적하는 방식을 달리해야 한다. 당신 자신은 물론, 관계와 조직문화를 정확하게 이해해야 한다.

심호흡을 하고 평가하자

업무는 어떻게 되어가고 있는가? 무엇이 효과가 있고, 무엇이 없는가? 직원은 누구와 이야기를 나누는가? 상사에게서 도움을 받을 수 있는가? 팀으로부터는? 외부의 멘토나 코치, 혹은 완전히 솔직한 공동체 내부의 또 다른 인물로부터? 다음의 사항을 확신할 때까지 새로운 시도를 하지 말자.

❶ 관리의 근간이 되는 '조언'을 주고받는 과제에서 진전을 일구어냈다.

❷ 부하직원을 더 잘 이해하게 되었다.

❸ 일대일 회의에 만족한다.

관리자 회의, 주요 논의 회의, 주요 의사결정 회의를 시작하라

이제 업무를 처리하기 위한 역량의 핵심인 신뢰 기반을 구축했다. 다음 단계는 관리자 회의를 효율적으로 진행하는 것이다. 관리자 회의에서는 핵심 기준을 검토하고, 업데이트를 공유하고, 논의와 의사결정 사항을 정의한다. 관리자 회의를 너무 오래 끌어서는 안 된다(8장, '관리자 회의' 참조). 관리자 회의를 마쳤다면, '주요 논의'와 '주요 의사결정' 회의를 시작하자(8장, '주요 논의 회의'와 '주요 의사결정 회의' 참조).

조언으로 돌아가기

팀원들끼리 서로 조언을 주고받는 분위기를 조성하자. '험담 들어주기'를 없애고, '클린 에스컬레이션clean escalation'(양측이 합의에 이르지 못했을 때 상부에게 의사결정을 부탁하는 것-옮긴이) 시스템을 마련해두자.

다른 직원에 대한 험담을 들어주지 않을 것이라는 점을 분명히 하자. 6장에서 소개했던 '험담을 들어주지 않는다'를 읽어보도록 권하자. 정말로 중요한 것은 읽는 것이 아니라 실행임을 명심하자. 논쟁을 해결하기 위해 추가적인 회의를 잡아야 할 수도 있지만, 결과적으로 시간을 절약하는 데 도움이 될 것이다. 적어도 갈등이 면전에서 폭발하는 상황은 벌어지지 않을 것이다.

회의 확산에 맞서 싸우기

지나치게 무리한 일정으로 회의를 잡지 않도록 주의하자. 지금 어떤 회의를 하고 있고, 어떤 회의를 중단할 수 있는지 곰곰이 생각해보자. 일정표에 생각할 시간을 추가하자(8장, '생각할 시간' 참조). 복잡한 일정표는 대부분의 조직에서 끝없이 싸워야 할 대상이다. 자기 자신과 팀 모두를 위해서 효과적으로 맞서 싸우자!

팀의 미래를 위한 계획 세우기

각 팀원의 성장-관리 계획을 세우자(7장, '성장-관리 계획' 참조). 조직 문화가 승진 지향적으로 흘러가지 않도록 주의하고, 록스타 유형에 대한 보상 방식을 고민하자(7장 참조).

다시 조언으로 돌아가기

팀원들이 각자의 조언을 서로 평가하도록 하자. 서로 완전히 솔직한 칭찬과 지적을 나누도록 함으로써 완전한 솔직함의 문화를 강화하고, 당신 또한 직원들과 많은 조언을 개인적으로 나눌 수 있다. 직원들의 반응이 충분치 않다면, 다음 관리자 회의에서 댄 우즈의 '훕스더몽키'를 시도해보자(6장, '직원들이 서로 격려할 환경을 만든다' 참조). 이를 통해 조언을 활발하게 주고받고 있는지 평가할 수 있다. 조언을 주고받는 것은 힘들고 부자연스럽지만, 조직 관리의 핵심 기반이라는 사실을 명심하자.

돌아다니기

당신은 지금까지 많은 노력을 했다. 팀에서 변화가 느껴지는가? 당신이 정말로 원하는 이야기를 듣지 못하고 있는 것은 아닌가? 그렇다면 매주 시간을 정해놓고 사무실을 걸어서 돌아다니자. 직원들과 비공식적인 차원에서 즉흥적으로 대화를 나누자(8장, '돌아다니기' 참조). 상황이 여전히 좋지 않다고 느껴진다면, 팀 내에 아직도 회의주의가 만연하다고 생각된다면, 다시 1단계로 돌아가자. '관리자 픽싯위크'를 고민해보자. 당신의 조직문화는 어떠한가? 문화를 개선하기 위해 어떤 노력을 할 수 있는가?(8장, '팀장은 곧 팀 문화다' 참조)

당신이 관리자의 관리자라면, '직급 건너뛰기 회의'에 도전해보자. 이를 위한 가장 좋은 방법은 1년에 한 번, 2주일 동안 집중적으로 실시하는 것이다. 그렇게 할 때 누구도 소외감을 느끼지 않을 것이다(6장, '직급 건너뛰기 회의' 참조).

완전한 솔직함을 기존 시스템에 추가하기

채용, 해고, 승진(7장 참조)은 물론 공식적인 성과 검토(6장 참조) 과정에서도 완전한 솔직함의 방식을 활용하자.

해야 할 일은 많지만, 보이는 것만큼 부담스럽지는 않다. 이 책에서 내가 제시한 모든 방법을 받아들일 경우, 일주일에 약 10시간만 투자하면 된다. 그중 5시간은 이미 어떠한 형태로든 실행하고 있을 일대일 회의를 위한 것이다. 물론 성장-관리 계획, 직급 건너뛰기 회의, 평가 회의 같은 절차는 매주 진행되는 것이 아니라 집중적으로 이뤄진다. 그러므로 상사로서 핵심 임무와 관련된 업무 시간은 어떤 주에는 8시간, 다른 주에는 12시간 혹은 5시간이 될 수 있다. 그러나 생각과 실행을 위한 시간은 주당 15시간 필요하다. 예측하기 힘든 요구 사항을 처리하기 위해서 또 다른 15시간이 필요하다.

다시 말해 완전한 솔직함의 방식은 실제로 많은 시간을 요구하지만, 전문 영역을 추구하고 예측 불가능한 요구 사항을 처리할 충분한 시간을 남겨준다. 무엇보다도 의식적으로 노력하고 모든 에너지를 쏟도록 자극한다.

이러한 '작전 순서'는 언제, 누구와, 무엇을 할 것인지 우선순위를 정하는 데 도움을 줄 것이다. 그래도 여전히 몇 가지 의문은 남아 있을 텐데, 그러한 의문에 답하기 위해 나는 러스와 함께 캔더를 설립했다. 완전한 솔직함을 주제로 다른 사람과 이야기를 나누고 싶거나 팔로업 질문이나 경영 딜레마가 있다면, 혹은 아이디어를 실행에 옮기기 위해 우리가 만든 앱을 활용하고 싶다면 radicalcandor.com을 방문하길 바란다. 우리는 당신과 계속해서 이야기를 주고받고 싶다. 질문에 대답하고, 완전한 솔직함을 당신의 조직 내에서 현실로 구현하는 과정에 도움을 주고 싶다.

해결책을 제시하거나, 어떤 것이 좋은 아이디어라고 생각하는 것만으로는 실질적인 변화를 이끌어내지 못한다. 그래서 이 책의 후반부는 앞에서 제시한 아이디어를 당신이 실제로 실행할 수 있도록 도움을 주는 데 초점을 맞췄다. 습관을 바꾸기란 힘들다. 그러나 불가능하지는 않다. 당신은 이 책을 읽음으로써 이미 변화를 시작했다. 사무실 환경을 변화시키기 위한 최고의 방법은 왜 변화를 원하는지 고민하고, 변화를 시작할 수 있는 구체적인 사항을 확인하면서 이상을 끝까지 밀고 나가는 것이다.

시작하기 전에 너무 세세한 부분까지 확인하지는 말자. 실행 과정에서 앞으로 나아갈 열정과 에너지를 얻을 수 있기 때문이다. 팀원과 완전하게 솔직한 관계를 구축했다면, 당신은 이미 가장 끔찍한 고통의 원천, 즉 나쁜 팀장이 될 위험을 제거한 것이다.

앞으로 당신은 지금껏 상상하지 못했던 결과를 성취할 것이다. 모두가 자기 일과 협력을 사랑하는 사무실 환경을 창조할 것이다. 더욱 놀라운 것은 새로운 접근 방식이 삶의 나머지 영역으로 퍼져나가면서 관계를 더욱 풍요롭게 만들어줄 것이라는 사실이다.

일반적으로 나는 직장에서 겪었던 긍정적인 경험에 초점을 맞췄다. 세상의 모든 기쁨을 앗아가는 끔찍한 팀장 아래서 지독하게 지겨운 일과 씨름하는 고통이 어떤 것인지 나는 잘 안다. 이러한 고통의 가장 치명적인 부분은 내 개인적인 삶에까지 지대한 영향을 미친다는 사실이다. 디멘터(《해리포터》에서 아즈카반 감옥을 지키는 간수-옮긴이)의 감시를 받으며 지겨운 업무와 5일 동안 씨름을 했다면, 주말이 선물 꾸러미가 되지는 못할 것이다.

당신이 그러한 삶을 살아가야 할 이유는 없다. 함께 일하는 직원들에게 당신이 많은 관심을 기울이고 있다는 사실을 얼마든지 보여줄 수 있다. 그들이 실수를 저지르고 있다면 경고의 메시지를 전할 수 있다. 그것은 당신이 더 우월한 지위에 있어서가 아니라, 개인적인 관심을 갖고 있기 때문이다. 팀원들 모두 꿈을 향해 나아가도록 도움을 줄 수 있다.

당신 역시 직원들의 도움을 받아 꿈을 향해 한 걸음 더 나아갈 수 있다. 협력을 통해 스스로 뿌듯해할 수 있는 결과를 성취할 수 있다. 이러한 노력을 할 때, 완전한 솔직함은 당신의 일과 삶을 완전히 바꿔놓을 것이다.

주

1) 애드센스는 온라인 광고 및 과금을 위한 구글의 서비스다. 애드센스는 웹사이트나 블로그에 광고를 한다. 가령 캠핑 전문 웹사이트에서 '구글 광고(Ads by Google)' 창을 띄워놓으면, 구글이 REI 텐트나 노스페이스 침낭에 관한 광고를 게재한다. 구글은 사용자가 접속하거나 클릭을 할 때마다 수수료를 지불한다. 구글이 제공하는 간단한 코드를 입력하는 방식으로 웹사이트에 '구글 광고' 창을 띄워놓을 수 있다.
2) 웹스팸(Webspam)은 구글의 페이지랭크(Page Rank) 시스템을 교란하는 사이트로 스팸 메일이나 식사 시간에 울리는 텔레마케터 전화와 같은 것이다.
3) http://www.magpictures.com/stevejobsthelostinterview/.
4) Harari, Oren. *The Powell Principles24 Lessons from Colin Powell, a Legendary Leader*. New York: McGraw-Hill, 2003, p.4.
5) PBS 다큐멘터리 〈Triumph of the Nerds in The Lost Interview〉에서 인터뷰 전체 영상을 확인할 수 있다.
6) http://tomtunguz.com/nine-box-matrix-hr/.
7) http://www.ft.com/cms/s/0/0ccb0658-596a-11e6-9f70-badea1b336d4.html?siteedition=intl#axzz4GxOrK1Bg.
8) 벤처 투자자 에일린 리(Aileen Lee)가 만든 용어로 10억 달러의 기업 가치를 빠른 시간에 만들어낸 신생 기업을 뜻한다.
9) 애드워즈는 구글의 광고 서비스 상품이다. 가령 텐트를 광고하고 싶다면, '텐트'와 같은 관련 검색어를 입찰 방식으로 구매한다. 그러면 사람들이 '텐트'라는 단어를 구글로 검색할 때, 결과 페이지에 해당 광고가 뜬다. 광고는 텐트 관련 사이트에도 올라간다. 사람들이 그 광고를 클릭할 때마다 과금이 이뤄진다.

10) https://hbr.org/2008/02/getting-the-best-employee-idea.

11) http://www.wsj.com/articles/SB115015518018078348.

12) 〈더 로스트 인터뷰(The Lost Interview)〉에서.

13) 초고에서는 '최고의 해결책'이라는 말 대신에 '진리'라는 표현을 썼다. 그러나 '진리'는 영원의 개념을 함축했다는 점에서 '학습'과 거리가 멀어 보인다. 또한 앞서 설명했듯 오만함을 자극함으로써 완전한 솔직함에 심각한 피해를 입힐 수 있다.

14) 수많은 논의가 이루어진 주제를 단 몇 페이지에서 다루기가 겸연쩍다. 나는 두 명문 대학에서 학위를 받았지만 수사학의 네 가지 요소는 한 번도 배워본 적이 없다. 애플대학교에서 그 개념을 처음으로 접했을 때, 실질적으로 큰 도움이 될 것이라는 생각이 들었다. 그래서 간략하게나마 그 내용을 여기서 함께 공유하고자 한다. 아리스토텔레스의《수사학》을 주제로 한 책은 수만 권에 달한다. 추가로 학술 자료를 원한다면 스탠퍼드 철학 백과사전을 참조하길 바란다(http://plato.stanford.edu/entries/aristotle-rhetoric/). 설득을 주제로 가장 많이 인용된 21세기 저서로는 로버트 치알디니(Robert Cialdini)의《설득의 심리학(Influence)》을 꼽을 수 있다. 그밖에 다양한 자료도 간단한 검색만으로 확인할 수 있다.

15) https://www.youtube.com/watch?v=jj6q_z2Ni9M.

16) Martell, R.F., Lane, D.M., Emrich, C. Male-female differences: A computer simulation, *American Psychologist 51*, 2 (Feb. 1996).

17) 피터 드러커와 잭 웰치를 비롯한 많은 이가 그렇게 말했다.

실리콘밸리의 팀장들

까칠한 인재마저 사로잡은
그들의 지독한 솔직함

1판 1쇄 발행 2019년 6월 28일
1판 18쇄 발행 2024년 10월 25일

지은이 킴 스콧
옮긴이 박세연
펴낸이 고병욱

펴낸곳 청림출판(주)
등록 제2023-000081호

본사 04799 서울시 성동구 아차산로17길 49 1010호 청림출판(주)
제2사옥 10881 경기도 파주시 회동길 173 청림아트스페이스
전화 02-546-4341 **팩스** 02-546-8053

홈페이지 www.chungrim.com **이메일** cr1@chungrim.com
인스타그램 @chungrimbooks **블로그** blog.naver.com/chungrimpub
페이스북 www.facebook.com/chungrimpub

ISBN 978-89-352-1282-8 03320